私募基金争议问题
司法观点集成

The Collection of Judicial Rules
in the Cases on Private Equity Fund

孙彬彬　主编

法律出版社
LAW PRESS · CHINA
北京

图书在版编目(CIP)数据

私募基金争议问题司法观点集成 / 孙彬彬主编. --
北京：法律出版社，2024
ISBN 978-7-5197-9123-0

Ⅰ. ①私… Ⅱ. ①孙… Ⅲ. ①证券投资基金法-研究-中国 Ⅳ. ①D922.287.4

中国国家版本馆 CIP 数据核字(2024)第 091025 号

私募基金争议问题司法观点集成
SIMU JIJIN ZHENGYI WENTI SIFA GUANDIAN JICHENG

孙彬彬 主编

策划编辑 张 颖
责任编辑 张 颖
装帧设计 李 瞻

出版发行 法律出版社
编辑统筹 法律应用出版分社
责任校对 李慧艳
责任印制 刘晓伟
经 销 新华书店

开本 710 毫米×1000 毫米 1/16
印张 26.25 **字数** 456 千
版本 2024 年 6 月第 1 版
印次 2024 年 6 月第 1 次印刷
印刷 三河市龙大印装有限公司

地址：北京市丰台区莲花池西里 7 号(100073)
网址：www.lawpress.com.cn
投稿邮箱：info@lawpress.com.cn
举报盗版邮箱：jbwq@lawpress.com.cn

销售电话：010-83938349
客服电话：010-83938350
咨询电话：010-63939796

书号：ISBN 978-7-5197-9123-0 **定价**：106.00 元

凡购买本社图书，如有印装错误，我社负责退换。电话：010-83938349

编　委　会

主　编

孙彬彬律师现为中伦律师事务所合伙人，上海办公室党委书记、行政执委。孙彬彬律师深耕争议解决领域20余年，主要从事诉讼仲裁，破产清算和重整，商业犯罪和合规相关业务，对于处理公司股权和股东权益、私募信托、商事项目引发的复杂、疑难诉讼与仲裁具有极为丰富的经验，在包括最高人民法院在内的各级法院与仲裁机构代理了数百起民商事诉讼与仲裁案件，兼任多家仲裁委员会的仲裁员。

孙彬彬律师现任或曾任：上海市浦东新区第七届政协委员，上海市青年联合会第十二届常委，上海市青年企业家协会第八届理事，全国律协仲裁与律师调解专业委员会第十届委员，上海市律师协会第十二届理事、社会责任委主任，上海仲裁协会第二届公司投资与研究委员会主任，上海仲裁委员会仲裁员，上海国际经济贸易仲裁委员会仲裁员，南京仲裁委员会仲裁员，杭州仲裁委员会仲裁员，上海市人民调解协会第五届副会长，上海市浦东新区人民调解协会第五届副会长，上海市女律师联谊会第九、十届副会长，上海市浦东新区女律师联谊会第四届会长，上海市律师协会第十一届调解专业委员会主任，复旦大学法学院专业学位行业导师（2024届），上海市律师、公证员系列中级职称评审委员会学科组成员（2023－2025），上海市黄浦区青年企业家协会第一届副会长，上海市公安局监管总队监督员，上海浦东新区司法局立法工作律师专家库成员，上海市涉案企业合规第三方监督评估机制专业人员，上海市法学会律师法学研究会第一届理事，上海市浦东新区法律服务业协会第二届副会长，上海市浦东新区非诉讼争议解决中心特邀律师调解员，上海市浦东新区人民法院特邀律师调解员，上海市浦东新区行政争议人民调解委员会特邀调解员，上海市证券、基金、期货业纠纷联合人民调解委员会调解员，上海市消保委特邀公益律师。

孙彬彬律师凭借丰富的经验与良好的口碑，2024年获评 The Legal 500 “争议解决仲裁领域推荐律师"，2023 年度上海市东方英才计划拔尖项目人才，2023 年入选 The Legal 500 中国仲裁私人执业权威榜单，2023 年获评 The Legal 500 "争议解决仲裁领域推荐律师"，2023 年获评上海青联履职优秀委员，2022 年入选上海青年法学法律人才库，《亚洲法律杂志》（ALB）"中国十五佳诉讼律师（2021）"，《亚洲法律杂志》（ALB）"中国最佳女律师（2016）"，2015－2016 年度上海市三八红旗手，2015 年获评上海市五四青年奖章，2021 年获评上海市律师行业优秀共产党员，2016－2017 年度最美消费维权人物，第五届上海市优秀女律师，2011 上海律师辩论大赛冠军、十佳辩手，上海市第四届优秀青年律师，2006 年"法政杯"上海司法行政系统辩论赛冠军及优秀辩手，浦东新区司法行政系统优秀党员、领军人才，江浙沪律师辩论赛胜方，第四届全国律师论坛京沪律师辩论挑战赛胜方、个人优秀辩手。

编委会成员

李晓燕 | 北京市中伦（上海）律师事务所争议解决部律师，复旦大学法学硕士。

温　晗 | 北京市中伦（上海）律师事务所争议解决部律师，美国伊利诺伊大学香槟分校法学硕士。

侯小茗 | 北京市中伦（上海）律师事务所争议解决部律师，华东政法大学法学硕士。

倪炜辰 | 北京市中伦（上海）律师事务所争议解决部律师，英国格拉斯哥大学法学硕士。

陆薪宇 | 北京市中伦（上海）律师事务所争议解决部律师，美国西北大学法学硕士。

邢昊然 | 北京市中伦（上海）律师事务所争议解决部律师，上海交通大学法学硕士。

谭书卿 | 北京市中伦（上海）律师事务所争议解决部律师，华东政法大学法学硕士。

序

私募投资资金，顾名思义，是指以非公开方式向合格投资者募集资金设立的投资基金。不同于公募基金，私募投资基金以少数特定投资者、高门槛、高风险及高回报为特色，吸引了众多投资者和基金管理者入局。大量投资机构和个人投资者涌入私募投资领域，私募投资机构如同雨后春笋一般拔地而起。然而，欣欣向荣的背后暗流涌动，由于起初没有完备的配套法律法规和行业内规范予以规制，大量募集的产品在募集结束后不久就开始暴雷，不少私募基金管理人在产品无法兑现后便“跑路”，甚至出现了不少打着私募旗号的非法吸收公众存款和集资诈骗犯罪活动。

私募基金的野蛮生长，自然受到了监管部门的重视。从2014年2月7日，中国证券投资基金业协会（以下简称中基协）首次发布《私募投资基金管理人登记和基金备案办法（试行）》后，中基协及多个监管部门接连出台一系列办法、指引等相关文件以规范私募基金的运作。尽管如此，但由于实践中私募产品涉及的法律问题种类多样而复杂，如母基金再投资引发的纠纷、私募基金回购纠纷等，并且相当一部分私募产品纠纷约定案件由仲裁机构审理。故仅依据相关法律规定并不能充分明晰地把握私募案件的裁判思路与审理口径，更多的是依靠对现有生效裁判文书中的说理分析内容进行解读与归纳。

基于上述原因，结合我们律师团队在私募投资纠纷案件的争议解决经验，以及我们对目前各地法院在此类纠纷争议的司法实践状况与发展趋势的观察、钻研，我们整理了相关司法裁判规则并归纳总结法律实务经验，完成了本书的编撰，希望与各位法律界同仁共同交流，以飨读者。

私募基金从“生”到“死”主要分成四个大的阶段，即“募集”、“投资”、“管理”及“退出”。因此，本书也根据四个阶段的顺序梳理了具有代表性的重大疑难问题，并选取典型案例进行个案研究。为便于读者快速了解案件的裁审口径，我们会在每个案例的开头直接给出归纳后的“裁判要旨”，再从“案情简介”、“裁判结果”、“各方观点”及“法院观点”四个部分深入分析，供读者全面、深入地了解相关司法裁判思路。需要说明的是，本书在对案例进行梳理的过程中，为方便读者理解案情，尽最大可能保留案例的内容，相关法律规定仍为案例裁判时的内容。同时，在每章节末尾的“律师点评”部分，我们结合当前实务经验和最新法律研究成果，从法律规定、审判实践等方面对相关问题和裁判思路进行总结和归纳。

在英美法系国家，一直以来都有“遵循先例原则”（stare decisis），即在相同或类似的案件中，法院应当遵循在先判决的审判原则或规则。尽管我国并非判例法国家，但最高人民法院在2020年7月31日发布了《最高人民法院关于统一法律适用加强类案检索的指导意见（试行）》，明确将类案检索作为法院判决时的重要参考。对于私募投资纠纷这类缺乏明确裁判规则或者尚未形成统一裁判规则的案件，参考案例不仅可以帮助律师在准备诉讼仲裁策略时提供指引，更是说服法官及仲裁员的重要依据。我们希望，各位法律界同仁在处理私募投资类纠纷的法律实务工作或进行有关学术研究时，这本书能为你提供帮助。

最后，从本书开始编撰到最终付梓，得到了来自各方的帮助与支持，在此一并表示深深感谢！

孙彬彬

2023年7月

于北京市中伦（上海）律师事务所

目　录

第五章 与私募基金有关的其他争议纠纷

第一章　募前阶段的争议纠纷

私募基金作为大众熟知的金融产品，经过数十年的发展，经历了从尝试摸索到野蛮生长，从鼓励发展到规范监管的变化过程。近年来，随着监管体系的日益完善，私募基金逐渐由乱到治，进入了合规发展的“快车道”。

随着《私募投资基金监督管理暂行办法》《私募投资基金管理人内部控制指引》《私募投资基金登记备案的问题解答》等一系列监管规定的出台，私募基金管理人登记和基金备案制度开始建立，监管机构对私募基金管理人专业化经营的要求越发细致与严格。2023 年 9 月 1 日开始施行的《私募投资基金监督管理条例》进一步健全私募基金监管基础性法规制度、促进行业高质量发展。

在私募基金募集前，私募基金管理人需要完成设立登记、向基金业协会履行基金管理人登记手续并申请成为基金业协会会员等合规操作。在此过程中，不免会出现因私募基金管理人未进行登记、管理人与专业机构签订居间协议协助基金设立等因素而导致的法律争议。本章将针对私募基金募前阶段产生的争议纠纷和司法观点进行分析详解。

第一节　私募基金管理人募集前未登记备案的法律后果

一、私募基金管理人未经登记开展私募业务的，其与投资者签署的基金合同无效

案　　号：(2018) 沪01民终1408号

案件名称：房银（上海）资产管理有限公司诉郭某某委托理财合同纠纷

裁判要旨：《契约型私募股权投资基金合同》所约定的内容为资产管理公司接受投资者的投资设立私募基金，然而，资产管理如无证据证明其具备私募投资基金管理人的资质，则《契约型私募股权投资基金合同》及其所附的《契约型私募股权投资基金合同收益保障协议》应属无效。

案情简介

上诉人（原审被告）：房银（上海）资产管理有限公司（以下简称房银公司）

被上诉人（原审原告）：郭某某

2016年3月28日，郭某某与房银公司签署合同编号为GDGZ－2016－0050的《契约型私募股权投资基金合同》，约定郭某某在房银公司处投资股权型基金。一年结算一次，存续期限为3年，自收到第一笔投资资金开始，到第3年的12月31日止。200万元构成一份出资，每个投资人最低出资一份。同日，双方签署《契约型私募股权投资基金合同收益保障协议》，约定，郭某某出资200万元投资“房银房产基金”，投资管理人房银公司保障其每一结算年度收益为20万元。基金在每一结算年度的收益若超出20万元，超过部分由郭某某获取30%，投资管理人获取70%。在该协议郭某某签名上方，郭某某手书“投资人出资的200万元资金由××做全返”。

翌日，郭某某向房银公司汇款170万元，同年7月6日，又向房银公司法

定代表人汇款30万元。

2016年4月1日，“××房产股份有限公司”为甲方、郭某某为乙方签署了《加盟合作合同》一份，约定甲方授权乙方在江西省吉安市、赣州市经营。合同有效期为3年，自2016年4月1日起至2019年4月1日止。甲方为乙方提供产品经营经验方法以及进行业务培训辅导，并提供××房产股份有限公司的合同经营的手续（授权委托书、营业执照复印件等）。乙方须按甲方规定的统一标准开展业务，负责楼盘代理、基金代理的工作，自行开展合作范围内的加盟项目，自行招聘管理人员，在指定区域自行投资开展业务活动，乙方自身的投资、人员工资、店租、税金等由乙方负责，不列入甲方结算范围，依约享受应得利润。本合同签订时，乙方应交纳200万元房产基金，甲方给予乙方1:1至1:10的配资，乙方使用，甲方监管。合作后，如果乙方负责楼盘销售，楼盘销售利润的30%归甲方所有，70%归乙方所有；如果甲方负责楼盘销售，楼盘销售利润的50%归甲方所有，50%归乙方所有。甲乙双方实行按月结算，每月5日结算上月营业收入。房银公司在文末甲方处盖章，并备注“因‘××房产股份有限公司’正在注册过程，公章还未下来，待公司注册成立后，凭此合同更换与现甲方名称一致的合同文本”。

2016年7月21日，房银公司向广东××有限公司支付了32万元平台使用费。××平台自7月22日起按消费基数的0.05%/日向郭某某××账户返还金额。消费基数的计算方式为消费数额扣除已经返还的数额，第一天返还1000元；第二天的返还额为200万元扣除1000元后的0.05%。

郭某某向一审法院起诉，请求判令：1. 解除《契约型私募股权投资基金合同》；2. 房银公司返还投资款200万元以及年度收益20万元（暂计至2016年度，实际计算至返还投资款之日）；3. 房银公司支付上述款项的利息3013.70元（以200万元为本金，按照银行同期贷款利率，自2017年1月10日暂计至2017年1月19日，实际计算至付清之日）；4. 本案诉讼费由房银公司承担。

裁判结果

一审法院：1. 房银公司应于本判决生效之日起10日内返还郭某某本金168万元；2. 房银公司应于本判决生效之日起10日内支付郭某某自2017年1

月 10 日至判决生效之日止的利息损失（以 168 万元为基数，按中国人民银行同期贷款利率计算）。一审案件受理费 24, 424 元，财产保全费 5000 元，合计 29, 424 元，由郭某某负担 4504 元，房银公司负担 24, 920 元。

二审法院：驳回上诉，维持原判。

各方观点

上诉人（原审被告）观点： 根据《加盟合作合同》，郭某某同意将投资的 200 万元由 × × 做全返，于是房银公司将其加入 × × 的会员。双方就 32 万元通过 × × 平台返现达成一致，郭某某也明知剩余 168 万元的返还方式是通过 × × 平台。一审法院不应判决房银公司返还 168 万元给郭某某。

被上诉人（原审原告）观点：《加盟合作合同》与本案无关，且并未实际履行。双方签订了《契约型私募股权投资基金合同》，郭某某支付的 200 万元是委托理财的资金，不是加盟费，双方实际履行的是委托理财合同，而不是加盟合同。一审认定事实清楚，适用法律正确，故请求驳回上诉，维持原判。

法院观点

一审法院观点： 对于 2016 年 3 月 28 日双方签署的《契约型私募股权投资基金合同》《契约型私募股权投资基金合同收益保障协议》，双方未履行，该基金也未备案、成立，对此，双方并无异议，且该协议亦无再履行的可能，故郭某某主张解除该协议，予以准许。

2016 年 4 月 1 日的《加盟合作合同》未成立。该合同载明的甲方为 × × 房产股份有限公司，即合同一方当事人为“ × × 房产股份有限公司”，并非房银公司。根据合同备注的内容，房银公司仅是代签，“ × × 房产股份有限公司”成立后与郭某某订立合同。现房银公司未有证据证明“ × × 房产股份有限公司”成立，亦未有证据证明该公司与郭某某签署了文本，更未有证据证明房银公司可以继受该公司的权利义务。故就该合同内容，双方之间当然不成立合同关系。且房银公司之后亦将郭某某 200 万元中的 32 万元支付给了广东 × × 有限公司，通过 × × 逐日返还给郭某某，亦表明上述 200 万元并非

《加盟合作合同》项下的钱款。

双方就 32 万元部分通过 × × 平台返现达成一致。郭某某书写“投资人出资的 200 万元资金由 × × 做全返”，表明郭某某对房银公司将郭某某投资资金用于 × × 一节认可，且自 2016 年 7 月 22 日至起诉日，郭某某控制的账号开始获得返现，郭某某亦应得知该 32 万元的用途，郭某某也未提出过异议。

郭某某向房银公司交付了 200 万元，双方仅就 32 万元使用达成一致，上文已经论述《契约型私募股权投资基金合同》《契约型私募股权投资基金合同收益保障协议》实际未履行，《加盟合作合同》未成立，房银公司无其他证据证明其与郭某某之间成立其他合同关系，无证据证明其可以占有使用该 168 万元，故房银公司当向郭某某返还 168 万元。

关于郭某某主张的 20 万元保底收益，首先，《契约型私募股权投资基金合同收益保障协议》系基金协议的从合同，其依附《契约型私募股权投资基金合同》。从其内容看，20 万元的保底收益亦是从基金获得，因此，20 万元的保底收益是基于 200 万元基金投资获得，并非其他出资。而涉案《契约型私募股权投资基金合同收益保障协议》实际并未履行，从郭某某在该协议上手写的内容看，郭某某实际对基金合同未履行亦认可，即郭某某亦认可无法从基金合同中获得收益。其次，即使双方履行了该协议，因房银公司并未提供证据证明，其具有设立涉案基金的资质，合同亦属无效。最后，委托理财合同中，设立保底收益条款亦属无效。故郭某某主张 20% 的损失，一审法院不予支持。但房银公司未及时归还 168 万元，当向郭某某支付资金占用的利息损失。

二审法院观点：本案的争议焦点在于双方当事人系履行《契约型私募股权投资基金合同》还是《加盟合作合同》，在此前提下，被上诉人郭某某是否要求返还投资款及相应利息。

双方当事人连续签订了两份不同性质的合同，合同所涉款项均为 200 万元，而被上诉人郭某某向上诉方房银公司支付款项共计为 200 万元，故应结合当事人的履约行为与约定内容的对应性探究当事人的真实意思表示，判断实际履行的是何种合同。房银公司主张双方履行了《加盟合作合同》，但并未提供证据证明其履行了该份合同项下配资等义务，同时考虑到：第一，郭某某系于第一份合同签订后次日即向房银公司付款 170 万元；第二，郭某某向 × × 平台交纳使用费并从该平台获取返利的情况与《契约型私募股权投资基金合同收益保障协议》上其手书内容一致，故本院认定双方当事人系履行《契约型私募股权投资基金合同》；第三，××房产股份有限公司至今尚未成立。

《契约型私募股权投资基金合同》所约定的内容为房银公司接受郭某某的投资设立私募基金，然而，房银公司并无证据证明其具备私募投资基金管理人的资质，因此，该合同及其所附的《契约型私募股权投资基金合同收益保障协议》应属无效。一审法院并未就涉案合同的法律效力作出评判并对当事人进行释明，在本案二审审理中，双方当事人均同意由二审法院处理合同无效后的法律后果，郭某某亦未提出变更诉讼请求，因此，在认定涉案合同无效的前提下，因房银公司明知其不具备相关资质而签订涉案合同并接受投资者的投资款，其应负有向郭某某返还投资款并支付相应利息的责任。一审法院在判决主文中遗漏了郭某某关于解除合同的诉讼请求，判决房银公司返还郭某某168万元，并以此为基数计算利息损失，虽然有所不当，但鉴于郭某某并未对此提起上诉，并表示认可一审判决，故一审判决可予维持。

综上所述，上诉人房银公司的上诉请求不能成立，应予驳回；一审判决认定事实清楚，适用法律虽有不当，但当事人并未就此提起上诉，故可予维持。

二、私募基金管理人与投资者签订合同时未进行备案登记，构成根本违约，投资者有权主张解除合同

案　　号：(2019）沪74民终123号

案件名称：励琛（上海）投资管理有限公司与沈某某证券投资基金交易纠纷

裁判要旨：投资管理公司作为合格基金管理人的备案登记时间晚于系争合同的签订时间的，表明投资管理公司向投资者募集基金期间其基金管理人身份尚未正式登记备案，其在签订系争合同过程中违反法律及其他规范性文件相关规定，未能履行系争合同义务，约定基金尚未成立备案，合同目的无法实现，对投资者解除合同的主张应予支持。

案情简介

上诉人（原审被告）：励琛（上海）投资管理有限公司（以下简称励琛

公司）

被上诉人（原审原告）：沈某某

2015年5月12日，沈某某、励琛公司签订《安信稳健合同》。该合同约定，投资者签署本风险揭示书即表明：投资者已仔细阅读本风险揭示书、基金合同等法律文件，充分理解相关权利、义务、本基金运作方式及风险收益特征，愿意承担相应的投资风险，委托事项符合投资者业务决策程序的要求；投资者承诺向基金管理人提供的有关投资目的、投资偏好、投资限制和风险承受能力等情况真实合法、完整有效，不存在任何重大遗漏或误导性陈述……投资者已充分了解并谨慎评估自身风险承受能力，自愿自行承担投资本基金所面临的风险。基金管理人以及销售机构已就基金情况向投资者作出了详细说明。第三条第二项约定，基金管理人已经了解投资者的风险偏好、风险认知能力和承受能力，对基金投资者的财务状况进行了充分评估。基金管理人承诺依照恪尽职守、诚实信用、谨慎勤勉的原则管理和运用基金资产，但不保证基金一定盈利，也不保证最低收益。第四条约定，基金名称为“安信稳健新三板基金”，类别是“有限合伙式定向基金”，存续期限为本基金合同生效之日起至本基金届满24个月之日止的期间，其中，前24个月为投资期，后12个月为退出期。本基金到期时，如仍持有未变现资产而无法完全一次性清算，经基金管理人、托管人协商一致，可先对已变现资产进行清算、分红，并对本基金进行展期，直至本基金剩余的投资品种经过变现并二次清算完成后，本基金正式终止。本基金初始资产规模不低于100,000,000元。本基金初始销售期限届满，符合条件的，基金管理人将全部募集资金划入托管资金账户，基金托管人核实资金到账情况，并向基金管理人出具基金资金到账确认函，基金成立的初始资产合计不低于30,000,000元。基金托管人为上海浦东发展银行。基金管理人的义务包括办理基金的备案手续。基于本基金的投资范围，本基金不承诺保本及最低收益，本基金风险收益特征为高风险高收益。第二十条第一款第一项约定，本基金主要投资于新三板企业或拟在新三板挂牌的企业股权，新三板挂牌（或拟挂牌）的企业质量参差不齐，投资新三板风险较大，基金份额持有人将面临委托财产的实际投资收益与理想预期不同，甚至本金损失的风险。全体基金投资者、基金管理人和基金托管人协商一致后，可对投资政策进行变更。对基金合同任何形式的变更、补充，基金管理人应当在变更或者补充发生之日起5个工作日内将基金合同样本报中国证监会备案。基金管理人应向基金投资者提供年度报告、季度报告、净值报告、临时报告等。

2015年5月13日，沈某某向励琛公司账户汇款1,000,000元。

励琛公司作为基金管理人，在中国证券投资基金业协会的备案登记时间为2015年9月18日。该管理人名下产品除两个有限合伙企业外，还包括“励琛（上海）投资管理有限公司”。就“励琛（上海）投资管理有限公司”基金产品，根据中国证券投资基金业协会公示信息，其成立于2014年8月30日，备案于2016年8月1日，基金类型为“创业投资基金”。该基金《清算期信息披露报告》显示，其定向投资于“永安新三板策略壹期证券投资基金”（以下简称“永安一期基金”）。励琛公司表明该基金产品即系争合同约定基金，在备案过程中进行了变更。

基于系争合同，沈某某于2018年6月14日收到46,633元。励琛公司主张该款项为基金到期后第一次分配收益，剩余部分尚未全部清算退出。

沈某某于2018年6月通过律师事务所向励琛公司致函，表明因励琛公司从未提供关于安信新三板基金的成立运行文件，违反合同约定义务，要求提供股东名册、运行报告、净值报告等。励琛公司确认收到函件。

2018年6月，励琛公司在其网站刊登《基金清算分配通知书》，表示其发起的“安信稳健新三板基金”已到期并进行清算分配。

沈某某向一审法院起诉，请求判令：1. 解除《安信稳健系列新三板定向股权投资基金合同（一期）》（以下简称《安信稳健合同》）；2. 励琛公司向其返还投资款953,367元；3. 励琛公司向其赔偿损失（以1,000,000元为基数，自2015年5月13日起至实际支付之日止，按照中国人民银行同期存款基准利率计算）。

裁判结果

一审法院：1. 解除沈某某、励琛公司签订的《安信稳健合同》；2. 励琛公司于判决生效之日起10日内返还沈某某投资款953,367元；3. 励琛公司于判决生效之日起10日内向沈某某赔偿损失（以1,000,000元为基数，自2015年5月13日起至实际支付之日止，按照中国人民银行同期存款基准利率计算）。一审案件受理费13,448元，减半收取6724元，由励琛公司负担。

二审法院：驳回上诉，维持原判。

各方观点

上诉人（原审被告）观点：1. 一审法院认定“安信稳健系列新三板定向股权投资基金”（以下简称“安信稳健新三板基金”）已到期并进行清算分配、沈某某产生损失错误。事实上，基金清算分配尚未完成，本次仅为第一次分配收益，3 月底前会进行第二次分配。2. 沈某某系仔细阅读合同后自愿与励琛公司签订合同，应充分阅读风险揭示书中的内容，且金融行业中高收益高风险是行业常识。3. 励琛公司于 2016 年 7 月收到行政监管措施决定书，行政机关对“安信稳健新三板基金”募集、投资过程中所发生的问题采取了行政监管措施。根据“一事不二罚”原则，相关处罚已认定该合同有效。4. 基金合同系基于信托关系，基本原则为卖者尽责、买者自负。基金存续三年内，沈某某未提出解除合同的诉求，其在得知基金已到期但收益不及预期后提出解除合同，真实诉求在于刚性兑付。

被上诉人（原审原告）观点：一审判决认定事实清楚，适用法律正确，故请求驳回上诉，维持原判。

法院观点

一审法院观点：本案系证券投资基金合同纠纷，沈某某作为投资者与励琛公司签订《安信稳健合同》，购买基金产品。本案争议焦点归纳如下：励琛公司是否违反系争合同义务，构成根本违约。

第一，励琛公司未尽风险评估及提示义务，违反相关法律及其他规范性文件。对于风险提示，《私募投资基金监督管理暂行办法》（以下简称《暂行办法》）第十六条规定，私募基金管理人自行销售私募基金的，应采取问卷调查等方式，对投资者的风险识别能力和风险承担能力进行评估，由投资者书面承诺符合合格投资者条件。从合同看，励琛公司未尽到对沈某某风险识别及承受能力评估的义务。对于合同中所提及的投资者已经提供有关投资目的、偏好、限制和风险承受能力等情况的证明，励琛公司亦无法提供。另外，系争合同已经明确该基金产品属于高风险高收益产品，有本金损失的风险，相关条款作为合同重要条款，应对基金投资者予以特别提示或释明。对此，励琛公司不能证明其尽到上述义务。

第二，励琛公司无法证明“励琛（上海）投资管理有限公司”即合同约定基金“安信稳健新三板基金”。首先，《证券投资基金法》第九十四条规定，非公开募集基金募集完毕，基金管理人应当向基金行业协会备案。《暂行办法》第八条规定，各类私募基金募集完毕，私募基金管理人应当根据基金业协会的规定，办理基金备案手续，报送基本信息包括：主要投资方向及根据主要投资方向注明的基金类别；基金合同、公司章程或者合伙协议；采取委托方式管理的，应当报送委托管理协议；等等。本案中，励琛公司应向基金业协会提交基金合同作为备案信息材料，然而“安信稳健新三板基金”从基金类型、名称、规模等均与励琛公司所称的“励琛（上海）投资管理有限公司”不一致。其次，即使如励琛公司所称，在申报备案过程中予以变更，则根据合同约定，全体基金投资者、基金管理人和基金托管人协商一致后，可对投资政策进行变更，对基金合同任何形式的变更、补充，基金管理人应当在变更或者补充发生之日起5个工作日内将基金合同样本报中国证监会备案。实际上沈某某、励琛公司所持系争合同未经变更。励琛公司于2018年6月所刊登的《基金清算分配通知书》中仍保留了《安信稳健合同》中的基金名称，并非备案登记的“励琛（上海）投资管理有限公司”，可见对基金名称、类型的变更励琛公司并未告知沈某某。此外，励琛公司也无证据证明其以“励琛（上海）投资管理有限公司”名义投资“永安一期基金”的信息向沈某某等基金投资者予以告知。最后，系争合同要求基金管理人履行报告义务，应定期向投资者提供年度报告、季度报告、净值报告等。励琛公司在2015年接受沈某某投资款项直至2018年收到律师函期间，无证据证明其履行上述义务。综合上述分析，难以认定“励琛（上海）投资管理有限公司”即为《安信稳健合同》所涉基金，沈某某投资的基金产品尚未成立备案。励琛公司提供的有关“励琛（上海）投资管理有限公司”投向的“永安一期基金”报告、退出计划等证据，与本案无关，均不予采信。

第三，励琛公司签订系争合同时未经基金管理人备案登记，违反法律规定。《证券投资基金法》第八十九条、第九十条规定，担任非公开募集基金的基金管理人，应当按照规定向基金行业协会履行登记手续，报送基本情况；未经登记，任何单位或者个人不得使用“基金”或者“基金管理”字样或者近似名称进行证券投资活动。本案中，中国证券投资基金业协会登记信息显示，励琛公司备案登记时间为2015年9月18日，晚于系争合同的签订时间2015年5月12日，表明励琛公司向沈某某募集基金期间其基金管理人身份尚未正式登记备案。

综合上述几项分析，可以认定励琛公司在签订系争合同过程中违反法律及其他规范性文件相关规定，未能履行系争合同义务，约定基金尚未成立备案，合同目的无法实现。沈某某诉请主张要求解除系争合同有其事实及法律依据，应当予以支持。合同解除后，励琛公司应当返还沈某某投资款并按银行同期存款基准利率承担损失。

二审法院观点：双方当事人签订了《安信稳健合同》，约定设立“安信稳健新三板基金”，上诉人励琛公司作为基金管理人负有办理基金备案的义务。对此，励琛公司称其备案的“励琛（上海）投资管理有限公司”即为双方合同所约定的基金产品。经查，二者的名称、类型、规模均不相同。励琛公司也并未按照合同约定与投资者协商变更上述事项。因此，一审法院认定涉案合同所约定的“安信稳健新三板基金”并未成立备案并无不当。被上诉人沈某某已完全履行了出资义务，但其投资基金产品并未成立备案，显然，《安信稳健合同》的订立目的不能实现，且该合同目的不能实现之结果应归因于励琛公司未履行相应义务。因此，沈某某依法享有合同解除权，可以解除合同并要求励琛公司赔偿其损失。励琛公司上诉称基金清算分配尚未完成，沈某某并无损失。本院认为，励琛公司所称进行清算分配的基金并非沈某某所投资的基金，因合同目的不能实现，沈某某可以在行使解除权后主张励琛公司返还投资款并赔偿该段期间因资金占用而产生的利息损失。励琛公司该项主张并无事实和法律依据，本院不予采信。

综上所述，上诉人励琛公司的上诉请求不能成立，应予驳回；一审判决认定事实清楚，适用法律正确，应予维持。

三、私募基金管理人未按要求进行登记且投资合同中有保底条款约定等多种情形时，合同性质为借款合同

▶案例一◀

案　　号：（2021）京03民终15066号

案件名称：河北建邦股权投资基金管理有限公司等与胡某某民间借贷纠纷

裁判要旨：投资者投资涉案款项期限固定，且私募基金管理人及私募基金主体承诺给予投资者固定收益，符合民间借贷的法律特征。结合私募基金工商档案中并未将投资者登记为有限合伙人的事实，可以证实投资者与私募基金之间形成了名为合伙实为民间借贷的法律关系。

案情简介

上诉人（原审被告）：河北建邦股权投资基金管理有限公司（以下简称建邦基金公司）

上诉人（原审被告）：北京建熙股权投资中心（有限合伙）（以下简称建熙投资中心）

被上诉人（原审原告）：胡某某

建邦基金公司成立于2013年11月1日，法定代表人为罗某某。建熙投资中心成立于2014年4月15日，为有限合伙企业，合伙期限为2014年4月15日至2044年4月14日，执行事务合伙人为建邦基金公司。建熙投资中心工商登记材料显示，普通合伙人为建邦基金公司，有限合伙人为罗某某、梅某某。

2014年11月6日，胡某某自其名下上海浦东发展银行卡号尾号为×××的账户向其名下天津银行东银支行账号尾号为×××的账户转账支付170万元，后胡某某自其名下上述天津银行账户向建熙投资中心名下渤海银行石家庄分行营业部账号尾号为×××的账户电汇170万元。同日，胡某某签署了一份《建熙2号协议》。该协议由四部分组成，装订成一册，第二至第四部分均设置了单独的签字页或签署页。《建熙2号协议》第一部分为《建熙投资中心风险申明书》（以下简称《风险申明书》），内容为："尊敬的投资人：感谢您加入建邦基金公司发起设立的建熙投资中心，并以有限合伙人身份入伙建熙投资中心。请您在签署《建熙投资中心合伙协议》（以下简称《合伙协

议》）、《入伙协议》等投资协议前，仔细阅读以下内容：建熙投资中心不承诺保本和最低收益，具有一定的投资风险，适合有一定风险识别、评估、承受能力的合格投资者。本有限合伙投资的风险因素主要包括：1. 市场风险：包括但不限于因国家法律、法规以及政策、宏观经济运行状况和被投资企业经营等因素变化导致本有限合伙投资收益的波动。2. 流动性风险：因本有限合伙存续期的存在，投资人所持有的本合伙资金份额将不可能随时变现而使投资人面临流动性风险。3. 其他风险：指由于政策法律变更、自然灾害、战争等不可抗力因素的出现，严重影响金融市场的正常运行，从而导致有限合伙投资收益降低或损失，甚至影响本有限合伙投资偿还等正常进行，影响本有限合伙的资金及收益安全。本协议中所称收益为预期收益，尽管投资管理人将恪尽职守，履行诚实、信用、谨慎、有效管理的义务，以合伙人获得最大收益为目的，如投资的企业运营情况发生重大不利变化，导致投资项目无法顺利完成或者更加不利情况下，可能导致有限合伙达不到预期收益。建邦基金公司作为有限合伙的普通合伙人和管理人，承诺在有限合伙人优先分配有限合伙协议内规定的权益后再参与分配。在签署文件前，请仔细阅读《合伙协议》及其他相关文件，独立作出是否签署的决策。投资人申明：投资人是以自己合法所有的资金入伙本有限合伙，未用非法汇集他人资金参与本有限合伙；投资人在本《风险申明书》签字，表明投资人已认真阅读并理解所有有限合伙投资文件，并自愿依法承担相应的投资风险；投资人签署《风险申明书》是自愿的，是其真实意思的表示，并且投资人为法人、组织或其他机构时经过了所有必需的合法授权（上述授权及授权项下的签署和执行未违背投资人的公司章程或任何有约束力的法规或合同），投资人为签署和执行本《风险申明书》所需的手续均已合法、有效地办理完毕。本《风险申明书》一式叁份，投资人壹份，有限合伙管理人壹份，有限合伙持有壹份，每份均具同等法律效力。”胡某某在该部分落款处“自然人投资人或机构投资人盖章”后签了字。

《建熙2号协议》第二部分为《建熙投资中心入伙协议书》。其中，第二条“认缴出资数额”，约定：入伙人同意签署本协议，成为建熙投资中心的有限合伙人。入伙以货币形式出资，入伙人认缴出资（注：未填写）。第四条“入伙的程序”，约定：入伙人在本协议签署同时签订《合伙协议》。新合伙人应按照《合伙协议》的相关约定及时履行出资义务，本协议生效且新合伙人履行出资义务后，合伙企业应及时为其办理相关的工商登记变更等手续。第五条“入伙期限”，约定：入伙期限为12个月（“6+6”模式），在该期限的前6个月内入伙人无权提前退伙；在该期限的前6个月届满之日起入伙人可以退伙，但是该退伙的选择决定权自愿授权由普通合伙人行使，该授权为不可撤销的授权。第六条“收益分配方式”，约定：有限合伙投资期内，按自然季度支付预期收益，到期支付本金及剩余预期收益，收益自入伙人资金到账次日起计算。第七条“入伙人用于分配合伙收益及返还本金的银行账户”，约定：账户户名：（注：未填写），开户银行：（注：未填写），银行账号：（注：未填写）。第九条入伙人的权利与义务，约定：本协议生效并且入伙人签署《合伙协议》后，即享有合伙协议项下有限合伙人的全部权利，承担有限合伙人的全部义务；有限合伙人授权普通合伙人代其在有限合伙的合伙人登记册上签署登记，依法办理相应的企业变更登记手续。在签字页，建邦基金公司在普通合伙人后加盖了公章，罗某某在法定代表人/授权代表人后加盖了人名章，胡某某在有限合伙人后签了字。

《建熙2号协议》第三部分为《建熙投资中心合伙协议》，内容为：本协议由建邦基金公司作为“普通合伙人”与签署本协议之“有限合伙人”共同订立。鉴于各方均有意按照本协议所定条款及条件，根据《合伙企业法》发起设立建熙投资中心，从事投资业务，各方达成如下协议，共同遵守。该部分第二条为有限合伙的设立，约定：从事投资及投资咨询业务，通过合法经营实现资产增值，为合伙人创造效益。有限合伙的经营范围为非证券类股权投资及相关投资咨询服务。有限合伙的经营期限为自营业执照签发之日起5年。经普通合伙人独立决定并通知有限合伙人可将经营期限延长两次，每次延长一年。本有限合伙的营业执照签发日期为有限合伙成立日期。第三条为合伙人及出资，约定：有限合伙的普通合伙人为建邦基金公司，其他合伙人为有限合伙人。普通合伙人应在其经营场所置备合伙人名册，登记各合伙人名称、住所、认缴出资额、实际出资额及其他普通合伙人认为必要的信息；普通合伙人并应根据上述信息的变化情况随时更新合伙人名册。各方在此同意并认可，尽管各合伙人可能在不同时间签署本协议，本协议应于有限合伙注册成立日起对普通合伙人及普通合伙人接纳并确定的有限合伙人生效。第四条为普通合伙人，约定：决策和执行有限合伙的投资业务及其他业务。管理、维持和处分有限合伙的资产，包括但不限于投资性资产、非投资性资产、知识产权等。为有限合伙的利益与对方进行协商、和解等，以解决有限合伙与第三方的争议，采取所有可能的行动，以保障有限合伙的财产安全。普通合伙人不应被要求返还任何有限合伙人的出资本金，亦不对有限合伙人的投资收益保底；所有本金返还及投资回报均应源自有限合伙的可用资产。第五条为有限合伙人，约定：有限合伙人不得执行合伙事务。第七条为投资业务，约定：全体合伙人同意，有限合伙人认缴出资额将用于第二条第五款所述有限合伙目的内的项目，投资目标为实现资本增值。第八条为收益分配与亏损分担，约定：有限合伙企业经营期间所取得的投资收益按下列原则和顺序分配：(1) 优先向有限合伙人还付其投资本金及预期收益，有限合伙人的投资本金及预期收益未得到足额偿付前，普通合伙人不能取得投资本金及收益的还付；(2) 普通合伙人的投资本金及预期收益。除预期收益外（预期收益按照入伙协议约定确定），有限合伙人不再享受合伙企业其他利润分配。普通合伙人承担无限连带责任，有限合伙人以其出资额为限承担有限责任。在签字页，建邦基金公司在“普通合伙人”后加盖了公章，罗某某在“法定代表人/授权代表人”后加盖了人名章，胡某某在“有限合伙人”后签了字。

《建熙2号协议》第四部分为《建熙投资中心合伙人会议第一次会议决议》，内容为：建熙投资中心合伙人会议第一次会议在石家庄召开，普通合伙人及全体有限合伙人均获取了会议所需传达的信息。会议符合《合伙企业法》和《建熙投资中心合伙协议》的相关规定。普通合伙人及全体有限合伙人参加本次会议，会议中普通合伙人及全体有限合伙人一致通过下列决议：第一条建熙投资中心的项目投资，建熙投资中心的资金投资于补充融资方石家庄天工科技开发有限公司及其全资子公司霸州市华威发动机技术有限公司（简称“华威科技”）经营所需流动资金，投资期限为6+6个月，由河北融投担保集团有限公司为本次投资本金及收益提供无限连带责任担保。第二条建熙投资中心的现金分配，投资存续期内，按自然季度支付预期收益，到期支付本金及剩余收益；权利起始日为有限合伙人资金到账次日；有限合伙人收益不得再用于其他项目投资，应于建熙投资中心取得有限合伙人收益后10个工作日内按下列约定分配给所有合伙人（有限合伙人预期到期收益=有限合伙人实缴出资额×预期年化收益率÷365×实际存续天数）。有限合伙人收益应按每个有限合伙人基于实际出资额以下列原则和顺序优先向有限合伙人分配：

(1) 归还有限合伙人实际出资。100%向该有限合伙人分配，直至该有限合伙人收回其实际出资额为止。(2) 优先支付有限合伙人回报。100%向各有限合伙人分配，直至该有限合伙人实际出资额的年化收益率达到预期年化收益率(预期投资收益根据有限合伙人认缴出资额和实际运作期限的不同而不同)。个人所得税由有限合伙代扣代缴。有限合伙人预期年化收益率：有限合伙人实际投资本金（人民币/万元）50～100（不含），预期投资年化收益率（税后）11%，有限合伙人实际投资本金（人民币/万元）100～300（不含），预期投资年化收益率（税后）11.5%，有限合伙人实际投资本金（人民币/万元）300～500（不含），预期投资年化收益率（税后）12.5%。普通合伙人回报：在支付本条第一、二项回报后，所取得的剩余部分向普通合伙人分配，上述预期收益为有限合伙扣除管理费、有限合伙费用、有限合伙人应缴个税后的收益。第三条支付给有限合伙人的优先回报的计算期间，本决议第二条第二项所规定的支付给有限合伙人的优先回报计算期间的起算日不晚于所有有限合伙人全部缴齐出资额之日的第15个工作日，具体计算预期收益日期由执行事务合伙人另行向全部有限合伙人通知。有限合伙人的优先回报计算期间的到期日为有限合伙投资计划到期日。在签字页，建熙投资中心在“合伙企业”后加盖了公章，建邦基金公司在“普通合伙人”后加盖了公章，胡某某在“有限合伙人”后签了字。

2014年12月1日，建熙投资中心及建邦基金公司共同为胡某某出具了一份《建熙投资中心投资确认书》，内容为：“尊敬的建熙投资中心的合伙人胡某某女士：我基金已于2014年11月6日收到贵方出资RMB1,700,000元，大写壹佰柒拾万元整。贵方壹佰柒拾万元整出资额已全部作为投资款于2014年12月1日通过建熙投资中心划入石家庄天工科技开发有限公司（以下简称天工科技）指定账户，该项目投资期限12个月。该项目已于2014年12月1日成立，税后预期年化回报率为11.5%。我公司将恪尽职守，履行诚实、信用、谨慎、有效管理的义务，规范运作，为您提供高效、专业的服务。本公司特此致函通知，请妥善保管相关合伙人文件，感谢您对我公司的信任与支持。祝您身体健康，万事如意！”

2015年3月23日，建熙投资中心自其名下上述渤海银行账户向胡某某上述天津银行账户转账支付61,061元，转账时，建熙投资中心附言：往来款。此后，建邦基金公司向胡某某邮寄了《建熙2号石家庄天工科技环保项目投资基金利息缓期告知函》及《致尊敬投资人的一封信》。其中《建熙2号石家庄天工科技环保项目投资基金利息缓期告知函》内容为，“致尊敬的投资人：您投资于由建邦基金公司发起管理的建熙投资中心，产品名称河北融投担保——建熙2号石家庄天工科技项目投资基金，现就基金运行状况通知如下：建熙投资中心所投资资金及结算收益均在河北融投担保集团共管账号，现由于河北融投担保公司战略重组整合，第二个自然季度付息需要暂缓支付，与融投担保及石家庄天工科技开发有限公司协商后再另行通知付息时间。石家庄天工科技有限公司实际控股人为河北香河国隆房地产开发有限公司，控股股东为河北融投担保集团有限公司和王某，其担保授信额度反担保资产为河北香河国隆房地产及相关资产。为了解决目前河北融投担保集团500亿元债务问题，河北省政府已经全面启动重组资产方案，河北香河国隆房地产公司因其资产质量优良，已经纳入省政府重组标杆企业，债务重组方案已经在进行之中。河北融投为河北省最大担保公司，全国行业排名第3位，其总担保额度达500亿元，省政府为促使其良性发展进行战略重组，出现业务暂停，为了尽快解决拖欠利息问题，建邦基金公司向石家庄天工科技开发有限公司发送《利息逾期催收函》，经与借款人天工科技开发有限公司和河北融投担保集团商议暂缓利息支付，有任何疑问请致电：0311—或136××××××××郭某某总经理。0311—6660××××建邦基金公司郭某某。此致！”该告知函未注明落款时间。落款处加盖了石家庄建邦基金公司天工科技开发有限公司、建邦基金公司的公章。

《致尊敬投资人的一封信》内容为，“尊敬的投资人：您投资于建邦基金公司发起管理的建熙投资中心，产品名称河北融投担保——建熙2号石家庄天工科技项目投资基金，2014年12月31日基金发行成立，由于河北融投担保有限公司自2015年2月出现兑付风险，目前已经由河北建投托管，河北省政府、国资委为化解兑付危机，成立相关部门及再担保公司，资产管理公司，根据在保企业担保资产进行资产重组。建邦基金公司第一季度已经为投资人垫付利息，但至第二季度已无力垫付，故此在7月份给投资人发送第二季度付息暂缓通知函，如有个别客户没有收到，请联系我们的营销部门经理，对此给您造成的投资不能如期兑付利息，我们深深致歉。感谢您给予的宽容理解与支持。建邦基金公司为解决后续利息及本金兑付问题，已经与石家庄天工科技公司协商可行性方案，并帮助项目方协调融投担保公司如期履约，故此我们需要投资人耐心配合建邦基金公司解决问题，建邦基金公司承诺将及时向投资人反馈项目进展、资金解决方案，并采取措施尽快解决。”落款处加盖了建邦基金公司的公章，落款时间为2015年10月。

2016年1月26日，建熙投资中心自其名下上述渤海银行账户向胡某某上述天津银行账户转账支付15,000元，建熙投资中心注明转账用途为还款。

2017年6月23日，建邦基金公司出具了一份《债务化解方案》，且邮寄给了胡某某。《债务化解方案》内容为：致投资人：建熙投资中心与石家庄天工科技开发有限公司（以下简称天工科技）于2014年12月1日签订编号为××××的《借款合同》，约定借款共计人民币（币种，下同）壹仟叁佰捌拾万元，借款期限为12个月。合同签订后建熙投资中心依约向天工科技发放壹仟叁佰捌拾万元借款，从而对天工科技享有合法债权。天工科技在借款期限届满后经营出现困难，无法按期向建熙投资中心清偿上述借款。中国信达资产管理股份有限公司旗下的信达建润地产有限公司（以下简称“信达建润”）拟提供资金和资产并设立重组平台公司对天工科技进行资产和债务重组，解决该公司债务困境。涿州海康宏发房地产开发有限公司系涿州市世外桃源房地产项目开发建设单位，是本次信达资产重组天工科技的关联公司。它在“信达建润”重组期间及重组后自愿与天工科技共同承担对建熙投资中心的债务，同时提供部分房产抵偿天工科技对建熙投资中心的借款。因此，建熙投资中心于2017年3月27日与天工科技、涿州海康宏发房地产开发有限公司（抵债项目公司）签订了三方《和解协议》，该协议达成以房抵债核心条款：建熙投资中心、天工科技、涿州海康宏发房地产开发有限公司，就债权债务达成和解。和解后债务为固定金额壹仟三百八十万元（建熙投资中心确认不予计收借款利息、违约金等，只向天工科技主张所结欠本金，和解后债务称作“和解债务”），并将还款日展期至2019年12月31日。届时涿州海康宏发房地产开发有限公司通过标的房产（总房价款为壹仟三百八十万元，详见《和解协议》第2.2条，具体以建熙投资中心、涿州海康宏发房地产开发有限公司双方签署的《商品房买卖（预售）合同》为准，下同）清偿“和解债务”，以资产抵债及现金补差的方式代为清偿建熙投资中心借款，本金清偿后即实现合同债务全部消灭。但前述债务全部消灭前建熙投资中心不免除天工科技、河北融投集团约定的偿还债务的责任。若天工科技或涿州海康宏发房地产开发有限公司未在前述还款展期内偿还全部债务，则建熙投资中心恢复计收自借款之日起的借款利息、违约金，天工科技应向建熙投资中心偿还全部本金、利息和违约金。为此，建邦基金公司针对上述债务在涿州海康宏发房地产开发有限公司依约交付房产后对投资人制订以下方案：1. 建邦基金公司作为建熙投资中心的执行事务合伙人有职责完成《和解协议》的后续执行，包括该协议以房抵债资产的买卖合同的签署、过户、处置，以及聘请代理人、律师、顾问等人士处理和解协议各项事项。2. 根据和解协议履行情况及拟抵押资产处置进展，债务化解方案如下：（1）抵押房产预计在3年内，即2019年12月31日前交房。处置房产后，兑现投资人的本金，投资分红视处置房产情况酌情确定。收益率为5%～10%，最高不超过10%。（2）2020年6月30日前未能处置抵押房产的，投资人可认购抵押房产，认购房屋均价为《和解协议》约定的均价，即1.5万元/平方米。认购房产后，投资人的投资本金及收益权灭失。本人已悉知建熙投资中心与石家庄天工科技开发有限公司签订的《和解协议》并同意《债务化解方案》中的第一、二条化解方案。投资人：（注：胡某某未在“投资人”后签字）。落款为建邦基金公司，二零一七年六月二十三日。

一审诉讼中，胡某某主张，建熙投资中心并未在工商部门将胡某某作为有限合伙人进行备案登记，胡某某并非建熙投资中心有限合伙人，建熙投资中心以签订合伙协议为名，行民间借贷之实，因此双方不存在合伙关系，胡某某不受合伙协议条款约束。胡某某与建熙投资中心之间是名为有限合伙实为借贷的法律关系。建邦基金公司、建熙投资中心向胡某某推荐该私募基金产品时，向胡某某承诺保本保息，建邦基金公司、建熙投资中心共同出具的《建熙投资中心投资确认书》也明确了11.5%固定年化收益率及12个月的兑付期间，符合借贷关系的法律特征。此外，胡某某并没有加入合伙企业的意愿，胡某某签订协议的目的在于获取红利并不关心资金用途，虽然协议中有关于有限合伙人需承担风险的约定，建熙投资中心却承诺了固定收益率并承诺到期返还本金，其实质法律关系为借贷关系。最后，胡某某作为一退休人员，每月退休金为2500元左右，不符合《私募投资基金监督管理暂行办法》第十二条“私募基金的合格投资者是指具备相应风险识别能力和风险承担能力，投资于单只私募基金的金额不低于100万元且符合下列相关标准的单位和个人：（一）净资产不低于1000万元的单位；（二）金融资产不低于300万元或者最近三年个人年均收入不低于50万元的个人”的规定，属于不适格投资者。因此建熙投资中心与胡某某是以成立有限合伙企业进行投资为名，实际应为民间借贷的法律关系。另外，胡某某主张，建邦基金公司系以并未登记备案的私募基金对外非法募集资金。

建邦基金公司、建熙投资中心持其答辩意见对胡某某的上述主张不予认可，并称根据《建熙2号协议》第二部分第三条的约定，尽管没有对胡某某的入伙事实进行工商变更登记备案，但并不影响胡某某加入建熙投资中心所签入伙协议的生效及履行，也不能因此否定胡某某的合伙人身份。从《建熙2号协议》内容来看，其实质上是一份入伙合伙协议。从《建熙2号协议》标题来看，该合同仅仅是为了石家庄天工科技环保项目而协议对合伙企业以入伙方式进行含有一定风险性的投资行为，符合风险投资基金的特征。与胡某某签订入伙合伙协议时间为2014年11月6日，当时中国证券投资基金业协会还没有强制要求基金进行备案。因此，建熙投资中心没有将该私募基金备案的行为，并不违反行业相关规定，也不影响本案入伙合伙协议的法律效力。

一审诉讼中，建邦基金公司、建熙投资中心称，胡某某入伙河北融投担保·建熙2号石家庄天工科技环保项目投资基金的规模只有380万元，该380万元除了胡某某投资的就是建邦基金公司自己筹集的资金，建邦基金公司、建熙投资中心提交《和解协议书》《和解协议书之补充协议》《和解协议书之补充协议之二》予以证明，并称还想证明这是一个真实的投资项目，并非单纯借款，应当依据双方之间的合伙协议来认定各自的权利义务；其向石家庄天工科技开发有限公司转款的目的也是投资。建邦基金公司、建熙投资中心称《和解协议书》即为《债务化解方案》中提到的《和解协议》。经查，《和解协议书》的签订主体与《债务化解方案》中的描述相同，但确认的债权数额为380万元。对《和解协议书》确认的债权数额为何与《债务化解方案》不同，罗某某称："我们给香河国隆房地产集团融资是分了两个项目融资的，这个集团旗下天工科技这个项目是380万元，是以我们公司的名义做的。这个集团旗下国隆房地产公司是1000万元，是以我个人的名字做的，是另一种新产品。项目出现问题后，胡姐来找我们，我们也是着急去解决问题，打算用总盘子去解决。"

胡某某向一审法院起诉请求：1. 判令建熙投资中心立即归还胡某某借款本金170万元；2. 判令建熙投资中心向胡某某给付自2014年11月6日

至实际付清之日的利息（以170万元为基数，按照年化收益率11.5%计算，自2014年11月6日起至2015年11月5日，利息为197,672.22元；按照年化收益率11.5%的标准，自2015年11月6日起至实际付清之日止，给付资金占用期间的利息，利随本清）；3. 判令建邦基金公司对上述所有款项承担无限连带责任；4. 诉讼费及其他费用由建熙投资中心、建邦基金公司连带承担。

裁判结果

一审法院：1. 北京建熙股权投资中心（有限合伙）偿还胡某某借款本金1,700,000元，并支付利息（以1,700,000元为基数，自2014年11月7日起至实际付清之日止，按年利率11.5%计算。支付时应扣除已付利息76,061元），于判决生效之日起7日内执行；2. 河北建邦股权投资基金管理有限公司对北京建熙股权投资中心（有限合伙）针对上述债务不能清偿的部分承担无限清偿责任；3. 驳回胡某某的其他诉讼请求。如果未按判决指定的期间履行给付金钱义务，应当依照《民事诉讼法》第二百五十三条之规定，加倍支付迟延履行期间的债务利息。

二审法院：驳回上诉，维持原判。

各方观点

上诉人（原审被告）观点：1. 一审判决认定“建邦基金公司、建熙投资中心对胡某某承诺保本保息、固定收益、无风险”的事实错误。一审判决认定的相应事实与本案相关证据所能证明的事实完全不符，属认定事实错误。(1) 建熙投资中心、建邦基金公司在与胡某某签订合同时，已经将项目投资风险向胡某某进行了书面提示，胡某某接受并认可项目风险的存在。(2)《建熙2号协议》第四部分《建熙投资合伙人会议第一次会议决议》当中约定，有限合伙人实际投资本金100万~300万元的，预期投资年化收益率（税后）11.5%；《建熙投资确认书》中，也注明税后预期年化回报率为11.5%，但这并非建邦基金公司、建熙投资中心承诺给予胡某某的固定收益。(3)《建熙2号协议》第四部分《建熙投资合伙人会议第一次会议决议》对于有限合伙人收益分配的条件及时间作出了明确约定，一审判决判令建熙投资中心于判决生效之日起7日内向胡某某“偿还本金并支付利息”，实际上已经彻底否定了建熙投资中心与胡某某的书面约定，将原来双方明确约定好的附条件的分配收益条款，强行变成了无条件偿还本息，无端加重了建熙投资中心的合同义务。2. 一审判决以“《建熙2号协议》名为合伙、实为民间借贷”为由，将建熙投资中心认定为“借款人”，也属于认定事实错误。（1）一审判决在认定建熙投资中心与胡某某之间的法律关系时，认为双方实质上是民间借贷法律关系。然而，双方之间所有的经济来往的证据，却与民间借贷法律关系的特征完全不符。（2）胡某某向建熙投资中心提出还款的诉讼请求没有事实和法律依据。胡某某与建熙投资中心之间并未形成事实上的民间借贷关系，一审判决将建熙投资中心认定为借款人，并判决建熙投资中心向胡某某承担还款责任，显属错误。对此建邦基金公司、建熙投资中心也提供了与本案情况基本相同的判例。3. 一审判决适用法律错误。由于一审判决将建熙投资中心错误认定为借款人，将涉案170万元本息的偿还义务强加于建熙投资中心，从而错误适用《合伙企业法》第二条第三款、第三十八条、第三十九条、第四十条等法律规定，判令建邦基金公司对上述债务不能清偿的部分承担无限清偿责任，而该判决结果与《建熙2号协议》第三部分《合伙协议》第四条约定也存在互相矛盾之处。

被上诉人（原审原告）观点：同意一审判决，不同意建邦基金公司、建熙投资中心的上诉请求。

法院观点

一审法院观点：本案焦点问题为胡某某与建熙投资中心之间是否形成名为合伙实为民间借贷的法律关系。从建邦基金公司、建熙投资中心为胡某某出具的《建熙投资中心投资确认书》及《建熙2号协议》第二部分《建熙投资中心入伙协议书》、第四部分《建熙投资中心合伙人会议第一次会议决议》可以看出，涉案款项投资期限为12个月，投资存续期内，按自然季度支付预期收益，到期支付本金及剩余收益，收益自资金到账次日起计算，收益按投资金额为固定数额，且实际出资及收益100%得到分配。上述内容，说明胡某某投资涉案款项期限固定，且建邦基金公司、建熙投资中心承诺给予胡某某固定收益，符合民间借贷的法律特征。结合建熙投资中心工商档案中并未将胡某某登记为有限合伙人的事实，可以证实胡某某与建熙投资中心之间形成了名为合伙实为民间借贷的法律关系。胡某某要求建熙投资中心返还借款本金并按年利率11.5%支付利息的诉讼请求并无不当，一审法院予以支持。但计算利息的起始时间应按上述约定的自资金到账次日即2014年11月7日起计算，且应付利息应扣除建熙投资中心已支付的利息共计76,061元。

《合伙企业法》第二条第三款规定，有限合伙企业由普通合伙人和有限合伙人组成，普通合伙人对合伙企业债务承担无限连带责任，有限合伙人以其认缴的出资额为限对合伙企业债务承担责任；第三十八条规定，合伙企业对其债务，应先以其全部财产进行清偿；第三十九条规定，合伙企业不能清偿到期债务的，合伙人承担无限连带责任；第四十条规定，合伙人由于承担无限连带责任，清偿数额超过本法第三十三条第一款规定的其亏损分担比例的，有权向其他合伙人追偿。据此，合伙企业债务的承担分为两个层次，第一顺序的债务承担人是合伙企业，第二顺序的债务承担人是全体合伙人。由于债务人的交易对象是合伙企业而非合伙人，合伙企业作为与债权人有直接法律关系的主体，应先以其全部财产进行清偿，因合伙企业不具备法人资格，普通合伙人不享受有限责任的保护，合伙企业的财产不足清偿债务的，全体普通合伙人应对合伙企业未能清偿的债务部分承担无限连带清偿责任。因而，《合伙企业法》第三十九条所谓的“连带”责任，是指合伙人在第二顺序的责任承担中相互之间所附的连带责任，而非合伙人与合伙企业之间的连带责任。本案中，建邦基金公司作为建熙投资中心的唯一普通合伙人，应对建熙投资中心对上述债务不能清偿部分承担无限清偿责任。胡某某要求建邦基金公司对涉案债务承担无限连带责任，没有事实及法律依据，一审法院不予支持。

二审法院观点：根据双方当事人的诉辩意见，本案的争议焦点为建熙投资中心、建邦基金公司与胡某某之间成立何种法律关系。

《最高人民法院关于适用〈中华人民共和国民法典〉时间效力的若干规定》第一条第二款规定：《民法典》施行前的法律事实引起的民事纠纷案件，适用当时的法律、司法解释的规定，但是法律、司法解释另有规定的除外。因本案涉及的法律事实发生在《民法典》生效之前，属于《民法典》施行前的法律事实引起的民事纠纷案件，故应当适用当时生效的法律的规定。

本案中，双方对相互之间的法律关系性质各执一词，胡某某主张其与建熙投资中心之间是名为有限合伙实为借贷的法律关系，建熙投资中心、建邦基金公司则主张双方之间成立的是合伙法律关系。对此本院分析如下。

一、关于建熙投资中心与胡某某之间成立何种法律关系

《私募投资基金监督管理暂行办法》第二条规定，本办法所称私募投资基金，是指在中华人民共和国境内，以非公开方式向投资者募集资金设立的投资基金；非公开募集资金，以进行投资活动为目的设立的公司或者合伙企业，资产由基金管理人或者普通合伙人管理的，其登记备案、资金募集和投资运作适用本办法。本案中，建熙投资中心、建邦基金公司主张建熙投资中心与胡某某签订《建熙 2 号协议》系为了向胡某某募集资金对天工科技公司进行投资，结合胡某某的转账、签订相关确认书、协议书的时间，本院认为可以结合该办法的相关规定及《建熙 2 号协议》的具体约定对双方之间的法律关系进行审查认定。

首先，根据《私募投资基金监督管理暂行办法》第七条、第八条的规定，各类私募基金管理人应当根据基金业协会的规定，向基金业协会申请登记；各类私募基金募集完毕，私募基金管理人应当根据基金业协会的规定，办理基金备案手续。在本案审理中，建邦基金公司、建熙投资中心认可涉案天工科技公司项目投资基金规模仅为 380 万元，除了胡某某的投资就是建邦基金公司自己筹集的资金，在此情况下，建熙投资中心、建邦基金公司既未按照上述规定进行登记和备案，也未在建熙投资中心工商档案中将胡某某登记为有限合伙人，明显不符合常理。同时，中国证券投资基金业协会于 2014 年 1 月 17 日发布的《私募投资基金管理人登记和基金备案办法（试行）》第十一条规定，私募基金管理人应当在私募基金募集完毕后 20 个工作日内，通过私募基金登记备案系统进行备案，并根据私募基金的主要投资方向注明基金类别，如实填报基金名称、资本规模、投资者、基金合同等基本信息。建熙投资中心、建邦基金公司在本案审理中提出其与胡某某签订入伙合伙协议时中国证券投资基金业协会还没有强制要求基金进行备案的辩称理由缺乏依据，本院不予采信。

其次，根据《私募投资基金监督管理暂行办法》第十一条、第十四条的规定，私募基金应当向合格投资者募集，私募基金管理人、私募基金销售机构不得向合格投资者之外的单位和个人募集资金。对于前述规定中的“合格投资者”，该办法在第十二条中作出了界定，即“私募基金的合格投资者是指具备相应风险识别能力和风险承担能力，投资于单只私募基金的金额不低于100 万元且符合下列相关标准的单位和个人：（一）净资产不低于1000 万元的单位；（二）金融资产不低于300 万元或者最近三年个人年均收入不低于50 万元的个人”。具体到本案中，建熙投资中心作为私募基金管理人，其在募集资金的过程中应当依照上述规定对胡某某是否属于合格投资者进行审核和评估，但在本案审理中，建熙投资中心、建邦基金公司并未提交充分证据证明其已对胡某某是否具备相应风险识别能力和风险承担能力以及胡某某的金融资产或相应期间年收入情况进行了审核评估，结合涉案《风险申明书》的内容系预先打印完成、具有格式文本特征的情况，本院无法认定建熙投资中心、建邦基金公司在与胡某某签订合同时已经将项目投资风险向胡某某进行了充分的提示，故就建熙投资中心、建邦基金公司上诉提出本案中应由胡某某自行承担投资风险的主张，本院实难采信。

最后，《私募投资基金监督管理暂行办法》第十五条规定，私募基金管理人、私募基金销售机构不得向投资者承诺投资本金不受损失或者承诺最低收益。就《建熙 2 号协议》的具体约定来看，《建熙投资中心入伙协议书》《建熙投资中心合伙人会议第一次会议决议》中均有“按自然季度支付预期收益，到期支付本金及预期收益”的内容，在《建熙 2 号协议》并未对上述约定中的本金作出明确解释和界定的情况下，胡某某有理由相信到期后其本金会得到保障；同时，《建熙投资中心合伙人会议第一次会议决议》第二条约定“有限合伙人预期到期收益 = 有限合伙人实缴出资额 × 预期年化收益率 ÷ 365 × 实际存续天数”，根据该条约定内容，在胡某某的出资额和预期年化收益率（税后 11.5%）均已固定的情况下，胡某某的预期到期收益仅与投资存续天数呈正相关关系，此情况与投资关系到期后根据投资收益情况及投资比例分配收益并不相同，而更为符合借贷关系中利息计算方式的特征。

此外，就本案在案证据显示的内容，建熙投资中心向胡某某转账支付

15,000 元时亦明确标注转账用途为还款。

本院认为，从文本的外观、内容来看，本院有理由相信本案所涉及的各项协议、确认书、决议等文本都为建邦基金公司、建熙投资中心制作拟定并向胡某某提供，建熙投资中心、建邦基金公司作为相对专业的机构应当确保自身行为合规的前提下保证文本内容表意准确，不能误导投资者。在其存在不规范运作且无法对己方不利的文本内容和行为进行合理解释说明的情形下，本院认为本案结合相关文本中的约定内容应当采信胡某某对法律关系的合理主张。综合前述各方面的分析意见，就本案现有证据及查明事实，应当认为双方之间的法律关系虽具有合伙关系的外观，但其实质上更为显著地体现为借贷关系中还本付息的法律特征，一审法院结合本案审理情况对胡某某要求建熙投资中心返还本金及支付相应利息的请求予以支持并无不妥，应予维持。对建邦基金公司、建熙投资中心的该部分上诉请求与事实理由，本院难以支持。

二、关于建邦基金公司的责任认定

《合伙企业法》第二条第三款规定，有限合伙企业由普通合伙人和有限合伙人组成，普通合伙人对合伙企业债务承担无限连带责任，有限合伙人以其认缴的出资额为限对合伙企业债务承担责任。如前所述，建熙投资中心与胡某某之间的法律关系具备借贷关系的法律特征，建邦基金公司作为建熙投资中心的普通合伙人，应对建熙投资中心向胡某某还本付息的债务承担无限连带责任。一审判决对本案中建邦基金公司应予承担的责任作出的认定于法有据，应予维持。建邦基金公司、建熙投资中心上诉提出建邦基金公司不应在本案中承担责任的主张缺乏依据，本院不予支持。

经本院审查，建邦基金公司、建熙投资中心提供的相应判例在案件情况及预期收益计算等方面与本案存在差异，无法进行类推适用，对建邦基金公司、建熙投资中心提出的相应上诉意见，本院不予采信。

综上所述，建邦基金公司、建熙投资中心的上诉请求不能成立，应予驳回；一审判决结果并无不当，本院予以维持。

▶案例二◀

案　　号：（2021）京0114民初4322号

案件名称：刁某某等与吴某合同纠纷

裁判要旨：根据《私募投资基金监督管理暂行办法》第七条、第八条的规定，各类私募基金管理人应当根据中国证券投资基金业协会的规定，向中国证券投资基金业协会申请登记；各类私募基金募集完毕，私募基金管理人应当根据基金业协会的规定，办理基金备案手续。涉案基金未在中国证券投资基金业协会进行备案公示，际泉熙公司、吴某亦不能举证证明并说明涉案基金的实际募集情况、已募集的涉案投资款真实投入了约定项目以及涉案款项的具体使用用途等，际泉熙公司、吴某亦未进行私募基金管理人备案。综上，从性质上看，涉案合同不具备基金合同的构成要件，应当认定为民间借贷合同。

案情简介

原告：刁某某

被告：北京际泉熙投资管理有限公司（以下简称际泉熙公司）

被告：吴某

2019年10月29日，刁某某向吴某转账1,000,000元，附言资产托管。同日，刁某某向吴某发送微信“×哥，昨天忙完太晚了，刚刚转给你”，吴某答“谢谢，收到了”。

2019年11月1日，刁某某（委托人）与际泉熙公司、吴某（管理人）签订《破晓汇恒外汇投资基金合同》，约定：刁某某认购基金100万元，产品基本情况为，基金名称破晓汇恒外汇投资基金，投资目标为在严格控制风险的前提下，力争为基金委托人完成当期收益，投资范围全球外汇市场，基金的存续期限自本基金成立之日起1年；基金管理人特别提示，基金投资者的年化业绩比较基准仅为根据基金稳健所做的正常状态下的收益率，本基金风险极低，但无法保证基金委托人委托财产不受损失或者保证其取得最低收益的承诺，投资有风险，基金投资者仍可能会面临无法取得年化业绩比较基准甚至损失本金的风险；基金的募集期间自基金份额发售之日起不超过1个月，募集期间由基金管理人决定，基金管理人有权依据发售情况延期或者提前结束，但延长期限最长不得超过1个月；基金的募集对象包括普通合格投资者以及特殊合格投资者，基金份额持有人累计不得超过200人；“产品的申购与赎回”一节约定，以申购完成所在月为基准月，本基金一次性兑付本息的日期为12个自然月之后的5个工作日之内；投资人签署本合同，并确认投资资金汇入管理人特定账户后成为本产品的投资人，并自确认日下一工作日起开始计算。“产品的投资收益”一节约定，本基金的有效期为12个月，本基金的封闭期为12个月，本基金风险极低，投资者本金不受损失；投资者一次性申购金额为人民币100万元至人民币300万元，则预期收益率为12%。该合同另约定有其他内容。

经查，际泉熙公司未办理私募基金管理人备案，亦未能查询到涉案“破晓汇恒外汇投资基金”办理登记备案的公示信息。关于收取刁某某支付的100万元后，该资金的投资方向及使用情况，际泉熙公司称因吴某犯窝藏罪现于监狱服刑，具体情况无法核实，但庭审中际泉熙公司称刁某某的投资款在公司账户中，具体金额亦无法核实。

刁某某提出诉讼请求：1. 二被告偿还原告投资本金100万元及利息（以100万元为基数，自2019年10月30日起至实际付清之日止，按年收益率12%计算）；2. 二被告承担本案诉讼费用。

裁判结果

一审法院：

1. 际泉熙公司、吴某于本判决生效后7日内返还刁某某1,000,000元；

2. 际泉熙公司、吴某于本判决生效后7日内支付刁某某利息（以1,000,000元为基数，自2019年10月30日起至实际付清之日止，按全国银行间同业拆借中心公布的贷款市场报价利率计算）；

3. 驳回刁某某的其他诉讼请求。

各方观点

原告观点：1. 原告与二被告签订《破晓汇恒外汇投资基金合同》（以下简称《基金合同》），约定原告作为基金委托人、二被告作为基金管理人，原告委托二被告投资，到期二被告返还原告本息，完成投资收益，其中合同书约定：(1) 订立本合同的目的、依据和原则：订立本基金合同的依据是《合同法》《证券法》《证券投资基金法》等有关法律法规。(2) 基金存续期指基金成立日至终止日之间的期限，本基金存续期为自本基金成立之日起 1 年。(3) 自本基金成立之日起 1 年，如本基金存续期届满最后一日为节假日，则本基金存续期顺延至下一工作日。(4) 以申购完成所在月为基准月，本基金一次性兑付本息的日期为 12 个自然月之后的 5 个工作日之内；按照兑付本息的时间计算，管理人在 5 个工作日之内将本息汇入投资者指定账户后投资人完成本次产品的投资。(5) 投资者一次性申购金额为人民币 100 万元至人民币 300 万元，则预期年收益率为 12%。2. 原告按照合同书约定，于 2019 年 10 月 29 日向被告指定账户汇款 100 万元，被告应依约于投资后 12 个自然月之后的 5 个工作日内 (2020 年 11 月 6 日前) 向原告一次性兑付本息，原告于到期后多次催被告偿还本息，但被告一直不予理睬，至今未兑现。原被告双方符合借款合同法律性质，基金合同约定投资期限 1 年，期限届满后的 5 个工作日被告一次性兑付本息，投资收益为预期年利率 12%。因此，被告接受原告委托进行投资，原告不关心被告投资方向、投资标的、资金实际用途，双方约定了固定的年化收益率、兑付日期、到期兑付本金及利息，表现出原告与被告的缔约目的和合同预期为追求资产的固定本息回报，符合借贷法律特征，原被告之间名为基金认购，实为借款合同。双方对收益率的约定未超过法律法规的强制性规定，被告应按照年收益率 12% 支付本金及利息，自 2019 年 10 月 30 日起支付至实际付清之日止。被告的上述行为严重违反合同约定，侵害原告合法权益，故起诉。

被告观点：100 万元是投资款不是借款，投资款在被告公司账户，公司账户中有原告多少钱我们不清楚，但账户中的钱我们同意返还，账户是吴某操作的，他因窝藏罪被羁押。吴某不应作为被告，其签字代表公司行为。《基金合同》系投资合同，约定了相关风险，同时约定"管理人承诺按照恪尽职守、诚实信用、谨慎勤勉的原则管理和运用财产""力争为基金委托人完成当期效益""基金管理人特别提示，投资有风险，基金投资者仍可能面临无法取得年化业绩甚至损失本金的风险""预期年收益率为 12%"，该合同多处均对原告进行风险提示，原告系成年人，在明知投资有风险的前提下仍进行转账投资，由此带来的投资风险应由原告承担。被告公司工商登记的经营范围为投资管理，被告吴某作为公司法人，其本人于 2015 年 11 月参与过外汇交易员、贵金属交易师的培训，并获得相关机构对其专业知识和技能的认可，故被告有资格对外投资，原被告签订投资合同真实有效。原被告签署合同继续有效，但因吴某被羁押现无法进行操作。按照正常交易习惯，原告要想赎回由被告投资的本金及产生的相应收益，必须向被告进行申请，现有证据无法证明原告曾向被告公司申请，故原告投资未赎回。原告起诉不符合实际情况，请求驳回其诉讼请求。

法院观点

刁某某与际泉熙公司、吴某签订的《基金合同》，为各方当事人真实的意思表示，约定内容未违反法律、行政法规的强制性规定，且未出现无效事由，该合同应为有效合同。本案争议焦点为关于该合同法律关系的认定。根据《私募投资基金监督管理暂行办法》第七条、第八条的规定，各类私募基金管理人应当根据基金业协会的规定，向基金业协会申请登记，各类私募基金募集完毕，私募基金管理人应当根据基金业协会的规定，办理基金备案手续。涉案基金未在中国证券投资基金业协会进行备案公示，际泉熙公司、吴某亦不能举证证明并说明涉案基金的实际募集情况、已募集的涉案投资款真实投入到了约定项目以及涉案款项的具体使用用途等，际泉熙公司、吴某亦未进行私募基金管理人备案。综上，从性质上看，涉案合同不具备基金合同的构成要件，应当认定为民间借贷合同，则刁某某为出借人，际泉熙公司、吴某为共同借款人。故刁某某支付的100万元，际泉熙公司、吴某应当予以返还。关于利息损失，虽合同约定“投资者一次性申购金额为100万元至300万元，预期年收益率为12%”，但合同同时约定“投资有风险，基金投资者仍可能会面临无法取得年化业绩甚至损失本金的风险”，关于“收益率”的约定属约定不明，故对刁某某以年利率12%为标准计算利息损失的主张，本院不予采纳。结合本案事实查明情况，本院确认，际泉熙公司及吴某以贷款市场报价利率为标准向刁某某支付利息。

四、私募基金管理人不具有相应资格，募集失败后非法占有投资款且拒不返还的，构成合同诈骗罪

案　　号：（2020）沪01刑终589号

案件名称：周某合同诈骗案

裁判要旨：经营者称其公司具有私募基金从业资格，产品亦合法备案。其后经营者称基金募集失败，并以种种理由拖延向投资者返还资金，并最终失去联络。中国证券投资基金业协会网页查询信息、Z公司银行对账单、期货交易流水等证据证实，Z公司不具有私募基金管理人资格，经营者将投资者认购基金产品的资金用于购买期货等。上述证据相互印证，足以证实经营者谎称募集私募基金，骗取被害人资金并擅自用于期货交易等，且逃避返还，其行为已构成合同诈骗罪。

案情简介

原公诉机关：上海市浦东新区人民检察院

上诉人（原审被告人）：周某

2016年4月，被告人周某在经营Z公司期间，对被害人俞某谎称其公司是一家私募基金管理公司，在发行一个募集金额为人民币4000万元（以下币种相同）的私募基金产品，已经募集3700万元，尚缺300万元就能募集成功，并承诺保本保息，诱使俞某在上海市浦东新区××路××号××大厦16号楼与其公司签订《瑞宸中投1号私募基金基金合同》，骗得俞某钱款100万元。

被害人俞某陈述，2016年3月底，前同事刘某某给其介绍了周某及其公司，说周某公司在做一个私募基金产品，年化率8.5%，保本，让其考虑一下。俞某一方面出于对刘某某的信任，另一方面觉得是保本的，风险不大，故在2016年4月28日，和周某在刘某某的办公室即上述16号楼见面。周某介绍，其公司是有私募基金牌照的，发行的基金产品也是在中国证券投资基金业协会备过案的，已经募集了3700万元，还差300万元，只要资金全部募集到位，就可以进行申报等。周某说的时候，刘某某也在场，俞某当时就表示同意购买。周某从公文包里拿出一份合同，俞某就签字了，瑞宸公司的章是盖好的，其出资100万元购买江苏瑞宸投资管理有限公司发行的瑞宸中投1

号私募基金，合同约定基金募集如果失败，基金管理人应在募集期结束后30日内返还100万元。周某还说资金到位后会放在中投期货公司上海营业部进行交易等。签好合同后，俞某就和周某、刘某某三人一起到附近的浦发银行转账100万元到周某的瑞宸公司账户，即收款人姓名为江苏瑞宸投资管理有限公司的中国工商银行溧阳市支行账户。转账时，银行工作人员未告知该账户不是基金的托管账户，后来联系不到周某，俞某向银行询问时，银行工作人员告知其该账户就是一个普通公司账户。2016年5月，周某电话俞某，告知募集资金失败，俞某当时就让周某将资金归还，周某说资金被冻结了，需要时间。之后和周某联系，他不是说在路上就是要搞路演等，以种种借口，拒不归还俞某资金。刘某某也打电话给周某，但后来周某把刘某某微信拉黑了。2016年8月，再打周某电话就一直是忙音了。募集资金失败后，俞某未与周某达成过让周某使用该笔资金进行炒股、投资期货等口头协议，而是让周某把钱归还。100万元打给周某后，周某也没有告诉过俞某相关的使用情况，因为当时按照周某的说法，资金还在募集期，募集满了就可以到中国基金协会申报挂牌。

2019年5月8日，被告人周某被公安人员抓获到案。

审理过程中，被告人家属自愿帮助被告人周某退赔5万元。

裁判结果

以合同诈骗罪对被告人周某判处有期徒刑10年，并处罚金人民币10万元；退缴在案的违法所得人民币5万元发还被害人，其余违法所得予以追缴，不足部分责令退赔。

各方观点

被告人周某观点：周某在事前明确告知过被害人其公司无相应资质，且未向被害人谎称其公司在发行一个募集金额为4000万元的私募基金产品，缺口为300万元。被害人在明知被告人所在公司相关金融牌照申请未获批准的情况下，仍委托被告人继续理财，并知晓投资款项被用于期货交易、购买股票等，亦知晓相关投资过程。在投资出现亏损且被害人知晓后也未要求其退款。

法院观点

1. 被告人周某在签订合同时虚构事实，隐瞒真相

根据相关证据，瑞宸公司未在中国证券投资基金业协会登记备案，不具有私募基金管理人资格，但根据本案证人及被害人的证言，被告人周某在与被害人洽谈投资事宜时，谎称其公司具有私募基金牌照，发行的基金产品也是在中国基金协会备过案的，并且，谎称该公司正在发行一个4000万元的私募基金，已经募集了3700万元，还缺300万元就能募集成功，致使被害人俞某对其公司的资质及该公司的基金产品产生错误认识，并决定对被告人所称基金产品进行投资并转账100万元。

2. 募集失败后，被告人具有非法占有投资款且拒不返还的行为

根据相关证据，被告人在2019年5月初即得知申请私募基金牌照失败，并告知被害人，被害人根据约定要求其归还钱款，但被告人不仅不归还，仍于2019年5月3日、4日将67万元钱款转至东海期货有限责任公司，并在后期从该账户出金8.96万元，其余钱款均被支出，后被害人及证人均无法联系上被告人周某。被告人提出的“被害人明知金融牌照申请未获批准仍委托被告人继续理财”“被害人知晓投资款项被用于期货交易、购买股票等，并知晓相关投资过程”“被害人未要求被告人退款”等辩解无相关证据予以印证。因此，认定被告人周某存在非法占有投资款且拒不返还的行为。

3. 本案的犯罪金额应认定为100万元

根据本案证据，尽管被告人将部分钱款投入东海期货有限责任公司进行期货交易，但上述投资行为均无证据证实系在被害人知情且委托被告人的情况下进行，因此，该行为系被告人对被害人财物的处分行为，而非受委托的投资行为。故本案的犯罪金额应认定为100万元，对于辩护人所提相关辩护意见本院不予采纳。

4. 被告人未如实供述犯罪事实，不能认定为具有坦白情况

根据本院查明的事实，被告人到案后虽对资金去向作了供述，但辩称其在签订合同时未虚构事实、隐瞒真相，并辩称对于钱款进行期货交易等系基于被害人俞某的委托，不具有非法性，且被害人在事后也未向其催讨。上述辩解系对于主要犯罪事实的否认，故不能认定为具有坦白情节，对于辩护人所提相关辩护意见本院不予采纳。

综上，本院认为，被告人周某以非法占有为目的，在签订、履行合同的过程中，骗取被害人财物，数额特别巨大，其行为已构成合同诈骗罪。

| 章节小结 |

针对私募基金管理人的登记义务，《证券投资基金法》《私募投资基金监督管理条例》《私募投资基金监督管理暂行办法》《关于加强私募投资基金监管的若干规定》《私募投资基金管理人登记和基金备案办法（试行）》均有详细的规定，要求各类私募基金管理人在募集前根据基金业协会的规定，向基金业协会申请登记。显而易见，私募基金管理人进行登记是募集的前提。然而，上述法律法规及行业自律性规范均未对私募基金管理人未履行登记义务的民事法律后果进行明确，尤其是对基金合同效力是否产生影响，这就给司法裁判留下了较大的裁量空间，给私募基金投资活动带来了较大的不确定性。

经我们对近年司法判例的整理，发现目前主流的司法裁判观点仍存分歧。部分法院认为，私募投资基金管理人需要明确的资质，对于私募基金管理人未经登记开展私募业务的，其与投资者签署的基金合同无效。也有部分法院认可了私募基金管理人未经登记时基金合同的效力，但认为该等情形下，私募基金管理人构成根本违约，投资者有权主张解除合同。

对于私募基金管理人未进行登记，且基金合同中约定有保底条款的，法院基本达成一致意见，即认为保底条款违反《私募投资基金监督管理暂行办法》第十五条不得承诺保本或承诺最低收益的相关监管规定，其合同性质更符合借贷关系中利息计算方式的特征，故将基金合同认定为借款合同。针对上述司法裁判观点和尺度，我们认为，对于投资者而言，无论是认定合同无效、可解除抑或将基金合同认定为借款合同，投资者在基金管理人募集前未合规进行登记的情况下，均可以通过诉讼方式向管理人主张款项，达到让管理人返还投资款项的目的。而对于管理人而言，应当谨慎遵守监管规定，在募集前先行取得资质，履行基金管理人登记义务。在募集失败后，应当主动向投资者返还投资款项，避免涉嫌刑事犯罪。

第二节　私募基金项目募前阶段居间合同纠纷

一、私募基金项目居间合同性质的认定

案　　号：（2019）粤01民终7187号

案件名称：邓某某、梁某某居间合同纠纷

裁判要旨：受托方主要合同义务是介绍客户与委托人共同投资成立基金，委托人的主要合同义务是在收到客户业绩分成后，在3个工作日内将利润的10%支付给受托方，该等合同符合居间合同的特征和构成要件，可以认定双方为居间合同关系。

案情简介

上诉人（原审原告）：邓某某

被上诉人（原审被告）：梁某某

原审第三人：广州市犇鑫投资管理有限公司（以下简称犇鑫公司）

犇鑫期权分红策略一号私募证券投资基金在中国证券投资基金业协会信息公示页面显示，成立的时间为2016年9月21日，备案时间为2017年1月5日，基金管理人为犇鑫公司，托管人为国信证券股份有限公司，梁某某为犇鑫公司的高级管理人员。

2016年12月22日，邓某某（甲方）与梁某某（乙方）签订《居间合作协议》，合作期限为自本协议生效日起12个月。合同约定，乙方介绍客户吴某穗与甲方共同投资成立基金，产品名称为"犇鑫期权分红策略一号私募证券投资基金"。该基金产品用于合作投资A股二级市场，由犇鑫公司作为发行方，由甲方操盘进行期权投资。该期产品自成立起，客户吴某穗将在每月第四个星期四计算并提取当月所得利润，赎回所得利润相应的产品份额，客户通过本产品投资所获总利润的40%归其所有，并按约定在3个工作日内把总利润的60%转账到甲方的指定银行账户。甲方在收到客户的业绩分成后，应在3

个工作日内把客户通过本产品投资所获总利润的10%转账到乙方的指定银行账户，逾期将按每日5‰的比例收取滞纳金。本产品中途操作亏损达到预警线或止损线，需向产品专户追加增强资金时，由甲方承担按基金合同规定时间内追加增强资金的责任，乙方仅作为居间人为甲方介绍客户，不承担产品投资亏损风险。同时，邓某某作为投资者签署了《犇鑫期权分红策略一号私募证券投资基金基金合同》及其附件《犇鑫期权分红策略一号私募证券投资基金风险揭示书》、《声明与承诺》，载明邓某某认购/申购的金额为100万元，邓某某均签字确认投资私募基金面临的风险，并知晓管理人、托管人及相关机构不应对私募财产的收益状况作出任何承诺或担保。梁某某还提供了《私募基金客户回访问卷》、《个人投资者风险调查问卷》、邓某某参加基金从业人员资格考试的成绩及合格证、《关于基金从业资格考试有关事项的通知》，欲证明邓某某知晓投资的风险，并对金融产品及其相关风险具有丰富的知识，不存在欺诈、重大误解的情况。对此，邓某某表示其虽然参加了考试但因没有参加培训故未取得相应资格，不具备操盘的资格，目前为自由职业。

2016年12月29日，邓某某向犇鑫公司转账支付了100万元，注明为认购犇鑫期权分红策略一号私募证券投资基金100万元。

邓某某于2016年12月22日、2017年3月31日分别与吴某穗、张某华签订《证券投资合作协议》，约定共同投资成立犇鑫期权分红策略一号私募证券投资基金，由犇鑫公司作为发行方，由邓某某操盘进行期权投资，并对合作投资收益分配、亏损的承担等作出约定。

梁某某提交了双方的微信聊天记录，欲证明邓某某从事投资行业并自愿向吴某穗承诺保本，不存在重大误解，梁某某不构成欺诈。微信聊天记录反映邓某某于2017年9月1日表示"你我都是做投资的……我之所以愿意给客户保本，是我愿意并且能够承担那些风险，所以才会有此前的合同和协议。但现在这些附加的协议和条件，已经远远超出我此前的设定"，梁某某于2017年11月3日表示"你要明白，客户是你找来的，盘子是你操作的，他们认同与否，怎么沟通，就应该是你们的问题，正如你私人帮人操盘，在券商开户，难道券商帮你和客户沟通？我们现在是作为通道业务给你通道，和券商的身份一样的"，邓某某回复称"没错，你尽职尽责说明一下就是了"。关于犇鑫期权分红策略一号私募证券投资基金的具体运作情况，邓某某提供了其与梁某某的微信聊天记录，欲证明其接受犇鑫公司委托从事基金管理工作，并未操盘，且该基金管理账户由犇鑫公司管理。

对于梁某某已收取邓某某款项 30,111.64 元，双方无争议，但邓某某主张梁某某以中间费的形式收取不正当利益，并提供了邓某某与梁某某的微信聊天记录、转账记录、银行流水等证据。聊天记录反映，邓某某多次向梁某某转账并表明为佣金。根据转账记录、银行流水，显示邓某某向梁某某转账支付了三笔款项，注明为 2017 年 2 月至 4 月的分红，邓某某表示梁某某在收取上述三笔款项后即转付给吴某穗，存在恶意串通。梁某某则表示吴某穗为其投资客户，双方具有长期的投资理财关系，因吴某穗对邓某某的资金管理水平有顾虑并表达了对资金安全的需求，为维持客户的长期合作，同时为表明未利用吴某穗获得利益，梁某某向吴某穗披露了相关居间合同并将居间费用赠与吴某穗。梁某某认为其依照居间合同约定履行义务，相关款项不应返还，提交了国信证券股份有限公司制作的三份《基金红利发放明细报表》，欲证实犇鑫期权分红策略一号私募证券投资基金仅分红三次。

2017 年 12 月 29 日，犇鑫公司向国信证券资产托管部出具了《犇鑫期权分红策略一号私募证券投资基金初级止损线清盘处理申请函》，载明犇鑫期权分红策略一号私募证券投资基金在 2017 年 12 月 29 日收盘后，经基金管理人估算的基金参考份额净值低于止损线，犇鑫公司已通知每个投资者按照持有的份额占所有基金份额的比例追加资金，但投资者吴某穗与张某华表示不再追加增强资金，而投资者邓某某同意追加。按照基金合同约定，若全体投资人未按《追加增强资金通知书》要求的最低金额追加增强资金，或有投资人拒绝追加增强资金，管理人应对本基金持有的全部资产进行不可逆的平仓操作，直至基金资产全部变为现金资产，该基金自行终止。目前，犇鑫公司已平仓，同意本基金即日起进行清盘处理。邓某某、吴某穗、张某华作为全体份额持有人签字确认该申请函。邓某某还提交了微信聊天记录，欲证明上述申请函反映的吴某穗等不同意追加增强资金导致该基金清盘的事实，以及邓某某不能操盘该基金，梁某某与吴某穗恶意串通损害其利益。

2018 年 1 月 15 日，犇鑫公司与国信证券股份有限公司共同确认了《犇鑫期权分红策略一号私募证券投资基金财产清算报告》。该报告载明犇鑫期权分红策略一号私募证券投资基金自 2016 年 12 月 30 日起正式开始运作，截至 2017 年 12 月 29 日该产品份额净值触及平仓线，执行清盘。截至 2017 年 12 月 29 日，资产合计 6,315,381.3 元，负债合计 42,338.64 元，资产净值 6,273,042.66

元。预计于清盘支付日由托管户出款金额为6,273,042.66元，客户最终得到的总权益将为6,273,042.66元。国信证券股份有限公司还于同日制作了《清盘明细报表》，载明犇鑫期权分红策略一号私募证券投资基金客户邓某某、吴某穗、张某华的确认份额、确认金额、成交金额等。

另查明，2018年1月26日，吴某穗向一审法院提起诉讼，要求邓某某依据双方于2016年12月22日签订的《证券投资合作协议》支付亏损的投资款409,079.59元并支付相应违约金。一审法院以（2018）粤0106民初2633号立案受理。

邓某某向一审法院起诉请求：1. 确认《居间合作协议》无效；2. 判决梁某某返还人民币30,111.64元；3. 梁某某承担本案的诉讼费。

裁判结果

一审法院：驳回邓某某的诉讼请求。

二审法院：驳回上诉，维持原判。

各方观点

上诉人（原审原告）观点：邓某某认为该协议不属于《合同法》第四百二十四条规定的居间合同，表示该协议约定的是梁某某作为犇鑫公司的代表人、法定代表人招募投资者，其销售、发行私募基金的募集行为，违背了中国证监会、中国证券投资基金业协会有关私募基金募集、发行的有关规定，通过虚假承诺由邓某某操盘，并预先安排邓某某向与其具有相同身份的其他投资者以承担“保底责任”的方式来吸引、诱惑投资者，进而募集、销售、发行私募基金。邓某某主张《居间合作协议》违反了《合同法》第五十二条、第四百二十五条的有关规定，应属无效，具体理由包括：梁某某未能诚信履行义务具有重大过错；梁某某与吴某穗恶意串通损害邓某某的利益；《居间合作协议》以合法形式掩盖非法目的、损害社会公共利益、违反《证券投资基金法》第一百零三条关于不得以任何方式承诺或者保证投资收益的强制性规定。邓某某还提交了《证券投资基金法》第十一章的法律释义，以证明基金管理人及其从业人员不得以任何方式承诺或者保证投资收益，若承诺投资收益，会引发恶性竞争、破坏公平，损害社会公共利益。

二审中，邓某某陈述，其主张《居间合作协议》存在以合法形式掩盖非法目的的情形，《居间合作协议》是为梁某某、吴某穗谋取利益，以及预先安排邓某某承担保底责任。上述目的违反了《私募投资基金监督管理暂行办法》第十五条、第二十三条第三项的规定。《居间合作协议》关于保底责任的约定是合同第三条“本产品中途操作亏损达到预警线或止损线，需向产品专户追加增强资金时，由甲方承担在基金合同规定时间内追加增强资金的责任，乙方仅作为居间人为甲方介绍客户，不承担产品投资亏损风险”的约定。

被上诉人（原审被告）观点：1. 邓某某在上诉状中陈述的理由在一审中多次提及，一审法院就上诉状中的理由已经查明，邓某某的上诉没有新的事实和新的证据，请求二审法院驳回邓某某的上诉请求。2. 邓某某诉梁某某，除了本案外，还有另外三个案子，其中有一件是邓某某诉吴某穗合同无效的案件，即请求本案介绍委托理财合同无效，开庭审理后，邓某某撤回诉讼请求。第二个案件是邓某某向深圳国际仲裁院提起仲裁，诉犇鑫公司与邓某某之间的私募基金合同，同样，该案经仲裁作出裁决驳回邓某某的全部诉讼请求。第三个案件是吴某穗诉邓某某的委托理财纠纷，一审判决吴某穗胜诉，邓某某按照委托合同履行义务，邓某某不服，上诉，二审法院已经审理但没有判决。以上三案的结果都是对邓某某不利的结果。邓某某提起本诉的目的就是干扰其他案件的审理结果。

法院观点

一审法院观点：《合同法》第四百二十四条规定，居间合同是居间人向委托人报告订立合同的机会或者提供订立合同的媒介服务，委托人支付报酬的合同。本案中，《居间合作协议》约定的主要内容为，梁某某作为居间人，介绍客户吴某穗与邓某某共同投资成立犇鑫期权分红策略一号私募证券投资基金；邓某某支付相应报酬，符合居间合同的特征和构成要件，可以认定双方为居间合同关系。

关于涉案《居间合作协议》效力的问题。《合同法》第五十二条规定：“有下列情形之一的，合同无效：（一）一方以欺诈、胁迫的手段订立合同，损害国家利益；（二）恶意串通，损害国家、集体或者第三人利益；（三）以合法形式掩盖非法目的；（四）损害社会公共利益；（五）违反法律、行政法规的强制性规定。”本案中，邓某某以《居间合作协议》违反了《合同法》第五十二条第二项至第五项以及第四百二十五条的规定为由主张合同无效。一审法院认为，《合同法》第四百二十五条规定，居间人应当就有关订立合同的事项向委托人如实报告。居间人故意隐瞒与订立合同有关的重要事实或者提供虚假情况，损害委托人利益的，不得要求支付报酬并应当承担损害赔偿责任。邓某某主张《居间合作协议》违反了《合同法》第四百二十五条的规定而无效，但该法律规定不属于认定居间合同效力的规范，涉案合同是否存在无效的情形应当适用《合同法》第五十二条的规定。首先，《合同法》第五十二条第二项规定的“恶意串通”，是指订立合同的当事人之间恶意串通，邓某某主张梁某某与案外人吴某穗之间恶意串通不属于该条规定所指的合同无效的事由，一审法院不予采纳。其次，从《居间合作协议》的形式与目的来看，邓某某签署《居间合作协议》是为了获取梁某某的客户资源以投资成立基金，梁某某提供居间服务以获取相应报酬，邓某某主张梁某某是为了规避证监会的相关规定而与之订立合同，但未提供充足证据予以证实，不足以认定涉案协议的签订存在非法目的。再次，从社会公共利益的角度考量，社会公共利益是一个抽象的概念，它包括国家社会生活的政治基础、社会秩序、道德准则和风俗习惯等内容，涉案居间合同的内容主要涉及由梁某某介绍客户吴某穗与邓某某共同投资成立基金，邓某某支付相应报酬，无充分证据反映该协议有损社会公共利益。至于邓某某主张的操盘资质问题，本案涉及的基金为私募基金，是以非公开方式向投资者募集资金设立的投资基金，投资者为邓某某、吴某穗、张某华，基金内部资产投资运作的风险由特定的投资者来承担，不具有明显的公共性质。最后，邓某某主张涉案合同违反《证券投资基金法》第一百零三条的规定，“基金投资顾问机构及其从业人员提供基金投资顾问服务，应当具有合理的依据，对其服务能力和经营业绩进行如实陈述，不得以任何方式承诺或者保证投资收益，不得损害服务对象的合法权益。”本案中，由查明的事实可知，邓某某作为具备一定专业知识的人员应当知道金融投资的风险，且《犇鑫期权分红策略一号私募证券投资基金基金合同》及其附件《犇鑫期权分红策略一号私募证券投资基金风险揭示书》均载明基金管理人等不应当对基金财产的收益状况作出任何承诺或保证，但从邓某某的微信聊天记录以及其签订的《证券投资合作协议》可以看出，邓某某承诺保本是其自身行为，与其声称的由梁某某进行安排不相符。并且，从《居间合作协议》的内容来看，梁某某并未承诺或者保证投资收益，至于邓某某、梁某某是否在其他合同中对投资收益进行承诺或者保证，不属于审查本案《居间合作协议》效力的范围，故邓某某主张《居间合作协议》因违反了《证券投资基金法》第一百零三条的规定无效，一审法院亦不予采纳。综上所述，邓某某主张《居间合作协议》无效的理据不足，一审法院不予支持。

根据《居间合作协议》约定，梁某某介绍客户吴某穗与邓某某共同投资成立犇鑫期权分红策略一号私募证券投资基金，虽然邓某某主张个人之间无权成立私募基金且在协议签订前该基金已经成立，但协议中已明确约定了基金的发行方为犇鑫公司，邓某某应当知晓基金实际由犇鑫公司成立。且从《犇鑫期权分红策略一号私募证券投资基金财产清算报告》可以看出，该基金实际自 2016 年 12 月 30 日即《居间合作协议》签订后开始运作，故本案也不存在梁某某应当向邓某某返还已付居间费用 30, 111. 64 元的情形，现邓某某主张梁某某返还该笔款项，一审法院亦不予支持。

犇鑫公司经一审法院传票传唤无正当理由拒不到庭，不影响案件的审理。

二审法院观点：《居间合作协议》约定的梁某某主要合同义务是介绍客户（本案中的吴某穗）与邓某某共同投资成立基金，邓某某的主要合同义务是在收到客户业绩分成后，在 3 个工作日内将利润的 10% 支付给梁某某，上述约定符合居间合同关系的特征，一审法院认定本案是居间合同纠纷并无不妥，本院予以确认。根据各方诉辩意见，本案二审争议焦点主要为《居间合作协议》的效力。第一，邓某某上诉认为《居间合作协议》存在恶意串通，损害国家、集体或者第三人利益的情形。对此，《合同法》第五十二条第二项规定的恶意串通的合同，是指合同双方当事人之间恶意串通，共同订立的损害国家、集体或第三人利益的合同。本案中邓某某主张梁某某和吴某穗存在恶意串通的情形，不属于《合同法》第五十二条第二项规定的合同无效的事由。第二，邓某某上诉认为《居间合作协议》安排邓某某承担保底责任并向吴某穗输送利益，存在以合法形式掩盖非法目的的情形。对此，梁某某并非涉案私募投资基金产品的投资人，《居间合作协议》关于“由甲方承担在基金合同规定时间内追加增强资金的责任，乙方仅作为居间人为甲方介绍客户，不承担产品投资亏损风险”的约定，并不属于《私募投资基金监督管理暂行办法》第十五条所规定的“私募基金管理人、私募基金销售机构不得向投资者承诺投资本金不受损失或者承诺最低收益”的情形。本案《居间合作协议》中并无关于“保证投资本金不受损失”的约定，至于邓某某、梁某某是否在其他合同中对投资收益进行承诺，与《居间合作协议》效力并无必要关联。至于梁某某收取《居间合作协议》项下10%利润后转付给另一投资人吴某穗，尚难认定为利用职务之便为本人或投资者以外的人进行利益输送的行为。据此，邓某某主张《居间合作协议》存在以合法形式掩盖非法目的的情形，理据不足，本院不予采信。第三，邓某某上诉认为订立合同过程中受到梁某某欺诈，不属于主张合同无效的事由，本院不予支持。综上所述，一审判决认定事实清楚，适用法律正确，本院予以维持。邓某某的上诉请求和理由缺乏事实和法律依据，本院依法予以驳回。

二、私募基金融资项目居间方的审慎调查义务边界及违约责任的认定

案　　号：（2019）京03民终8994号

案件名称：中海盈通（北京）投资基金管理有限公司与沈某某居间合同纠纷

裁判要旨：私募基金融资项目居间合同中若未明确约定居间方应负有的审慎调查义务的具体内容，如涉案基金存在延期兑付等情形，则构成委托方的商业风险。在委托方无法举证证明居间方在提供居间服务中存在过错时，委托人应当按照约定向居间人支付报酬。

案情简介

上诉人（原审被告）：中海盈通（北京）投资基金管理有限公司（以下简称中海盈通公司）

被上诉人（原审原告）：沈某某

2017年3月15日，甲方（委托方）中海盈通公司与乙方（受托方）沈某某签订《金融服务居间协议》，约定：甲方因业务需求，委托乙方联系融资项目。乙方为甲方联系华鑫园公司（以下简称第三方）的业务项目，并达成由甲方为第三方发行私募基金；甲方职责：积极帮助第三方进行私募基金的发行、融资工作；按时支付居间费用；乙方职责：协助甲方及第三方办理融

资手续，融资款汇入第三方账号即视为融资成功；不论融资额度大小，居间服务费用按已融资额度的2%（税后）计算。甲方需在每一笔第三方结款当天一次性将此款的居间费用支付给乙方；甲方为第三方提供的其他融资项目的款项成功到账后，甲方均须向乙方支付居间费用，费用和方式一次一议。该协议还约定了其他条款。

2017年7月19日，中海盈通公司向沈某某转账支付44万元。

2017年8月3日，甲方（委托方）中海盈通公司与乙方（受托方）签订补充协议书，载明：1. 甲方已于2017年7月13日发行完毕"华鑫园2号"基金，发行额度9800万元。2. 甲乙双方商定，本次"华鑫园2号"基金融资项目佣金服务费按照发行额度的2%支付，甲方已于2017年7月19日支付乙方44万元，剩余佣金服务费148万元甲方承诺于2017年10月1日前付清。3. 签署本补充协议后甲乙合作的私募基金融资项目，乙方仅向甲方收取佣金服务费，不得以自己名义或假借他人名义向项目方收取佣金服务费用等。

诉讼中，双方均确认：《金融服务居间协议》签订后，中海盈通公司共发行了两期华鑫源基金，其中第一期发行服务费已支付完毕，第二期发行服务费，中海盈通公司仅支付了44万元；补充协议书针对的是第二期发行基金；中海盈通公司未按补充协议书约定的日期支付款项。中海盈通公司称，在签订补充协议书时并不清楚华鑫园公司是空壳公司，沈某某未尽到审慎调查的义务，故不愿再支付剩余费用。

裁判结果

一审法院：中海盈通公司于判决生效之日起10日内支付沈某某佣金服务费148万元。如果未按判决指定的期间履行给付金钱义务，应当依照《民事诉讼法》第二百五十三条之规定，加倍支付迟延履行期间的债务利息。

二审法院：驳回上诉，维持原判。

各方观点

上诉人（原审被告）观点：对于双方签署《金融服务居间服务协议》，沈某某存在欺诈行为，其联系的华鑫园公司实际上是空壳公司，现经中海盈通公司现场核实，华鑫园公司没有人办公，亦无法取得联系，沈某某在履行居间协议过程中没有尽到基本审慎义务，存在重大过错，给中海盈通公司造成损失，也导致投资人款项无法收回。且居间服务协议约定的服务费比例过高，违反了法律强制性规定，不应得到支持。中海盈通公司将保留要求沈某某返还费用的权利。

被上诉人（原审原告）观点：沈某某为中海盈通公司联系河北某某农业科技发展有限公司（以下简称某某公司）的业务项目，并达成由中海盈通公司为某某公司发行私募基金。中海盈通公司向沈某某支付居间费用。2017 年 8 月 3 日，沈某某与中海盈通公司签订一份补充协议书，约定，剩余佣金服务费 148 万元，中海盈通公司承诺于 2017 年 10 月 1 日前付清。补充协议书签订后，中海盈通公司应当按照约定时间支付 148 万元佣金服务费。

法院观点

一审法院观点：沈某某与中海盈通公司签订的《金融服务居间协议》系双方真实意思表示，且不违反法律法规的强制性规定，应属有效。双方均应依约履行各自的权利与义务。从补充协议书载明的内容看，沈某某完成了居间服务，中海盈通公司亦承诺付清剩余服务费，应视为认可沈某某的居间服务，中海盈通公司应按协议约定的时间付款。中海盈通公司辩称沈某某存在欺诈，且未尽到审慎调查的义务，未提交证据予以证明，本院不予采信。关于服务费比例过高的答辩意见，双方对于服务费以《金融服务居间协议》及补充协议书的形式均形成一致意见，故对此抗辩意见，本院亦不予支持。现沈某某要求中海盈通公司支付佣金服务费的诉讼请求，于法有据，本院予以支持。

二审法院观点：沈某某与中海盈通公司签订的《金融服务居间协议》及补充协议书系双方当事人真实意思表示，内容不违反法律、行政法规的强制性规定，合法有效，双方均应恪守履行。《金融服务居间协议》约定中海盈通公司委托沈某某联系融资项目，融资款汇入第三方账号即视为融资成功，中海盈通公司须将相应的居间费用支付给沈某某。由补充协议书的约定可知，沈某某完成了居间服务，中海盈通公司亦承诺付清剩余服务费，故中海盈通公司应按协议约定的时间付款。中海盈通公司上诉提出不同意支付服务费，主要理由是沈某某存在欺诈行为；沈某某未尽到审慎调查的义务，存在重大过错；涉案基金延期兑付，中海盈通公司已将全部收益退还投资人，再向沈某某支付服务费违反了公平原则。本院认为，中海盈通公司未提交能够排除合理怀疑的证据证明沈某某存在欺诈行为，故对其该项主张本院不予采纳。中海盈通公司主张沈某某未尽到审慎调查的义务、存在重大过错，但双方居间合同中未明确约定沈某某应负有的审慎调查义务的具体内容，中海盈通公司亦未举证证明沈某某在提供居间服务中存在过错，故对其该项主张本院不予采纳。居间人促成合同成立的，委托人应当按照约定支付报酬。涉案基金是否延期兑付，系中海盈通公司的商业风险，双方居间合同中并未将此约定为中海盈通公司可以不支付服务费的理由，中海盈通公司以违反公平原则为由不同意支付服务费，缺乏合同与法律依据，本院不予采纳。

三、私募基金居间合同居间事项的认定

案　　号：（2020）京03民申25号

案件名称：河南智晟基金管理有限公司与中普汇银（北京）企业管理有限公司居间合同纠纷

裁判要旨：居间方为委托人在中国证券投资基金业协会申请股权类私募基金管理人登记提供居间服务，根据居间合同约定，居间方义务是否达成应以委托方是否通过登记备案作为唯一判定标准。现居间事项未达成且委托方本身已经无法通过登记，合同目的无法实现，居间方应该返还居间款项。

案情简介

再审申请人（原审被告）：中普汇银（北京）企业管理有限公司（以下简称中普汇银公司）

再审被申请人（原审原告）：河南智晟基金管理有限公司（以下简称河南智晟公司）

2017年4月27日，中普汇银公司经北京市工商行政管理局朝阳分局核准设立，法定代表人为刘某某，类型为有限责任公司（自然人独资）。

2018年9月3日，甲方河南智晟公司与作为乙方的中普汇银公司签订居间合同，载明：甲方拟在中国证券投资基金业协会申请登记股权类私募基金管理人，现委托乙方为甲方提供私募基金管理人登记法律事务居间合同。在办理登记过程中，对中国证券投资基金业协会提出的问题甲方有义务告知乙方。如发生该协会直接向甲方电话确认或电话约谈公司相关事务，甲方应及时告知乙方相关事项；若甲方相关人员未接听该协会电话、未到场参加会谈，最终导致私募基金管理人登记失败，不可归因于乙方，不在退款范围之内。甲方指定吴某某为该委托事项的联系人。居间服务费及支付方式为甲乙双方确认，本合同居间服务费共计13万元，本合同签订当日，甲方向乙方支付首付款8万元，甲方管理人登记通过之日起3日内，甲方向乙方支付尾款5万元。甲方在申请私募基金管理人期间，自首次法律意见书提交后经私募基金业协会反馈达到4次仍不能通过私募基金管理人备案，乙方应于3日内退还甲方已付款项，未按时退还甲方已付款项，需额外支付相关延期利息。但该条款前提为甲方必须根据乙方指导意见进行整改，经乙方指导后，仍不进行调整的，导致乙方无法出具相应的法律意见书的，乙方不承担责任，已收取的相关费用不予退还。若甲方按乙方要求经整改后仍未通过管理人备案的，乙方应全额退还甲方已支付的款项，退款后乙方撤回已出具的法律意见书。本合同中乙方义务是否达成应以甲方是否通过登记备案作为唯一判定标准。乙方无正当理由不提供约定的居间服务的，甲方有权要求乙方退还全部已付的居间服务费用。经双方事前协商，乙方以能帮助甲方通过登记备案服务为准，若未能实现该结果，即视为乙方未完成相关约定，需要无条件退还居间费用。

2018年9月7日，尚某某分两笔向张某某转账8万元。

2018年9月7日，尚某某出具《受委托付款证明》，载明：本人尚某某，受河南智晟公司委托，2018年9月7日根据河南智晟公司和中普汇银公司签订的居间合同向中普汇银公司支付居间服务费8万元。

2019年1月22日，河南智晟公司的员工吴某某向中普汇银公司的员工张某某发送微信：张总，昨天成总接到协会电话，说你们已经提交7次了，现在通过率你们也知道相当低，对你们这个也比较慎重，跟其他公司相比实在没办法给你们通过。意思是再提交也不会通过。……张某某回复：我们去协会了解一下情况吧。吴某某：好，我等你回复。……张某某：你把协会给成总电话的电话号码给我。

2019 年 2 月 21 日，张某某向吴某某发送微信：做的话得换团队。吴某某回复：所有人都要换？张某某：你前期问题太多了，过桥资金，换地址，综合评分太低，正在和律师沟通，给协会打过电话了。……吴某某：但是再换团队代价太大了，之前光社保就缴了最少十几万元。……这样吧，我们重新在河南注册一个新的股权投资公司，从一开始完全按照你们的要求来，然后去协会备案。张某某：在哪里注册我不管，我只能给你写法律意见书，因为你们的原因通不过，我也不会退钱给你，因为我们的原因我可以负责。

2019 年 3 月 29 日，吴某某致电张某某。吴某某：张总，上周你说看完合同跟律所商量下，给成总一个回复。张某某：周一我们探讨一下，能不能重新拿个企业再写或者怎么写。2019 年 4 月 12 日，吴某某致电张某某。吴某某：你好，张总，怎么说呢，这边。张某某：律师今天四点回来，我四点上他那里去，我们俩确定下来怎么操作，是换壳还是怎么弄，肯定得换壳了。我看换壳以后，他能不能重新给我弄，四点以后，我跟她见了面以后再给你打电话。2019 年 4 月 16 日，张某某致电吴某某。张某某：能听见吗？你们尽快下决定，在北京买个壳或者怎么弄，我再跟你们写一遍，重新写。吴某某：这么说，那不是还是回到之前，你上次跟成总说的。张某某：你的这个企业，已经去过协会，这两天一直在跟协会沟通，已经没有任何希望再继续了，只能用原班人马在北京重新再买个壳。……吴某某：协会也没有明确说什么瑕疵，也只是说综合评分不足。张某某：对，已经跟你的法人说了，我们去问，人家什么也不说，后来律师事务所去问，人家也不说。人家已经说得这么明白，这个企业肯定一点戏都没有，前期的问题太多，你现在还不如重新再弄一个企业，重新再批，重新再审。我们只能保证给你写，退钱肯定是不可能的。因为前期费用已经花了。……你要这么说，我就不跟你聊呀。不可能你人员不行，我再给你配人。这不现实。我给你写，不过的话，肯定是有什么原因的。如果因为你人员不行，你得换人，我继续给你写。吴某某：如果换人的话，智晟还能继续往前走吗？张某某：智晟不行，智晟是你前期的问题，你自己心里有数，协会也跟你法人说了，你纠结这个结果没有意义。协会跟你们说得很清楚。

2019 年 10 月 8 日，北京君嘉律师事务所向中普汇银公司开具北京增值税普通发票，载明服务名称为法律咨询法律顾问费，金额为 14, 150. 94 元，税率为6%，税额为849.06元，价税合计为15,000元。

诉讼中，中普汇银公司称其委托北京君嘉律师事务所制作意见书与补充意见书，签订的合同金额为6万元。第一笔费用为15,000元，法律意见书第二次提交时再支付15,000元，河南智晟公司通过审核后再付款3万元。河南智晟公司与中普汇银公司共同确认首付款8万元已经支付完毕。

河南智晟公司提出诉讼请求：1. 请求判令中普汇银公司向河南智晟公司返还居间服务费8万元；2. 判令中普汇银公司承担本案诉讼费用。

裁判结果

一审法院：被告中普汇银（北京）企业管理有限公司于本判决生效之日起10日内返还原告河南智晟基金管理有限公司居间服务费用8万元。

再审法院：驳回中普汇银（北京）企业管理有限公司的再审申请。

各方观点

再审申请人（原审被告）观点：首先，中普汇银公司在尽职调查的基础上出具相应的私募基金管理人登记法律意见书。河南智晟公司由于自身原因，不具备备案登记的相应资质。其次，合同约定，本次私募基金管理人登记，河南智晟公司须保证自身公司具备向基金业协会申请私募基金管理人登记的主体资格，且无任何不适当的关联企业及负面舆论信息；河南智晟公司在申请私募基金管理人期间，自首次法律意见书提交后经私募基金业协会反馈达到4次仍不能通过私募基金管理人备案，中普汇银公司应于3日内退还河南智晟公司已付款项。但该条款前提为河南智晟公司必须根据中普汇银公司指导意见进行整改，经中普汇银公司指导后，仍不进行调整的，导致中普汇银公司无法出具相应的法律意见书的，中普汇银公司不承担责任，已收取的相关费用不予退还。若河南智晟公司按中普汇银公司要求经整改后仍未通过管理人备案的，中普汇银公司应全额退还款项。上述合同签订后，中普汇银公司与北京君嘉律师事务所达成协议，为河南智晟公司出具了《关于河南智晟基金管理公司私募基金管理人登记的法律意见书》（2018年11月），以及《关于河南智晟基金管理公司私募基金管理人登记的补充法律意见书》（2018

年12月)，完成了委托事项，为河南智晟公司提交两次备案手续。之后基金业协会与河南智晟公司法人沟通过备案事宜，但是其法人迟迟不与中普汇银公司沟通具体内容，导致中普汇银公司无法提出整改方案，合同不能履行的原因在于河南智晟公司。河南智晟公司至今没有收到不予备案的通知，不存在合同约定的返还条件。

再审被申请人（原审原告）观点：2018年9月3日，河南智晟公司与中普汇银公司签订了《私募基金管理人登记法律服务居间合同》。中普汇银公司为河南智晟公司在中国证券投资基金业协会申请股权类私募基金管理人登记提供居间服务。居间服务费共计13万元，首期支付8万元，余款待管理人登记通过之后支付。合同约定，若河南智晟公司无法通过管理人登记备案，中普汇银公司应全额退还河南智晟公司已经支付的款项。合同签订后，河南智晟公司于2018年9月7日向中普汇银公司支付8万元。合同签订后，河南智晟公司多次向基金业协会提交资料，但是经基金业协会多次审核反馈后，河南智晟公司仍无法通过股权类私募基金管理人登记。2019年4月16日，中普汇银公司负责人张某某表示，河南智晟公司股权类基金管理人登记已经无法通过，重新提交资料已经没有意义。河南智晟公司认为合同目的已经无法实现。

法院观点

一审法院观点：河南智晟公司与中普汇银公司签订居间合同均为双方的真实意思表示，内容未违反法律法规的强制性规定，应属合法有效，双方均应全面履行。《合同法》第四百二十四条规定，居间合同是居间人向委托人报告订立合同的机会或者提供订立合同的媒介服务，委托人支付报酬的合同；第四百二十七条规定，居间人未促成合同成立的，不得要求支付报酬，但可以要求委托人支付从事居间活动支出的必要费用。本案争议焦点为居间合同约定的事项是否达成。河南智晟公司称其至今未通过基金管理人的备案；中普汇银公司告知其无法通过审核，需要“换壳”才能通过基金管理人审核，故合同目的已经无法实现。本院认为，居间合同约定，中普汇银公司义务是否达成应以河南智晟公司是否通过登记备案作为唯一判定标准，现居间事项未达成且河南智晟公司本身已经无法通过登记，合同目的无法实现，中普汇银公司应该返还河南智晟公司相关居间款项。关于应该返还款项金额，双方确认河南智晟公司已经支付8万元居间服务费用，且中普汇银公司未举证证明有关居间合同产生的支出，故本院认定中普汇银公司应该返还的居间服务费金额为8万元。

中普汇银公司称，《居间合同》约定中普汇银公司提交4次法律意见书仍不能通过私募基金管理人备案，才符合退款条件，且能否通过审核应由基金业协会决定。本院认为中普汇银公司提交4次未通过登记仅为退款的条件之一，任何一项约定或法定条件达成，均符合退款情形。中普汇银公司称其因与河南智晟公司居间合同需要支付北京君嘉律师事务所劳动报酬6万元，且已经支付了15,000元。但中普汇银公司未举证证明剩余45,000元已经实际支付，河南智晟公司对15,000元支出关联性不予确认，且中普汇银公司未举证证明此实际支出与本案有关，故本院对中普汇银公司的支出不予认可。

再审法院观点：原审法院认定涉案居间合同目的无法实现，并判决中普汇银公司应该返还河南智晟公司居间款项，具有事实和法律依据。中普汇银公司称其为完成约定居间服务，而与北京君嘉律师事务所签订了法律服务合同，并支付了1.5万元律师费，提供了《私募基金管理人备案登记之法律服务协议书》。但上述证据不能证明，该行为与河南智晟公司证券类私募基金管理人登记相关工作有关，与本案缺乏关联性。故中普汇银公司的再审申请不成立，应予驳回。

四、私募基金居间合同收益分配成就条件的认定

案　　号：（2021）京01民终9933号

案件名称：上海财晟股权投资管理有限公司等与北京久银投资控股股份有限公司中介合同纠纷

裁判要旨：收益分配需要满足双方协议约定的投资管理利润提成收益分配办法确定的分配比例，以及案涉基金结算完成并收到投资管理利润，而分配比例的确定又依赖于所推荐投资项目的实际净收益率与基金整体净收益率的倍比关系。仅当案涉基金全部完成结算后，居间合同才达到收益分配条件。双方事后重新对合同文本所作的解释，不能推翻其于缔约之初的缔约本意。

案情简介

上诉人（原审原告）：上海财晟股权投资管理有限公司（以下简称财晟公司）

被上诉人（原审被告）：北京久银投资控股股份有限公司（以下简称久银公司）

原审第三人：田某某

一、双方签署协议的情况

2012年3月2日，久银公司（甲方）与田某某（乙方）签订了《收益分配协议》，双方约定如下条款：

第一条，合作目的。甲方与乙方及其财晟公司团队同样从事股权投资管理业务，双方在互相信任的基础上，为了共同扩大投资项目来源、挖掘优质项目，降低投资管理费用，发挥各自的资源优势为被投资企业提供更好和更多的增值服务，为各自管理的投资基金谋求更高投资收益，甲、乙双方互相推荐投资项目。

第二条，合作方式。推荐方不是停留在简单的介绍工作，包括：前期项目跟踪、提供完整的尽职调查报告、发挥自身资源优势为推荐的目标企业提供增值服务。

第三条，合作期间的费用。推荐方自行承担前期项目跟踪、尽职调查和为推荐的目标企业提供增值服务等各项费用。

第四条，投资管理利润提成收益分配办法。由于甲方是由管理的基金投资的，投资管理利润提成是按如下整体基金收益水平的不同分段提取收益：（1）投资净收益率在50%以下，甲方不提取管理收益；（2）投资净收益率在50%至100%的部分，甲方提取20%管理收益；（3）投资净收益率在100%至200%的部分，甲方提取25%管理收益；（4）投资净收益率在200%至300%的部分，甲方提取30%管理收益；（5）投资净收益率在300%以上的部分，甲方提取50%管理收益。因此，就乙方推荐投资项目而由甲方管理的基金投资所产生的管理收益分成的分配办法约定如下：

（1）如果乙方推荐投资项目的实际净收益率等于或者超过基金整体净收益率的5倍，则甲乙双方的分配办法为65%∶35%。例如：甲方管理的基金平均净收益率为190%，如按照合伙协议的约定，甲方对基金的整体收益提成比例为17.1%；乙方所推荐的项目的实际净收益率为1000%。如投资2000万元产生净收益20,000万元，甲方实际从乙方所推荐的项目中获得的收益分成为20000万元×17.1%=3420万元，按甲乙双方的分配办法，即甲方可分得收益3420万元×65%=2223万元，乙方可分得的收益为3420万元×35%=1197万元。

（2）如果乙方推荐投资项目的实际净收益率等于或者超过基金整体净收益率的4倍，则甲乙双方的分配办法为70%:30%。例如：甲方管理的基金平均净收益率为190%，如按照合伙协议的约定，甲方对基金的整体收益提成比例为17.1%；乙方所推荐的项目的实际净收益率为800%。如投资2000万元产生净收益16,000万元，甲方实际从乙方所推荐的项目中获得的收益分成为16000万元×17.1%=2736万元，按甲乙双方的分配法，即甲方可分得收益2736万元×70%=1915.2万元，乙方可分得的收益为2736万元×30%=820.8万元。

（3）如果乙方推荐投资项目的实际净收益率等于或者超过基金整体净收益率的3倍，则甲乙双方的分配办法为75%:25%。例如：甲方管理的基金平均净收益率为190%，如按照合伙协议的约定，甲方对基金的整体收益提成比例为17.1%；乙方所推荐的项目的实际净收益率为600%。如投资2000万元产生净收益12,000万元，甲方实际从乙方所推荐的项目中获得的收益分成为12000万元×17.1%=2052万元，按甲乙双方的分配办法，即甲方可分得收益2052万元×75%=1539万元，乙方可分得的收益为2052万元×25%=513万元。

（4）如果乙方推荐投资项目的实际净收益率等于或者超过基金整体净收益率的50%，并低于基金整体净收益率的3倍，则甲方与乙方的分配办法是：80%:20%。例如：甲方管理的基金平均净收益率为190%，如按照合伙协议的约定，甲方对基金的整体收益提成比例为17.1%；乙方所推荐的项目的实际净收益率为400%。如投资2000万元产生净收益8000万元，甲方实际从乙方所推荐的项目中获得的收益分成为8000万元×17.1%=1368万元，按甲乙双方的分配办法，即甲方可分得收益1368万元×80%=1094.4万元，乙方可分得的收益为1368万元×20%=273.6万元。

（5）如果乙方推荐投资项目的实际净收益率低于基金整体净收益率的

50%，则甲乙双方的分配办法为85%∶15%。例如：甲方管理的基金平均净收益率为300%，如按照合伙协议的约定，甲方对基金的整体收益提成比例为21.67%；乙方所推荐的项目的实际净收益率为120%。如投资2000万元产生净收益2400万元，甲方实际从乙方所推荐的项目中获得的收益分成为2400万元×21.67%=520.08万元，按甲乙双方的分配办法，即甲方可分得收益520.08万元×85%=442.068万元，乙方可分得的收益为520.08万元×15%=78.012万元。

（6）如果甲方管理的基金整体净收益率低于50%，甲方没有基金收益分成，则无论乙方推荐的项目是否产生收益，乙方的分成收益均为零。反之亦然，即如果是甲方推荐项目，乙方管理的基金投资，计算方法相同。

第五条，众兴菌业。众兴菌业是本协议的目标企业，是乙方向甲方推荐的股权投资项目。乙方及其团队具体已做和即将做的工作有：（1）前期跟踪了两年。（2）对目标企业做了详尽的尽职调查，并向甲方提供了完整的尽职调查报告。（3）利用自身的资源，为目标企业解决工厂土地变性，申报省级、国家级农业产业化龙头企业，以及申报列入甘肃省重点农业企业扶持上市名单等多项工作。根据第三条，乙方前期跟踪、尽职调查及增值服务等费用自理。根据第四条双方投资管理利润提成收益分配办法进行分配，分配时间为甲方所管理基金结算完成并收到投资管理利润提成收益后的10个工作日之内。

第六条，其他事宜。（1）乙方所得分成收益对应需缴纳的相关税费由乙方自行承担，并向甲方出具合法的收费发票。（2）双方在履行本合作协议过程中须严格保密，不得将本协议及相关业务信息泄露于第三方。（3）其他未尽事宜，由甲方、乙方另行商定或签订补充协议。（4）本协议经甲方法定代表人、乙方个人签署后生效。本协议书一式四份，甲方、乙方各执两份，每份均具同等效力。

对于上述《收益分配协议》第五条中约定的“基金结算完成”，久银公司称是指天津久丰基金投资的所有项目退出，此时才可计算协议第四条中载明的“基金整体净收益率”；而财晟公司则主张“基金结算完成”是指天津久丰基金所投资的众兴菌业项目结算完成，对于协议第四条中“基金整体净收益率”的计算，因众兴菌业项目于2016年度退出，故计算此年度天津久丰基金所退出的项目的整体净收益率。

二、久银公司获取业绩报酬的情况

2017年3月30日，久银公司召开第一届董事会第十一次会议，会议审议通过了《关于补充确认2016年日常性关联交易的议案》，该议案载明："截至2016年12月31日，公司累计发生关联交易金额为10,170.79万元（含税），已超出股东大会审议通过的预计金额，因此公司对日常性关联交易超出预计金额部分（5170.79万元）予以补充确认。该超出部分主要系2016年度公司从关联方天津久丰基金收取业绩报酬7593.87万元（含税）及投资收益379.52万元。"该议案于2017年4月14日经久银公司2017年第一次临时股东大会审议通过。

对此，久银公司称，上述所计提业绩报酬的数据仅为预提数据。按照天津久丰合伙协议的约定，久银公司最终能计提多少业绩报酬是以基金最终清算后的数据为准，在基金清算时，最终计算出的久银公司应计提的业绩报酬如果低于上述已经预提的业绩报酬，久银公司需将多预提的部分退还给天津久丰，然后由天津久丰将久银公司退还的金额分配给基金的合伙人。

三、双方协商收益分配款的情况

2019年2月12日，田某某向久银公司的李某某通过微信发送《190211确认函——天津久丰天水众兴项目》，并称"师兄好，开工大吉，还要请你抓紧时间安排这个协议以及签署付款的进程，谢谢"。

该份确认函内容显示：签约甲方为久银公司，签约乙方为财晟公司的代表田某某。鉴于：1. 甲乙双方签署《收益分配协议》，之后，乙方推荐予甲方之有效投资项目为众兴菌业股权投资项目（下称天水众兴项目），田某某是代财晟公司与甲方签署《收益分配协议》的，乙方实际权利人为财晟公司。本确认函项下的乙方实际权利人为财晟公司，田某某只作为乙方代表。2. 甲方以天津久丰作为投资方参与投资天水众兴项目，现天津久丰已全部退出天水众兴项目，但天津久丰尚有其他诸多投资项目且未届基金结算期限。3. 现因乙方资金需求，经双方友好协商，在《收益分配协议》第五条约定之收益分配条件尚未成就前提下，甲方同意向乙方预估预付部分收益分配款项。双方共同确认以及补充约定以下事项，作为《收益分配协议》的有效补充：1. 双方一致确认：(1) 甲乙双方于题述《收益分配协议》项下之唯一合作投资项目系乙方推荐予甲方并由甲方安排天津久丰进行股权投资的天水众兴项目；(2) 截至本函签署之日，天津久丰尚未进行《收益分配协议》第五条所述之基金结算，即该协议约定之乙方收益分配款项之付款条件尚未成就；(3) 截至本函签署之日，《收益分配协议》第四条所述之甲方管理基金（天津久丰）之整体基金收益水平/基金平均净收益率亦尚无法计算，即该协议约定之乙方收益分配款项之计付基数尚未得出；《收益分配协议》第五条所述之基金结算，即该协议约定之乙方收益分配款项之付款条件尚未成就；(4) 因天津久丰之基金平均净收益率高低，与天水众兴项目中乙方收益分配比例存在直接关联，故现时情况下，乙方在天水众兴项中的收益分配款项亦尚无法计算。2. 基于上述，双方一致同意：(1) 天水众兴项目中暂估/预估的乙方分配款项余额为2600万元，唯其最终金额，应按《收益分配协议》的约定，待天津久丰进行基金结算且以甲方最终收到的投资管理利润提成款项金额为准。(2) 甲方同意在2019年2月28日之前，向乙方预付部分收益分配款项2600万元（含税），由乙方实际权利人财晟公司按照含税金额开票，其余款项（如有），待《收益分配协议》之付款条件成就及计付基数得出后，且在甲方最终收到天津久丰结算后的投资管理利润提成款项，由乙方实际权利人财晟公司按照含税金额开票。(3) 为免歧义，如果甲方依据本函预付的2600万元款项，高于按照《收益分配协议》经最终计算的乙方应收取收益分配款项金额，乙方应在10个工作日内将甲方多预付的差额款项返还予甲方，等等。其后，因久银公司对于付款金额存在异议，故上述《190211确认函——天津久丰天水众兴项目》未能签署。

2019年4月7日，田某某与久银公司的法定代表人李某某面谈，双方的交流包含以下对话内容。田某某称："我的想法是这样的，师兄，一个呢就是，你们这个基金已经展期了两次了，这个就没底了，我不知道你啥时候，你再展期我还得继续跟你展，这是第一件事。然后第二件事呢，其实咱们协议上面是模糊讲，这个基金结算，我们后来，我们的法务的同学是上海专门分管金融的，我们问了一下，这个实际上很模糊，可以说是整个基金结算，也可以说是这个项目结算。"

2019年7月5日，田某某与财晟公司签订《债权转让协议》，其上载明：虽然双方认同财晟公司为《收益分配协议》的签约主体，为避免相关债务人的无理争议，田某某进一步明确将其对久银公司享有的债权及相关的其他权利一并转让给财晟公司。

2019年7月8日，财晟公司与田某某向久银公司出具《通知函》，其上载明：为妥善解决纷争，有效维护财晟公司合法权益，财晟公司与田某某确认以下事项并郑重告知久银公司：1. 财晟公司确认：2012 年 3 月 2 日、2012 年 3 月 12 日，田某某作为财晟公司时任法定代表人履行职责并代表财晟公司分别与久银公司签署的两份《收益分配协议》合法有效，财晟公司确认、追认并认可上述两份《收益分配协议》为田某某代表财晟公司签署。2. 田某某确认：2012 年 3 月 2 日、2012 年 3 月 12 日，田某某作为财晟公司时任法定代表人履行职责并代表财晟公司与久银公司签署的两份《收益分配协议》合法有效，财晟公司是上述两份《收益分配协议》的合法签约方。3. 进一步，为免争议，田某某已经签署法律文件，将上述两份《收益分配协议》中确定的田某某所有权利，包括但不限于田某某获得众兴菌业项目、庄园牧场项目的管理收益分成及相关逾期利息损失，通过谈判、诉讼等所有方式向久银公司追索上述款项等田某某基于上述两份《收益分配协议》对久银公司享有的债权及与此相关的其他权利，全部转让给财晟公司。

经查，2011 年 4 月 2 日，天津久丰注册成立。《天津久丰合伙协议》载明，该合伙企业的普通合伙人为久银公司，其中第二十四条第一款约定：合伙企业经营期末的净资产与企业经营初期的净资产之间的差额为投资净收益，投资净收益与期初净资产的比例为投资净收益率。普通合伙人的管理收益按如下比例分段计提：(1) 投资净收益率在 50% 以下，不提取管理收益；(2) 投资净收益率在 50% 至 100% 的部分，提取 20% 管理收益；(3) 投资净收益率在 100% 至 200% 的部分，提取 25% 管理收益；(4) 投资净收益率在 200% 至 300% 的部分，提取 30% 管理收益；(5) 投资净收益率在 300% 以上的部分，提取 50% 管理收益。提取管理收益后的投资收益，由全体合伙人按出资比例分配。第三十六条约定：合伙人会议由全体合伙人组成，为合伙企业的最高权力机构，合伙人会议行使的职权包括决定本合伙企业的存续期间。2017 年 5 月，天津久丰召开 2017 年第一次合伙人大会，决议合伙企业延期 3 年，延期至 2020 年 7 月 5 日，如若项目尚未完全退出，则再延期 2 年，至 2022 年 7 月结束。

经询问，久银公司称天津久丰于 2011 年共投资 8 个项目 [项目简称分别为安徽巨成化工、双龙股份（金宝药业）、众兴菌业、庄园牧场、一览网络、广东新天地、凯昶德、中研非晶]，其中，2015 年退出的项目为安徽巨成化工、双龙股份（金宝药业），2016 年退出的项目为众兴菌业，2018—2019 年退出的项目为庄园牧场及一览网络，目前广东新天地、凯昶德、中研非晶三个项目尚未退出。

裁判结果

一审法院：驳回原告财晟公司的诉讼请求。

二审法院：驳回上诉，维持原判。

各方观点

上诉人（原审原告）观点：根据双方签订的《收益分配协议》的约定和双方实际履行事实，已经达到分配收益的条件，久银公司应当对已经完成结算的基金向财晟公司分配利润。具体事实如下：1. 签订《收益分配协议》是围绕目标企业众兴菌业展开的。签订本合同是为了推荐目标企业并为目标企业提供增值服务而约定的投资管理和收益分配等内容。尤其是《收益分配协议》第五条约定目标企业就是众兴菌业，不存在本协议约定其他投资项目的事实。首先，在协议中首页部分就明确约定"目标企业"是众兴菌业。其次，《收益分配协议》第二条合同方式中也明确约定"推荐方不是停留在简单的介绍工作，包括前期项目跟踪、提供完整的尽职调查报告、发挥各自资源优势为推荐的目标企业提供增值服务"。由此可见，该协议的目的是推荐目标企业并为目标企业提供增值服务，不存在久银公司投资其他项目的内容。最后，该协议第五条约定：众兴菌业公司是本协议的目标企业，是乙方向甲方推荐的股权投资项目。从这条可以看出，该协议约定目标企业是明确的，是特定的，也不存在本协议约定其他投资项目的事实。2. 该协议应围绕目标企业进行结算，且已具备结算条件。其第五条第二款约定"分配时间为甲方所管理基金结算完成并收到投资管理利润提成收益后的 10 个工作日之内"。结合第五条第一款可以看出，"甲方所管理基金结算完成"是指甲方所管理的目标企业众兴菌业的结算完成，并非所管理的全部基金项目。而从一审证据上看，该目标企业的基金已于 2016 年完成基金结算。因此，久银公司应当按照该协议第五条第二款约定与财晟公司进行结算。3. 久银公司的法定代表人已认可应当进行结算的事实。根据财晟公司提交的 2019 年 4 月 7 日的现场沟通记录内容第 3 页对话内容可知，久银公司的法定代表人在双方沟通过程中陈述“本来就应该结算这个”，说明其明知达到了结算条件应该进行结算，只是双方对结算金额存有异议，因此对结算金额未能达成一致；且双方对结算金额未能达成一致的原因完全在于久银公司，因久银公司未将已结算的提成收益披露给财晟公司，而协议中约定的计算条件又须以久银公司所控制管理的天津久丰基金企业的项目结算为前提，所以财晟公司在没有具体数据的情形下只能对应分配收益金额进行估算，这并非未达到结算条件导致。久银公司作为天津久丰基金的执行人事务合伙人，对于是否进行基金结算及利润分配享有绝对的控制权和话语权，财晟公司对于涉案协议履行中的结算本身处于被动地位，此种背景下，久银公司承诺的“本来应该结算”等表述更应作为符合结算条件的有效证明。一审判决否认双方认可应予结算的事实，存在认定错误。4. 一审法院对“基金结算完成”的理解错误，将“基金结算”与“基金清算”的概念混淆，把“基金结算完成”理解成“天津久丰基金所投资的全部项目退出后”的基金清算。此处的“基金结算完成”应当指的是天水众兴项目退出当年完成涉案基金的年度结算，且该结算完成针对的是久银公司作为基金管理人收取“投资管理利润”内容的结算，并非完成整个基金的清算。5. 涉案协议第五条关于收益分配约定“根据第四条双方投资管理利润提成收益分配办法进行分配，分配时间为甲方所管理基金结算完成并收到投资管理利润提成收益后的 10 个工作日之内”，这句话所表述的“基金结算完成”前后都以“投资管理利润”的分配及授权为铺垫，因此，此处的结算完成针对的是与“投资管理利润”相关的基金结算。6. 一审法院认定“无法确定可分配比例”存在事实认定错误。本案争议焦点问题“基金整体净收益率”以及涉案协议第四条约定的分配比例，根据现有的已知数据及天津久丰基金企业的结算方式可以计算得出确定的数值，并非以 8 个项目的全部退出为计算前提。根据财晟公司提交的证据，财晟公司应获取的收益分成至少为 1518.774 万元。7. 涉案合同为中介合同性质，财晟公司为久银公司提供中介服务，财晟公司有权要求久银公司支付相应的报酬。久银公司作为受益人，也有义务向财晟公司支付中介报酬。一审判决对争议条款的理解有悖于缔约本意，不利于涉案争议问题的解决，更将会使涉案合同陷入履行僵局。

被上诉人（原审被告）观点：

1.《收益分配协议》系久银公司与田某某个人签订的综合服务协议，签约当时久银公司并未收到财晟公司出具的授权委托手续，久银公司不认可田某某代表财晟公司与久银公司签署《收益分配协议》。根据《收益分配协议》第一条“合作目的”：甲方与乙方及其财晟公司股权投资管理有限公司团队同样从事股权投资管理业务，双方在互相信任的基础上，为了共同扩大投资项目来源、挖掘优质项目、降低投资管理费用，发挥各自资源优势为被投资企业提供更好和更多的增值服务，为各自管理的投资基金谋求更高投资收益，甲、乙双方互相推荐投资项目。《收益分配协议》之甲、乙双方为久银公司和田某某，前述条款中明示了田某某与财晟公司同样从事股权投资管理业务，并不存在隶属关系，财晟公司所主张田某某代表财晟公司签约之主张并无事实依据。

2. 田某某未履行《收益分配协议》之义务已构成违约，其间久银公司法人李某某出任众兴菌业董事，参与上市以及上市以后的重大经营决策，事实上为天津久丰从众兴菌业项目获利退出作出了巨大贡献，相反财晟公司并未提供项目尽调及后续增值服务，财晟公司不应获得收益分成。根据《收益分配协议》第二条“合作方式”推荐方不是停留在简单的介绍工作，而是包括前期项目跟踪、提供完整的尽职调查报告、发挥自身资源优势为推荐的目标企业提供增值服务。从《收益分配协议》内容看，居间服务仅是合同义务的一环，本案《收益分配协议》应认定为包含居间服务在内的综合性服务合同，田某某除了向久银公司提供推荐投资项目外，还需提供完整尽职调查报告、后续增值服务，此处的增值服务包括但不限于为目标企业推介上市中介机构、高管、对接优质产业资源、推介投资方等。事实上，田某某仅完成推荐项目之工作，未完成前期项目跟踪、提供完整的尽职调查报告、发挥自身资源优势为推荐的目标企业提供增值服务等，田某某已构成违约。2015 年 4 月 19 日至 2018 年 4 月 19 日，久银公司法人李某某出任众兴菌业的董事，参与众兴菌业的上市以及上市以后的收购、兼并等重大经营决策，事实上为天津久丰基金从众兴菌业项目获利退出作出巨大贡献，相反财晟公司仅向久银公司推介众兴菌业项目，并未实际提供任何增值服务和必要的帮助，故此，财晟公司不应获得收益分成。根据《合同法》第一百零七条的规定，“当事人一方不履行合同义务或者履行合同义务不符合约定的，应当承担继续履行、采取补救措施或者赔偿损失等违约责任”，田某某应当承担违约责任。

3. 《收益分配协议》约定的收益分配条件尚未成就，财晟公司主张的诉请无事实、法律依据。根据《收益分配协议》第四条之约定，久银公司通过其管理的天津久丰投资众兴菌业，投资管理利润提成按照整体基金收益水平的不同分段提取（0~50%），并且，田某某推荐的众兴菌业项目的实际净收益率与天津久丰基金整体收益率比较后，根据众兴菌业项目在天津久丰投资所有项目表现，最终算出田某某可分得的收益分成。从工商登记信息看，2011年4月2日天津久丰基金设立以来一共投资8个项目，根据天津久丰合伙人协议及2017年第一次合伙人大会决议，经各合伙人友好协商决定，合伙企业延期至2020年7月5日，如若项目尚未完全退出，则再延期2年至2022年7月结束。鉴于天津久丰基金管理的全部项目尚未完全退出并进行基金结算，尚无法计算天津久丰整体基金收益水平/基金平均净收益率，又因天津久丰之基金平均净收益率高低与众兴菌业项目中田某某收益分配比例存在直接关联，客观上尚不具备向田某某结算收益分成的条件。

田某某作为长期从事推介投资项目的一方签订《收益分配协议》时，已收悉并查阅了天津久丰基金合伙协议。《天津久丰合伙协议》第三十六条“合伙企业事项的处理方式”约定：合伙人会议由全体合伙人组成，是本合伙企业的最高权力机构。合伙人会议行使的职权，包括但不限于决定本合伙企业的存续期间。由上述规定可见，合伙人会议有权决定本合伙企业的存续期间。根据天津久丰基金合伙协议第二十四条的约定，普通合伙人的管理收益需要依据合伙企业净收益率［投资净收益率＝（合伙企业经营期末的净资产－企业经营初期的净资产）÷企业经营期初净资产］计算，久银公司获得的众兴菌业业绩收益属于暂计提，待天津久丰基金清算完毕之后，久银公司才与天津久丰基金结算最终管理收益。各方签订《收益分配协议》时，财晟公司知悉天津久丰基金合伙协议之内容（《收益分配协议》第四条与合伙协议第二十四条完全一致，久银公司的管理收益需要依据合伙企业净收益率计算），且《收益分配协议》第四条投资管理利润提成收益分配方式中多次举例提到按照合伙协议的约定久银公司对基金的整体收益比例，财晟公司称不知道合伙协议内容不属实。

从财晟公司提供的微信沟通记录可知，2019年2月2日田某某向久银公司法人李某某发送《确认函——天津久丰众兴项目》，其第一条规定，天津久丰尚未进行题述《收益分配协议》第五条所述之基金结算，即尚无法计算天津久丰整体基金收益水平/基金平均净收益率。田某某明知本案诉争项目付款条件尚未成就，仍提起诉讼增加各方诉累。田某某多次单方面要求久银公司预付收益分成，双方对此反复协商，但并未达成一致意见。根据《收益分配协议》第四条之规定，财晟公司的收益分成应当与基金整体净收益率挂钩，目前尚有维权费用（律师费、仲裁费、交通费等）支出等，财晟公司在诉状中主张以应得的收益分成中间值25%测算，并无任何法律和合同依据，依法应当予以驳回。此外，2016年业绩报酬7593.87万元中有2344.56万元属于跟投人员的业绩报酬，不属于基金的业绩报酬，全体基金合伙人支付给久银公司的基金报酬只有5249.32万元。

4. 久银公司涉及众兴菌业项目公告内容合法、合规，并不存在虚增利润、虚假披露之情形；久银公司与天津久丰基金就单项投资项目退出进行的中间结算情况，无须告知财晟公司，待基金整体清算后才有义务与财晟公司结算收益分成。根据《企业会计准则——基本准则》第三十四条，“费用只有在经济利益很可能流出从而导致企业资产减少或者负债增加、且经济利益的流出额能够可靠计量时才能予以确认”的规定，费用在经济利益的流出额能够可靠计量时才能予以确认，涉案天津久丰基金项目尚未最终清算，财晟公司的收益分成尚无法可靠计量，财晟公司提出的费用计提之要求违反《企业会计准则——基本准则》的强制性规定。久银公司就众兴菌业项目管理收益公告内容符合《企业会计准则——基本准则》之规定，并不存在虚增利润、虚假披露之情形，财晟公司所主张无任何法律和合同依据。就本案而言，根据《收益分配协议》第五条第三款，“根据第四条的双方投资管理利润提成收益分配办法进行分配，分配时间为久银公司所管理的基金结算完成并收到投资管理利润提成收益后的10个工作日之内”，结合《收益分配协议》第四条可知，前述条款中的“基金结算完成”指的是久银公司管理的基金清算完成。故财晟公司并非天津久丰基金的合伙人，久银公司与天津久丰基金就单项投资项目退出的中间结算情况，无须告知财晟公司，待天津久丰基金退出全部项目并进行整体清算后，再与财晟公司结算收益分成即可。

5. 鉴于《收益分配协议》约定的管理费分配条件尚未成就，久银公司逾期支付管理费分成情形无从谈起，更不存在逾期付款利息损失。《专项法律服务委托协议》系财晟公司与上海兰迪律师事务所签署，财晟公司并非《收益分配协议》签约方，无权委托律师起诉久银公司。《专项法律服务委托协议》内容不完整，无法确认该笔律师费必然、确实发生。从财晟公司提供的《委托付款说明》可知，委托事项为两项（众兴菌业、兰州庄园牧场纠纷），财晟公司就两项委托事项共支付法律服务费 5 万元，由此可知财晟公司主张的律师费还包含了其他代理案件。另外，久银公司在此保留要求财晟公司赔偿因其错误保全给久银公司造成的损失的权利。

法院观点

一审法院观点：久银公司作为甲方与田某某作为乙方签署的《收益分配协议》，系双方真实意思表示，且内容未违反法律、行政法规的强制性规定，应属有效。该协议明确载明乙方为田某某，并未表明其系代表财晟公司签署协议，且协议中明确“本协议经甲方法定代表人、乙方个人签署后生效”，故协议乙方系田某某，并非财晟公司。但田某某于其后将《收益分配协议》项下的债权转让给了财晟公司，故由财晟公司作为本案原告，诉讼主体适格。

久银公司与田某某协议约定：“根据第四条双方投资管理利润提成收益分配办法进行分配，分配时间为久银公司所管理基金结算完成并收到投资管理利润提成收益后的 10 个工作日之内。”虽久银公司于 2016 年自天津久丰基金收到业绩报酬 7593.8 万元，但是，双方收益分配的前提还需满足“久银公司所管理的基金结算完成”，并且“根据第四条双方投资管理利润提成收益分配办法进行分配”。从《收益分配协议》第四条可以看出，计算田某某获取收益金额的前提是确定其可以分得的比例，而该比例又取决于田某某推荐投资项目的实际净收益率与基金整体净收益率的比值。案涉众兴菌业项目已退出，实际净收益率可以计算，在此情况下，关键问题在于如何确定“基金整体净收益率”，此即本案争议焦点。

久银公司主张“基金结算完成”是指天津久丰基金投资的所有项目退出，此时才可计算“基金整体净收益率”；而财晟公司则主张“基金结算完成”是指天津久丰基金所投资的众兴菌业项目结算完成，此时“基金整体净收益率”也可以计算，具体而言，天津久丰基金于 2016 年度退出众兴菌业项目，故计算此年度天津久丰基金所退出的项目的整体净收益率。

当事人对合同条款的理解有争议的，应当按照合同所使用的词句、合同的有关条款、合同的目的、交易习惯以及诚实信用原则确定该条款的真实意思。结合已查明事实，法院认为，久银公司的主张成立，即需等待天津久丰基金所投资的全部项目均退出之后，方可向财晟公司支付约定的收益。此种认定主要基于以下理由：

第一，天津久丰基金一共投资了涵盖案涉众兴菌业项目在内的 8 个项目，待所有 8 个项目均退出后，最终计算天津久丰基金的净收益率，如此符合“基金整体净收益率”所述“整体”的应有之义。

第二，从《收益分配协议》第四条的内容可以看出，田某某并不仅仅关注案涉众兴菌业项目本身的净收益率，其自愿将自身应得收益与基金整体净收益率关联，可以看出其对于众兴菌业项目在天津久丰基金收益中的贡献占比具有信心。财晟公司称应当以众兴菌业项目退出年度为准，计算该年度天津久丰基金所退出的项目的整体净收益率。首先，此种对于“基金整体净收益率”的定义与通常理解并不相符，如缔约双方有此合意，理应在协议中对此概念的内涵予以说明。其次，在签订协议之初，众兴菌业项目的退出年份并不确定，在众兴菌业项目退出当年，有无其他项目退出、有几个项目退出以及有哪些项目退出均不可预知，根据财晟公司理解所计算的整体净收益率具有随机和不确定性。最后，根据财晟公司的主张，假设众兴菌业项目退出当年并无其他项目退出，则无法评价众兴菌业项目在整个基金中的表现优劣。

第三，2019 年 2 月 12 日，田某某向久银公司通过微信发送《190211 确认函——天津久丰天水众兴项目》，其上明确载明付款条件未成就，考虑财晟公司资金需求，由久银公司向财晟公司预估预付部分收益分配款项，后期再根据最终计算的应收取款项金额，由财晟公司多退少补。虽然该确认函因金额问题未能最终签署，但反映出财晟公司对于支付条件未达成事实的认可。

第四，田某某为《收益分配协议》的签约乙方，从 2019 年 4 月 7 日谈话中田某某的陈述可以看出，其明知应当等到基金所投资的全部项目均退出之后，久银公司才能计算并支付所约定的收益。田某某事后重新对合同文本所作的解释，不能推翻其于缔约之初的缔约本意。

综上所述，财晟公司主张分配收益的条件尚未成就，其在本案中的诉讼请求缺乏事实与法律依据，法院不予支持。

二审法院观点：久银公司与田某某签署的《收益分配协议》，系双方真实意思表示，且内容未违反法律、行政法规的强制性规定，应属有效。田某某之后将《收益分配协议》项下的债权及相关的其他权利一并转让给财晟公司，财晟公司有权提请本案诉讼。本案二审争议焦点是财晟公司主张的分配收益条件是否成就。依据《收益分配协议》约定："根据第四条双方投资管理利润提成收益分配办法进行分配，分配时间为久银公司所管理基金结算完成并收到投资管理利润提成收益后的10个工作日之内。"故收益分配需要满足《收益分配协议》约定的投资管理利润提成收益分配办法确定的分配比例，以及久银公司管理基金已结算完成并收到投资管理利润，而分配比例的确定又依赖于所推荐投资项目的实际净收益率与基金整体净收益率的倍比关系。本案中，双方对"基金结算完成"条款产生争议，一审法院按照合同所使用的词句、合同的有关条款、合同的目的、交易习惯以及诚实信用原则，确定"基金结算完成"是指天津久丰基金投资的所有项目退出，而非单指天津久丰基金所投资的众兴菌业项目结算完成，论理充分，并无不当，本院予以确认。据此，基金整体净收益率应待久银公司2011年投资的8个项目全部退出后方可确定。财晟公司上诉主张基金整体净收益率以2016年度天津久丰基金所退出的项目的整体净收益率计算，缺乏事实依据，本院不予支持。财晟公司二审变更诉讼请求，经调解未果，本院不予处理。

综上所述，财晟公司的上诉请求不能成立，应予驳回；一审判决认定事实清楚，适用法律正确，应予维持。

章节小结

中介合同，即居间合同（原《合同法》名称），属于我国《民法典》规定的有名合同，其性质和合同各方的权利义务关系已在法律中明确规定。但是，《民法典》关于中介合同的规定仅有6条，对于中介事项、中介方的调查义务、收益分配成就条件以及各方违约责任的承担，均需要管理人和中介方自行约定。

私募基金的设立和基金管理人资质的取得具有较强的专业性和合规要求，近年来，不少中介机构开始从事推介客户、辅助潜在的基金管理人取得资质、完成私募基金设立和登记的业务，由此也产生了众多因居间协议的履行导致的争议纠纷。

实践中，因私募基金融资项目居间合同中未明确约定居间方应负有的审慎调查义务的具体内容，如涉案基金存在延期兑付等情形，会给委托方造成较大法律风险。如委托方无法举证证明居间方在提供居间服务中存在过错，委托人仍应当按照约定向居间人支付报酬。另外，在收益分配条件的设定上，无论是居间方还是委托方，均应尽可能明确条款的约定。当出现约定不明的情况，如分配比例的确定依赖于所推荐投资项目的实际净收益率与基金整体净收益率的倍比关系等，各方仅能待案涉基金全部完成结算后，才能达到居间合同收益分配条件，将会导致居间协议的履行期限被严重拉长甚至协议履行陷入僵局，不利于缔约预期的正常实现，提高了各方的管理成本。

第二章　私募基金募集阶段的争议纠纷

根据中国证券投资基金业协会发布的数据，私募基金规模占资产管理总规模的比例逐渐接近公募基金规模，成为我国金融市场的重要参与成员。目前，相当一部分类型的私募基金产品是通过银行、证券公司等金融机构向投资人推介销售。根据统计，私募基金在募集阶段的争议也是主要集中于因金融机构推介销售基金产品过程中应履行的适当性义务所引发的纠纷。根据上海高院课题组对上海地区案例的分析，涉投资者适当性义务的私募基金纠纷多发于自然人与卖方机构之间，且上诉率较高，这与相关纠纷涉案金额高、缔约过程的事实认定相对困难等因素有关，亦侧面反映出目前私募基金的卖方机构在产品推介、缔约程序、证据留存等方面存在诸多问题。审判实践中，此类纠纷争议主要在于管理人、销售方是否尽到适当性义务、违反该义务的责任承担及对合同效力的影响。

《证券法》第八十八条、中国人民银行等机关《关于规范金融机构资产管理业务的指导意见》（以下简称《资管新规》）第六条和《全国法院民商事审判工作会议纪要》（以下简称《九民纪要》）第七十二条规定了金融机构适当性义务的内容，包括了解客户义务、了解产品义务、客户与产品匹配义务以及风险揭示义务。适当性义务的履行以确保金融消费者能够在充分了解相关金融产品、投资活动的性质及风险的基础上自主决定，并承受由此产生的收益和风险。

在发生纠纷后损失赔偿的问题上，通常按过错责任大小或信赖利益大小承担责任。这一点与上海高院课题组的有关研究结果一致。上海高院课题组分析，虽然适当性义务的履行是“卖者尽责”的主要内容，但造成买者损失的原因可能是复杂多样的，应结合个案情况综合判断。在此类纠纷可能引发的侵权责任之诉或合同之诉中，法院判断过错比例或衡量信赖利益大小，都可从《九民纪要》第七十八条所规定的两个方面进行判断：一是投资者是否存在故意提供虚假信息、拒绝听取卖方机构建议等情况；二是根据投资者投资经验、受教育程度等情况，适当性义务的违反是否影响投资者自主决定。

本章将通过对近年在私募基金募集阶段发生的典型案例的梳理，分析与归纳出法院在私募基金募集阶段的相关司法观点，以期对法律行业同人有所裨益。

第一节　因金融机构“了解客户义务”引发的纠纷

当前我国在“法律”层面，仅有一部《证券投资基金法》规范基金活动。根据《证券投资基金法》的定义，私募基金与公募基金的差别在于私募基金是以非公开方式针对“合格投资者”进行募集。因此，了解客户的财务状况、投资知识、投资经验与风险偏好，确认客户是合格投资者，是私募基金募集合规的必做动作。然而实践中，未按照规范了解客户，违反合格投资者制度募集的情形屡见不鲜。在未能兑付本金和预期收益后，基于基金管理人是否履行了解客户义务、非合格投资者是否导致基金合同无效产生的争议，是私募基金领域的高发争议类型。

一、金融机构“了解客户义务”的内容和方式认定

案　　号：（2020）苏01民终5949号

案件名称：张某某、江苏中杏艺禾资本管理有限公司与第一创业证券股份有限公司、王某某等财产损害赔偿纠纷

裁判要旨：基金管理人通过投资者填写调查问卷的方式对投资者的风险识别能力和风险承受能力进行综合评估，且投资者签名确认承诺书、风险揭示书的，可以认为基金管理人在向投资者销售基金过程中已履行适当性义务。

案情简介

上诉人（一审原告）：张某某

上诉人（原审被告）：江苏中杏艺禾资本管理有限公司（以下简称中杏艺禾公司）

被上诉人（原审被告）：第一创业证券股份有限公司（以下简称第一创业证券公司）

被上诉人（原审被告）：王某某

被上诉人（原审第三人）：蔡某某

2016年5月，张某某经南京鑫山洪投资管理有限公司（以下简称鑫山洪公司）总经理蔡某某推荐，决定购买中杏资本－鑫洪1号邮币基金。张某某与中杏艺禾公司、第一创业证券公司签订《中杏资本－鑫洪1号邮币基金基金合同》一份，张某某为基金投资者、中杏艺禾公司为基金管理人、第一创业证券公司为基金托管人、鑫山洪公司为投资顾问。上述基金合同主要约定：1. 基金的基本情况：（1）基金的名称：中杏资本－鑫洪1号邮币基金。（2）基金的运作方式：契约型封闭式。（3）基金的投资范围：南京文交所钱币邮票交易中心的电子挂牌藏品；资金闲置时可投向国债逆回购、货币市场基金、银行存款或者银行发行的理财产品，以提高资金使用效率。（4）资金的存续期限：15个月（前12个月为投资期，后3个月为退出期）。2. 基金的成立与备案：基金的备案：基金管理人在基金成立后20个工作日内，向基金业协会办理基金备案手续。本基金在中国基金业协会完成备案后方可进行投资运作。3. 基金的认购：认购的场所：本基金的销售仅限基金管理人直销。本基金的销售机构即为基金管理人。基金投资者应当在销售机构办理基金销售业务的营业场所，或按销售机构提供的其他方式办理基金份额的认购。4. 当事人及权利义务：（1）基金管理人的义务：①办理基金的备案手续；②自合同生效之日起，按照诚实信用、勤勉尽责的原则管理和运用基金财产；③配备足够的具有专业能力的人员进行投资分析、决策，以专业化的经营方式管理和运作基金财产；④除依据法律法规、本合同及其他有关规定外，不得为基金管理人及任何第三人谋取不正当利益，不得委托第三人运作基金财产；⑤根据法律法规和本合同的规定，编制基金年度报告，并向基金份额持有人披露；⑥国家有关法律法规、监管机构及本合同规定的其他义务。

(2) 基金托管人：①基金托管人的权利：a. 根据合同及其他有关规定，监督基金管理人对基金财产的投资运作，对于基金管理人违反本合同及有关法律法规规定的行为，对基金财产及其他当事人的利益造成重大损失的情况，有权报告中国证监会并采取必要措施；b. 按照合同的约定，依法保管基金财产。②基金托管人的义务：a. 安全保管基金财产，但对于已划转出托管账户的基金资产，以及处于托管银行实际控制之外的基金资产不承担保管责任；b. 根据本合同的约定，根据基金管理人的投资指令，及时办理清算、交割事宜；c. 公平对待所托管的不同基金财产，不得从事任何有损基金财产及其他当事人利益的活动。5. 基金的投资：(1) 风险收益特征：基于本基金的投资范围及投资策略，本基金不承诺保本及最低收益，属于中高风险产品，适合具有一定风险识别、评估、承受能力的合格投资者。(2) 预警线、平仓线：①预警线：基金单位净值达到 0.8500 元；②平仓线：基金单位净值达到 0.8000 元，管理人有权进行强行平仓操作。6. 越权交易的处理：基金托管人无投资责任，对任何基金管理人的投资行为（包括但不限于其投资策略及决定）或投资回报或由于基金产品设计缺陷或越权交易造成的任何损失不承担任何责任。基金托管人按照合同约定履行了对基金管理人的核查义务的，不对基金管理人的行为承担任何补充或连带责任。基金托管人不会因为提供了核查工作而承担任何因基金管理人违规投资所产生的有关责任，也没有义务去采取任何手段回应任何与投资监督报告有关的信息和报道。7. 业绩报酬的计提标准：当基金份额退出、终止日时，管理人将提取退出份额、特殊提取日基金年化收益的一定比率作为业绩报酬。业绩报酬提取比例为：基金年化收益率 $R \leqslant 10\%$ 部分，不提取业绩报酬；$R > 10\%$ 部分，计提 100% 作为业绩报酬。8. 信息披露义务：(1) 信息披露义务人：信息披露义务人，指基金管理人、基金托管人，以及法律、行政法规，中国证监会和中国证券投资基金业协会规定的具有信息披露义务的法人和其他组织。(2) 基金管理人的信息披露义务：①基金管理人应当按照相关规定，通过中国基金业协会指定的私募基金信息披露备份平台报送信息。②基金管理人应当向基金投资者披露以下信息：a. 基金的投资情况；b. 中国证监会以及中国基金业协会规定的影响投资者合法权利的其他重大信息。③基金运行期间，管理人应当在每个季度结束之日起 10 个工作日以内向投资者披露基金净值、主要财务指标以及投资组合情况等信息。④发生以下重大事项的，管理人应当在事项发生之日起 10 个工作日内向投资者披露：a. 基金存续期变更或展期的；b. 基金发生清盘或清算的；c. 基金合同约定的影响投资者利益的其他重大事项；⑤基金管理人通过书面或电子方式向基金份额持有人提供本合同约定的披露信息。（3）基金托管人的信息披露义务：基金托管人应当按照相关法律法规，中国证监会以及中国基金业协会的规定和本合同的约定，对基金管理人编制的基金资产净值、基金份额净值、基金份额申购赎回价格、基金定期报告和定期更新的招募说明书等向投资者披露的基金相关信息进行复核确认。（4）信息披露的责任：①信息披露义务人应当按照法律、行政法规、中国证监会和中国基金业协会的相关要求以及本合同的约定履行信息披露业务，并自行承担因其未切实履行信息披露业务所产生的所有责任，如因某一方信息披露义务人未切实履行信息披露业务，导致发生任何纠纷、争议、投诉，均由该信息披露业务人负责妥善处理。②基金管理人在进行信息披露前，应按照法律、行政法规、中国证监会和中国基金业协会的相关要求以及本合同的约定，向基金托管人提前提交编制完成的信息披露材料，并在获得基金托管人复核确认后才可以进行信息披露；如基金托管人对编制完成的信息材料有任何修改意见，基金管理人应按照基金托管人的意见进行修改完善后，再提交基金托管人复核，直至基金托管人完成复核确认；如基金管理人未按照法律、行政法规、中国证监会和中国基金业协会的相关要求以及本合同的约定，报基金托管人复核确认相关材料，便擅自进行信息披露或基金管理人不按照基金托管人的意见进行修改完善的，基金托管人不承担由此产生的任何责任。9. 基金合同的成立、生效：（1）合同成立：本合同文本，由基金管理人、基金托管人、基金投资者共同签署后，合同即告成立。（2）合同生效：本合同生效应当同时满足如下条件：①本合同经基金投资者、基金管理人与基金托管人合法签署；②基金投资者认购资金实际交付并经注册登记，登记确认成功，基金投资者获得基金份额；③本基金依法有效成立，对本合同各方具有法律效力。本合同生效后，任何一方都不得单方解除。10. 违约责任：（1）当事人违反本合同，应当承担违约责任，给合同其他当事人造成损失的，应当承担赔偿责任；如属本合同当事人双方或多方当事人的违约，根据实际情况，由违约方分别承担各自应负的违约责任。（2）在发生一方或多方违约的情况下，在最大限度地保护基金份额持有人利益的前提下，本合同能够继续履行的，应当继续履行，非违约方当事人在职责范围内有义务及时采取必要的措施防止损失扩大，没有采取适当措施，致使损失进一步扩大的，不得就扩大的损失要求赔偿，非违约方因防止损失扩大而支出的合理费用，由违约方承担。(3) 由于基金管理人、基金托管人不可控制的因素导致业务出现差错，基金管理人和基金托管人虽然已经采取必要、适当、合理的措施进行检查，但是未能发现错误的，由此造成基金财产和投资者损失，基金管理人和基金托管人免除赔偿责任。但是基金管理人和基金托管人应积极采取必要的措施消除由此造成的影响。(4) 一方依据本合同向另一方赔偿损失，仅限于直接损失。张某某、中杏艺禾公司和第一创业证券公司在合同最后落款处签名、盖章。

2016 年 5 月 16 日，张某某填写中杏艺禾公司提供的附件一《私募基金投资者风险识别能力和承受能力调查问卷（个人版)》、附件二《私募投资基金风险揭示书》、附件三《私募产品合格投资者参与私募产品承诺书》。其中调查问卷中“风险偏好”部分设置了几个问题，第一个问题为以下哪项描述最符合您的投资态度，张某某选择项为“保守投资，不希望本金损失，愿意承担一定幅度的收益波动”；第二个问题为假设有两种投资：投资 A 预期获得 10% 的利益，可能承担的损失非常小；投资 B 预期获得 30% 的利益，但可能承担较大亏损，您会怎么支配您的投资？张某某选择项为“同时投资于 A 和 B，但大部分资金投资于收益较小且风险较小的 A”。中杏艺禾公司对于张某某的风险偏好认定为“积极型”，适合的基金产品评级为“高风险等级”。《私募投资基金风险揭示书》中风险揭示部分显示资金损失风险为“基金管理人依照恪尽职守、诚实信用、谨慎勤勉的原则管理和运用基金财产，但不保证基金财产中的认购资金本金不受损失，也不保证一定盈利及最低收益”；投资者声明部分第二条“本人知晓，基金管理人、基金托管人及相关机构不应当对基金财产的收益状况做出任何承诺或担保”。张某某在上述附件上签名。

2016 年 5 月 27 日，张某某通过银行转账方式将 280 万元款项汇入第一创业证券公司基金与金融产品直销专户，用途为案涉基金认购款。2016 年 6 月 2 日，中杏艺禾公司向张某某发送认购确认书，确认案涉基金于 2016 年 6 月 2 日正式成立，基金份额为 280 万份。

案涉基金实际募集规模 3760 万元，投资者共计 20 人，于 2016 年 6 月 6 日在中国证券投资基金业协会备案。2017 年 1 月 23 日，中杏艺禾公司申请撤销该基金的备案。但之后该基金仍在南京文交所正常运作。

2017 年 6 月 29 日，南京文交所发布交易平台系统升级公告，宣布自 2017

年7月1日起暂停交易，交易平台系统升级完成后，将恢复正常交易，具体时间另行公告。故案涉基金自2017年7月1日起停止交易。

2017年8月17日，中杏艺禾公司以电子邮件形式通知张某某，交易所暂停交易已超过30个交易日，尚无恢复交易时间的公告。2017年8月28日，中杏艺禾公司又以电子邮件形式通知张某某，具体内容为：为避免可能出现的政策风险，保护投资者利益，涉案基金于2017年8月26日办理了部分持仓藏品提货手续，为下一步基金财产处置做准备。下一步将根据行业政策及市场行情选择处置措施，包括但不限于重回原账户进行交易，进入现货商城进行交易等。

2017年8月29日，张某某与王某某签订《中杏资本－鑫洪1号邮币基金最高额担保合同》。该合同主要内容为：王某某因本人在南京文交所经营交易的需要，委托中杏艺禾公司于2016年6月2日设立了中杏资本－鑫洪1号邮币基金。该基金于2016年6月6日获得中国证券投资基金业协会私募投资基金备案许可。该基金最迟应于2017年9月2日兑付清算。根据南京文交所《2017185关于交易平台系统升级的公告》，南京文交所自2017年7月1日起，对交易平台系统进行升级，系统升级期间全部挂牌藏品暂停交易；交易平台系统升级完成后，将恢复正常交易，具体时间另行公告。截至目前尚无恢复交易时间的相关公告。基于以上不可抗力的客观情况，经甲乙双方协商一致于2017年8月29日在南京市秦淮区签订中杏资本－鑫洪1号邮币基金最高额担保合同。该合同规定：1. 原投资金额：甲乙双方确认甲方初始投资资金为人民币280万元。2. 现担保本金金额认定方法及期限：本合同项下的延期期限最长为6个月，自2017年9月2日起至2018年3月2日止。担保金额为初始投资金额的112.5%减去已兑付清算的资金。3. 资金兑付方式：按原基金合同约定的收益原则计算。4. 乙方（担保方）的陈述与保证：担保方是完全民事行为能力人，具备所有必要的权利能力和行为能力，能以自身名义履行本合同的义务并承担相应责任；甲乙双方签署和履行本合同是本人真实的意思表示，不存在任何法律上的瑕疵；本合同项下的担保发生不利于投资者权益的变化时，担保人应按投资者的要求及时提供投资者认可的其他担保，不可抗力除外。

2017年9月1日，中杏艺禾公司又以电子邮件形式通知张某某，具体内容为：本基金成立于2016年6月2日。因本基金存续期限为15个月，于2017年9月1日到期，根据基金合同的有关条款，本基金终止。待交易所恢复正常交易后，本基金将非现金财产全部变现后，同现有基金账户中现金财产一并清算。

2017 年 9 月 1 日，张某某与蔡某某通电话，当时蔡某某正在开车，张某某在电话中对基金投资表示担忧，蔡某某对其进行解释和安慰。电话快结束时，蔡某某说，“我跟你说句话，真要有什么损失，我蔡某某个人掏钱都会帮你补足的，好吧”；张某某回答，“这个大家担大家担”；蔡某某继续说，“一个不会的。第二，我可以补，我有这个钱，你放心吧”；张某某接着说，“只要不会就好。谁都不要有损失。这是我最想看到的”；张某某最后说，“好的，就是我们家里人在说，他的担保里面，如果加上比如说抵押或者质押的那种担保，会好一点。你再考虑一下。嗯，没信号了”。

2017 年 9 月 16 日，张某某与蔡某某再次通电话，张某某在电话中称，“因为将来金融风险肯定是越来越大，因为投资多样性，对吧？这个还是比较好，类似于信托基金吧，应该是风险还是可控的”；蔡某某回答，“对。目前来说都是可控的，而且都是积极应对的。只是一个时间。因为其实这个讲起来就是一个期限风险嘛，对，期限会耽误一些，没有其他的风险，目前来看”；张某某继续说，“嗯，然后我把他们那个就是 230 万元，我说 50 万元的情况告诉你一下”；蔡某某回答，“知道了。好的好的明白”；张某某接着说，“然后，我们家欧老师也讲了，说如果是都能那个的话，希望我和我哥他们都一起出来”；蔡某某回答，“我知道的，这个我会安排”。

后张某某向中国证券投资基金业协会投诉中杏艺禾公司，投诉主要内容为：1. 中杏艺禾公司曾向其口头承诺年化 10% 保底收益；2. 案涉基金未按照要求在协会备案；3. 目前该产品已延期兑付。2017 年 12 月 12 日，中国证券投资基金业协会向中杏艺禾公司发出自律核查通知，要求其对上述投诉予以说明。2017 年 12 月 15 日，中杏艺禾公司向中国证券投资基金业协会回复自律核查通知复函。复函主要内容为：1. 公司从未向其口头承诺年化 10% 保底收益。2. 案涉基金于 2016 年 6 月 6 日备案通过，2017 年 1 月 23 日撤销产品备案。3. 延期兑付属实，基金资产净值为 68, 988, 242. 6 元。之所以至今尚未完成清算，是因为标的市场 2017 年 6 月 29 日突然宣布自 2017 年 7 月 1 日起暂停交易，并且至今没有恢复正常交易，导致基金持仓无法变现。

2017 年 12 月 27 日，中杏艺禾公司向中国证监会江苏监管局提交有关鑫洪 1 号邮币基金的情况说明，在其他情况说明部分再次确认案涉基金于 2017

年1月23日撤销备案。

2018年1月25日，中杏艺禾公司向中国证券投资基金业协会再次回函，内容为：贵会要求我司补充说明针对产品撤销备案一事向基金投资者的信息披露情况，现向贵会作详细汇报。清理整顿各类交易场所部际联席会议于2017年1月9日召开会议，部署要求各地开展交易场所清理整顿“回头看”工作，受此政策影响，南京文交所的行情从12月中旬即开始大幅下跌，至2017年1月中旬，短短一个月，综合指数从3385点下跌到1348点，跌幅超过50%。2017年1月下旬，行情有企稳迹象，南京文交所综合指数小幅反弹，但当时市场上仍充斥着恐慌情绪。2017年1月23日，我司向贵会申请撤销产品备案，考虑到全国所有邮币卡基金都撤销产品备案这一消息，对于规模很小的邮币卡市场属于重大利空，在当时市场风声鹤唳、情绪极其不稳定的情况下披露，对邮币卡市场无疑是雪上加霜，会造成市场情绪进一步恐慌、行情进一步下跌，进而对基金资产造成损失。我司当时与部分基金投资者进行了电话沟通，告知基金撤销备案一事，在当时的政策环境下，基金投资者均表示在意料之中，此时披露也确实会让基金资产损失扩大，建议我们暂缓披露。我司出于最大限度减少基金资产损失、保护基金投资者利益的角度出发，最终不得不决定暂缓披露。在产品撤销备案的信息披露问题上，我司一方面知晓应该及时向投资者披露，这是管理人的应尽义务，也有利于基金投资者及时了解基金运行情况；另一方面又考虑到在当时的政策环境和市场环境下披露，将造成基金资产的进一步损失，客观上又对基金投资者不利。在当时的政策环境和市场行情下，我司确实有两难之处，才作出上述处理安排。

2018年2月27日，中国证监会江苏监管局作出行政监管措施决定书，认为中杏艺禾公司在撤销备案后继续进行投资运作，违反了《私募投资基金监督管理暂行办法》第四条的规定。根据该办法第三十三条的规定，对中杏艺禾公司采取出具警示函的监管措施。

2018年2月，张某某与王某某进行电话沟通，电话中张某某称：“3月2日你那个合同最长期限要到期了”；王某某回答，“这个还没开盘”；张某某继续问，“现在能给我们多少呢”；王某某回答，“现在给不上，一分钱也没有啊，现在这个没开盘”；张某某称，“因为我们看那个合同，3月2日就是最长期限到期了。而且我这边一直想用钱，用不了也动不了，都在借钱做周转，我希望那个钱回来一点，你知道吧？我就是打个电话问问你”；王某某回答，

“回来一点有什么用”。

2018年8月，张某某与王某某再次电话沟通，张某某称，“你上次说5月份给的，到现在都没给，准备得怎么样了”；王某某回答，“钱都搁货里面了，要在持仓里处理，要卖货”；张某某称，“你担保在那，担保就是如果基金公司付不了就是你来付。这个你不懂吗？还要我教你。你搞金融这么多年了，你搞信贷的时候，你贷款给某个人，另外一个人担保人，那么债务人跑掉了，那么你担保人不承担吗”；王某某回答，“我是到期以后担保的”。

2018年11月，中杏艺禾公司制订案涉基金清算方案，以行业政策发生重大变化，邮币卡基金不得继续存续，基金管理人决定办理基金终止为由，参照基金管理人管理的其他同类型基金的清算方法，一致决定以现金资产正常分配、非现金资产原状返还的形式清算，并拟定了涉案基金清算方案。张某某不同意上述方案，故未参与清算，也未接收现金资产及非现金资产。中杏艺禾公司一审中陈述，在清算时已为张某某保留了应得的资产份额，因张某某不同意领取上述清算资产，故诉至一审法院。

裁判结果

一审法院：1. 江苏中杏艺禾资本管理有限公司应于判决生效之日起10日内给付张某某本金280万元及利息（以280万元为基数，自2016年6月2日起至实际给付之日止，按中国人民银行同期同类存款利率计算）；2. 王某某对江苏中杏艺禾资本管理有限公司的上述付款义务承担连带担保责任；3. 驳回张某某的其他诉讼请求。如果未按判决指定的期间履行给付金钱义务，应当按照《民事诉讼法》第二百五十三条之规定，加倍支付迟延履行期间的利息。一审案件受理费32,000元，由张某某负担1200元，中杏艺禾公司、王某某共同负担30,800元。

二审法院：驳回上诉，维持原判。

各方观点

张某某观点：第一创业证券公司作为专业的托管机构，未履行监管义务、信息披露义务和勤勉尽责义务，应当对张某某的损失承担赔偿责任。案涉基金合同有关于“信息披露人包括基金管理人和基金托管人”和“当事人违反合同约定，给合同当事人造成损失的，应当承担赔偿责任”的明确约定，第一创业证券公司对案涉基金撤销备案这一重大事项既未向投资者进行任何信息披露，也未向证券基金监管部门报告，更未采取任何措施督促基金管理人尽快将基金产品变现向投资者兑付，显然未勤勉尽责，违反了信息披露义务。

中杏艺禾公司观点：一审关于“中杏艺禾公司未尽销售高风险金融产品应负有的适当性义务，存在重大过错”的认定严重错误。首先，中杏艺禾公司根据《私募投资基金监督管理暂行办法》的规定，采取问卷调查方式了解张某某以往投资经验和资产状况，并在一审中提交了调查问卷和私募投资基金风险揭示书作为证据，可以证明中杏艺禾公司已履行适当性义务。其次，中杏艺禾公司根据中国证券投资基金业协会发布的《私募投资基金投资者风险问卷调查内容与格式指引（个人版）》，并结合案涉基金情况制作调查问卷内容。张某某在调查问卷上选择答案并签字的行为，足以说明中杏艺禾公司在张某某签名前已向其详细充分作出解释说明。再次，案涉调查问卷分五个部分内容，分别是基本信息、财务状况、投资知识、投资目标、风险偏好，该五部分内容同等重要。投资者的风险偏好并非仅根据调查问卷中的第五项风险偏好进行认定，而是根据五项内容整体打分综合判定投资者的风险偏好。本案中，张某某的得分是88分，根据投资承受能力评估评分表，最终得出张某某的风险偏好为积极型，适合的基金产品等级为高风险。最后，调查问卷开头已经以加黑加粗字体作了风险提示，告知投资本金可能遭受损失。从张某某调查问卷选择的答案看，张某某本身为金融行业从业人员，投资经验10年以上，中杏艺禾公司根据张某某在调查问卷中的得分将其风险偏好认定为积极型、适合的基金产品等级为高风险完全合法合规。

法院观点

一审法院观点：关于中杏艺禾公司的责任问题。案涉基金系高风险等级金融产品，必须坚持“卖者尽责、买者自负”原则，判断基金销售者即中杏艺禾公司是否已经履行了解客户、了解产品，将适当的产品或者服务销售给适合的金融消费者的义务；判断金融消费者即张某某是否充分了解案涉基金投资活动的性质及风险并在此基础上自主决定。《证券投资基金法》第九十八条规定："基金销售机构应当向投资人充分揭示投资风险，并根据投资人的风险承担能力销售不同风险等级的基金产品。"中杏艺禾公司作为案涉基金的销售者，未提供证据证明其在招募时已向张某某详细介绍该产品，以使张某某充分了解相关金融产品、投资活动的性质及风险；也无证据证明其已充分了解张某某的以往投资经验及资产状况。中杏艺禾公司提供的附件一《私募基金投资者风险识别能力和承受能力调查问卷（个人版)》、附件二《私募投资基金风险揭示书》、附件三《私募产品合格投资者参与私募产品承诺书》均是格式文本，其并无证据证明在张某某签字前详细充分向张某某作出解释说明以使张某某了解。且附件一最重要的"风险偏好"部分仅设置三个问题，张某某对其中两个问题的选项从直观判断上就可得出张某某是保守投资倾向，而非一般人理解的高风险投资倾向，而中杏艺禾公司却在风险偏好结论中认定张某某风险偏好系积极型，适合的产品为高风险等级，明显依据不足。中杏艺禾公司在明知张某某投资风险偏好趋向为保守型的情况下，仍将属于高风险的案涉基金产品销售给张某某，应认定为其未尽销售高风险金融产品应负有的适当性义务，存在重大过错。

二审法院观点：关于中杏艺禾公司的责任。《证券投资基金法》第九条规定："基金管理人、基金托管人管理、运用基金财产，基金服务机构从事基金服务活动，应当恪尽职守，履行诚实信用、谨慎勤勉的义务。基金管理人运用基金财产进行证券投资，应当遵守审慎经营规则，制定科学合理的投资策略和风险管理制度，有效防范和控制风险。基金从业人员应当具备基金从业资格，遵守法律、行政法规，恪守职业道德和行为规范。"第九十八条规定："基金销售机构应当向投资人充分揭示投资风险，并根据投资人的风险承担能力销售不同风险等级的基金产品。"

首先，关于中杏艺禾公司有无履行适当性义务的问题。本案中，中杏艺禾公司作为案涉基金的销售者，应当按照上述法律规定在销售案涉基金的过程中履行适当性义务。经查，中杏艺禾公司在向张某某销售案涉基金过程中，制作了《私募基金投资者风险识别能力和承受能力调查问卷（个人版)》、通过张某某填写上述调查问卷的方式对张某某的风险识别能力和风险承受能力进行综合评估。该调查问卷内容包括基本信息、财务状况、投资知识、投资目标、风险偏好五部分内容，问题设置符合中国证券投资基金业协会发布的《私募投资基金投资者风险问卷调查内容与格式指引（个人版)》的基本要求。张某某在回答案涉调查问卷时，虽然有关于“保守投资，不希望本金损失，愿意承担一定幅度的收益波动”的回答，但也有“对金融产品及其相关风险具有较多的知识和理解”“购买过银行理财产品、债券基金、保险等理财产品”“有10年以上投资基金、股票、信托、私募证券或金融衍生产品等风险投资品的经验”“能承受的最大投资损失是25%至40%”的回答。因此，判断张某某的风险识别能力和风险承受能力应当根据调查问卷的所有答案进行综合评价，而非针对某一特定问题的答案作出。中杏艺禾公司根据张某某所选择的问题答案得分为88分，得出张某某风险偏好为积极型、适合的基金产品评级为高风险等级的评估结果，并无不当。基金投资存在风险应当是一种共识，张某某作为具有完全民事行为能力的成年人，其出于投资获利目的购买案涉基金产品，理应具有风险认知能力和风险承受能力，且张某某填写的调查问卷首页抬头已经以黑体加粗字体记载“风险提示：私募基金投资需承担各类风险，本金可能遭受损失”。张某某是否购买案涉基金，是其衡量风险和收益后作出的选择。结合中杏艺禾公司提交的由张某某签名确认的《私募投资基金风险揭示书》《私募产品合格投资者参与私募产品承诺书》的具体内容，可以证明张某某系合格投资者，中杏艺禾公司已明确充分告知张某某投资风险。鉴于上述分析，本院认为中杏艺禾公司向张某某销售的案涉基金风险等级并未超过张某某测评得出的风险承受能力，即中杏艺禾公司在向张某某销售案涉基金过程中已履行了适当性义务。中杏艺禾公司关于其已履行适当性义务的上诉意见，具有事实依据，本院予以采纳。一审法院关于中杏艺禾公司未履行适当性义务的认定有误，本院依法予以纠正。

其次，关于中杏艺禾公司有无恪尽职守，履行诚实信用、谨慎勤勉的义务。本案中，中杏艺禾公司作为案涉基金的管理人，应当按照案涉基金合同约定，如实向投资者披露基金投资、资产负债、投资收益分配、基金承担的费用和业绩报酬、可能存在的利益冲突情况以及可能影响投资者合法权益的其他重大信息，不得隐瞒或者提供虚假信息。经查，案涉基金于2016年6月6日在中国证券投资基金业协会备案，案涉基金合同约定的基金存续期限为15个月（前12个月为投资期，后3个月为退出期），中杏艺禾公司却于2017年1月23日申请撤销该基金备案。基金撤销备案事项显属明显影响投资者合法权益的重大信息，但中杏艺禾公司并未将该重大信息告知投资者。中杏艺禾公司作为基金管理人，其上述行为明显违反法律规定和合同约定，应当认定其作为基金管理人未履行诚实信用、谨慎勤勉义务，具有重大过错。中杏艺禾公司关于其已通过电话方式告知投资者基金撤销备案事项的上诉意见，无任何证据予以证明，本院不予采纳。

最后，关于中杏艺禾公司的过错行为与张某某的损失之间有无因果关系的问题。根据《证券投资基金法》第九十四条的规定，非公开募集基金募集完毕，基金管理人应当向基金行业协会备案。案涉基金合同第五条、第二十一条、第二十二条亦约定基金在中国证券投资基金业协会完成备案后方可进行投资运作；中杏艺禾公司作为基金管理人，有权根据基金运作、市场行情等情况自行决定终止基金合同、成立清算小组负责基金清算资产的保管、清理、估价、变现和分配。据此，中杏艺禾公司于2017年1月23日撤销案涉基金备案后，应当将该事项告知张某某并提前终止基金合同、及时成立清算小组，但其不但未告知张某某基金已撤销备案这一重大信息，反而继续违规运作案涉基金。如果中杏艺禾公司在2017年1月23日撤销案涉基金备案后至2017年7月1日南京文交所暂停交易前履行信息披露义务、终止基金合同、成立清算小组进行清算，亦不至于导致目前基金无法结算的后果，故中杏艺禾公司的过错行为与张某某的损失之间具有因果关系，中杏艺禾公司应当予以赔偿。一审关于中杏艺禾公司在向张某某进行赔偿后，其在清算时为张某某保留的现金及非现金资产份额可由中杏艺禾公司自行处理的认定，亦无不当，应予维持。中杏艺禾公司关于张某某并不存在损失的上诉意见，与已查明事实不符，本院不予采纳。中杏艺禾公司撤销基金备案未告知投资者时间在先，南京文交所暂停交易时间在后，中杏艺禾公司关于张某某的损失系国家政策调整所致，属于不可抗力，其无须承担赔偿责任的上诉意见，亦无事实依据，本院不予采纳。

二、因投资者自身原因作出的不适当投资行为的认定

案　　号：（2020）京民终114号

案件名称：宁波梅山保税港区稳嘉股权投资合伙企业、江苏壹泽资本投资管理有限公司、徐某与中融国际信托有限公司、达孜县鼎诚资本投资有限公司合伙协议纠纷〔1〕

〔1〕现为合伙合同纠纷，后文不再赘述。

裁判要旨：《证券投资基金法》《私募投资基金监督管理暂行办法》规定的有关合格投资者的制度，其主要目的在于保护投资者的利益，避免不具有风险识别能力和风险承担能力的投资者作出不适当的投资行为。投资者明知自已不是合格投资者但仍然进行投资的，损害的是投资者本人利益，并未损害金融秩序与社会公共利益，该等合同当属合法有效。

案情简介

上诉人（原审被告、原审反诉原告）：宁波梅山保税港区稳嘉股权投资合伙企业（有限合伙）（以下简称稳嘉股权企业）

上诉人（原审被告、原审反诉第三人）：江苏壹泽资本投资管理有限公司（以下简称壹泽资本公司）

被上诉人（原审原告、原审反诉被告）：中融国际信托有限公司（以下简称中融信托公司）

被上诉人（原审原告、原审反诉第三人）：达孜县鼎诚资本投资有限公司（以下简称鼎诚资本公司）

2016年6月27日，中融信托公司向鼎彝投资中心支付2亿元，成为鼎彝投资中心的有限合伙人。鼎诚资本公司系鼎彝投资中心的普通合伙人。稳嘉股权企业的合伙人包括杨某、壹泽资本公司。其中，壹泽资本公司系普通合伙人。

2017年3月12日，中融信托公司、鼎诚资本公司与稳嘉股权企业、壹泽资本公司共同签订了转让合同。该合同约定中融信托公司为转让方、稳嘉股权企业为受让方。主要约定如下：中融信托公司是鼎彝投资中心的有限合伙人，鼎诚资本公司是鼎彝投资中心的普通合伙人。鼎彝投资中心出资2亿元持有高锐视讯公司3.33%股权。中融信托公司、鼎诚资本公司拟向稳嘉股权企业、壹泽资本公司或其指定方转让其合法持有的鼎彝投资中心的有限合伙人财产份额，各方自愿订立本合同。1. 转让标的为：中融信托公司持有的鼎彝投资中心的有限合伙人财产份额（对应认缴出资2亿元、实缴出资2亿元）。2. 稳嘉股权企业或其指定方应于2017年3月17日前向指定的账户支付本合同第2.1条项下的全部转让价款。3. 本次转让完成后，稳嘉股权企业作为鼎彝投资中心的合伙人对鼎彝投资中心享有全部权益并承担亏损和责任。在本合同签署生效后至转让完成前，中融信托公司不得进行对稳嘉股权企业不利的（重大）资产处置、分红及对外投资。各方同意，待高锐视讯公司与上市公司铜陵精达特种电磁线股份有限公司（以下简称铜陵精达公司）重大资产重组交易获得中国证监会审核通过后，在符合法律法规的前提下，将鼎彝投资中心之普通合伙人鼎诚资本公司变更为壹泽资本公司。本次转让完成后，鼎诚资本公司、壹泽资本公司担任鼎彝投资中心的管理人，鼎彝投资中心的日常经营及投资活动委托给壹泽资本公司运营和管理。4. 中融信托公司向稳嘉股权企业提交的相关资料真实、有效、完整且无任何误导性陈述、虚假记载或重大遗漏、隐瞒。5. 若稳嘉股权企业或其指定方未能根据本合同的约定于付款日前足额支付标的转让价款，中融信托公司就有权行使下述一项或多项权利：(1) 要求稳嘉股权企业立即支付全部转让价款；(2) 就未按照合同约定期限支付的转让价款，应继续支付未按时支付的转让价款外，中融信托公司还应支付自违约情形发生之日起，按本合同项下稳嘉股权企业未按时支付部分转让价款的万分之一按日计算违约金。6. 本协议项下各方之间的任何通知，均应以书面形式通过传真、快递、挂号信邮递的方式发送至本协议文首所载的地址。通知在发生如下情形之时视为送达：(1) 专人送达：通知方取得的被通知方签收单所示日；(2) 挂号信邮递：发出通知方持有的国内挂号函件收据所示日后第五日；(3) 传真：收到成功发送确认后的第一个工作日；(4) 特快专递：发出通知方持有的发送凭证上邮戳日起第四日。

2017 年 3 月 20 日，稳嘉股权企业向中融信托公司银行账户汇入 2600 万元，并备注为“江苏壹泽置换鼎彝份额款”。

2017 年 3 月 30 日，铜陵精达公司董事会发布编号为 2017－032 号的《铜陵精达公司关于无法按期发布召开股东大会通知的公告》。2017 年 7 月 6 日，铜陵精达公司董事会发布编号为 2017－052 号的《铜陵精达公司关于终止重大资产重组的公告》。

2017 年 8 月 10 日，壹泽资本公司、稳嘉股权企业向中融信托公司、鼎诚资本公司邮寄了关于解除的通知，提出由于铜陵精达公司已发布终止重大资产重组的公告，继续履行合同已明显不能实现合同目的，故决定解除各方签订的转让合同，并要求对方于通知送达后 5 个工作日内复函协商有关合同解除的善后事宜。中融信托公司、鼎诚资本公司认可收到了上述通知，但在一审法院庭审中主张壹泽资本公司、稳嘉股权企业的解除通知缺乏依据。

2017 年 11 月 10 日，稳嘉股权企业、壹泽资本公司向中融信托公司、鼎诚资本公司邮寄了律师函，认为转让合同已经解除，要求中融信托公司、鼎诚资本公司向壹泽资本公司、稳嘉股权企业返还已经支付的2600万元。

2017年3月31日，中国证券投资基金业协会（本部分简称中基协）发布《私募基金登记备案相关问题解答（十三）》，其中载明“私募基金管理人在申请登记时，应当在‘私募证券投资基金管理人’、‘私募股权、创业投资基金管理人’等机构类型，以及与机构类型关联对应的业务类型中，仅选择一类机构类型及业务类型进行登记；私募基金管理人只可备案与本机构已登记业务类型相符的私募基金，不可管理与本机构已登记业务类型不符的私募基金；同一私募基金管理人不可兼营多种类型的私募基金管理业务”。

2017年4月4日，中基协发布《关于“资产管理业务综合管理平台”第二阶段上线运行与私募基金信息报送相关事项的通知》，其中第四部分记载“在原登记备案系统中已登记多类业务类型、兼营多类私募基金管理业务的私募基金管理人，应当按照《私募基金登记备案相关问题解答（十三）》的要求进行整改，从已登记业务类型中仅选择一类作为展业范围，确认自身机构类型，提交变更申请”。后根据中基协信息公示平台，壹泽资本公司现已登记备案为私募证券投资基金管理人。

关于（2017）京02民初344号案件，2018年12月26日，中基协向北京市第二中级人民法院复函称，基金管理人应当在基金募集完毕后办理基金备案手续；私募基金应当遵循“先备案，后投资”的合规要求，在完成备案后方可投资运作；私募基金管理人在申请登记时，应当在“私募证券投资基金管理人”“私募股权、创业投资基金管理人”等机构类型，以及与机构类型关联对应的业务类型中，仅选择一类机构类型及业务类型进行登记；私募基金管理人只可备案与本机构已登记业务类型对应的私募基金，不可管理与本机构已登记业务类型不符的私募基金；同一私募基金管理人不可兼营多种类型的私募基金管理业务；私募基金管理人在整改为私募证券基金管理人后，无法继续完成私募股权投资基金的备案工作。

2019年11月13日，中融信托公司、鼎诚资本公司将鼎彝投资中心100%份额在北京产权交易所进行转让，转让价17,400万元，后因无人出价，于2019年11月29日降价至2000万元的价格出售，但降价10个工作日后，仍无人出价。中融信托公司、鼎诚资本公司自认鼎彝投资中心100%份额目前价值2000万元。

另查明，一审法院以法院专递方式向稳嘉股权企业、壹泽资本公司邮寄送达起诉状副本，稳嘉股权企业于2019年4月11日签收，壹泽资本公司于2019年4月15日签收。

裁判结果

一审法院：1. 确认中融信托公司、鼎诚资本公司解除合同的行为有效，中融信托公司、鼎诚资本公司与稳嘉股权企业、壹泽资本公司2017年3月12日签订的转让合同于2019年4月15日解除；2. 稳嘉股权企业于判决生效之日起10日内赔偿中融信托公司、鼎诚资本公司差额损失15,400万元及以15,400万元未偿付部分为基数、按照日1‰的标准计算的自2017年3月17日起至2019年4月15日止的违约金；3. 壹泽资本公司对判决第二项确定的稳嘉股权企业赔偿责任承担连带责任；4. 驳回中融信托公司、鼎诚资本公司其他诉讼请求；5. 驳回稳嘉股权企业反诉请求。如果未按判决指定的期间履行给付金钱义务，应当依照《民事诉讼法》第二百五十三条的规定，加倍支付迟延履行期间的债务利息。

二审法院：驳回上诉，维持原判。

各方观点

壹泽资本公司观点：一审判决的法律适用存在明显错误，诉争转让合同依法应当被宣告无效。1. 稳嘉股权企业签订转让合同时不是合格投资者。2. 穿透审查稳嘉股权企业的投资人壹泽资本公司、杨某亦不是合格投资者。3. 在判断转让合同应否被宣告无效时，应考虑法律的强制性规定、《证券投资基金法》的立法目的和保护倾向、中融信托公司和鼎诚资本公司在缔约过程中没有尽到审查义务和信息披露义务。

中融信托公司、鼎诚资本公司观点：稳嘉股权企业、壹泽资本公司主张的法律适用、合同效力之上诉事由，没有法律依据及证据支持。1. 本案转让标的为合伙企业有限合伙份额，并非基金份额。即使具有双重性质，法律适用也应当依据基础法律关系、救济途径、主体关系、请求权基础为标准进行选择。本案是以转让合同为基础提出诉讼请求，法律关系为份额转让，诉讼请求为违约、解除合同，故应当适用《合伙企业法》《合同法》，而不应适用

《证券投资基金法》及其下位法。2. 中融信托公司无披露和提供高锐视讯公司及子公司财务数据的义务。稳嘉股权企业、壹泽资本公司没有证据证明中融信托公司提供过此类财务资料。3. 中融信托公司不是高锐视讯公司的股东及董事、监事、高级管理人员，不具备提供高锐视讯公司子公司财务资料的能力。4. 中融信托公司从未向稳嘉股权企业、壹泽资本公司提供过高锐视讯公司子公司的财务资料。5. 稳嘉股权企业、壹泽资本公司亦没有证据证明中融信托公司向其提供过高锐视讯公司子公司财务资料。6. 中融信托公司、鼎诚资本公司未参与高锐视讯公司的财务数据造假。稳嘉股权企业、壹泽资本公司自行通过市场尽调和评估作出了投资的决定。鼎彝投资中心管理权未转移，是因为稳嘉股权企业、壹泽资本公司未按期支付转让款。关于瑕疵担保义务，转让合同并未约定。中融信托公司也从未保证上市成功。关于本案的法律适用，本案不应适用《证券投资基金法》。关于合同效力，合伙企业财产份额转让不涉及国家、集体以及第三人利益，未违反效力性强制性规定，故不影响合同效力。一审法院判决合同解除，适用法律正确。

法院观点

一审法院观点：本案中，稳嘉股权企业、壹泽资本公司主张其并非合格投资者，因而转让合同违反了《证券投资基金法》《私募投资基金监督管理暂行办法》关于募集基金应当向合格投资者募集的规定，应属无效。对此，一审法院认为，首先，根据转让合同约定的内容，本案当事人交易的对象是合伙企业的份额，并非基金份额，《合伙企业法》对合伙企业份额的转让没有关于受让方必须是合格投资者的限制性规定；其次，根据转让合同的约定，中融信托公司、鼎诚资本公司向稳嘉股权企业、壹泽资本公司或其指定方转让鼎彝投资中心的份额。也就是说，受让方并非必然是稳嘉股权企业、壹泽资本公司，如果稳嘉股权企业、壹泽资本公司认为自己并非合格投资者，受让鼎彝投资中心份额不符合监管要求，可以指定其认为符合要求的主体受让鼎彝投资中心份额。最后，《证券投资基金法》《私募投资基金监督管理暂行办法》规定的有关合格投资者的制度，其主要目的在于保护投资者的利益，避免不具有风险识别能力和风险承担能力的投资者作出不适当的投资行为。投资者明知自己不是合格投资者但仍然进行投资的，损害的是投资者本人利益。因此，稳嘉股权企业、壹泽资本公司关于转让合同无效的主张，缺乏法律依据，一审法院不予采信。转让合同是各方当事人真实意思表示，不存在《合同法》第五十二条、《民法总则》第一百五十三条规定的无效情形，应属有效。

二审法院观点：关于本案的法律适用，因本案所涉法律关系为合伙企业财产份额转让关系，本案当然适用《合伙企业法》《合同法》的相关规定。案涉鼎彝投资中心虽然同时是备案登记的股权投资基金，但本案各方当事人均是以转让合同约定的权利义务为基础提出诉讼请求，相关法律关系也不涉及任何基金投资行为，故本案无须适用《证券投资基金法》及其下位法。壹泽资本公司上诉认为，稳嘉股权企业签订转让合同时不是合格投资者，穿透审查稳嘉股权企业的投资人壹泽资本公司、杨某亦不是合格投资者，诉争转让合同依法应当被宣告无效。对此本院认为，《合同法》第五十二条规定，有下列情形之一的，合同无效：（1）一方以欺诈、胁迫的手段订立合同，损害国家利益；（2）恶意串通，损害国家、集体或者第三人利益；（3）以合法形式掩盖非法目的；（4）损害社会公共利益；（5）违反法律、行政法规的强制性规定。因案涉鼎彝投资中心是备案登记的股权投资基金，转让鼎彝投资中心财产份额必然导致鼎彝投资中心作为私募基金的投资者发生变化，但《私募投资基金监督管理暂行办法》关于私募基金合格投资者的规定并非法律、行政法规强制性规定。监管部门制定有关合格投资者适当性管理的制度，其目的主要在于保护投资者利益，避免不具有风险识别能力和风险承受能力的投资者进行投资而受到损失。故即便如壹泽资本公司所称稳嘉股权企业并非合格投资者，稳嘉股权企业在明知自身并非合格投资者的情况下，仍然与中融信托公司签订转让合同，由于其损害的是自身利益，并未损害金融秩序与社会公共利益，转让合同的效力也不受稳嘉股权企业是否为合格投资者的影响。

三、违反《私募投资基金监督管理暂行办法》的民事法律行为效力认定

案　　号：（2019）浙0521民初2564号

案件名称：李某某与朱某某、曹某某等合同纠纷

裁判要旨：《私募投资基金监督管理暂行办法》主要针对基金管理公司，且属于管理性强制性规定，而非效力性强制性规定，其为部门规章，不属于法

律、行政法规，关于合格投资者的规定属于管理性强制性规定，违反上述规定的行为并不属于无效民事法律行为，应当由行政机关依据相关规定进行处理。

案情简介

原告：李某某

被告：朱某某、曹某某、尤某某、吴某

2018年3月7日，朱某某与曹某某签订《委托投资协议》一份，约定由曹某某代表朱某某认购100,000元的“山东创道创盈10号优选私募股权投资基金”份额。该协议还约定：曹某某作为基金投资者，代表朱某某签署相关基金合同，并在基金管理人处登记；朱某某作为曹某某代持的基金份额的实际投资者，享有基金合同约定的全部权利，并承担全部义务；在曹某某代持期间，朱某某获得投资产生的收益（包括但不限于分红等），曹某某应在收益分配至其银行账户后，打入朱某某指定账户；曹某某除法律规定的过错外，不对所代持的基金份额的权利与责任等承担责任；朱某某与曹某某不得擅自向其他第三方个人或单位（包括但不限于公司）泄露该协议及与该协议相关的信息。该协议签订后，朱某某向曹某某支付100,000元。

当日，曹某某与山东创道股权投资基金管理有限公司（基金管理人）、中国光大银行股份有限公司杭州分行（基金托管人）签订《创盈10号优选私募股权投资基金基金合同》一份，认购了500,000元的基金份额，尤某某作为经办人在该基金合同上签字。该基金合同约定：基金存续期限为12个月+6个月；募集账户户名为山东创道创盈10号优选私募股权投资基金募集专户，账号为76××40，开户行为中国光大银行杭州分行；基金业绩比较基准为10.5%/年，按季度分配收益。此外，该基金合同还对各方的其他具体权利义务进行了详细约定，且载有内容详尽的风险告知条款。该基金合同签订后，曹某某按约向基金合同约定的募集账户汇款500,000元。

2018年7月17日，吴某代表朱某某与李某某签订了补充协议一份（补充协议存在于朱某某与曹某某签订的《委托投资协议》空白处），约定朱某某将100,000元的“山东创道创盈10号优选私募股权投资基金”份额全数转让给李某某，并将今后三个季度的收益权一并转让。当日，李某某向朱某某支付受让款 100,000 元。

2018 年 9 月 17 日，曹某某通过尤某某向李某某支付上述基金投资回报款（收益）2625 元；2018 年 12 月 25 日，曹某某通过尤某某向李某某支付上述基金投资回报款（收益）2625 元；此后，曹某某未再向李某某支付基金回报款。

另查明，曹某某、尤某某为山东创道股权投资基金管理有限公司员工，工作地点为山东创道股权投资基金管理有限公司德清分公司，基本养老保险缴费单位为山东创道股权投资基金管理有限公司湖州分公司；此外，尤某某系李某某的投资理财顾问。

裁判结果

驳回原告李某某的全部诉讼请求。

各方观点

李某某观点：1. 曹某某等人未经证券监督管理机构注册，擅自销售私募基金；2. 曹某某等人隐瞒基金公司经营状况，向李某某等人进行虚假宣传，承诺固定收益；3. 李某某并非合格投资者，曹某某等人为规避监管代持基金，损害社会公共利益，违反法律强制性规定；4. 曹某某等人虚构合同（《委托投资协议》），且构成双方代理。

朱某某、曹某某、尤某某、吴某观点：1. 补充协议是双方当事人的真实意思表示，其性质为债权债务转让合同，合法有效；2. 李某某称答辩人恶意串通，对其实施欺诈，证据不足，补充协议不符合法律规定的可撤销条件。

法院观点

补充协议的性质属于债权债务转让合同，即由朱某某将其在《委托投资协议》项下的全部权利义务一并转让给李某某，补充协议是否有效，取决于《委托投资协议》是否有效。首先，曹某某与朱某某系委托代持关系，曹某某系代持人，其并非需经有关证券监督管理机构注册的主体。其次，李某某主张曹某某等人存在隐瞒基金公司经营状况，向李某某等人进行虚假宣传，承诺固定收益行为，均未提交有效证据，无法采信。而且，基金合同约定的基金业绩比较基准 10.5%/年亦与李某某后续收到的两个季度的投资基金回报款不相矛盾。再次，《民法总则》第一百五十三条规定："违反法律、行政法规的强制性规定的民事法律行为无效，但是该强制性规定不导致该民事法律行为无效的除外。违背公序良俗的民事法律行为无效。"根据《证券投资基金法》第八十七条、第九十一条之规定，非公开募集基金应当向合格投资者募集，不得向合格投资者之外的单位和个人募集资金。根据《私募投资基金监督管理暂行办法》第十二条之规定，私募基金的合格投资者是指具备相应风险识别能力和风险承担能力，投资于单只私募基金的金额不低于 100 万元且符合下列相关标准的单位和个人：(1) 净资产不低于 1000 万元的单位；(2) 金融资产不低于 300 万元或者最近三年个人年均收入不低于 50 万元的个人。具体到本案中，李某某经尤某某介绍从朱某某处受让 100,000 元基金份额，并认可由曹某某代持，可见李某某、朱某某、曹某某均明知李某某非合格投资者。但应指出的是，上述规定主要针对基金管理公司制定，且属于管理性强制性规定，而非效力性强制性规定，而《私募投资基金监督管理暂行办法》为部门规章，不属于法律、行政法规。因此，曹某某等人违反上述规定的行为并不属于无效民事法律行为，应当由行政机关依据相关规定进行处理。此外，李某某受让基金份额并委托曹某某代持行为本身，系李某某为追求投资回报自愿选择的投资方式，既未损害社会公共秩序，亦未损害社会善良风俗。最后，李某某提出曹某某等人虚构合同、构成双方代理，从而导致合同无效的主张，并无任何法律依据，不予采信。

章节小结

《证券投资基金法》第九条规定了基金管理人、基金托管人管理、运用基金财产，基金服务机构从事基金服务活动，应当履行诚实信用和谨慎勤勉的义务。该规定构成了私募基金管理人和销售机构在基金募集活动履行适当性义务的基石。在此基础上，中国证券投资基金业协会发布了《私募投资基金募集行为管理办法》和附件《私募投资基金投资者风险问卷调查内容与格式指引（个人版）》，用于指导私募基金对投资者风险承受能力进行测评。实践中，管理人、销售机构对投资者风险承受能力进行评级和风险评估时，未全面审慎评估或程序不合规，也是纠纷高发原因之一。

在张某某诉中杏艺禾公司案中，对于基金销售机构在募集过程中风险测评是否履行了适当性义务，两审法院存在不同看法。一审法院认为销售机构应当提供证据证明充分了解投资者的过往投资经验与资产状况，而从《私募基金投资者风险识别能力和承受能力调查问卷（个人版）》是格式文本，其中“风险偏好”仅设置了三个问题，以及对投资者其中两个问题的回答是保守的等方面认定，销售机构未尽销售高风险金融产品应负有的适当性义务，存在重大过错；而二审法院则从问卷包括基本信息、财务状况、投资知识、投资目标和风险偏好五个部分内容，问题设置符合中国证券投资基金业协会发布的《私募投资基金投资者风险问卷调查内容与格式指引（个人版）》的基本要求，以及综合调查问卷的所有答案角度，认为销售机构在基金销售过程中已经履行了适当性义务。此案中两审法院的不同处理，体现了在司法实践中法院对于适当性义务的两种审查标准，一是偏重对测评进行实质审查，二是限于对是否进行了测评以及测评是否符合指引的形式审查。而二审法院对一审法院在此点上的纠正，一定程度上体现了对基金管理人及销售机构商业判断的尊重，和法院对介入私募基金募集合规工作的保守态度。这给予我们的一个启示就是，尽管法院不倾向于将“风险测评”打开进行实质性审查，但私募基金管理人和销售机构在基金募集过程中应严格遵守中国证监会和中国证券投资基金业协会发布的相关指引，以避免因被认定未能履行适当性义务造成投资者损失，进而需要承担损害赔偿责任。

原则上，私募基金仅应向合格投资者募集，但实践中基金管理人、销售机构和投资者本身都可能存在因追求利益而明知违反规定签署基金合同的情况。非合格投资者在未能按预期兑付本金及收益后，往往会以基金合同违反合格投资者制度为由，主张合同无效，继而要回本息。在司法实践中，各地法院关于投资者不属于合格投资者是否导致合同无效问题，存在不同的观点。其争议在于，违反合格投资者制度是否构成违反法律强制性规定，以及是否损害社会公共利益，违背公序良俗。合格投资者制度规定在《证券投资基金法》、《私募投资基金监督管理条例》和《私募投资基金监督管理暂行办法》等规定当中。其中，《私募投资基金监督管理条例》自2023年9月1日起实施，相关案例尚未出现无法参考，具体标准仍由国务院证券监督管理机构规定。《私募投资基金监督管理暂行办法》仅是部门规章，效力位阶不够，争议不大。而关于《证券投资基金法》第八十七条规定则有争议，有法院认为该条属于强制性规定，违反该条规定导致基金合同无效；但也有法院认为该条不属于效力性强制性规定，如在李某某诉朱某某、曹某某案中，法院认为不能据此否定合同效力。

另外，在评价非合格投资者签订的基金合同效力时，法院还可能考虑是否损害公共利益、违背公序良俗。在壹泽资本公司等诉鼎诚资本公司等案中，法院认为投资者在明知自身并非合格投资者的情况下仍然签署合同，损害的是自身利益而非金融秩序与社会公共利益，合同并不因此而无效。关于非合格投资者签订的基金合同效力，各地法院尚未达成统一意见，因此投资者基于此点寻求救济时，还要结合本地法院的倾向性意见。

第二节　因金融机构“了解产品义务”引发的纠纷

金融机构“了解产品义务”的内容和方式认定

案　　号：（2021）沪74民终148号

案件名称：卢某与嘉实财富管理有限公司委托理财合同纠纷

裁判要旨：了解产品及其分级的内容主要包括了解产品的特征和风险等因素，并在此基础上划定风险等级。要求卖方机构了解产品是为了对产品风险等级作出正确评估，进而将适当的产品卖给适当的投资者。卖方机构对私募产品定级无误且在产品概要中已向投资者告知私募基金产品的风险收益特征及产品情况，应认定为卖方机构已尽了解产品义务。投资者主张卖方机构存在欺诈情形的应承担相关证明责任。

案情简介

上诉人（原审原告）：卢某

被上诉人（原审被告）：嘉实财富管理有限公司（以下简称嘉实财富公司）

嘉实财富公司作为首金嘉实嘉赢优选B－2私募基金的销售机构，向卢某推销涉案私募基金。2017年11月13日，嘉实财富公司在推销涉案私募基金的过程中，对作为投资者的卢某通过投资者调查问卷的形式进行了调查。其中，对于“3. 您是否具有2年以上投资经历或相关工作经历”的问题，卢某的回答是“A. 是”；对于“7. 您投资金融产品的期望是”的问题，卢某的回答是“B. 资产稳健增长”。根据嘉实财富公司对卢某调查的《投资者调查问卷》的结果，卢某属于“普通/合格投资者I类”。同日，嘉实财富公司对卢某通过风险问卷的形式进行了调查，其中，对于“7. 您的投资经验”的问题，卢某的回答是“C. 参与过股票、基金等产品的交易”；对于“8. 您有多少年投资经验（投资包括股票、债券、基金、资产管理计划、期货、黄金、外汇或其他金融衍生品等风险投资品）”的问题，卢某的回答是“E. 5年以上”；对于“9. 在正常的证券市场条件下，您期望得到的收益”的问题，卢某的回答是“C. 可以承受与股票市场相当的风险，同时获得与市场表现相当的收益”；对于“12. 您认为您对于投资风险的偏好是哪项”的问题，卢某的回答是“C. 获取高收益和避免短期损失一样重要”。根据嘉实财富公司对卢某调查的风险问卷的结果，卢某的问卷得分为68，风险承受能力等级为平衡型；平衡型投资者可选择风险中级及以下等级的产品/服务。嘉实财富公司在向卢某推销产品的过程中，向卢某出示了“首金嘉实嘉赢优选B－2私募基金产品概要”，介绍了包括产品概要、产品介绍、投资者（委托人）权利和义务、产品信息披露、风险揭示、管理人及销售机构声明在内的情况。其中，产品概要封面右下角标明“依据嘉实财富评级标准，该产品优先级风险等级为R3级（中风险），适合平衡型、积极型、进取型合格投资者……私募投资有风险，投资需谨慎”；产品概要第1页“风险收益特征”部分载明“本基金优先级属于R3级（中风险）投资品种，适合平衡型、积极型、进取型合规投资者……本基金为非保本收益型私募基金，基金份额持有人面临有可能无法获得收益甚至损失本金的风险”，第1页“业绩比较基准”部分载明“本业绩比较基准不是最终收益率……本业绩比较基准也不代表基金管理人、托管人及代销机构对于基金本金及收益的保证或承诺”；产品概要第5～7页为风险揭示，特殊风险揭示部分明确了优先级份额的特定风险包括利率风险、本金损失风险，一般风险揭示部分明确了资金损失的风险，即基金管理人不保证基金财产中的认购资金本金不受损失，也不保证一定盈利及最低收益，本基金优先级属于中风险投资品种，适合风险识别、评估、承受能力中的合格投资者。后卢某经嘉实财富公司推荐，作为基金委托人，与作为基金管理人的首创公司以及作为基金托管人的上海银行股份有限公司北京分行签订了《首金嘉实嘉赢优选 B－2 私募基金基金合同》。卢某于 2017 年 11 月 20 日向嘉实财富公司支付申购基金认购款 200 万元，成为涉案私募基金的优先级份额持有人，优先级份额投资期的业绩比较基准为 7.8%/年。之后，卢某于 2017 年 12 月 26 日收到基金收益 9041.10 元，于 2018 年 6 月 27 日收到基金收益 74,383.56 元，于 2018 年 12 月 26 日收到基金收益 75,205.48 元。2019 年 11 月 26 日，卢某向嘉实财富公司提交赎回申请表，要求赎回涉案私募基金的本金及分红。嘉实财富公司告知卢某涉案私募基金不在基金开放赎回期。

一审另查明，《首金嘉实嘉赢优选 B－2 私募基金基金合同》中包括了基金风险提示函、合格投资者承诺书、投资者告知书，其中“投资者声明”部分，卢某签字确认了 13 条条款，包括：1. 本人/机构已仔细阅读私募基金法律文件和其他文件，充分理解相关权利、义务与本私募基金运作方式及风险收益特征，愿意承担由上述风险导致的全部后果；2. 本人/机构知晓，基金管理人、基金销售机构、基金托管人及相关机构不应当对基金财产的收益状况作出任何承诺或担保；……7. 本人/机构知晓，投资者冷静期及回访确认的制度安排以及在此期间的权利。该合同第十九节“风险揭示”项下约定，本基金优先级属于R3 级（中风险）投资品种，适合平衡型、积极型、进取型合格投资者。

一审再查明，2019 年 10 月 21 日，嘉实财富公司再次通过风险问卷的形式对卢某进行了调查。其中，对于“7. 您的投资经验”的问题，卢某的回答是“C. 参与过股票、基金等产品的交易”；对于“8. 您有多少年投资经验（投资包括股票、债券、基金、资产管理计划、期货、黄金、外汇或其他金融衍生品等风险投资品）”的问题，卢某的回答是“E. 5 年以上”；对于“9. 在正常的证券市场条件下，您期望得到的收益”的问题，卢某的回答是“B. 承受较低的风险，取得相当于通货膨胀的收益即可”；对于“12. 您认为您对于投资风险的偏好是哪项”的问题，卢某的回答是“A. 避免短期损失比获取高收益重要”。根据风险问卷的结果，卢某的问卷得分为48，风险承受能力等级为平衡型，平衡型投资者可选择风险中级及以下等级的产品/服务。

裁判结果

一审法院：驳回卢某的全部诉讼请求。

二审法院：驳回上诉，维持原判。

各方观点

卢某观点：1. 一审法院对涉案基金是否已期满应兑付赎回申请的事实认定不清。本案由于涉案基金无法如约到期赎回才导致卢某发现嘉实财富公司未尽适当性义务，未如实将私募基金的真实情况如实告知卢某，故涉案私募基金是否已期满、嘉实财富公司是否应当及时兑付卢某的赎回申请，应是本案重要事实之一。但一审法院仅简单表述“被告告知原告涉案私募基金不在基金开放赎回期”，没有就双方对涉案基金合同的相关条款的争议进行审理认定，属于认定基本事实不清。2. 一审法院对嘉实财富公司适当性义务的认定，适用法律错误。一审法院应当审查的是嘉实财富公司作为私募基金的代销机构是否已确保卢某在购买涉案基金产品时充分地了解过该产品。根据《资管新规》第九条规定，“金融机构代理销售资产管理产品，应当建立相应的内部审批和风险控制程序，对发行或者管理机构的信用状况、经营管理能力、市场投资能力、风险处置能力等开展尽职调查，要求发行或者管理机构提供详细的产品介绍、相关市场分析和风险收益测算报告，进行充分的信息验证和风险审查，确保代理销售的产品符合本意见规定并承担相应责任”，以及《证券期货投资者适当性管理办法》第二十七条规定，“经营机构代销其他机构发行的产品或者提供相关服务，应当在合同中约定要求委托方提供的信息，包括本办法第十六条、第十七条规定的产品或者服务分级考虑因素等，自行对该信息进行调查核实，并履行投资者评估、适当性匹配等适当性义务”，嘉实财富公司作为私募基金的代销机构，应对涉案基金的发行管理人北京首创网金投资管理有限公司（以下简称首创网金公司）开展尽职调查，并对涉案基金产品进行充分的信息验证和风险审查。而一审法院并未要求嘉实财富公司举证其已充分履行上述适当性义务，这不但降低了嘉实财富公司了解产品的司法标准，更违背了民事诉讼法中关于举证不能承担不利后果的审判原则。

嘉实财富公司观点：1. 卢某在一审庭审中明确其提起本案诉讼的请求权

基础是嘉实财富公司作为卖方机构违反了适当性义务，应当承担相应的赔偿责任，故本案性质是卢某主张卖方机构未尽到适当性义务而提起的缔约过失责任纠纷。然而，卢某所主张的嘉实财富公司未尽到适当性义务的原因并不是适当性义务的构成要素，不属于认定嘉实财富公司是否违反适当性义务的标准，不会对本案审理结果产生实质性影响。卢某错误地将本案的性质理解为卢某与基金管理人就基金合同产生的违约纠纷。本案所涉基金合同约定的兑付期间是否届满、卢某有无申请赎回的权利以及基金管理人有无及时兑付的义务属于基金合同项下卢某与基金管理人之间的权利义务，属于审理违约纠纷时应当审查的基本事实，而非本案应当审查的基本事实。嘉实财富公司并非本案基金合同的当事人，即使在违约纠纷中，需作为基本事实进行审查的也是基金管理人而非嘉实财富公司是否应兑付卢某的赎回申请。2.《证券基金投资法》第九十八条是对基金销售机构适当性义务的统领性规定，应适用于本案。《九民纪要》第七十三条规定，在确定卖方机构适当性义务的内容时，应当以合同法、证券法、证券投资基金法、信托法等法律规定的基本原则和国务院发布的规范性文件作为主要依据。由此可知，一审法院以《证券投资基金法》第九十八条为依据审查嘉实财富公司的适当性义务并无不妥。《九民纪要》第七十二条规定，适当性义务是指卖方机构在向金融消费者推介、销售银行理财产品……期货等高风险等级投资活动提供服务的过程中，必须履行的了解客户、了解产品、将适当的产品（或者服务）销售（或者提供）给适合的金融消费者等义务。卖方机构承担适当性义务的目的是确保金融消费者能够在充分了解相关金融产品、投资活动的性质及风险的基础上自主决定，并承受由此产生的收益和风险。卢某有意忽视该条前一句关于销售机构适当性义务的明确规定，转而以该条后一句关于销售机构承担适当性义务目的的论述，推论销售机构应确保金融消费者了解产品，这明显是断章取义，企图加重销售机构的义务和责任。事实上，受限于金融消费者的专业知识、认知能力、主观意愿等因素，每个金融消费者了解产品的程度存在差异，且其了解产品的程度是无法客观衡量的，确保、充分了解也是无法查证的，故在销售机构已经履行了相应义务，做到卖者尽责的情况下，就应当认为买者已经充分了解产品，应当遵循买者自负的原则。卢某在一审中提交的推介材料上载明了涉案产品的情况以及风险等级。基金合同中有关于涉案产品的情况说明，《基金风险提示函》已经反复强调涉案产品存在的各类风险。嘉实财富公司还对卢某进行了电话回访，也再次强调了产品的风险等级、说明了产品存在风险，可能有投资损失。就嘉实财富公司的这些提示与说明，卢某多次表示知晓，并愿意承担相应的投资结果。故嘉实财富公司不仅尽到卖方机构的适当性义务，还力求确保卢某了解产品。3. 卢某提及的《资管新规》施行于2018年4月27日，而涉案基金的设立、销售行为均发生于该指导意见施行之前。按照法不溯及既往的原则，本案不应参照适用该指导意见的相关规定对嘉实财富公司的行为作出评判。卢某提及的《证券期货投资者适当性管理办法》第二十七条的规定是对委托人与卖方机构之间代销合同内容的规制，而非对销售机构适当性义务的规制。因而，卢某主张应根据该条规定要求嘉实财富公司进行了解产品这一义务的举证是错误的。况且，嘉实财富公司在推进涉案基金产品时亦已经获取了相关信息。嘉实财富公司在一审中提交了《首金嘉实嘉赢优选B－2私募基金产品概要》，其中包含了上述管理办法第十六条、第十七条规定的划分涉案基金产品等级应综合考虑的信息，嘉实财富公司就此无须另行举证。

法院观点

一审法院观点：《证券投资基金法》第九十八条规定，基金销售机构应当向投资人充分揭示投资风险，并根据投资人的风险承担能力销售不同风险等级的基金产品。嘉实财富公司作为卖方机构，是否妥善履行适当性义务可从如下几方面进行考量：首先，嘉实财富公司是否了解投资者并对其进行分类。嘉实财富公司在推销产品的过程中，对作为投资者的卢某进行了调查，根据嘉实财富公司在推销涉案私募基金时对卢某调查的投资者调查问卷的结果，卢某属于“普通/合格投资者Ⅰ类”，同时根据嘉实财富公司对卢某调查的风险问卷的结果，卢某的风险承受能力等级为平衡型，平衡型投资者可选择风险中级及以下等级的产品/服务。嘉实财富公司在销售产品过程中已经通过适当的形式了解了投资者的身份、财产与收入状况、证券投资经验、投资需求、风险偏好等信息，并在此基础上进行了适当分类。其次，嘉实财富公司是否了解产品或服务及其分级。卢某提交的涉案基金产品概要，明确多处记载了“本基金优先级属于R3级（中风险）投资品种，适合平衡型、积极型、进取型合规投资者”“本业绩比较基准不是最终收益率……本业绩比较基准也不代表基金管理人、托管人及代销机构对于基金本金及收益的保证或承诺”等内容，由此可见，嘉实财富公司在销售过程中尽到了解产品特征及风险的义务，并对产品风险等级进行了区分，亦在销售过程中明确地将涉案私募基金的相关风险充分提示了投资者。再次，投资者与产品或服务的匹配。卢某提交的涉案基金产品概要的第5～7页均为产品的风险揭示，涉案基金合同中含有“基金风险提示函”，且卢某在“投资者声明”签字确认了“作为该私募基金的投资者，本人已充分了解并谨慎评估自身风险承受能力，自愿承担投资该私募基金所面临的风险”。嘉实财富公司在销售产品的过程中，已经将涉案私募基金优先级中风险的等级与卢某作为平衡型投资者的风险承受能力进行了匹配，并告知了投资者，且在产品回访的时候再次询问了卢某是否知晓产品的风险等级以及与自身风险承受能力的匹配性，卢某均予以肯定性回答。卢某主张嘉实财富公司在销售时作出了“固定收益”的承诺，缺乏事实依据，不予采信。最后，对于嘉实财富公司业务员是否存在误导销售的问题，虽然卢某称其是在业务员告知下尽量把风险承受能力提高一点，所以才得出平衡型投资者的结果，且在嘉实财富公司进行回访时的回答也是业务员的要求，但卢某的陈述并无相应证据予以佐证。且卢某作为投资者，对自身投资也应当具有审慎的注意义务，即使是业务员告知其尽量把风险承受能力提高一点，卢某作为具有一定投资经验的投资者，在投资过程中对此缺乏理性人应有的基本注意义务，对嘉实财富公司就其投资者信息进行不实陈述的后果也应由其自行承担。

二审法院观点：本案的争议焦点为：嘉实财富公司是否已经履行适当性义务。二审中，卢某主张嘉实财富公司作为卖方机构没有尽到了解产品之义务，其认为嘉实财富公司在向卢某销售涉案私募基金产品前未就该产品所涉及的底层资产即海发医药公司享有的应收账款债权进行审核。对此，本院认为，卖方机构承担适当性义务的目的是确保金融消费者能够在充分了解相关金融产品、投资活动的性质及风险的基础上自主决定，并承受由此产生的收益和风险。从现有法律法规及相关监管部门规章规定来看，了解产品及其分级的内容主要包括了解产品的特征和风险等因素，并在此基础上划定风险等级。要求卖方机构了解产品是为了对产品风险等级作出正确评估，进而将适当的产品卖给适当的投资者。本案中，嘉实财富公司将涉案私募基金产品评定为R3级（中风险）投资品种，并在产品概要中向卢某告知了涉案私募基金产品的风险收益特征及产品情况。虽卢某认为所涉底层资产为虚假债权，但现并无证据证明嘉实财富公司存在明知底层资产为虚假债权仍向卢某销售涉案私募基金产品的情形。鉴于相关监管部门并未认定涉案私募基金产品的风险评级有误，故卢某提出的嘉实财富公司未了解产品、违反适当性义务的上诉理由，缺乏事实和法律依据，本院不予采信。

章节小结

2019年11月8日发布的《九民纪要》在第七十二条首次全面地对金融产品卖方机构的“适当性义务”进行了明确，析出了“了解客户”、“了解产品”与“将适当的产品（或者服务）销售（或者提供）给适合的金融消费者”三项义务。私募基金份额作为一种金融产品，基金管理人及销售机构在对外募集资金时也应当负有“了解产品义务”。因此，私募基金投资者在无法按照预期兑付本金及收益时，“了解产品义务”也是一个重要争议点。

但不同于“了解客户”有明确的规范指引，“了解产品”的义务内容则较为概括，主要体现在《证券期货投资者适当性管理办法》第十五条“经营机构应当了解所销售产品或所提供服务的信息，根据风险特征和程度，对销售的产品或者提供的服务划分风险等级”的概括性规定上。在卢某诉嘉实财富公司委托理财合同案中，两审法院均认为销售机构在销售过程中尽到了“了解产品特征及风险的义务，并对产品风险等级进行了区分”，而并未支持投资者关于销售机构应当进行尽职调查的主张。对于投资者主张案涉金融产品的底层资产为虚假债权，但投资者未能证明销售机构明知此种情形而仍然销售的情况，且监管机构未认定案涉产品风险评级有误，法院对投资者主张销售机构未尽了解产品义务未予采信。

从行政监管角度来看，“了解产品”本身就欠缺详细的指引。在司法裁判中，让法院判断销售机构是否尽到“了解客户”义务也欠缺裁判标准。不同于“了解客户”的客体是客户，即投资者本身，“了解产品义务”的客体是基金投资标的，投资者在证明销售机构了解产品上存在过错时举证难度很大。因此，在投资者受有损失希望寻求救济时，“了解产品义务”是一个难度较大的突破口。

第三节 因金融机构“风险匹配义务”引发的纠纷

一、金融机构及其员工负有对私募基金产品及投资者资金情况进行了解核实的谨慎勤勉义务

案 号：（2019）浙0702民初4240号

案件名称：朱某与中大期货有限公司金华营业部、中大期货有限公司财产损害赔偿纠纷案

裁判要旨：金融机构未对私募基金产品重大未决诉讼进行调查核实，属未尽到调查核实义务，未履行诚实信用、谨慎勤勉的义务。金融机构员工通过伪造投资者收入证明，明知投资者拼凑资金购买私募基金产品仍向其销售的，应负有未适当推介义务。

案情简介

原告：朱某

被告：中大期货有限公司金华营业部

被告：中大期货有限公司

2017年8月，在两被告促销下，原告与上海宇艾股权投资基金有限公司（以下简称宇艾公司）、中信建投证券股份有限公司三方签订《宇艾供应链二十三期专项私募基金合同》，约定宇艾公司为基金管理人/私募基金管理人。中信建投证券股份有限公司为基金托管人/外包服务机构。两被告为宇艾公司的代理销售机构。原告为基金投资者/基金份额持有人。中能源电力燃料有限公司（以下简称中能源公司）为电子商业承兑汇票出票人。外包服务机构不是该基金合同的当事人，对基金的投资动作不承担任何责任，其权利义务由基金管理人与其签订的相关《外包服务协议》另行约定，基金管理人就外包服务机构的服务质量向基金投资者负责；基金管理人委托代销机构销售该基

金的，代销机构应当具有基金销售业务资格，以书面形式签订基金销售协议，并将协议中关于基金管理人与代销机构权利义务划分以及其他涉及投资者利益的部分在投资者签署该基金合同时一并提供给基金投资者。基金代销机构负责向投资者说明相关内容，如基金销售协议与投资者在签署基金合同时所接收的材料中关于基金销售的内容不一致，以投资者签署基金合同时所接收到的材料为准。还约定本基金原则上封闭运作，但管理人可根据基金运作情况设立一次临时开放日，临时开放日允许申购不允许赎回；募集基金总额不超过4500万元；基金存续期限180天，基金管理人有权根据基金运作情况，提前结束本基金的运作；在严格控制投资风险的前提下，力争为基金投资者创造稳健的收益和回报。在重要提示一栏，载明本基金全部用于受让上海能平实业有限公司持有的中能源公司的电子商业承兑汇票受益权，基金净值会因为市场波动、交易对手方/出票人（承兑人）经营情况、信用状况等因素产生波动，投资者根据所持有的基金份额享受基金收益，同时承担相应的投资风险；投资者购买本基金并不等同于将资金作为存款存放在银行或其他存款类金融机构，不保证基金一定盈利，也不保证投资者的投资本金不受损失或者取得最低收益，投资有风险，投资者认购、申购本基金时应认真阅读本基金合同；基金管理人的过往业绩并不代表未来业绩，也不代表基金管理人对本基金作出的任何承诺、保证等；提醒投资者买者自负原则；约定基金管理人承诺、风险揭示、投资者声明；基金份额持有人、基金管理人和基金托管人在实现各自权利、履行各自义务的过程中，违反法律法规规定或者本合同约定，应当承担相应的责任，如给基金财产或者基金合同其他当事人造成损失，应当分别对各自行为依法承担赔偿责任。本合同能够继续履行的应当继续履行。发生下列情况的，当事人可以免除相应的责任：1. 不可抗力。2. 基金管理人或基金托管人按照有效的法律法规或金融监管部门的规定作为或不作为而造成的损失。3. 基金管理人由于按照本合同约定的投资原则行使或不行使其投资权而造成的损失。4. 基金份额持有人未能事前就其关联证券或其他禁止交易证券明确告知基金管理人，致使基金财产发生违规投资行为的，基金管理人均不承担任何责任。5. 基金托管人由于按照基金管理人符合本合同约定的有效指令执行而造成的损失等。6. 基金托管人对存放或存管在基金托管人以外机构的基金资产，或交由商业银行/证券经纪机构、期货经纪机构等其他机构负责清算交收的委托资产及其收益，因该等机构欺诈、疏忽、过失、破产等原因给委托资产带来的损失等。7. 基金管理人、基金托管人对由于第三方（包括但不限于交易所、中登公司等）发送或提供的数据错误给本基金资产造成的损失等。本合同当事一方造成违约后，其他当事方应当采取适当措施防止损失的扩大；没有采取适当措施致使损失扩大的，不得就扩大的损失要求赔偿，守约方因防止损失扩大而支出的合理费用由违约方承担；一方依据本合同向另一方赔偿的损失，仅限于直接经济损失。本合同约定经友好协商未能解决的，任何一方均有权向基金托管人所在地有管辖权的人民法院提起诉讼。

同时，两被告出具《私募投资基金风险揭示书》，载明金融产品设计、运营和管理人提供的信息不真实、不准确、不完整而产生的责任均由管理人承担，两被告作为基金销售机构不保证基金产品的本金不受损失，也不保证一定盈利及最低收益，不对基金产品合同承担任何担保责任；投资者须符合《私募投资基金监督管理暂行办法》有关合格投资者的要求，不属于法律、行政法规、部门规章等禁止从事私募基金投资的主体，投资者须对所提交的各类文件、资料、信息的真实性、准确性、完整性和合法性负责，如提供不实或伪造材料，投资者存在被取消私募基金投资者资格并因此遭受损失的风险；本基金预计存续期限为基金成立之日起至本基金终止并清算完毕之日。在本基金存续期内，投资者可能面临资金不能退出带来的流动性风险，根据实际投资运作情况，本基金有可能提前结束或延期结束，投资者可能因此面临委托资金不能按期退出等风险。上述由原告签名，并手写“本人已认真阅读并理解风险揭示书的所有内容，愿意承担投资风险”。

同时，原告出具《合格投资者承诺书》，载明个人投资者的金融资产不低于300万元人民币或者最近3年个人年均收入不低于50万元人民币，或监管机构认可的其他合格投资者，具有相应的风险识别能力和风险承受能力，投资资金来源合法，没有非法汇集他人资金投资私募基金。上述的约定，已由原告签署《投资者告知书》。2017年8月18日，宇艾公司向原告出具了《基金产品认购确认单》，载明由原告认购二十三期宇艾基金，金额400万元。在普通投资者风险承受能力评估问卷中，原告答“主要收入来源工资”“近三年年均收入70万元人民币以上”“可用于投资的资产数额为300万元人民币以上”等，评定得分为80分，由原告签名。2017年8月18日，由两被告印制的格式《投资者承诺》，原告承诺其交付给管理人投资资金系投资者合法所有且具有合法处分权的财产，并未非法汇集他人资金参与本私募基金，符合有关反洗钱法律法规的要求，宇艾公司有权要求原告提供资产来源及用途合法性证明，对资产来源、用途及合法性进行调查，原告愿意配合；原告符合《私募投资基金监督管理暂行办法》，关于合格投资者的条件，即具备相应的风险识别能力和风险承担能力，投资于单只私募基金的金额不低于100万元且符合下列相关标准的单位和个人：(1) 净资产不低于1000万元的单位；(2) 金融资产不低于300万元或者最近3年个人年均收入不低于50万元的个人。

同月18日，原告为了投资款通过多人拼凑，向中国农业银行金华三江支行汇入400万元，转入基金托管人中信建投证券基金外包募集专户宇艾供应链二十三期的银行账户。产品期限届满后，原告仅于2017年11月23日、2018年4月12日、2018年5月16日收到宇艾供应链二十三期基金分红，合计人民币240,080.34元。后原告未收到投资款及收益。2018年3月18日，宇艾基金向宇艾供应链二十三期投资人发出公告，称经管理人与中能源公司协商确认方案，在2018年3月16日支付本私募基金不低于合同约定收益的金额，在2018年4月30日前兑付本私募基金本金及违约金，该计划方案需经与中能源公司确认，经确认的方案将在3月15日前由中能源公司和管理人盖章给投资者。

2018年9月20日，浙江证监局下发《关于对中大期货有限公司采取责令改正措施的决定》，称被告中大期货有限公司存在以下违规行为：1. 在代销宇艾公司发行的产品过程中，未对部分产品对应的电子商业承兑汇票出票人中能源公司涉及标的金额19.56亿元的重大未决诉讼进行调查核实，违反了《证券期货投资者适当性管理办法》第二十七条的规定。2. ……3. 员工陈某某伪造原告收入证明，已违反《私募投资基金监督管理暂行办法》第四条、第十四条及《证券期货投资者适当性管理办法》第二十二条第一项的规定。4. 中大期货有限公司通过内部员工微信群发布的部分私募基金产品宣传口径存在“年化收益率7.4%”“年化7.4%”等表述。5. ……6. 员工陈某某明知原告拼凑资金购买私募基金产品仍向其销售，违反了《私募投资基金监督管理暂行办法》第四条。

同日，浙江证监局发出《关于对陈某某采取出具警示函措施的决定》，称陈某某伪造原告的收入证明，向不符合准入条件投资者销售私募基金产品，违反《私募投资基金监督管理暂行办法》第十二条、第十四条，《证券期货投资者适当性管理办法》第二十二条第一项的规定；明知原告拼凑资金购买仍向其销售私募基金产品，违反《私募投资基金监督管理暂行办法》第四条规定。根据《私募投资基金监督管理暂行办法》第三十条及《证券期货投资者适当性管理办法》第三十七条的规定，浙江证监局决定对陈某某采取出具警示函的监督管理措施。

另查明，被告中大期货有限公司金华营业部为被告中大期货有限公司下属不具有法人资格企业，员工陈某某向原告销售私募基金时已取得基金从业资格。杭州市中级人民法院的（2019）浙01民终3481号民事判决书、杭州市下城区人民法院的（2018）浙0103民初7001号民事判决书，均认定2018年3月19日，宇艾公司、中能源公司及被告共同签订包括涉案的《兑付计划书》系相关当事人的真实意思表示，各方当事人应当按照约定全面履行自己的义务；判决：中能源公司归还被告本金9,165,501.32元、利息398,862.53元；《兑付计划书》约定由宇艾公司作为基金管理人代表宇艾供应链二十三期等专项私募基金受让了中能源公司供应商持有的、由中能源公司出具的电子商业承兑汇票，大部分已到期未按期兑付，就投资者款项偿还和兑付事宜承诺，其中二十三期分三期至迟2018年7月31日前偿还和兑付融资款本息。

另外，2016年3月，原告曾认购投资宇艾供应链六期专项私募基金份额。现中能源公司已被多家法院列入失信被执行人名单。

裁判结果

一审法院：1. 由被告中大期货有限公司金华营业部、中大期货有限公司共同赔偿原告朱某人民币400万元及利息损失（自2018年2月15日起，按中国人民银行同期同类存款基准利率计算至本金还清日），限于本判决生效之日起10日内付清。2. 驳回原告朱某的其他诉讼请求。

各方观点

原告观点：其系合格投资者，具有相应的风险识别能力和风险承受能力，投资资金来源合法，符合《私募投资基金监督管理暂行办法》有关合格投资者的要求，但两被告未履行适当性义务，未对出票人中能源公司重大未决诉讼进行调查核实，使原告在不知情的情况下选择购买该产品，尔后，案涉基金产品由于出票人未兑付导致私募基金资产未变现，无法清盘，原告损失严重。两被告未尽调查核实义务、未履行诚实信用及谨慎勤勉义务，且被告销售人员陈某不具有专业基金从业资格、违规向原告推销案涉基金，夸大宣传、承诺保本销售，存在重大过错，故两被告应向原告赔偿投资款本金并支付利息损失、承担本案诉讼费用。

被告观点：《私募投资基金风险提示书》已载明，两被告作为基金销售机构，不保证基金产品的损失、不保证盈利及最低收益、不对基金产品合同承担任何担保责任；投资者需符合合格投资者要求，对其所提交的各类文件、资料、信息的真实性、准确性、完整性、合法性负责，否则存在被取消私募基金投资者资格并因此遭受损失的风险；原告已签署《私募投资基金风险提示书》，表示其已知悉并愿意承担前述投资风险；此外，被告方销售人员陈某具有专业基金从业资格，且不存在违规销售情况。因此，被告方不存在过错，不应对原告投资款本金及利息承担赔偿责任。

法院观点

两被告未履行适当性义务，存在重大过错。两被告在向投资者推介金融产品时，负有尽职调查、依照投资者的风险承受能力及财务状况等推介合适产品的义务。对证监部门《关于对中大期货有限公司采取责令改正措施的决定》《关于对陈某某采取出具警示函措施的决定》，应予确认。该两份决定对两被告涉案违规行为，本院认为：（1）两被告未对出票人中能源公司涉及标的金额 19.56 亿元的重大未决诉讼进行调查核实，属两被告未尽到调查核实义务，未履行诚实信用、谨慎勤勉的义务，使原告在不知情的情况下选择买该产品。（2）两被告员工陈某某伪造原告收入证明，明知原告拼凑资金购买私募基金产品仍向其销售。两被告应将合适的产品销售给合适的投资者。就本案，原告收入、投资拼凑款来源，均存在不合适投资主体，两被告应负有未适当推介义务。（3）原告认为销售人员陈某不具有从业资格的理由，本院根据相关证据可以认定其有专业基金从业资格，且证监部门在审查中亦未否定该资格，故予以驳回。（4）对原告主张两被告承诺本产品保本销售，且有7%的收益等夸大宣传的理由，经证监部门审查，销售人员陈某并未涉及该方面的承诺，故不予采信。综上所述，应认定两被告销售基金产品违反适当性义务和信息披露告知义务。

二、基金销售机构在推介、销售基金时未尽到适当性审查义务，对投资人投资损失存在过错，应当承担赔偿责任

案　　号：（2020）粤03民终26388号

案件名称：深圳前海凯恩斯投资管理有限公司与徐某金融委托理财合同纠纷

裁判要旨：基金销售机构应当向投资人充分揭示投资风险，并根据投资人的风险承担能力销售不同风险等级的基金产品。深圳前海凯恩斯投资管理有限公司未能提交有效证据证明其对投资人的财产与收入状况、证券投资经验、期望收益、风险偏好、风险承受能力等进行了调查评判，亦未能证明其就案涉基金的特征和风险等进行了详尽的了解并告知投资人，以便投资人对案涉产品作出适当的判断。故该公司在向投资人推介、销售案涉基金时未尽到适当性审查义务，其对投资人的投资损失存在过错，应当承担赔偿责任。

案情简介

上诉人（原审被告）：深圳前海凯恩斯投资管理有限公司（以下简称凯恩斯公司）

被上诉人（原审原告）：徐某

2016年3月，经过凯恩斯公司工作人员雷某某的推介，徐某购买了“元普定增11号”基金，凯恩斯公司向徐某提供了该基金的推介资料，推介资料中包括如下内容：1.“元普定增11号”安全性分析：（1）风险对冲，对于定增股票，适时通过提供融券做空定增标的及上下游产业链股票的风险对冲方案，锁定定增折价带来的无风险收益。对于定增组合，适时通过做空沪深300股指期货来进行风险对冲，为客户管理市场风险、BETA变动风险和流动性风险，进而锁定定增折价带来的无风险收益。（2）择时买入，通过市场数据分析得知，一般市场处于相对低点，且处于动荡期时，定增项目的折扣较大。目前市场点位3000点左右，考虑到定增平均折价20%左右的比例，股票价值

凸显，下行风险不太大。(3) 组合投资通过尽调确定了定增项目池，项目池动态调整，单只股票投资比例不高于总体规模的30%，通过标的的组合投资分散风险。2.“元普定增11号”收益测算：(1) 保守走势，上证综指3000点箱体震荡。目前沪深300市盈率不足12倍，市场处于战略底部区域，在未来18个月，指数若仍在3000点附近震荡整理，市场整体仍保持目前市盈率水平，所投定增项目依靠公司的自身业绩增长，股票应有25%～40%的涨幅，叠加15%的增发折扣，产品总收益率为40%～55%。(2) 悲观走势，指数持续走低。极端市场情况下，市场持续创新低，市场整体出现10%以上的跌幅，市场整体市盈率水平走低，依靠定增公司内生性业绩增长，公司股票估值相应走低，股价应有5%～10%的涨幅，叠加15%的增发折扣，产品总收益率为20%～25%。(3) 乐观情况，市场开启小牛市行情。市场整体出现30%以上涨幅，相对应的定增股票应有70%以上涨幅，叠加15%的增发折扣，产品总收益率为85%。

凯恩斯公司向徐某提供了《元普定增11号认购签约指引（个人客户）》，告知徐某投资款支付至元普定增11号募集账户，并备注（100万元起，10万元整数倍追加，认购费1%)，打款时在备注栏注明“凯恩斯×××认购元普定增11号”。

2016年3月10日，徐某向上述账户转账1,616,000元（包括认购费16,000元)，并附言备注。

2016年3月28日，上海元普投资管理有限公司向徐某出具了一份元普定增11号基金确认书，确认基金成立日期为2016年3月28日，基金存续期限19个月，认购金额为161.6万元，认购份额为160万份。

关于案涉基金的认购过程，凯恩斯公司称：徐某与雷某某是朋友关系，雷某某是凯恩斯公司中山分公司的总经理，上海元普投资管理有限公司（以下简称元普公司）委托凯恩斯公司就案涉基金为投资者提供咨询。凯恩斯公司向徐某介绍了案涉基金的情况，徐某认为值得投资就完成了基金的认购。凯恩斯公司将基金募集账户提供给了徐某，元普公司收到认购款后向徐某出具了基金认购确认书。在徐某支付投资款之前，凯恩斯公司就将案涉基金合同给了徐某，徐某签字后将合同交给凯恩斯公司，由凯恩斯公司将合同交给元普公司盖章后再将合同交给徐某。

关于凯恩斯公司是否对徐某进行风险承受能力调查的问题，徐某主张凯恩斯公司未对其进行风险承受能力调查，并提交了其持有的基金合同，基金合同中关于风险承受能力调查问卷（自然人）的部分，相关测试题目均没有勾选，投资者的风险类型属于保守型、稳健型还是积极型，也没有作出选择，仅在调查问卷的落款处有徐某的签名，没有签署日期。

凯恩斯公司主张其对徐某进行了风险承受能力调查，并且也提交了一份风险承受能力调查问卷（自然人）复印件，并称该证据源于元普公司保管的基金合同。该调查问卷内容与徐某提交的调查问卷内容一致，并对测试题目均作了勾选，测试结果显示投资者得分为98分，属于积极型投资者，即资产市值波动比较大，可能会低于原始投资本金；能承担全部收益包括本金可能损失的风险，预期收益率较高；偏好投资高成长性的产品或投机性产品，希望投资较快增长，尽可能获得最高回报。调查问卷的落款处有徐某的签名，签署日期为2016年3月10日。徐某对该调查问卷的真实性不予认可，称其仅进行了签名，未做相关的风险调查题目，勾选的内容均系他人所填。

一审庭审中，法庭提问"在徐某决定购买基金之前，你公司是否对徐某进行风险承受能力的调查?"凯恩斯公司回答："没有，徐某和推介人员（雷某某）是朋友关系，对其资产状况和投资习惯比较了解。"

案涉基金清算后，徐某于2017年11月17日收到298,915.13元，于2018年8月2日收到786,345.04元，合计1,085,260.17元，投资本金损失514,739.83元（1,600,000元-1,085,260.17元）。

关于徐某的个人情况和投资经历，徐某称其受教育程度为高中，与丈夫从事服装生产销售多年，2012年下半年停止服装生意。徐某称其对投资基金几乎没有投资经验，在购买案涉基金前一个月左右，徐某通过凯恩斯公司购买过一个定向投资电影的基金，其后通过凯恩斯公司对外转让了该基金。同时，在购买案涉基金的同时期即2016年3月18日，徐某通过诺亚正行（上海）基金销售投资顾问有限公司（以下简称诺亚公司）购买了"STX影视一号第二批"基金。

根据双方提交的诺亚公司基金交易申请受理单的记载，2016年3月18日，徐某通过诺亚公司购买了"STX影视一号第二批"基金，投资金额为500万元，该基金风险等级为高风险，徐某的风险等级为保守型，风险匹配情况为不匹配，并提示：如果您的风险等级与所购买的基金产品风险等级不匹配，可能会为您带来超过您风险承受能力的损失，请您签字确认……

裁判结果

一审法院：1. 被告凯恩斯公司于判决生效后10日内赔偿原告徐某投资损失350,317.88元并支付利息（利息以350,317.88元为基数，按照中国人民银行同期同类存款基准利率计算，自2018年8月3日开始计算至款项付清之日止）；2. 驳回徐某的其他诉讼请求。

二审法院：驳回上诉，维持原判。

各方观点

凯恩斯观点：1. 凯恩斯提供的是咨询服务，一审法院认定凯恩斯公司与徐某形成金融委托理财合同关系是事实认定错误；2. 凯恩斯公司提供的是咨询服务，应适用过错原则承担责任，一审法院根据凯恩斯公司与徐某之间形成金融委托理财合同关系认定凯恩斯公司需履行适当性义务，根据适当性原则承担责任，是法律适用错误。凯恩斯公司提供的是咨询服务，双方未形成金融委托理财合同关系，因此应适用过错原则承担责任。现凯恩斯公司在为徐某提供咨询服务的过程中，未收取徐某任何费用，徐某未能提供任何证据证明凯恩斯公司存在过错，事实上凯恩斯公司也不存在过错。故凯恩斯公司无须为徐某的损失承担任何责任。

徐某观点：一审判决认定事实正确，凯恩斯公司和徐某双方形成的是金融委托理财合同关系，这符合法律规定，也符合《九民纪要》的相关司法理念。本案不管是基于合同关系，还是凯恩斯公司所讲的过错责任原则，凯恩斯公司承担本案的赔偿责任是毋庸置疑的。

法院观点

一审法院观点：徐某在凯恩斯公司的推介下购买了案涉基金产品，案涉基金清算后，徐某的投资本金产生了损失。本案的争议焦点为：1. 徐某与凯恩斯公司之间的法律关系；2. 凯恩斯公司在对徐某推介、销售案涉基金的过程中是否尽到适当性义务，是否应当对徐某的投资损失承担赔偿责任；3. 损失赔偿数额的确定。

一、关于徐某与凯恩斯公司之间的法律关系

根据查明的事实，徐某为私募基金投资者，在凯恩斯公司的推介下购买了案涉基金，凯恩斯公司称其为投资理财顾问，其仅为徐某以及案涉基金管理人元普公司提供投资咨询服务。对此，本院认为，从凯恩斯公司的经营范围来看，其经营范围包括投资咨询，不包括基金的销售，但从其向徐某提供的一系列服务来看，徐某通过凯恩斯公司的推介了解案涉基金、决定认购案涉基金，并根据凯恩斯公司提供的《元普定增 11 号认购签约指引（个人客户）》完成了认购款的支付，通过凯恩斯公司提供的服务完成了案涉基金合同的签订。由此可见，徐某整个认购基金的过程都是在凯恩斯公司的服务下完成的，故凯恩斯公司在徐某认购案涉基金的过程中不仅提供咨询服务，还包括案涉基金的销售。徐某通过凯恩斯公司提供的一系列服务进行基金投资，系出于其金融委托理财的需要，因此在双方之间形成金融委托理财合同关系。

二、凯恩斯公司在对徐某推介、销售案涉基金的过程中是否履行了适当性义务，是否应当对徐某的投资损失承担赔偿责任

（一）什么是适当性义务

适当性义务，是指卖方机构在向金融消费者推介、销售银行理财产品、保险投资产品、信托理财产品、券商集合理财计划、杠杆基金份额、期权及其他场外衍生品等高风险等级金融产品，以及为金融消费者参与融资融券、新三板、创业板、科技板、期货等高风险等级投资活动提供服务的过程中，必须履行了解客户、了解产品、将适当的产品（或者服务）销售（或者提供）给适合的金融消费者等的义务。这里的卖方机构包括金融产品发行人、销售者以及金融服务提供者，被要求将适当的产品销售给适当的客户，承担起合理推荐、适当销售的义务，核心内容包括了解客户、了解产品和适当销售。

（二）凯恩斯公司是否履行了适当性义务

金融市场上的信息不对称加上投资者自身的知识和能力局限，使投资者在购买投资性金融产品时往往无法真正理解其中的风险和收益，其主要依赖产品销售者的推介和说明。卖方机构承担适当性义务的目的是确保金融消费者能够在充分了解相关金融产品、投资活动的性质及风险的基础上自主决定，并承受因此产生的收益和风险。在推介、销售高风险等级金融产品和提供高风险等级金融服务领域，适当性义务的履行是“卖者尽责”的主要内容，也是“买者自负”的前提和基础。本案中，根据徐某受教育程度、工作经历以及投资过往来看，徐某为一名普通投资者，其基于对凯恩斯公司专业能力的信赖，通过凯恩斯公司的推介和服务完成了案涉基金的认购。徐某已经举证证明其通过凯恩斯公司的推介购买了案涉基金，并证明了投资产生的损失；凯恩斯公司应举证证明其在向徐某推介、销售案涉基金的过程中尽到了投资者适当性义务。凯恩斯公司的举证情况分析如下。

1. 了解客户的义务，即凯恩斯公司是否了解徐某的财产与收入状况、证券投资经验、期望收益、风险偏好、可承受的损失等信息。对此，凯恩斯公司提交了一份风险承受能力调查问卷（自然人）复印件，并称该证据源于元普公司保管的基金合同，该调查问卷的测试结果显示徐某属于积极型投资者，在该问卷调查落款处有徐某的签名。徐某对其真实性不予认可，并称凯恩斯公司在向其推介基金产品时未作风险承受能力调查。徐某主张基金合同系在其支付认购款之后签订，且其仅在签名处签名，其余内容未填写，并且提交了其持有的基金合同，该份基金合同中风险承受能力调查问卷（自然人）未填写，仅有徐某签名，没有落款日期。对此，本院认为，首先，因徐某持有的基金合同中风险承受能力调查问卷（自然人）系空白，且没有签署日期；其次，在法庭调查过程中，法庭提问“在徐某决定购买基金之前，你公司是否对徐某进行风险承受能力的调查?”凯恩斯公司回答：“没有，徐某和推介人员（雷某某）是朋友关系，对其资产状况和投资习惯比较了解。”因此，本院认为，凯恩斯公司并未对徐某作风险承受能力调查、未尽到了解客户的义务；基于“朋友关系”的了解，并不能免除其作为专业机构在向投资者推介相关金融产品时所负的了解投资者的风险偏好、可承受的损失等重要信息的义务。

2. 了解产品的义务，即凯恩斯公司是否了解案涉基金的特征和风险，包括流动性、杠杆情况、投资方向等。《证券期货投资者适当性管理办法》第十五条规定，经营机构应当了解所销售产品或者所提供服务的信息，根据风险特征和程度，对销售的产品或提供的服务划分风险等级。第十七条规定，产品或服务存在某些因素的，应当审慎评估其风险等级，其中一项为：存在本金损失的可能性，因杠杆交易等因素容易导致本金大部分或者全部损失的产品或服务。可见，金融产品是否存在杠杆是影响产品风险的重要因素，而从徐某提交的案涉基金发生亏损后，其与凯恩斯公司基金推介人员雷某某的微信聊天记录的内容来看，对于案涉基金是否存在杠杆，雷某某称其也不知道。雷某某作为案涉基金的具体推介人员，其向原告推介产品的行为系职务行为，由此证实凯恩斯公司并未尽到了解产品的义务。然而，案涉基金是否存在杠杆，是基金产品的重要内容，对风险和收益都有非常大的影响，凯恩斯公司推介人员在不知道的情况下推介该产品，严重误导了投资者对案涉基金的判断和决策。

3. 风险告知说明义务。风险告知说明义务是适当性义务的核心，是金融消费者能够真正了解产品的投资风险和收益的关键。由于普通的金融消费者与基金的销售方在金融专业方面的悬殊以及信息的不对称，风险告知说明义务不限于基金合同的风险提示条款等格式内容，还应以投资者能够理解的方式向投资者告知产品的运作方式以及可能产生的最大风险。本案中，凯恩斯公司主张案涉基金合同中有关于杠杆、投资风险等的告知，除此之外，它未提交任何证据证明其推介案涉基金时将投资本金和收益可能发生的最大损失风险向徐某作出了特别说明，故其并未尽到风险告知说明义务。

4. 适当推荐义务，即将适当的产品销售给适合的金融消费者的义务。为防止金融机构为追求自身利益而推荐不适合的产品，对其课以确保投资建议适当的实体性义务。市场实践中，卖方机构工作人员为了自身利益，在推荐理财产品的过程中往往夸大理财产品的预期收益率，隐瞒可能遭受的风险；在正式缔约时，又将投资可能面临的各种风险写在风险提示函中，而交易文件多为格式合同，投资者无法变更，在有限的时间内，投资者很难完全阅读和理解交易文件的全部内容，其对理财产品的判断更多是基于金融机构工作人员的介绍。适当推荐义务建立在了解客户、了解产品的基础之上，如前所述，凯恩斯公司未做到充分地了解客户、了解产品，其适当推荐义务的履行更是缺乏基础和依据。

综上所述，本院认为凯恩斯公司在向徐某推介、销售案涉基金时未尽到适当性义务，其对徐某的投资损失存在过错，应当承担赔偿责任。

三、关于损失赔偿的数额

本院认为，首先，徐某系完全民事行为能力人，对于案涉基金投资于定向增发的股票是清楚的，其对于股票市场存在波动也应有基本的认知，在进行重大投资时亦负有审慎义务，故本院认定徐某应对投资损失承担一定的责任。其次，投资发生亏损的直接原因是金融市场的正常变化和波动，综合考虑双方当事人陈述及本案现有证据，本院酌情确定损失的分担，即由徐某承担30%的损失，由凯恩斯公司承担70%的损失，如前所述，缔约过失责任的赔偿范围限于直接损失，徐某的直接损失为本金与利息。综上，凯恩斯公司应赔偿徐某本金损失360,317.88元（514739.83元×70%），扣减徐某已经收到的10,000元，剩余350,317.88元，被告凯恩斯公司应予赔偿。关于利息损失，应按照中国人民银行同期同类存款基准利率计算，自2018年8月3日开始计算至款项付清之日止。

二审法院观点：根据已查明事实，徐某为私募基金投资者，通过凯恩斯公司的推介及服务完成了案涉基金合同的签订，并依据凯恩斯公司所提供的《元普定增11号认购签约指引（个人客户）》完成了认购款的支付义务，凯恩斯公司在徐某认购案涉基金的过程中不仅提供咨询服务，还包括案涉基金的销售。一审据此认定双方之间形成金融委托理财合同关系并无不当，本院予以确认。依据《证券投资基金法》第九十八条的规定，基金销售机构应当向投资人充分揭示投资风险，并根据投资人的风险承担能力销售不同风险等级的基金产品。凯恩斯公司未能提交有效证据证明其对徐某的财产与收入状况、证券投资经验、期望收益、风险偏好、风险承受能力等进行了调查评判，亦未能证明其就案涉基金的特征和风险等进行详尽的了解并告知徐某，以便徐某对案涉产品作出适当的判断。故凯恩斯公司在向徐某推介、销售案涉基金时未尽到适当性审查义务，其对徐某的投资损失存在过错，应当承担赔偿责任。投资者因基金销售方未尽投资者适当性审查义务而产生损失的，可向基金管理人、销售方同时主张赔偿，亦可择一主体主张权利。徐某向凯恩斯公司主张赔偿，是对其权利的自行处分。凯恩斯公司主张其不应承担责任，理由不能成立，本院不予采纳。一审酌情认定由徐某承担30%的损失，由凯恩斯公司承担70%的损失，并无不当，本院予以确认。

章节小结

私募基金作为一种高风险金融产品，与其他金融产品一样，卖方机构在向金融消费者推介、销售时，必须履行了解客户、了解产品、将适当的产品（或者服务）销售（或者提供）给适合的金融消费者等义务，即投资者适当性义务。投资者适当性义务并非我国法律的固有概念，而是随着金融市场发展和金融市场监管体制改革而来的舶来品，其在我国仍属较新的概念，因此关于这一概念的阐释还处于较为活跃、尚未形成通说的阶段。

2019年《九民纪要》将“适当性义务”分析出“了解客户、了解产品、将适当产品推荐给合适金融消费投资者”三个分支。而在凯恩斯公司与徐某金融委托理财服务纠纷案中，深圳前海法院将“适当性义务”分为“了解客户”、“了解产品”、“风险告知说明”与“适当推荐”四个分支。在两种解释当中，“适当推荐”都是必不可少的一个环节。

根据深圳前海法院阐释，适当推荐义务是防止金融机构为追求自身利益而推荐不合适的产品，可以确保投资建议适当的实体性义务；适当推荐要以充分了解客户和了解产品为前提。尽管凯恩斯公司在诉讼中提供了一份徐某签字的风险承受能力调查问卷，但法院基于问卷没有签署日期且庭审中凯恩斯公司陈述在基金购买前未对徐某进行风险承受能力调查，认定凯恩斯公司在销售前没有进行调查。至于凯恩斯提出徐某曾购买过高风险基金产品，由此推断其属于高风险投资者的主张，法院亦未采纳。在该案中，深圳两级法院都站在保护金融消费者的角度，认为卖方机构在推介销售产品时，应规范从业人员的行为，避免夸大收益、隐瞒可能遭受的风险，不能忽视金融消费者自主决策的权利。

上海市高级人民法院课题组发现，鉴于卖方机构与投资者之间存在的信息不对称以及悬殊力量对比，在举证责任分配上通常会对投资者作适当倾斜，即卖方机构应当证明其已经建立了金融产品（或者服务）的风险评估及相应管理制度，对金融消费者的风险认知、风险偏好和风险承受能力进行了测试，向金融消费者充分披露产品（或者服务）的收益和主要风险因素，否则承担举证不能的法律后果。

在朱某诉中大期货有限公司财产损害赔偿纠纷案中，基金销售机构因未能约束从业人员的违规行为而受到监管机构的行政处罚时，证监部门出具的采取责令改正措施的决定和采取出具警示函措施的决定均被法院认定为其作为销售机构未尽应尽的适当性义务的证据。从业人员协助投资者伪造收入证明，明知投资者资金为拼凑而来仍进行推介，忽视了投资者承受能力应与产品风险匹配原则，此时《私募投资基金风险揭示书》等形式文件也不能证明卖方机构履行了适当性义务。因此，基金销售机构应当警钟长鸣，严格约束从业人员的合规推介行为。

第四节 因金融机构告知说明义务引发的纠纷

一、金融机构的适当告知义务的衡量标准

案　　号：(2017) 苏01民终8972号

案件名称：金某与平安银行股份有限公司南京双门楼支行委托理财合同纠纷案

裁判要旨：衡量金融机构是否尽到适当告知义务的标准，并非仅仅考量其是否形式上履行了给予客户告知文件、要求客户签名、填写风险测评表等程序，而应通过前述程序真实地核对客户的风险承受能力并依照客户的实际情况善意作出适当告知，并视客户的不同履行更为谨慎地履行推荐适当产品的义务。

案情简介

上诉人（原审原告）：金某

上诉人（原审被告）：平安银行股份有限公司南京双门楼支行（以下简称平安双门楼支行）

2016年1月28日，金某在平安双门楼支行处认购平安双门楼支行代销的展博7号产品101万元。为此，在购买展博7号产品同日，金某在平安双门楼支行处签署了风险揭示书一份、高龄客户风险认知声明一份、客户风险承受能力调查表一份、开放式基金代销业务申请表四张。

风险揭示书抬头部分载有，“为使您（客户）更好地了解展博7号产品的风险，根据法律法规和中国证监会有关规定，提供本风险揭示书，请认真详细阅读，慎重决定是否参与展博7号产品”；其下，说明了展博7号产品系利益共享、风险共担的证券投资方式，管理人不承诺投资者资产本金不受损失或者取得最低收益，以及展博7号产品可能面临的市场风险、管理风险、流动性风险等十大类风险等内容。

高龄客户风险认知声明载有，“65周岁（含）以上客户原则上仅可购买

我行风险评级为中低风险以下（含中低风险）本行理财产品，本次您申请购买产品风险等级为中等风险，申请的产品是展博7号，风险等级测评平衡型，陈某理财经理已详细、清晰介绍本期产品特点、产品流动性风险，已揭示该产品可能存在的投资风险以及最不利投资情形，并已提示本产品可允许购买的客户年龄上限为65周岁（含）”。特别声明载明：“本人已充分了解本期理财产品的内容、结构和特性，已理解并愿意承担该期产品的全部风险，本人已充分知晓本产品可允许购买的客户年龄上限为65周岁（含），但本人根据过往投资经验并且独立判断后，自愿购买本期理财产品等”。

《客户风险承受能力调查表》首页有金某签名，第2页个人填写栏内有职业、年收入等项目的勾选，第3页有展博7号产品属于高等风险的投资品种的说明，区分了风险承受能力与展博7号产品匹配与不匹配两类客户，并分别给予说明，金某在风险承受能力匹配一类客户签名处签名。

《开放式基金代销业务申请表》均在表格下端声明栏内打印有：“本人已详细阅读背面的客户须知并核对以上内容，充分知晓投资基金产品的风险；本人确认银行在本人确认投资该基金产品前已明确告知该基金产品的风险属性与本人的风险承受能力匹配情况，本人自主决策、自担风险”等内容。其中两份申请表下方备注处还打印有“产品超过本人风险承受能力，客户已确认自愿承担风险”“超过本人风险等级，自愿承担风险”。

一审中，金某对上述证据上其签名是其本人书写的事实不持异议，但主张在签字时其没有看过上述证据的内容，除签名外其余字迹不是其书写，《客户风险承受能力调查表》也不是其本人勾选，勾选的内容与其实际情况均不吻合。平安双门楼支行另提交了展博7号产品资产管理合同，金某称其并未看到过该份资产管理合同。

2017年3月8日，金某自行赎回展博7号产品，赎回金额为923,000元。

一审中，金某申请调取其购买展博7号产品当日平安双门楼支行的“双录”（销售时的录音录像资料）。平安双门楼支行回应称，根据中国银监会江苏监管局的要求，各银行业金融机构在江苏辖内全部营业网点均应在2016年3月前实现风险产品销售录音录像，即案涉产品销售时尚未强制要求进行“双录”，平安双门楼支行当时尚未配备相关设备进行“双录”，故无法提供。金某未能就其主张的平安双门楼支行理财经理陈述过“买到就是赚到”等内容举证证明。

裁判结果

一审法院：1. 平安双门楼支行自判决生效之日起 10 日内赔偿金某损失 17,400 元；2. 驳回金某的其他诉讼请求。如平安双门楼支行未按判决指定的期间履行给付义务，根据《民事诉讼法》第二百五十三条的规定，应加倍支付迟延履行期间的债务利息。一审案件受理费 2900 元，减半收取 1450 元，由金某负担 1160 元，平安双门楼支行负担 290 元（金某已预交，平安双门楼支行在归还判决指定债务时一并将此款给付金某）。

二审法院：驳回上诉，维持原判。

各方观点

金某上诉请求：1. 金某的案涉理财产品是在平安双门楼支行的理财经理陈某推荐下购买的。金某的风险承受能力评级为稳健型，仅适合购买低风险产品，而案涉产品为高风险基金产品。《商业银行个人理财业务风险管理指引》（已失效）第二十三条规定："对于市场风险较大的投资产品，特别是与衍生交易相关的投资产品，商业银行不应主动向无相关交易经验或经评估不适宜购买该产品的客户推介或销售该产品。客户主动要求了解或购买有关产品时，商业银行应向客户当面说明有关产品的投资风险和风险管理的基本知识，并以书面形式确认是客户主动要求了解和购买产品。"在金某购买案涉产品时，平安双门楼支行从未向金某出示过其在风险揭示书中所述的基金相关业务规则、资产管理合同以及投资说明书，供金某参考了解。平安双门楼支行完全未尽风险揭示义务，将完全不适格的投资人引入资本市场，造成了金某的损失。2. 平安双门楼支行给金某签署的《高龄客户风险认知声明》，显示该产品是中等风险产品，而实际上案涉基金是高风险产品，该认知声明表明金某完全不知案涉基金的性质、风险，完全是在平安双门楼支行的操作下完成了认购。一审法院将金某的损失与其社会经验、年龄等挂钩，忽视了事实，作出的判决与事实严重不符。3. 一审庭审中，金某要求法院依职权调取监控录像，以证明平安双门楼支行从未对金某进行产品介绍和风险告知。但平安双门楼支行为逃避举证义务，拒绝提交监控录像。现有证据表明当时的

“双录”并未删除，仍然存在，而平安双门楼支行拒不提供，应承担不利后果。《商业银行个人理财业务管理暂行办法》（已失效）第三十七条规定：“商业银行利用理财顾问服务向客户推介投资产品时，应了解客户的风险偏好、风险认知能力和承受能力，评估客户的财务状况，提供合适的投资产品由客户自主选择，并应向客户解释相关投资工具的运作市场及方式，揭示相关风险。商业银行应妥善保存有关客户评估和顾问服务的记录，并妥善保存客户资料和其他文件资料。”平安双门楼支行违反上述法律规定，不仅未尽到合理风险提示的义务，且在销售过程中误导和欺瞒金某，违反适当性义务，应承担其行为造成的全部后果。

平安双门楼支行上诉答辩：针对金某的上诉请求，平安双门楼支行认为，金某的上诉请求不能成立。1. 平安双门楼支行在销售过程中严格按照规定，对金某进行了风险告知、风险评估等相关流程，金某完全知道自己购买的产品是基金理财产品。理财产品本身存在风险，相关证据显示平安双门楼支行对金某作了重要提示，金某在相关确认书、说明书上签字确认，表明金某对该理财产品的风险是明知的，愿意承担风险。金某称其对基金产品的性质有误解、无从了解风险，与事实不符。2. 虽然金某是高龄人员，但是平安双门楼支行已经按照相关规定对其进行了特别提示和风险能力测试，告知了该产品存在高风险的法律后果。金某在告知书上签字，认可该产品系高风险并自愿购买，这证明购买产品是其真实意思表示，其愿意承担风险。3. 金某要求调取监控录像，主张有证据证明“双录”存在，但未说明哪份证据可以证明“双录”存在。平安双门楼支行一审中提交了说明和中国银监会江苏监管局的相关规定，证明其从2016年3月以后开始“双录”，本案业务发生在2016年1月，没有进行“双录”，故无法提供录音录像。4. 金某认为其损失与平安双门楼支行的行为存在因果关系，无法成立。金某购买的理财产品本身就有风险，风险与市场波动和产品构成有关，与金某卖出时间点有关，平安双门楼支行仅是代销该产品，无法控制产品本身的风险以及金某的损失。金某认为其损失应当由平安双门楼支行承担，没有事实和法律依据。

平安双门楼支行上诉请求：一审判决认定事实部分错误。1. “平安汇通展博7号A期特定客户资产管理计划”是深圳平安大华汇通财富管理有限公司（以下简称汇通公司）委托平安银行托管、向客户推介的一款资产计划，汇通公司是该资产计划的管理人，平安银行只是推介人。金某购买了该产品，成为该计划的资产委托人，其与汇通公司成立资产委托与资产管理的合同关系。2. 金某在决定购买展博7号前，签署了《高龄客户风险认知声明》，其第三条声明："本人已充分了解本期理财产品的内容、结构和特性，已理解并愿意承担该期产品的全部风险"。金某还签署了该产品的风险揭示书，其第一条明确介绍了该产品是特定多个客户资产管理计划，是一种利益共享、风险共担的证券投资方式，资产管理计划管理人不承诺投资者资产本金不受损失或者取得最低收益；第二条分别揭示了各种风险；第三条再次强调参与者本金可能会受到损失；最后加粗特别提示："客户在本风险揭示书上签字，表明客户已经理解并愿意自行承担参与平安双门楼支行汇通展博7号A期资产管理计划的风险"。金某亲笔在客户栏签字签日期，这说明其明知风险的存在而购买。3. 金某在决定购买展博7号计划前，在平安银行双门楼支行填写了《展博7号客户风险承受能力调查表》，勾选了个人及家庭年收入50万元以上，证券投资资金占收入比重50%以上，投资目的是在中风险承受能力范围内使资产增值，投资年限在5年以上，投资经验丰富，风险偏好为积极型。该表明确要求在详细阅读风险揭示书、资产管理合同及计划说明书，充分知晓参与展博7号资产管理计划的风险后签字确认，金某签字确认并填写了日期，进一步证明金某在购买前知晓应承担的风险，也说明金某符合展博7号资产管理计划投资客户风险承受能力要求。平安双门楼支行理财经理向金某推荐该理财产品并无过错，符合《商业银行个人理财业务管理暂行办法》（已失效）第三十七条、《商业银行个人理财业务风险管理指引》第二十三条的相关规定。4. 金某于2016年1月8日填写《开放式基金代销业务申请表》4张，完成了客户签约、基金开户、电子合同签约、基金产品认购，4张表在客户签名前均有提醒："本人确认银行在本人确认投资该基金产品前已明确告知该基金产品的风险属性与本人的风险承受能力匹配情况，本人自主决策，自担风险，自签署本申请表之日起，发生法律效力"。这证明在办理该业务时，平安双门楼支行进行了4次风险提醒，金某连续4次签字确认自愿承担投资风险。金某风险不匹配是因其年龄超过资产委托人正常年龄，但金某签署了《高龄客户风险认知声明》。5. 金某与另案当事人戴某是母女关系，戴某长期从事基金投资，是一名经验丰富的投资者，对投资的风险是明知的。展博7号计划存续期10年，在购买后的每个季度末月的第13日均可以退出，购买与退出只能由本人操作。金某于2016年1月8日购买至2017年3月8日退出，其间有多次退出的机会而未退出，造成损失扩大，该资产管理计划目前还在存续，净值有很大提高，金某选择在不恰当的时间退出，理应自己承担损失。

金某上诉答辩：1. 平安双门楼支行认为其只是代销、托管案涉基金，不是管理人，根据《商业银行个人理财业务管理暂行办法》（已失效）第七条、第八条的规定，商业银行个人理财业务按照管理运作方式的不同，分为理财顾问服务和综合理财服务；理财顾问服务，是指商业银行向客户提供的财务分析与规划、投资建议、个人投资产品推介等专业化服务。依照上述规定，本案双方之间构成了个人理财服务关系。平安双门楼支行应该坚持投资人利益优先的原则，充分履行适当性义务，向投资人充分披露该基金的性质，尤其应当主动告知投资人该基金赎回的开放期等信息。平安双门楼支行提供的金某填写的《高龄客户风险认知声明》中，明示金某购买的产品为中风险理财产品，但是实际案涉基金是高风险理财产品。平安双门楼支行以中风险为由头，欺骗金某，导致金某误以为其购买的只是中风险产品，从而导致损失。2. 平安双门楼支行主张《风险承受能力调查表》为金某本人作出，金某不认可。该调查表显示的信息与金某的实际情况完全不符，金某本人并没有丰富的投资经验，与最终显示的金某风险承受能力为稳健型也不符。根据《证券投资基金法》的规定，虚假记载和提供虚假承诺文件的，应当承担责任，平安双门楼支行伪造金某《风险承受能力调查表》，导致金某遭受损失。3. 平安双门楼支行称其多次向金某确认风险不匹配，但在金某购买案涉产品时，平安双门楼支行从未出示过其在《风险告知书》中所示的相关基金产品规则、资产管理合同、投资合同书供金某参考，直至一审诉前金某从未见过上述材料。平安双门楼支行完全未尽到应尽义务，违反了《商业银行个人理财业务风险管理指引》的相关规定。4. 平安双门楼支行指出金某与戴某系母女关系，由于戴某的知识背景，认为金某也是一名经验丰富的投资者。但金某购买案涉理财产品是其个人行为，当时戴某并不在场，整个流程是金某一人完成。

法院观点

一审法院观点：《合同法》第一百二十条规定，因当事人一方的违约行为，侵害对方人身、财产权益的，受损害方有权选择依照本法要求其承担违约责任或者依照其他法律要求其承担侵权责任。金某在平安双门楼支行处购买了平安双门楼支行代销的展博 7 号产品，双方之间有合同关系，金某基于该合同关系提出侵权之诉，须按照《侵权责任法》的规定承担相应的证明责任。《侵权责任法》第六条规定，行为人因过错侵害他人民事权益，应当承担侵权责任。本案中，金某主张其购买展博 7 号产品造成的损失 87,000 元，系因平安双门楼支行销售中存在致使金某对产品性质产生误解的错误推介行为以及平安双门楼支行未适当告知金某展博 7 号产品存在风险的不作为所致，即平安双门楼支行存在上述两项不当行为，与金某的损害结果之间存在因果关系。对于该主张以及支撑该主张的要素事实，金某均须承担举证责任。根据已查明的事实，金某在购买产品时，平安双门楼支行按照法律法规的要求，向其出具了风险揭示书、客户风险承受能力调查表、开放式基金代销业务申请表等程序资料，并根据金某的年龄特别出具了高龄客户风险认知声明，上述资料中均明确表明案涉产品为私募基金，投资方向是证券市场，并多处明确提示案涉产品存在的各项风险。金某在本案审理中称其仅仅是按照理财经理的指引在要求处签名，提出客户风险承受能力调查表内容与其本人实际情况不符等意见，并主张平安双门楼支行存在不实推介，该陈述、主张缺乏证据证明，也显然与其年龄、社会经验以及投资金额不匹配。即便金某陈述属实，其多份签名页上也写明了案涉产品的性质、存在风险等内容，作为一个谨慎的投资者，在完成认购行为的过程中，金某对于所购产品不属于保本型理财产品也应属明知。金某的购买、赎回行为均为其本人控制下的自主行为，因该行为导致的损失并未明显超过金某在购买理财产品时可以作出的预测。关于平安双门楼支行的推介行为是否符合适当性要求的问题，一审法院认为，平安双门楼支行作为案涉产品的代销人，与案涉产品管理人、投资人存在两重关系，除了积极寻找合适的投资人外，应当秉持投资人利益优先原则，根据投资人的具体情况善尽适当性义务，即衡量平安双门楼支行是否尽到适当告知义务的标准并非仅考量其是否形式上履行了给予客户告知文件、要求客户签名、填写风险测评表等程序，而是是否通过前述程序真实核对客户的风险承受能力并依照客户的实际情况善意作出适当告知。对于金某该类高龄客户，平安双门楼支行也已作出原则上不向其销售高风险产品的内控规则，在超出规则销售时应更加严格地审核投资人的实际情况，确认其确实做好受损的准备。衡量双方各自的过错，平安双门楼支行也应对金某的损失承担一定的过错责任，以不超过总损失的20%为宜，即17,400元。金某主张平安双门楼支行还应支付其购买案涉产品后的资金占用利息，该请求缺乏事实与法律依据，一审法院不予支持。

二审法院观点：适当性义务系指金融产品销售者在展业过程中所负有的义务，要求其将适当的产品销售给适当的客户，承担合理推荐、适当销售的义务。本案中，金某主张平安双门楼支行违反适当性义务，要求其承担侵权责任；依照《侵权责任法》的规定，金某对平安双门楼支行在销售案涉理财产品过程中存在违反适当性义务的行为及过错承担举证证明责任。金某主张平安双门楼支行违反适当性义务的具体行为包括虚假宣传和承诺，未告知其案涉理财产品存在亏损的可能，销售的理财产品风险等级与金某的年龄和风险承受能力不匹配。对此，其一，金某未能举证证明平安双门楼支行作出过虚假宣传和承诺。其二，平安双门楼支行提供的风险揭示书、高龄客户风险认知声明、客户风险承受能力调查表、开放式基金代销业务申请表，能够证明平安双门楼支行在销售案涉理财产品时对金某进行了风险承受能力评估、告知了案涉理财产品可能存在的风险，也告知了案涉理财产品与其风险承受能力并不匹配。金某主张其在上述表格上签字均是在未阅读相关内容的情况下所签，既未能举证推翻上述签字是其真实意思表示，也与其社会经验、行为能力、所投资的数额不相符合。故应当认定金某购买案涉理财产品是其自主决策的结果。其三，平安双门楼支行作为专业的金融机构，在销售过程中未妥善尽到较高程度的注意义务。本案中，由于销售对象是高龄老人，案涉理财产品与其风险承受能力不匹配，此种情况下，平安双门楼支行应当更为谨慎地履行推荐适当产品的义务。一审法院综合本案当事人的实际情况及案涉产品的销售过程，衡量双方当事人在销售、购买过程中各自应负的注意义务以及过错程度，认定平安双门楼支行的过错较为轻微，酌定平安双门楼支行对金某的损失承担20%的过错责任，酌定幅度在合理范围之内，并无不当。综上，金某与平安双门楼支行的上诉请求均不能成立，应予驳回；一审判决认定事实清楚，适用法律正确，应予维持。

二、仅以金融消费者手写了诸如“本人明确知悉可能存在本金损失风险”等内容，没有其他相关证据的，不能视作卖方机构履行了告知说明义务

案　　号：（2019）京02民终15312号

案件名称：王某与中国工商银行股份有限公司北京龙潭支行财产损害赔偿纠纷

裁判要旨：因告知说明义务的履行是金融消费者能够真正了解各类高风险等级金融产品或者高风险等级投资活动的投资风险和收益的关键，人民法院应当根据产品、投资活动的风险和金融消费者的实际情况，综合理性人能够理解的客观标准和金融消费者能够理解的主观标准来确定卖方机构是否已经履行了告知说明义务。卖方机构简单地以金融消费者手写了诸如“本人明确知悉可能存在本金损失风险”等内容主张其已经履行了告知说明义务，不能提供其他相关证据的，人民法院对其抗辩理由不予支持。

案情简介

上诉人（原审原告）：王某

被上诉人（原审被告）：中国工商银行股份有限公司北京龙潭支行（以下简称工商银行龙潭支行）

2015年5月5日，王某在工商银行龙潭支行处签订了《中国工商银行代理推广证券公司集合资产管理计划业务申请书》（以下简称《案涉产品申请书》）和《个人基金业务申请书》，分别申请并购买名为“海通海蓝宝银”的集合资产管理计划产品（代码850010，金额为100万元，以下简称案涉产品）和名为“华安媒体互联网混合基金”的基金产品（代码001071，金额为70万元）。《案涉产品申请书》上方载明“您投资的集合资产管理计划不是银行存款，也不是我行发行的理财产品。您投资的集合资产管理计划可能产生风险，无法实现预期的投资收益，甚至投资本金也可能产生损失。产品的投资风险由您自行承担……工商银行作为代理推广机构，不以任何方式对投资者资产本金不受损失或取得最低收益作出承诺……”同日，工商银行龙潭支行为王某出具的代理业务购买凭证显示，根据工商银行龙潭支行的测评标准，王某的风险承受能力为平衡型，王某购买的案涉产品风险级别为低风险，购

买的华安媒体互联网混合基金为高风险，风险级别高于王某的风险承受能力，工商银行龙潭支行根据王某的要求购买了上述基金产品，王某已签署了电子风险揭示书。2015 年 6 月 13 日，王某收取案涉产品分红收益共计 49,340.71 元。2017 年 12 月 4 日，王某申请将案涉产品赎回，赎回份额为 956,754.69 份，金额为 772,483.74 元。

裁判结果

一审法院：驳回王某的诉讼请求。

二审法院：1. 撤销北京市东城区人民法院（2019）京 0101 民初 11188 号民事判决；2. 工商银行龙潭支行于本判决生效后 15 日内赔偿王某 70,000 元；3. 驳回王某的其他诉讼请求。如果未按本判决指定的期间履行给付金钱义务，应当依照《民事诉讼法》第二百五十三条之规定，加倍支付迟延履行期间的债务利息。

各方观点

王某观点：1. 一审法院认定事实不清。一审法院仅认定王某曾在工商银行龙潭支行的营业网点购买案涉理财产品，但对工商银行龙潭支行是否合规销售，是否存在欺诈、虚假宣传等侵害上诉人财产权利的行为未予认定。工商银行龙潭支行主动向王某推介与其风险承受能力不匹配的案涉理财产品，且未能提供证据证明其已通过显著、必要的方式向王某作出特别说明，故应当认定其存在侵权及虚假宣传的过错，应由其赔偿王某相应本金及利息损失。2. 一审程序存在瑕疵。一审审判人员曾无故扣留王某 15 项证据原件，经多次催要不予返还。王某曾申请合议庭成员回避，但一审法院未向王某说明理由就驳回回避申请。

工商银行龙潭支行观点：1. 王某购买案涉理财产品系其自身真实意思表示，相应的投资决定由其自主作出，我行不存在欺诈或虚假宣传的情形。2. 王某在购买案涉理财产品过程中，签订了相应的业务申请书，我行为其进行了风险承受能力评估，评估结果由王某在业务凭证上签字确认，我行履行适当性义务不存在任何瑕疵。3. 本案系财产损害赔偿纠纷，王某未提交证据证明我行实施了侵犯其合法财产权益的行为，亦未证明我行实施了欺诈行为，王某遭受的财产损失与我行的合规销售之间不存在因果关系，我行不应承担赔偿责任。4. 王某在我行曾购买多只证券投资基金产品，有丰富的投资经验，故其应当自行承担投资风险。

法院观点

一审法院观点：当事人对自己提出的诉讼请求所依据的事实或者反驳对方诉讼请求所依据的事实，有责任提供证据加以证明；没有证据或者证据不足以证明当事人的事实主张的，由负有举证责任的当事人承担不利后果。根据本院查明的事实，王某作为完全民事行为能力人，应当对自己所进行的民事行为具有相应的辨别力和判断力。王某在购买案涉产品前已经签署了代理业务申请书、风险揭示书等相关文件，文件中亦载明进行投资所应承担的可能风险，故应视为其已知晓所包含的投资风险。王某主张工商银行龙潭支行的员工陈某通过虚假陈述等方式欺骗其购买案涉产品致使资金受损，但未能提交证据予以证明，故法院对王某的主张不予采信。王某作为投资者，应当承担正常投资活动可能产生的损失，工商银行龙潭支行在这一过程中并无侵权行为，不应承担赔偿责任，故王某要求工商银行龙潭支行赔偿损失及利息于法无据，法院不予支持。

二审法院观点：本案二审双方争议的焦点即工商银行龙潭支行是否应当赔偿王某因投资案涉理财产品亏损造成的相应财产损失。

首先，从基础法律关系来看，本案双方诉讼的基础法律关系系财产损害赔偿，即一般侵权纠纷。根据《侵权责任法》第六条之规定，行为人因过错侵害他人民事权益，应当承担侵权责任。鉴于对一般侵权纠纷予以评判的归责原则为过错原则，故在对该问题的裁判中仍应依侵权责任构成要件予以考量。根据我国法律规定及对侵权责任认识的理论与实践通说，判断侵权是否成立，应主要从被诉行为是否存在过错、是否违法、是否有损害事实的发生以及行为与损害后果之间是否存在因果关系等方面予以考量。根据本案双方之间合同性质类别，结合双方作为金融消费者与金融产品托管人的金融机构在投资金融产品中的地位，本院认为，要判断工商银行龙潭支行在销售案涉产品过程中是否存在侵害王某财产权益之行为，关键应辨析工商银行龙潭支行在王某购买案涉金融产品的过程中是否尽到了适当性义务。根据法律及司法解释规定之要义，以及人民法院在司法实践中达成的统一认识，适当性义务是指卖方机构在向金融消费者推介、销售银行理财产品、保险投资产品、信托理财产品、券商集合理财计划、杠杆基金份额、期权以及其他场外衍生品等高风险等级的金融产品，以及为金融消费者参与融资融券、新三板、创业板、科创板、期货等高风险等级投资活动提供服务的过程中，必须履行了解客户、了解产品、将适当的产品（或者服务）销售（或者提供）给适合的金融消费者等义务。卖方机构承担适当性义务的目的是确保金融消费者能够在充分了解相关金融产品、投资活动的性质及风险的基础上自主决定，并承受由此产生的收益和风险。在推介、销售高风险等级金融产品和提供高风险等级金融服务领域，适当性义务的履行是"卖者尽责"的主要内容，也是"买者自负"的前提和基础。而本案法律适用之考量中，在确定卖方机构适当性义务的内容时，应以《合同法》《证券法》《证券投资基金法》《信托法》等法律规定的基本原则和国务院发布的规范性文件作为主要依据。如果与法律和国务院发布的规范性文件的规定不相抵触，相关部门在部门规章、规范性文件中对高风险等级金融产品的推介、销售，以及为金融消费者参与高风险等级投资活动提供服务作出的监管规定，亦可作为本案裁判之参照。

其次，根据金融消费者自身财产状况、金融资产状况、投资知识和经验、专业能力等因素，投资者亦可以分为普通投资者和专业投资者。本案中，根据王某提供的户口本、王某家人的残疾人证及医院诊断证明、王某工资账户明细及其家庭成员的账户情况，王某收入尚未达到高于本市平均工资的较高水平，其本人及家庭成员账户亦未见经常性地大额消费支出，其此前所从事的投资理财亦无对高风险产品的熟练操作，且其家庭成员中还有身患残疾的子女，故其个人在投资方面显属普通投资者。在判断工商银行龙潭支行应否为本案赔偿责任主体及其责任范围之时，应当明确的前提是，金融产品发行人、销售者未尽适当性义务，导致金融消费者在购买金融产品过程中遭受损失的，金融消费者可以请求金融产品的销售者承担赔偿责任。金融服务提供者未尽适当性义务，导致金融消费者在接受金融服务后参与高风险等级投资活动遭受损失的，金融消费者可以请求金融服务提供者承担赔偿责任。

再次，关于损害后果及其与未履行适当性义务因果关系一节，本案中，金融消费者应当对购买产品（或者接受服务）、遭受的损失等事实承担举证责任。卖方机构对其是否履行了适当性义务一节，因本案中王某购买金融产品的过程发生于提供金融产品代售服务的工商银行龙潭支行，且对于金融产品的专业性和金融消费者购买的适当性，该银行均可依相关规定及其专业知识与能力以及其信息的充分性而提供评估并作出合理性建议，故对本案的举证责任之分配不应仅以金融消费者一方的单向举证为主，而应综合双方主要证据对关键事实作出认定。因告知说明义务的履行，是金融消费者能够真正了解各类高风险等级金融产品或者高风险等级投资活动的投资风险和收益的关键，人民法院应当根据产品、投资活动的风险和金融消费者的实际情况，综合理性人能够理解的客观标准和金融消费者能够理解的主观标准来确定卖方机构是否已经履行了告知说明义务。卖方机构简单地以金融消费者手写了诸如“本人明确知悉可能存在本金损失风险”等内容主张其已经履行了告知说明义务，不能提供其他相关证据的，人民法院对其抗辩理由不予支持。本案中，双方诉争的案涉理财产品系名为“海通海蓝宝银”的集合资产管理计划产品，包括名为“海通海蓝宝银”的集合资产管理计划产品和名为“华安媒体互联网混合基金”的基金产品。前者为本案双方诉争的金融产品。虽然在当事人提交的《案涉产品申请书》上载明了工商银行龙潭支行作为代理推广机构的一定提示内容，但本案中的银协发〔2009〕134号通知、工商银行客户风险承受能力评估问卷、中国工商银行基金产品风险等级和基金投资人风险承受能力匹配方法、工商银行基金风险等级评价办法、案涉产品和华安媒体互联网混合基金的《资产管理合同》及《风险揭示书》等，均系工商银行龙潭支行所依循的规范性文件或自身制定的格式合同，以及单方在交易文件中提供的内容，不足以作为其与王某双方就案涉金融产品相关情况充分沟通的凭证。结合本案中的案涉产品合同及说明书、理财产品单、基金交易明细表、录音光盘（内容为2018年1月11日王某在工商银行龙潭支行处与工作人员的谈话）、银元宝、证人齐某证言等现有证据材料和双方之陈述，本院认为，工商银行龙潭支行对王某作出的风险承受能力的评估虽为平衡型，但案涉金融产品相关合同中显示的风险等级并非均为低风险，且工商银行龙潭支行亦未证实该产品的购买与王某的自身情况及自身意愿达到充分适当匹配的程度。而工商银行龙潭支行未能向一审、二审法院提供在其客服人员向王某推荐案涉金融产品时的监控录像或其他充分有效证据证实其已充分了解投资者的基本情况、财产状况、金融资产状况、投资知识和经验、专业能力等相关信息并以言词或书面以及其他信息化的方式详尽合理地向王某如实说明了金融产品和服务的重要内容，特别是对投资风险进行充分揭示并得到王某本人对上述认知的确认。而工商银行龙潭支行二审中提交的打印件材料并无原件或其他证据加以印证，且其内容中所反映的评估时间亦非案涉金融产品购买时间。该材料中亦未显示出评估柜员是不是初次购买当时的客服人员。总之，工商银行龙潭支行尚不能充分举证证明其已经对金融消费者本人的风险认知、风险偏好和风险承受能力进行了当面测试并向金融消费者告知产品（或者服务）的收益和主要风险因素等，其应当承担举证不能的法律后果。同时，工商银行龙潭支行在抗辩中亦未举证证明金融消费者王某故意提供虚假信息，或拒绝听取其作为卖方机构的建议等自身原因导致购买产品或接受服务不适当，亦未能证明适当性义务的违反并未影响金融消费者王某自主决定，故对其提出的应完全由本案金融消费者自负投资风险之抗辩意见，本院难以采纳。

最后，王某上诉认为工商银行龙潭支行客服经理介绍的产品与其要求推介购买的理财产品性质及风险等级与其风险承受能力不匹配，且未能提供证据证明其已通过显著、必要的方式向王某作出特别说明，据此主张法院应当认定工商银行龙潭支行存在侵权及虚假宣传的过错，请求判令由工商银行龙潭支行赔偿王某相应本金及利息损失。本院认为，除厘清双方之间的事实争议，对损失数额之认定亦应考虑双方情况和过错。根据本案已查明的事实，王某在购买案涉产品前已经签署了代理业务申请书、风险揭示书等相关文件，其应当就文件中载明的内容予以充分审视。现王某主张因工商银行龙潭支行相关工作人员存在欺诈和虚假宣传，导致其并不知晓购买案涉产品所包含的投资风险，但亦未能就此提交充分有效证据予以证明。鉴于其此前亦有过投资理财经验，作为有一定投资认知水平的完全民事行为能力人，王某更应当知晓签字确认行为之效力。

结合上述因素，考虑到投资发生亏损的直接原因是金融市场的正常变化和波动，并非工商银行龙潭支行的代理行为，故本院认定王某亦应对自己投资之损失承担一定的责任。综合考虑双方当事人陈述及本案现有证据，本院认为工商银行龙潭支行在销售案涉产品过程中存在侵害王某财产权益之行为，故酌情确定其对王某所主张的本金之损失承担约30%的赔偿责任，即工商银行龙潭支行应赔偿王某主张的财产损失中的本金7万元。王某的该项上诉主张部分成立。其主张过高的部分，本院不予支持。关于王某上诉主张的利息损失一节，本院认为，因在工商银行龙潭支行与王某签订的合同中并未约定在此情形下利息损失的赔偿，故在此主张缺乏必要的事实依据。另考虑其主张的损失系投资款项，工商银行龙潭支行与其不能直接构成债权债务关系。且在该投资产生损失过程中王某亦有一定过错，故对其主张支付利息的诉讼请求，本院不予支持。需要说明的是，本案二审裁判之意见亦以本判决前述评理团独立作出的评议意见为重要参考。至于王某所称一审程序存在瑕疵一节，本院认为，当事人对自己的主张负有举证义务，提交相应证据原件系履行举证义务之需要。另外，一审法院曾明确告知王某所提回避申请非法定回避事由，后对其申请未予准许，该处理符合法律规定。故对王某上诉所称一审程序瑕疵，本院不予采信。需要指出的是，适当性义务的履行既是“卖者尽责”的主要内容，也是“买者自负”的前提和基础。契约自由、平等保护、诚实信用等均是人民法院进行民商事案件审判的基本原则。本案裁判并非要求金融机构销售金融产品或代理相关业务过程中忽视投资主体的自由处分之权利，而是希望在市场经济快速发展过程中，金融机构作为更有能力提示金融消费者防范相应风险的主体，更加完善相关机制举措；同时，金融消费者亦更具风险意识，双方共同促进金融秩序的良好发展和社会经济法治的进步。

章节小结

对投资风险进行告知说明是金融产品销售时卖方的必做动作，也是投资者受有损失后维权时习惯打出的一张牌。卖方是否已适当履行告知说明义务，往往是私募基金争议中双方拉锯的焦点。实践中，有观点认为告知说明义务与适当性义务是双轨并行的，也有观点认为告知说明义务是适当性义务的内涵之一，如2015年12月24日发布的《最高人民法院关于当前商事审判工作中的若干具体问题》就提出，“告知说明义务是‘适当性’义务的核心，是金融消费者能够真正了解产品和服务的投资风险和收益的关键”。2019年发布的《九民纪要》对适当性义务进行细化之后，更有法院认为卖方的适当性义务有两个层次，即告知说明义务与适当推荐义务，且告知说明义务是适当推荐义务的前提。因此，判断卖方机构是否已履行告知说明义务已成为私募基金等金融产品争议中的重要环节。

虽然风险告知说明是募集环节的必做动作，但必做动作不等于可以流于形式，或者说一套公式适用于所有主体。在金某诉平安双门楼支行委托理财合同案中，两审法院均认为衡量卖方金融机构是否尽到适当告知义务并非仅从形式上履行了告知程序，而是是否通过告知程序真实地核对客户的风险能力并依据实际情况适当告知。

在王某诉工商银行龙潭支行财产损害赔偿案中，两审法院对于卖方机构的风险告知义务履行采用了两种评价标准，一审法院认可了卖方机构关于投资者签署相关文件即视为知晓相关风险的观点，而二审法院则结合了投资者的自身财产状况、金融资产状况、投资知识和经验及专业能力等因素，考虑了投资者为老人的情况，推翻了一审法院关于签字即表示知晓相关风险的观点，认为风险告知说明义务的履行是金融消费者能够真正了解各类高风险等级投资活动的投资风险和收益的关键，卖方机构简单地以手写“本人明确知悉可能存在本金损失风险”等内容主张其已履行风险告知说明义务，而未有其他证据佐证的，不予支持。

通过以上两个案例可知，与其他理财产品销售类似，私募基金在募集过程中，卖方机构在做风险告知说明的必做动作时要结合实际情况有所调整，不能完全从效率出发用一套模板毫不变通地应对所有情况。

第五节　私募基金募集阶段的其他纠纷

一、向不特定对象公开宣传募集资金并承诺保本保收益，构成非法吸收公众存款罪

案　　号：(2017) 京03刑终544号

案件名称：吕某非法吸收公众存款罪

裁判要旨：以公开宣传的方式向不特定对象发售私募基金，且向投资人承诺保本付息，虽对部分私募基金进行备案，但实质上系借用合法形式变相吸收公众存款的行为。

案情简介

原公诉机关：北京市朝阳区人民检察院

上诉人（原审被告人）：吕某

吕某系中金赛富投资有限公司（以下简称中金赛富）、北京中金赛富投资基金管理有限公司（以下简称北京中金赛富）法定代表人、实际控制人。吕某以个人出资或中金赛富、北京中金赛富出资设立了北京中金赛富投资管理中心（有限合伙）（以下简称中金赛富中心）、北京中金久富投资管理中心（有限合伙）（以下简称中金久富中心）、北京中金首富投资管理中心（有限合伙）（以下简称中金首富中心）、北京中金仁富投资管理中心（有限合伙）（以下简称中金仁富中心）、北京中金天富投资管理中心（有限合伙）（以下简称中金天富中心）、北京中创投财富资产管理中心（有限合伙）（以下简称中创投中心）。

2011 年 8 月至 2015 年吕某在北京市朝阳区华贸中心等地，通过公司及第三方机构销售人员电话推销、个人推介、发放宣传资料等途径向社会公开宣传，承诺定期以货币方式还本付息，采取投资上述合伙企业的形式销售多种“投资基金”“信托产品”，共计向 327 名投资人（单位）吸收资金共计 9 亿余元。北京中金赛富于 2014 年 5 月在中国证券投资基金业协会登记为私募基金管理人，填报了部分管理基金。后由于“投资基金”“信托产品”到期未能兑付，投资人陆续向公安机关报案。吕某于 2015 年 1 月 28 日在本区被公安机关抓获归案，共计 8 亿余元投资款不能退还，公安机关查封、冻结、扣押部分财产移送在案。

裁判结果

一审法院：被告人吕某犯非法吸收公众存款罪，判处有期徒刑 8 年，罚金人民币 40 万元；责令被告人吕某退赔投资人损失；在案查封、冻结、扣押之款物依法予以处理。

二审法院：上诉人吕某违反国家金融管理法律规定，向社会公众变相吸收公众存款，扰乱金融秩序，且数额巨大，其行为已构成非法吸收公众存款罪，依法应予惩处。一审法院根据上诉人吕某犯罪的事实、犯罪的性质、情节和对于社会的危害程度所作出的判决，事实清楚，证据确实、充分，定罪和适用法律正确，量刑适当，审判程序合法，应予维持。

各方观点

上诉人吕某观点：上诉人经营的公司具备私募基金的经营资质，且没有对发行的基金进行公开宣传，不构成非法吸收公众存款罪；一审判决认定构成非法吸收公众存款罪的事实不清、证据不足，且适用法律错误。

上诉人吕某的辩护人的辩护观点：上诉人吕某募集资金的行为不属于非法吸收公众存款行为，一审判决认定上诉人吕某犯非法吸收公众存款罪的事实不清、证据不足，上诉人吕某不构成犯罪。

法院观点

一审法院观点：被告人吕某虽然将北京中金赛富及部分基金在中国证券投资基金业协会进行了私募基金的相关登记备案，但是其通过电话推销、个人推介、发放宣传资料等途径向社会公开宣传，承诺以货币方式还本付息，向社会不特定对象募集资金，变相吸收公众存款，实质上是借私募基金之名行非法吸收公众存款之实，其行为侵犯了国家金融管理制度，扰乱了金融秩序，已构成非法吸收公众存款罪，且数额巨大，依法应予惩处。北京市朝阳区人民检察院指控被告人吕某犯非法吸收公众存款罪的事实清楚，证据确实、充分，罪名成立。责令被告人吕某退赔投资人的损失。在案查封、冻结、扣押的财产中，何某某的中国民生银行北京西三环支行的存款账户、白某位于东城区本司胡同31号的多幢房屋由查封机关予以处理，其余财产用于退赔投资人损失。

二审法院观点：现有证据能够证实，上诉人吕某虽在中国证券投资基金业协会对涉案的部分基金进行登记备案，但从募集方式上看，相关基金均为通过公司或第三方机构业务员向不特定公众宣传方式募集；从基金收益上看，募集基金的宣传材料中均有保本付息性质的宣传；从募集对象上看，上诉人吕某未对投资人的资产规模、收入水平、风险承担能力进行核实，涉案的投资人绝大部分不符合私募基金的合格投资者条件；上诉人吕某系以公开宣传的方式向不特定对象发售私募基金，且向投资人承诺保本付息，虽上诉人吕某对部分私募基金进行备案，但实质上系借用合法形式变相吸收公众存款。

二、银行参与推荐未备案基金构成过错，对投资者损失承担补充责任

案　　号：（2019）粤01民终8837号

案件名称：韦某与中国建设银行股份有限公司广州东方文德广场支行等合伙协议纠纷、财产损害赔偿纠纷

裁判要旨：支行的工作人员就案涉基金的销售，确实存在主动联系、积极推荐并进行了一定误导性陈述的行为，客观上促成了韦某等人的投资事宜。且上述人员之行为系明显的职务行为，具体表现在上述人员的行为得到两级支行管理人员的指示、追认，甚至召开过相关会议进行布置，且部分管理人员还明确表示，支行承担相应之责任。故，上述人员之行为应视为支行之行为，且系造成韦某等人损失的因素之一，两支行应就此承担相应之责任。

案情简介

上诉人（原审原告）：韦某

上诉人（原审被告）：中国建设银行股份有限公司广州东方文德广场支行（以下简称建行东方文德支行）

上诉人（原审被告）：中国建设银行股份有限公司广州赵秀支行（以下简称建行赵秀支行）

被上诉人（原审被告）：中国建设银行股份有限公司广东省分行（以下简称建行广东省分行）

被上诉人（原审被告）：广州君麟实业发展有限公司（以下简称君麟公司）

被上诉人（原审被告）：上海清科凯盛投资管理有限公司（以下简称清科公司）

被上诉人（原审第三人）：广州市盈运投资合伙企业（有限合伙）（以下简称盈运合伙企业）

韦某系建行东方文德支行的VIP客户。清科公司于2014年4月23日取得中国证券投资基金业协会（本部分简称证券基金业协会）授予的私募投资基金管理人资质。2014年8月，清科公司发布《上海清科凯盛投资管理有限公司广州专业市场投资基金募集说明书》，载明：该协议各方依据《合伙企业法》共同设立广州盈运投资合伙企业、广州翔泓投资合伙企业等系列有限合伙企业；项目公司君麟公司；普通合伙人清科公司；该基金由清科公司发起成立，所募集资金将用于广州盛贤四大专业市场偿还银行贷款及升级改造，面向社会特定合格投资者招募有限合伙人；基金类型固定收益类；基金期限18个月；投资方式广州农商银行委托贷款；预期收益：50万元≤认购金额<300万元，预期年化收益率10.5%，300万元≤认购金额<500万元，预期年化收益率11.5%，认购金额≥500万元，预期年化收益率12.5%；满12个月支付一次利息，到期一次性归还本金及剩余利息，资金监管中国建设银行广州东山支行（以下简称建行东山支行）；基金交易结构显示：首先由普通合伙人清科公司和作为有限合伙人的各投资人将资金投入清科凯盛·广州专业市场投资基金，再由清科凯盛·广州专业市场投资基金将款项投资到盛贤四大专业市场，再由盛贤四大专业市场偿还贷款到建行东山支行，再由建行东山支行进行资金监管，并转移抵押物到清科凯盛·广州专业市场投资基金，而盛贤四大市场的收益归入清科凯盛·广州专业市场投资基金；位于广州海印商圈大沙头的盛贤四大专业市场累计26,845.16平方米的物业抵押，经深圳市世联土地房地产评估有限公司评估总价值26.44亿元；中国建设银行对基金投资进行全程资金监管，基金管理人管控融资方预留印鉴，严格监管项目方资金使用专户，基金管理人监管项目回款账户，保障资金安全及按时归集等。

2014年，韦某与清科公司签订《广州盈运投资合伙企业之（有限合伙）协议》，约定韦某作为有限合伙人入伙第三人盈运合伙企业以认缴出资额为限对该有限合伙企业的债务承担责任。清科公司对于该有限合伙企业的债务承担无限连带责任，有限合伙人同意并授权普通合伙人有权决定以该有限合伙企业对被投资企业进行股权或债权投资等。之后，韦某与清科公司签订《广州盈运投资合伙企业（有限合伙）入伙协议》，约定韦某承诺认缴出资500万元作为有限合伙人加入第三人盈运合伙企业。

2014年9月15日，韦某向第三人盈运合伙企业在中国建设银行的账户汇款500万元。2014年9月19日，清科公司和第三人盈运合伙企业共同向韦某出具《出资证明函》，其中确认了韦某对第三人盈运合伙企业的前述出资，并约定预期年化收益率12.5%，起息日期2014年9月16日。

2015年1月30日，证券基金业协会发布《5家私募投资基金管理人注销登记的公告》，载明：上海清科凯盛投资管理有限公司（登记编号：P1000537）等5家机构向证券基金业协会申请注销私募投资基金管理人登记。根据《私募投资基金管理人登记和基金备案办法（试行）》的有关规定，考虑到以上5家机构在登记后未开展私募投资基金管理业务，承诺注销登记后不再开展新的私募投资基金业务，维护好投资者合法权益，证券基金业协会决定注销以上5家机构的私募投资基金管理人登记。该协会重申，从事私募投资基金管理业务的机构应当按照中国证监会《私募投资基金监督管理暂行办法》和证券基金业协会《私募投资基金管理人登记和基金备案办法（试行）》的有关规定，到证券基金业协会办理登记，真实、准确、完整地填报登记信息；注销登记的机构应当妥善处置好现有业务，维护好投资者合法权益，不得再从事私募投资基金管理业务等。

2015年6月1日，君麟公司向清科公司发出《关于终止合作的函》，载明：君麟公司因清科公司严重违反《合作框架协议》，挪用监管账户资金一事致送该函。双方于2014年8月18日签订《合作框架协议》，约定君麟公司向清科公司及清科公司关联企业融入资金并以此清偿君麟公司对外债务。此后，君麟公司与清科公司关联企业签订了抵押合同、《委托贷款借款合同》及其他相关协议。上述资金的监管账户由清科公司掌控，而清科公司已为该项目募集资金约1.9亿元。但是，清科公司仅将其中7000万元用于偿还君麟公司欠建行的债务本金，而剩余资金1.2亿元则被挪作他用，清科公司挪用资金的违约行为严重损害了君麟公司的经济利益。为此，君麟公司要求立即终止合作并解除《合作框架协议》及其他所有相关合同或协议。

2016年1月29日，清科公司、君麟公司共同向投资人发布《广州专业市场基金公告》，载明：君麟公司（项目方）本应于2016年1月31日前兑付所有投资人的投资收益，其在上述期间，已采取积极措施，包括调整项目招商策略、多渠道筹资等，尽可能筹措资金兑付投资人前期的投资收益。碍于整体经济环境恶劣，项目销售及招商进展缓慢，与预期差距较大，外部资金筹措受阻，致暂未能于2016年1月31日前兑付投资人前期收益。经清科公司与君麟公司多次沟通协商，君麟公司将成立专项服务组，接待投资人来访及解答投资人疑问；君麟公司承诺会想方设法多个渠道筹措资金，于基金到期日或到期日前，向所有投资人兑付全部本金及投资收益；该基金对应之抵押物情况正常，无任何变更等。

2016年7月16日，清科公司发布公告，载明：由清科公司作为普通合伙人发起并与各投资人（有限合伙人）共同设立的广州盈运投资合伙企业（有限合伙）等四家有限合伙企业，共同募集资金1.955亿元，专项投资君麟公司下属的广州盛照综合市场的升级改造；该笔募集资金已于2014年12月底前，由广州盈运投资合伙企业（有限合伙）委托广州农村商业银行股份有限公司达道路支行发放予项目方君麟公司，用于归还建行贷款7000万元及支付融资利息4000万元，余下8550万元由该贷款担保方广州市超跃市场经营管理发展有限公司（以下简称超跃公司）用于广州盛照综合市场的升级改造，该项目已在2015年9月正式完成改造并推向市场招租；受市场经济大环境影响，加上电商对实体市场的冲击，招租及出售情况都不理想，项目方希望在通过引入商家搞旺市场后能更好地收取租金以及销售，今后会更积极地促销，尽快销售回笼资金，预计到2016年年底能兑付投资人全部本息等。

2017年1月3日，君麟公司发出公告，载明：君麟公司于2017年1月28日前向各位投资人支付投资额本金25%的款项，请准备相关相应的资料（原件）办理支付手续。余下的投资款项在2017年7月31日前支付完毕。

2017年1月26日，韦某收到以盛照公司名义转来的投资款本金1,092,465.75元。之后，韦某再没有收到任何投资款本金及收益。

2017年3月31日，君麟公司向韦某出具一份承诺函，载明：本公司已于2017年1月28日前支付各位投资人25%的投资本金，公司会继续努力筹措资金，争取在2017年7月31日前支付余下的75%的投资本金，或是协助投资者找到第三方来收购其剩余的75%的投资本金。

2017年4月7日，君麟公司向韦某出具一份承诺函，载明：本公司已于2017年1月28日前支付各位投资人25%的投资本金，公司会继续努力筹措资金，争取在2017年7月31日前支付余下的75%的投资本金。

2017年7月13日，中国银监会广东监管局（以下简称广东银监局）向“韦某等13人”作出《信访事项告知书》，载明：经查，清科凯盛基金不属于建行总行批准代销的第三方理财产品。越秀支行下属网点负责人和客户经理涉嫌2014年曾向客户推荐该产品；中山二路支行时任副行长刘某向区某某推荐，中山二路支行客户经理毕某某向韦某、冯某和、黎某某推荐，中山二路支行客户经理郭某（已离职）向汪某某、王某某推荐，高教大厦支行客户经理刘某向王某、何某某、黄某1、刘某、潘某等推荐，德政路支行客户经理黄某2向韦某推荐；越秀支行存在对员工行为和营业场所管理不到位的问题。该局根据核查情况，将依据监管法规对越秀支行采取相应监管措施，责成其上级行对责任人严肃问责，并进一步加强员工行为和营业场所管理，规范理财和代销业务等。

裁判结果

一审法院：在本判决发生法律效力之日起10日内，被告清科公司、君麟公司向原告韦某赔偿607,534.25元及损失（从2017年1月27日起，以607,534.25元为基数按同期银行贷款利率计算至款项还清之日止）；被告建行东方文德支行、建行越秀支行对本判决确定的义务在40%的范围内承担补充赔偿责任。

二审法院：驳回上诉，维持原判。

各方观点

原告（上诉人韦某）观点：原告系建行东方文德支行的VIP客户。2014年9月，该行客户经理黄某2向原告极力推荐由被告清科公司发行的“广州专业市场投资基金”（以下简称清科凯盛基金），称该基金产品是中国建设银行股份有限公司广州东山支行（以下简称建行东山支行，该支行已并入建行越秀支行，建行东方文德广场支行系建行越秀支行的下属营业网点）设计开发，建行越秀支行承诺保底兑付，并且会全程监管资金流向。2014年9月15日，原告在建行东方文德支行的营业网点内完成了“清科凯盛基金”认购的全部流程，并于2014年9月15日转账支付了500万元投资款。2016年年初，合同约定的兑付期限届满后，原告却发现该理财产品此前承诺的还本付息并不能兑现。原告要求建行支付，银行领导当时承诺其会敦促被告君麟公司尽快清偿所有投资款本息，并多次组织原告和被告君麟公司召开沟通会。2017年1月26日，原告收到了投资款本金1,092,465.75元。在建行省分行和被告建行越秀支行的协调下，2017 年 3 月、4 月，被告君麟公司又向包括原告在内的投资人公开承诺在 2017 年 7 月 31 日之前支付剩余的投资款本金。但原告至上诉时未收到任何款项。与此同时，原告和其他受害人经过调查发现，建行东方文德支行推销的所谓“清科凯盛基金”根本没有合法设立，完全属于违规理财产品。广东银监局于 2017 年 7 月 13 日出具的《信访事件告知书》认定，“清科凯盛基金”不属于建行总行批准代销的第三方理财产品，被告建行越秀支行下属网点工作人员涉嫌违规推荐，被告建行越秀支行及建行东方文德支行存在对员工行为和营业场所管理不到位的问题。而被告清科公司于 2016 年 7 月 16 日出具的公告则显示，清科凯盛基金所募集的 1.955 亿元资金里有 1.14 亿元用于归还被告君麟公司在被告建行越秀支行的银行贷款，其中本金还款 7000 万元，利息还款 4400 万元。原告认为，被告建行越秀支行、建行东方文德支行与被告君麟公司、被告清科公司恶意串通，以偿还被告君麟公司在被告建行越秀支行的贷款本息为目的，明知清科凯盛基金属于虚假理财产品，仍然违规向原告推销，最终导致原告财产损失，依法应当与原告共同承担侵权损害赔偿责任。

建行涉案员工在销售违法基金的过程中，实际上是职务行为，其责任主体应为建行，并且，建行在案涉基金的违法销售过程中，是组织者和安排者，在侵权行为中起到了主要作用。

被告（上诉人建行广州越秀支行）观点：原告因投资“清科公司凯盛投资管理有限公司广州专业市场投资基金”，与清科公司、盈运合伙企业之间构成合伙协议法律关系，若原告因盈运合伙企业未兑现合伙收益产生的财产损害，应当向清科公司、盈运合伙企业主张侵权责任。建行不是合伙协议的当事人，也没有在任何案涉文件上签章，原告向建行主张侵权责任没有事实依据，应予驳回。建行越秀支行的管理问题不等同于其对韦某实施了侵权行为，该管理问题与韦某的损失不构成相当因果关系，建行越秀支行和建行东方文德支行均不应当承担补充赔偿责任。

原告提交的案涉投资文件显示，案涉产品《募集说明书》所载“风险提示”、签约文件中的《风险申明书》以及《有限合伙协议》第九条“分配与亏损分担”等内容均表明已向原告明示投资风险，且原告签字确认同意在合伙企业终止后投资所得扣除费用后方进行分配，且同意合伙企业不支付利息，同时自愿承担亏损。据此，原告在投资入伙时已经知悉入伙风险，且该产品没有承诺保本和最低收益，原告是具有相应投资经验的完全民事行为能力人，对投资入伙具有较高的辨别能力，其在明知投资风险的情况下自愿投资入伙，理应自行承担投资风险，其主张侵权责任没有事实和法律依据。原告不仅对投资入伙具有充分辨识能力，且明确知悉投资风险，更书面确认分配规则和同意合伙企业不支付利息、自愿承担亏损。

即使该管理责任与其损失有因果关系，一审判决建行东方文德支行承担的责任比例也明显过高，认定事实和适用法律错误。

法院观点

一审法院观点：广东银监局向“韦某等 13 人”作出的《信访事项告知书》载明了清科凯盛基金不属于建行总行批准代销的第三方理财产品，被告建行越秀支行存在对员工行为和营业场所管理不到位的问题。该局根据核查情况，将依据监管法规对被告建行越秀支行采取相应监管措施，责成其上级行对责任人严肃问责，并进一步加强员工行为和营业场所管理，规范理财和代销业务等。

从《信访事项告知书》的载明情况，广东银监局对被告建行越秀支行及其下属网点工作人员所作的询问笔录，原告购买案涉基金时签订的相关合同，以及原告向第三人盈运合伙企业账户转账等情况综合分析，清科凯盛基金不属于建行总行批准代销的第三方理财产品，被告建行东方文德支行、建行越秀支行存在对员工行为和营业场所管理不到位，以及对被告清科公司筹措资金过程中缺乏跟踪监督，未能及时发现被基金机构宣传资料冠以“该资金监管账户的监管机构”，在发现他人利用建行名义对外宣传营销时未果断制止或采取法律措施维权的问题。上述问题的出现，与原告的损失之间存在关联，但非主要的、直接的原因。《侵权责任法》第三十七条规定：“宾馆、商场、银行、车站、娱乐场所等公共场所的管理人或者群众性活动的组织者，未尽到安全保障义务，造成他人损害的，应当承担侵权责任。因第三人的行为造成他人损害的，由第三人承担侵权责任；管理人或者组织者未尽到安全保障义务的，承担相应的补充责任。”因原告的财产损失是被告清科公司、君麟公司共同侵权的行为直接造成的，被告清科公司、君麟公司是最终的责任承担主体，被告建行东方文德支行、建行越秀支行对原告应承担的责任类似于

《侵权责任法》第三十七条规定的违反安全保障义务所应承担的责任。故参照适用该条法律规定，被告建行东方文德支行、建行越秀支行应对原告的损失承担相应的补充赔偿责任。结合被告建行东方文德支行、建行越秀支行对于原告损失发生的过错程度，酌定被告建行东方文德支行、建行越秀支行应对原告的损失承担40%的补充赔偿责任。

二审法院观点：本案侵权行为成立，清科公司募集基金后不予办理备案，甚至主动申请注销其基金管理人的登记，且按照君麟公司之陈述，双方私下达成协议，清科公司大肆挪用涉案资金，具有明显的主观恶意。而君麟公司作为案涉基金投向的项目公司，按照其自认，其将所得款项擅自转至清科公司，甚至将其公章交由清科公司代管，且与清科公司联合设立超跃公司，并通过该公司对盛贤市场进行改造的事由任由清科公司继续挪用资金，最终造成韦某等在本案中的损失。其在本案纠纷中具有重大过错，且为故意，而非过失。

根据广东银监局的《信访事项告知书》及其现场检查询问笔录，包括建行越秀支行、建行东方文德支行在内的建行部分支行的工作人员就案涉基金的销售，确实存在主动联系韦某等人、积极推荐并进行了一定误导性陈述的行为，客观上促成了韦某的投资事宜。且上述人员之行为系明显的职务行为，具体表现在上述人员的行为得到两级支行管理人员的指示、追认，甚至召开过相关会议进行布置，且部分管理人员还明确表示，支行承担相应之责任。故，上述人员之行为应视为建行越秀支行、建行东方文德支行之行为，且系造成韦某等人损失的因素之一，两支行应就此承担相应之责任。虽然存在建行方参与签订的协议书，但该协议系建行方为处置其不良资产与多方达成的合意，虽其中存在对有关募集款项具体使用的内容，且之后建行方确从中受益，但建行方并未参与设立案涉基金系客观事实，募集说明书中声称的建行东山支行作为基金托管人，建行方予以否认，各方也未提供证据予以证实，故本院不予确认。而本案韦某的损失确系因设立案涉基金所致，假如案涉基金依法成立，不存在上述清科公司、君麟公司、盈运合伙企业的主观故意，本案即使产生损失，也应按照私募基金的风险承担机制予以处理，而非认定存在侵权行为。故，在建行方未参与案涉基金设立过程的情况下，本案不宜认定建行越秀支行、建行东方文德支行与清科公司、君麟公司、盈运合伙企业存在共同故意或共同过失。建行方上述之推荐、误导之行为也非《侵权责任法》第十一条规定的“二人以上分别实施侵权行为造成同一损害，每个人的侵权行为都足以造成全部损害的，行为人承担连带责任”的情形，故结合上述分析，本案韦某要求建行方与清科公司等承担连带赔偿责任，法律依据不足，本院不予支持。但不可否认，建行方上述行为确系本案损失产生的原因之一，其就涉案损失的发生存在过错，应承担相应的赔偿责任。结合建行越秀支行、建行东方文德支行的过错程度、受益情况及本案其他案情，一审法院确定两支行就韦某涉案损失承担40%的补充清偿责任，基本符合本案事实，二审不再予以调整。

章节小结

私募基金与公募基金基本的差别就在于募集阶段，私募基金只能向特定合格投资者募集。“合格投资者”和“特定”是私募基金募集合规的两条底线，一旦突破，即突破了法律对于投资者信息不对称的保护，很有可能导致投资者受到无法承受的损失或大面积投资者受到损失。特别是违反向“特定”投资者募集的要求，造成大面积投资者损失，破坏了国家金融管理秩序，构成非法吸收公众存款罪，其势必引起公权力的介入，追究相关责任人的刑事责任。在吕某非法吸收公众存款案中，即使吕某将基金公司和部分基金在中国证券基金业协会进行了私募基金的相关备案，甚至未采取一般理解的公开宣传，但其向不特定公众进行宣传和募集，也实质上突破了向“特定”对象募集的规定，最终被判处有期徒刑8年并处罚金。

向特定合格投资者募集并不是私募基金募集合规的全部，私募基金募集合规的约束主体也不限于私募基金管理人和私募基金管理人委托的卖方机构。如果私募基金未依法备案，私募管理人违规操作，造成投资者损失的，参与推荐的金融机构也可能被追究责任。在韦某诉建行广州东方文德支行等合伙协议纠纷、财产损害赔偿案中，建行并非基金管理人或被委托的卖方机构，但可能出于希望募集资金能够使债务人偿还银行贷款的目的，而参与了案涉私募基金的推荐，被法院基于“公共场所的安全保障义务”判决承担了投资者损失赔偿的补充责任。该案启示金融机构，要严格约束从业人员的“推荐行为”，不推荐批准代销第三方理财产品目录以外的任何投资产品，不对无法确认的投资事项进行承诺。

第三章　私募基金内部管理阶段的争议纠纷

上海市金融法院于 2022 年 2 月发布了《私募基金纠纷法律风险防范报告》。该报告显示，以上海法院 2016 年到 2021 年审结的 542 件涉私募基金案件为样本进行统计分析，此类案件呈现以下特点：（1）标的额大且案件数量呈上升趋势，诉讼标的额主要集中在 100 万元至 1000 万元，案件数量呈上升趋势；（2）纠纷主要发生在私募基金内部，67.53% 的纠纷来自投资人、管理人、托管人、投资顾问、销售机构之间；（3）纠纷多发于投资、退出阶段，分别占比 34.50% 和 61.25%；（4）私募基金组织形式以合伙型、契约型为主。经统计，裁判文书中披露私募基金组织形态的有 321 件，其中 47.98% 为合伙型私募基金。

可见，私募基金内部纠纷已经成为整个私募基金纠纷的重灾区，而合伙型基金、契约型基金等不同类别的基金形式在纠纷中，又因投资者与基金管理人之间的法律关系不同，呈现出不同的争议焦点。投资者与基金管理人之间的关系需要根据基金合同内容加以判断，若构成信托法律关系，则应当承担信托法上的义务；若构成委托关系，则应当尽到善良管理人义务。在没有明确的法律法规适用时，以基金合同中对于基金管理人义务的约定来判断管理人是否承担违约责任。在私募基金纠纷中，在信托或者委托代理关系中，管理人应尽义务内容不同，承担责任的归责原则不同，因而举证责任分配也不同。

充分厘清各类型基金在纠纷中的特点，将帮助律师在处理私募基金内部纠纷时更加有的放矢。

第一节　合伙型基金内部纠纷

合伙型基金是指由普通合伙人和有限合伙人组成，普通合伙人作为私募基金管理人，与有限合伙人共同组建的私募基金。有限合伙私募股权基金的财产独立于各合伙人的财产。作为一个独立的非法人经营实体，有限合伙制私募股权基金拥有独立的财产，在有限合伙企业存续期内，各合伙人不得要求分割合伙企业财产。由此，保障了有限合伙制私募股权基金的财产独立性和稳定性。在合伙型基金纠纷中，《合伙企业法》、合伙协议以及合伙企业章程构成对普通合伙人及有限合伙人权利义务的主要内容。因此，合伙型基金的纠纷体现了公司类型纠纷及合同类型纠纷的双重特点，而主要的争议焦点也集中在出资份额返还、退伙等。

一、合伙型私募基金份额的转让或处置，须遵守合伙协议或合伙企业章程的特别约定

案　　号：（2020）最高法民终904号

案件名称：北京鼎典泰富投资管理有限公司、邢某合伙协议纠纷、合伙企业财产份额转让纠纷

裁判要旨：合伙协议就合伙企业财产份额转让的特别约定，不违反法律、行政法规的强制性规定，亦不违背公序良俗，应认定其合法有效，合伙人应严格遵守该约定。合伙协议明确约定合伙人之间转让合伙财产份额须经全体合伙人一致同意的，在其他合伙人未同意合伙财产份额转让之前，当事人就合伙财产份额转让签订的转让协议成立但未生效；如其他合伙人明确不同意该合伙财产份额转让，则转让协议确定不生效，不能在当事人之间产生履行力。

案情简介

上诉人（一审被告）：北京鼎典泰富投资管理有限公司（以下简称鼎典泰

富公司）

被上诉人（一审原告）：邢某

一审被告：丁某某

一审被告：鼎典投资管理（北京）有限公司（以下简称鼎典投资公司）

一审被告：吉林省投资集团有限公司（以下简称吉林投资公司）

一审被告：嘉兴泽源股权投资合伙企业（有限合伙）（以下简称嘉兴泽源）

2012 年 11 月 27 日，新能源基金注册成立。2014 年，合伙人盈富泰克创业投资有限公司、吉林省城建实业有限公司、邢某、吉林省创业投资引导基金有限责任公司、营口红佳投资有限公司、鼎典泰富公司签订合伙协议，主要内容为：企业性质为有限合伙，鼎典泰富公司为新能源合伙企业的普通合伙人、执行合伙人、基金管理人，其他各方为有限合伙人。基金总出资额为 2.6263 亿元，全部为货币出资，除盈富泰克创业投资有限公司以外的其他合伙人应在本合伙协议生效后 30 日内一次性交付其全部认缴出资额的 100%。邢某认缴出资额 5000 万元，认缴比例为 19.04%。新能源合伙企业的经营期限为基金存续期限，为 7 年，自企业成立之日起计算，即企业营业执照颁发之日。普通合伙人（基金管理人）有权依法召集、主持、参加合伙人大会和其他合伙人会议，并行使相应的表决权；如果执行事务合伙人怠于履行其职责，代表出资额比例 1/3 以上的有限合伙人有权自行召集和主持会议，并行使相应的表决权。合伙协议第 27.6 条约定："除另有约定外，以下事项须经全体合伙人一致同意：……（4）有限合伙人转让或出质财产份额……"第 29.1 条约定："经全体合伙人同意，有限合伙人可以向本基金其他有限合伙人，也可以向满足条件的其他自然人或法人转让在合伙企业中的全部或者部分财产份额，但转让后需满足本协议的有关规定。"第 33 条约定："除非法律另有规定或全体合伙人达成一致同意的书面决定，有限合伙人不能转变为普通合伙人，普通合伙人亦不能转变为有限合伙人。"

2012 年 11 月 28 日，邢某将 5000 万元出资转入新能源基金中国民生银行账户。

2018 年 1 月，邢某（甲方）与鼎典泰富公司（乙方）签订《转让协议书》。第一条约定："1. 本协议之转让标的是指：甲方持有的新能源基金 19.04% 的财产份额（合计人民币伍仟万元）。2. 在符合本协议之条款和条件的前提下，乙方同意协助甲方寻求第三方受让其持有的新能源基金 19.04% 的财产份额；具体转让价格可由甲方与第三方具体进行协商。3. 甲方承诺，上述其持有的新能源基金19.04%的财产份额依法可以转让。”第二条约定：“甲乙双方同意，在本协议签署生效后，至2018年6月30日前，乙方可随时联系第三方与甲方就具体转让条款进行磋商，直至达成交易；乙方可协助甲方对受让方进行筛选，保证其年化收益率不低于6%，力争年化收益率达到8%；即转让款计算为：5000万元×106%×实际资金使用天数÷365天；如本协议签署生效后至2018年12月31日前未有合适第三方受让该财产份额，乙方承诺自行或指定第三方直接受让该份额；双方受让价格为计算至2018年6月30日前确保年化收益率不低于6%，力争年化收益率达到8%，即转让款计算为：5000万元×108%×实际资金使用天数÷365天……在此期间，乙方可视新能源基金投资项目情况及综合情况，随时决定终止本协议；如乙方决定选择享受新能源基金项目退出收益，则本协议终止；如乙方继续履行本协议，则无权享受新能源基金项目退出收益……”第三条约定：“1. 甲乙双方各自向对方保证，本协议签字人均已获得必要的全部批准或授权。2. 甲乙双方各自向对方保证，本协议的签订和履行不违反其作为当事人的其他合同、协议和法律文本。本协议生效后，任何一方不得以本协议的签署未获得必要的权利和违反其作为当事人的其他合同、协议和法律文本为由，而主张本协议或对抗本协议项下义务的履行。”第四条约定：“1. 本协议正式生效后，各方应积极履行有关义务，任何违反本协议规定及保证条款的行为均构成违约。2. 上述损失的赔偿不影响违约方按照本协议的约定继续履行本协议……”一审法院审理期间，双方达成合意，转让协议书中所列公式存在笔误，应为5000万元×（1+6%×实际资金使用天数÷365天）或5000万元×（1+8%×实际资金使用天数÷365天）。

至2018年12月31日前，未有合适第三方受让邢某在新能源基金中的财产份额，鼎典泰富公司亦未自行或指定第三方直接受让该财产份额。2019年1月4日，邢某委托北京大成律师事务所向鼎典泰富公司发出律师函，催告鼎典泰富公司履行转让协议书约定，自行或指定第三方受让邢某在新能源基金中的财产份额。2019年1月11日，鼎典泰富公司向邢某发出鼎典泰富函字[2019]第001号《关于邢某律师函的回函》载明：“作为基金管理公司，按照相关法律法规规定以及基金合伙协议的约定，我司并无义务收购有限合伙人持有的基金份额……按照转让协议约定，在2018年12月31日前，未有合适第三方受让您的财产份额，我司承诺自行或指定第三方直接受让该份额，我司在2018年12月31日前已经和您进行过沟通……我司仍然愿意按照转让协议约定履行此项义务……”

鼎典泰富公司的类型为其他有限责任公司，法定代表人：丁某某，营业期限自2011年11月8日至2031年11月7日。注册资本16,300万元，实行认缴制，出资期限为2031年11月1日。其中，丁某某认缴出资4900万元，实缴出资175万元；鼎典投资公司认缴出资8200万元，实缴出资6250万元；吉林投资公司认缴出资3000万元；嘉兴泽源认缴出资200万元，均已实缴。

此后，邢某向吉林省高级人民法院起诉，请求：1. 鼎典泰富公司向邢某支付转让款7467.9452万元［计算公式为：5000万元×（1+8%×2252天÷365天），自2012年11月28日起暂计算至2019年1月28日］，并按照协议约定8%的年利率计算至全部转让款付清之日；2. 丁某某、鼎典投资公司、吉林投资公司、嘉兴泽源各自在未出资本息范围内对鼎典泰富公司在第一项中不能清偿的部分承担补充赔偿责任。

二审程序中，鼎典泰富公司提交了新能源基金的有限合伙人吉林省城建实业有限公司和营口红佳投资有限公司出具的书面情况说明，载明二公司均不同意邢某向鼎典泰富公司转让新能源基金合伙财产份额，拟证明案涉转让协议书由于未经全体合伙人同意而无效。

判决结果

一审法院：1. 鼎典泰富公司于判决发生法律效力后10日内向邢某给付转让款人民币66,767,123.29元及逾期付款损失（以5000万元为基数，按照6%年利率，自2019年1月1日计算至实际付款日止）；2. 驳回邢某的其他诉讼请求。

二审法院：1. 撤销吉林省高级人民法院（2019）吉民初5号民事判决；2. 驳回邢某的诉讼请求。

各方观点

鼎典泰富公司观点：1. 根据《合伙企业法》第二十二条的规定和《吉林省国家新能源创业投资基金合伙企业（有限合伙）合伙协议》（以下简称

《合伙协议》）的约定，邢某转让其合伙份额应当经全体合伙人一致同意。案涉 2018 年 1 月 5 日邢某与鼎典泰富公司签订的《合伙企业财产份额转让协议书》（以下简称《转让协议书》）未经全体合伙人一致同意，违反上述法律的效力性强制性规定，当属无效。一审法院认定《转让协议书》合法有效，适用法律错误。2. 案涉《转让协议书》违反《私募投资基金监督管理暂行办法》第十五条关于“私募基金管理人、私募基金销售机构不得向投资者承诺投资本金不受损失或者承诺最低收益”的规定，损害了私募投资基金行业的健康发展，违背公序良俗，当属无效。3. 根据《转让协议书》第四条的约定，鼎典泰富公司有权终止《转让协议书》。吉林省国家新能源创业投资基金合伙企业（有限合伙）（以下简称新能源基金）的经营期限已于 2019 年 11 月 26 日届满，现已解散并进入清算程序，案涉《转让协议书》的合同目的无法实现，鼎典泰富公司已无法受让邢某的合伙财产份额，鼎典泰富公司支付转让价款的基础已不存在。4. 邢某在一审庭审结束后，增加了违约金的诉讼请求，不应予以支持，一审法院认定邢某不构成增加诉讼请求，适用法律错误。

邢某观点： 1. 案涉《转让协议书》合法有效。（1）《转让协议书》不构成保底约定。新能源基金设立的时间为 2012 年 11 月 27 日，各方签署《合伙协议》及在中国证券投资基金业协会完成基金备案的时间为 2014 年 4 月，而邢某与鼎典泰富公司是在 2018 年 1 月 5 日才签订《转让协议书》，此时距各方签署《合伙协议》及完成基金备案已接近 4 年。从以上事实可知，《转让协议书》是邢某与鼎典泰富公司在新能源基金成立后逐步就合伙财产份额转让达成的合意，而不是鼎典泰富公司在邢某投资新能源基金时对其作出的保底承诺；且《私募投资基金监督管理暂行办法》属于部门规章，系管理性强制性规定，而非效力性强制性规定。因此，《转让协议书》不构成保底约定，也不存在违背公序良俗的情形。（2）鼎典泰富公司虽主张普通合伙人不得持有超过 2% 的合伙份额是行业惯例，但并没有提供证据证明，且事实上也没有这样的行业惯例存在。另外，行业惯例属于非正式的法律渊源，是成文法的补充，只有在立法认可或者存在法律漏洞情况下，才能成为裁判依据。故鼎典泰富公司主张《转让协议书》违反行业惯例应无效的主张，无事实依据。（3）《转让协议书》是双方的真实意思表示，不存在胁迫等可撤销情形，且鼎典泰富公司多次以书面形式确认其愿意履行合同义务。2. 案涉《转让协议书》可继续履行。（1）《合伙协议》对合伙份额转让的限制不影响《转让协议书》的履行。《合伙企业法》第二十二条第二款规定，“合伙人之间转让在合伙企业中的全部或者部分财产份额时，应当通知其他合伙人”，该条款并未规定合伙协议可以对合伙人之间转让财产份额作出额外限制。因此，《合伙协议》中对合伙人之间转让财产份额需要“经全体合伙人同意”的约定与《合伙企业法》的规定相悖，该约定客观上限制了《合伙企业法》赋予合伙人依法转让财产份额的法定权利，而且完全不具有合理性，亦不属于当事人可以自由约定的内容范畴，因而对各方不具有约束力，《转让协议书》可继续履行。(2) 案涉新能源基金经营期限届满不构成有效的抗辩理由。邢某提起一审诉讼的时间为2019年2月11日，新能源基金的存续期限届满日为2019年11月26日，因此邢某在提起本案诉讼之时权利义务的实现并不存在障碍。(3) 即使认定转让合伙份额因未取得全体合伙人同意而存在履行障碍，鼎典泰富公司作为新能源基金的普通合伙人，在签约时明知合伙份额转让的上述约定，故应自担风险。3. 一审法院没有超出诉讼请求进行裁判。在一审庭审后，邢某明确自2018年7月1日至实际清偿之日止的款项属逾期付款损失，以5000万元为基数按照同期银行贷款利率上浮50%的标准计算。

法院观点

一审法院观点：邢某与鼎典泰富公司签订的《转让协议书》是双方当事人的真实意思表示，不违反法律、行政法规的强制性规定，合法有效，对双方具有约束力，双方应当依协议约定恰当履行各自义务。至2018年12月31日前未有合适第三方受让邢某的财产份额，鼎典泰富公司又未指定第三方受让该财产份额，依照《转让协议书》约定，鼎典泰富公司受让该财产份额的期限与条件已成就，故邢某请求鼎典泰富公司受让其在合伙企业中财产份额并支付转让价款，具有事实与法律依据，予以支持。邢某起诉时请求判令鼎典泰富公司按约向其支付转让款人民币7467.9452万元，自2012年11月28日暂计算至2019年1月28日，并按照8%的年利率计算至全部转让款付清之日。一审庭审后，邢某明确自2018年7月1日至实际清偿之日止此期间款项系属逾期付款损失，并主张以5000万元为基数按照同期银行贷款利率上浮50%的标准计算，该主张未超出原诉讼请求范围，不属于增加、变更诉讼请求。邢某于2012年11月28日将资金转入新能源基金，应视为资金实际使用之日；转让款数额按照双方在本案诉讼期间确认的计算公式，自2012年11月28日计算至协议约定之日2018年6月30日止，即人民币5000万元×（1+6%×2040天÷365天）=66,767,123.29元。邢某明确其所主张的2018年7月1日至全部转让款付清之日期间的款项，系鼎典泰富公司逾期付款给其造成的损失；依照《转让协议书》的约定，鼎典泰富公司受让邢某财产份额的条件是2018年12月31日前未有合适第三方受让，故在2018年12月31日前鼎典泰富公司不负有受让义务，亦不存在逾期付款行为，邢某主张2018年7月1日至2018年12月31日期间的逾期付款损失并无合同依据与法律依据；但自2019年1月1日协议约定的期限条件成就后，鼎典泰富公司未依约受让邢某的财产份额并支付转让款，已构成违约，邢某要求鼎典泰富公司赔偿逾期付款损失，于法有据，一审法院确定按照年利率6%的标准计算逾期付款的损失，即鼎典泰富公司应当以5000万元为基数按照6%的年利率向邢某支付逾期付款的损失，期限自2019年1月1日至全部转让款清偿之日止。

二审法院观点：根据当事人的诉辩情况，本案的争议焦点是未经全体合伙人一致同意的案涉《转让协议书》的效力及履行问题。该争议焦点问题又涉及以下几个方面问题。

（一）关于合伙人之间合伙财产份额转让特约的效力问题

在《合伙企业法》关于有限合伙企业的规定中，并无合伙人之间转让合伙企业财产份额的规定。《合伙企业法》第六十条规定："有限合伙企业及其合伙人适用本章规定；本章未作规定的，适用本法第二章第一节至第五节关于普通合伙企业及其合伙人的规定。"《合伙企业法》第二十二条第二款对普通合伙中合伙人之间财产份额转让作出规定，"合伙人之间转让在合伙企业中的全部或者部分财产份额时，应当通知其他合伙人"。但是，该条款并未规定合伙协议对合伙人之间转让财产份额进行特别约定的效力。即使是《民法典》合伙合同章中，也未涉及合伙人之间财产份额转让特约的效力问题，而在本案当事人之间转让合伙财产份额有特别约定的情况下，首先需要对该合伙财产份额转让特别约定的效力进行认定。对此，需要结合合伙经营方式或合伙组织体的性质及立法精神加以判断。

合伙是两个以上合伙人为了共同的事业目的，以订立共享利益、共担风险协议为基础而设立的经营方式或组织体。合伙人之间的合作建立在对彼此人身高度信赖的基础之上，故合伙事业具有高度的人合性。比如，合伙人的债权人不得代位行使合伙人的权利；合伙人死亡、丧失民事行为能力或者终止的，合伙合同终止，而非合伙人的资格或财产份额可以继承。由于合伙事业高度强调人合性，故应尊重合伙人之间的意思自治。因此，就合伙人之间的财产份额转让而言，如果合伙协议有特别约定，在该约定不违反法律、行政法规的强制性规定，也不违背公序良俗的情况下，则应认定其合法有效，合伙人应严格遵守。

（二）关于案涉《合伙协议》中有关合伙人之间财产份额转让特别约定的效力问题

案涉新能源基金为有限合伙。《转让协议书》约定的转让标的为有限合伙人邢某所持有的新能源基金19.04%的财产份额。对合伙人之间转让合伙财产份额，案涉《合伙协议》明确约定"需经全体合伙人一致同意"，具体体现为：《合伙协议》第27.6条约定，有限合伙人转让或出质财产份额，除另有约定外，须经全体合伙人一致同意。第33条约定，除非法律另有规定或全体合伙人达成一致同意的书面决定，有限合伙人不能转变为普通合伙人，普通合伙人亦不能转变为有限合伙人；该条针对本案所涉邢某转让有限合伙财产份额给普通合伙人的情形，进一步明确须经全体合伙人一致同意。而该协议第29.1条则约定，经全体合伙人同意，有限合伙人可以向新能源基金其他有限合伙人，也可以向满足条件的其他自然人或法人转让在合伙企业中的全部或者部分财产份额，但转让后需满足该协议的有关规定。该约定进一步印证，合伙人之间对于合伙财产份额转让的慎重。故从上述《合伙协议》关于合伙财产份额的约定可以明确，新能源基金之合伙人在订立《合伙协议》时，已经基于合伙经营的人合性属性，明确要求合伙人之间转让合伙财产份额须经全体合伙人一致同意。

在《合伙协议》系订约各合伙人真实意思表示的情况下，该协议中关于合伙人之间转让合伙财产份额的特别约定，并不违反法律、行政法规的强制性规定，也不违背公序良俗，合法有效。邢某关于《合伙协议》中对合伙人之间转让财产份额需要"经全体合伙人同意"的约定与《合伙企业法》的规定相悖，该约定客观上限制了《合伙企业法》赋予合伙人依法转让财产份额的法定权利，故对各方不具有约束力的抗辩主张，于法无据；且前已述及，该理由恰恰与合伙经营方式或组织体之人合性所强调的合伙人高度自治之精神相悖，故本院不予采纳。

（三）关于案涉《转让协议书》的效力及履行问题

案涉《转让协议书》在邢某与鼎典泰富公司之间签订，且系邢某与鼎典泰富公司之真实意思表示，依照《合同法》第二十五条“承诺生效时合同成立”之规定，《转让协议书》自当事人意思表示一致时即成立。但是，在案涉《合伙协议》已经明确约定合伙人之间转让合伙财产份额需经全体合伙人一致同意的情况下，《转让协议书》欲生效，尚需要满足全体合伙人一致同意的条件。而在其他合伙人未对该合伙财产份额转让明确同意之前，案涉《转让协议书》属于合同成立未生效的状态。在本案审理过程中，新能源基金有限合伙人吉林省城建实业有限公司和营口红佳投资有限公司向本院提交书面《情况说明》，均明确不同意邢某向鼎典泰富公司转让合伙财产份额。此节事实说明，案涉《转让协议书》关于合伙财产份额转让事宜，已经确定不能取得全体合伙人同意，故《转让协议书》确定不生效，不能在当事人之间产生履行力。

在本案诉讼中，邢某诉请履行《转让协议书》，系以《转让协议书》合法有效及具有履行力为前提的；在《转让协议书》已经确定不生效的情况下，邢某诉请履行《转让协议书》，缺乏事实基础和法律依据，应予驳回。一审法院认定《转让协议书》合法有效，判决鼎典泰富公司继续履行该协议书，违反《合伙协议》约定的合伙财产份额转让需要征得全体合伙人一致同意的共同意思表示，也违反《合伙协议》关于未经全体合伙人一致同意有限合伙不能转变为普通合伙、普通合伙不能转变为有限合伙的共同意思表示，认定事实及适用法律均错误，应予纠正。

鼎典泰富公司主张案涉《转让协议书》无效，而本院认定《转让协议书》不生效。从结果上看，合同确定不生效所产生的合同不具有履行力的法律效果，与合同无效所产生的合同不具有履行力的法律效果是相同的，即均产生邢某请求继续履行《转让协议书》的诉讼请求不能成立的法律后果，故鼎典泰富公司关于应驳回邢某继续履行《转让协议书》、支付转让价款诉讼请求的上诉主张，理据充分，本院予以支持。

至于鼎典泰富公司的其他上诉主张，实质上亦均为否定邢某的诉讼请求，能够被本院驳回邢某的诉讼请求涵盖，故在本院已经纠正一审判决、驳回邢某诉讼请求的情况下，对鼎典泰富公司的其他上诉主张，本院已无必要再行审理。

综上所述，鼎典泰富公司的上诉请求成立，邢某的诉讼请求应予驳回；一审判决认定事实及适用法律错误，应予纠正。

二、合伙型私募基金退出机制相较于有限责任公司更为严格，除合伙协议、《合伙企业法》规定外，还须审计结算流程确定财产份额

案　　号：（2018）最高法民终539号

案件名称：上海金元百利资产管理有限公司、深圳吾思十八期股权投资基金合伙企业合伙协议纠纷

裁判要旨：本案中，上海金元百利资产管理有限公司关于合伙协议系另外一名合伙人以欺诈的手段使其在违背真实意思的情况下订立的主张并不成立。此外，该公司并未提供证据证明某合伙企业存在《合伙企业法》第八十五条规定的解散事由。在合伙企业尚未解散且未完成清算的情况下，该公司无权直接要求该合伙企业返还出资。

案情简介

上诉人（一审原告）：上海金元百利资产管理有限公司（以下简称金元百利公司）

被上诉人（一审被告）：深圳吾思十八期股权投资基金合伙企业（有限合伙）（以下简称吾思十八期）

被上诉人（一审被告）：深圳吾思基金管理有限公司（以下简称吾思基金）

被上诉人（一审被告）：云南丰华鸿业房地产开发有限公司（以下简称丰华鸿业公司）

2013年7月，吾思基金前身深圳吾思股权投资基金管理有限公司同金元百利公司的前身上海金元惠理资金管理有限公司签订《合伙协议》，约定吾思基金为普通合伙人，金元百利公司为有限合伙人，二公司同意按照本协议约定的条款及条件成立有限合伙企业。《合伙协议》第2.3.1条约定，企业目的是对外进行股权、债权或组合投资，为合伙人赚取投资收益，不得以任何方式进行募集或发行基金。第2.5条约定经营期限为5年。第4.1.1条约定，企业的投资目标为丰华鸿业公司。第4.1.2条约定，企业所募集的资金，需预留合伙企业费用及投资所产生的相关费用，剩余部分资金通过中国银行以委托贷款的方式全部投资于丰华鸿业公司，资金用于丰华鸿业公司的宝华寺项目。

《合伙协议》签订后，金元百利公司于2013年8月13日至2013年12月13日向吾思十八期实缴出资49,230万元，款项汇入后，吾思十八期与中国银行股份有限公司深圳上步支行、丰华鸿业公司签订《人民币委托贷款合同》，通过委托贷款的方式，将49,230万元转贷给丰华鸿业公司。

金元百利公司后以委托贷款纠纷将丰华鸿业公司、吾思十八期等诉至法院，请求判令吾思十八期支付49,230万元本金及利息等，广东省高级人民法院作出（2015）粤高法民二初字第11号民事判决，判令丰华鸿业公司向吾思十八期偿还借款本金49,230万元及利息。

2017年2月14日，上海市高级人民法院对吾思十八期、李某1、李某2合同诈骗一案作出（2016）沪刑终42号刑事判决，认定：李某1实际控制、管理吾思基金……李某2实际控制、经营管理润泰置业公司……2013年7月，李某1与李某2再次协商后，由吾思基金作为普通合伙人与有限合伙人金元惠理成立吾思十八期，约定投资李某2实际控制、经营管理的丰华鸿业公司名下的宝华寺项目。2013年8月至12月，吾思十八期共计收到金元惠理的募集资金共计4.9亿余元，通过中国银行深圳上步支行委贷给李某2的丰华鸿业公司。李某2在收到上述委贷款后，将大部分资金用于支付前期经营公司的债务、李某1的顾问费等，小部分用于润泰置业公司开发的中央公园项目及丰华鸿业公司开发的宝华寺项目。

此后，金元百利公司向一审法院起诉请求：1. 判令撤销金元百利公司与吾思基金签署的合伙协议；2. 判令吾思十八期、吾思基金和丰华鸿业公司共同返还金元百利公司出资款49,230万元，并赔偿金元百利公司的损失（损失金额以金元百利公司出资金额为计算基数，按照13%/年÷365为日利率标准，自金元百利公司出资之日开始计算直至金元百利公司全部出资款获得返还之日止。暂计至2017年9月10日金额为人民币249,402,506.85元）；3. 本案金元百利公司因行使撤销权所产生的诉讼费、律师费、保全费及保全担保费等费用由吾思十八期、吾思基金、丰华鸿业公司承担。

判决结果

一审法院：驳回金元百利公司的诉讼请求。

二审法院：驳回上诉，维持原判。

各方观点

金元百利公司观点：吾思基金在与金元百利公司订立案涉合伙协议时存在欺诈的故意。（2016）沪刑终42号刑事判决已经认定吾思十八期是为了向李某2实际控制的丰华鸿业公司名下的宝华寺项目融资而由吾思基金的实际控制人李某1与李某2共同商议设立的。吾思基金在向金元百利公司募集资金时，已经明知丰华鸿业公司及其关联企业润泰置业公司等企业均处于资不抵债的状况。丰华鸿业公司在收到吾思十八期的借款资金后，即将大部分资金用于前期经营公司的债务、李某1的顾问费等，仅小部分资金用于宝华寺项目。此外，金元百利公司向吾思十八期的出资分五笔汇入吾思十八期的账户，而这五笔资金中每一笔通过委托贷款出借给丰华鸿业公司后均被用于偿还丰华鸿业公司的前期债务而非投资到宝华寺项目，吾思基金明知这一情况却始终未向金元百利公司披露。

法院观点

一审法院观点：本案争议焦点为：1. 合伙协议应否撤销？2. 吾思基金、吾思十八期和丰华鸿业公司应否向金元百利公司返还出资款及相应利息？

吾思基金同金元百利公司签订合伙协议，约定吾思基金为普通合伙人，金元百利公司为有限合伙人，二公司同意按照合伙协议约定的条款及条件成立有限合伙企业吾思十八期。

金元百利公司提起本案诉讼，主张吾思基金在签订合伙协议时存在告知其虚假情况、隐瞒真实情况的欺诈行为，故请求撤销合伙协议。一审法院认为，合伙协议是以设立合伙企业为目的，由合伙人共同订立，其作用在于确定所涉合伙企业的投资业务、费用及损益分配、合伙人的权利义务、合伙人会议、解散与清算等，是合伙企业最重要的内部法律文件，是依法设立、变更、终止合伙人的民事权利义务关系的合同，是设立合伙企业的基本依据。本案客观实际是，合伙协议签订后，吾思十八期已经依据合伙协议登记成立，合伙之共同事务也已事实存在。金元百利公司主张撤销合伙协议，该项主张对吾思十八期势必产生巨大的影响，法院不能仅因为吾思基金、吾思十八期和丰华鸿业公司未到庭答辩即支持金元百利公司的诉讼主张，而应根据本案事实，依法审慎判断。

《民法总则》第一百四十八条规定："一方以欺诈手段，使对方在违背真实意思的情况下实施的民事法律行为，受欺诈方有权请求人民法院或者仲裁机构予以撤销。"《合同法》第五十四条规定："下列合同，当事人一方有权请求人民法院或者仲裁机构变更或者撤销：（一）因重大误解订立的；（二）在订立合同时显失公平的。一方以欺诈、胁迫的手段或者乘人之危，使对方在违背真实意思的情况下订立的合同，受损害方有权请求人民法院或者仲裁机构变更或者撤销。当事人请求变更的，人民法院或者仲裁机构不得撤销。"本案中，合伙协议签订于 2013 年 7 月，约定，吾思十八期所募集的资金预留合伙企业费用及投资所产生的相关费用，剩余部分资金通过中国银行以委托贷款的方式全部投资于丰华鸿业公司，用于丰华鸿业公司的宝华寺项目。合伙协议签订后，金元百利公司于 2013 年 8 月 13 日至 2013 年 12 月 13 日向吾思十八期实缴出资 49, 230 万元，吾思十八期、丰华鸿业公司与中国银行股份有限公司深圳上步支行签订《人民币委托贷款合同》，吾思十八期通过委托贷款的方式将收到的款项转给了丰华鸿业公司。尽管（2016）沪刑终 42 号刑事判决认定："丰华鸿业公司的实际控制人李某 2 在收到上述委贷款后，将大部分资金用于支付前期经营公司的债务、李某 1 的顾问费等，小部分用于润泰置业公司开发的中央公园项目及丰华鸿业公司开发的宝华寺项目"，但生效刑事判决认定的事实发生在合伙协议签订之后，仅能证明丰华鸿业公司后续使用款项的情况，同合伙协议的签订与履行属不同的法律关系，无法证明吾思基金在之前签订合伙协议时故意告知虚假情况，隐瞒真实情况，诱使金元百利公司作出错误意思表示。依据《民事诉讼法》（2017 年修正）第六十四条第一款"当事人对自己提出的主张，有责任提供证据"及《最高人民法院关于适用〈中华人民共和国民事诉讼法〉的解释》第九十条"当事人对自己提出的诉讼请求所依据的事实或者反驳对方诉讼请求所依据的事实，应当提供证据加以证明，但法律另有规定的除外。在作出判决前，当事人未能提供证据或者证据不足以证明其事实主张的，由负有举证证明责任的当事人承担不利的后果"之规定，因金元百利公司未能举证证实吾思基金在签订合伙协议时即存在欺诈故意，且实施了欺诈行为，一审法院对金元百利公司撤销合伙协议的诉讼请求不予支持。

金元百利公司的其他诉讼请求以第一项诉讼请求为基础，且在其基于合伙协议将款项出资于吾思十八期后，款项已成为合伙体即吾思十八期的资产，由于本案吾思十八期仅有两个合伙人，合伙协议被撤销，极可能出现合伙企业解散的法律后果。根据《合伙企业法》第八十六条“合伙企业解散，应当由清算人进行清算，且清算人应由全体合伙人担任”及第八十九条“合伙企业财产在支付清算费用和职工工资、社会保险费用、法定补偿金以及缴纳所欠税款、清偿债务后的剩余财产，依照本法第三十三条第一款的规定进行分配”之规定，在吾思十八期事实成立，且未进行清算，未清理合伙期间发生的债权债务的情况下，金元百利公司诉请判令吾思十八期返还出资款项不符合法律规定。另外，金元百利公司已代表吾思十八期提起诉讼，向丰华鸿业公司主张权利，在本案再主张丰华鸿业公司承担义务，亦不符合法律规定。

二审法院观点：本案二审的争议焦点有二：一是关于金元百利公司与吾思基金订立的合伙协议应否撤销的问题；二是关于吾思基金、吾思十八期和丰华鸿业公司是否需要共同向金元百利公司返还出资并赔偿其因此遭受损失的问题。

（一）关于金元百利公司与吾思基金订立的合伙协议应否撤销的问题

首先，吾思基金与金元百利公司签订合伙协议约定成立有限合伙企业，对外进行股权、债权或组合投资，明确约定了投资目标为丰华鸿业公司，企业所募集的资金用于丰华鸿业公司的宝华寺项目。金元百利公司向吾思十八期缴纳出资49,230万元款项后，吾思十八期与中国银行股份有限公司深圳上步支行、丰华鸿业公司签订了《人民币委托贷款合同》，通过委托贷款方式将49,230万元转贷给丰华鸿业公司。可见，吾思基金已经按照合伙协议约定，将吾思十八期募集的资金投入了协议约定的投资目标丰华鸿业公司，并无欺诈金元百利公司的行为。

其次，根据上海市高级人民法院（2016）沪刑终42号刑事判决所认定的事实，即吾思基金的实际控制人李某1与丰华鸿业公司的实际控制人李某2策划，由吾思基金通过设立吾思十八期向李某1实际控制的丰华鸿业公司名下的宝华寺项目投资，可以认定该二人在合伙协议订立前协商达成的合意与合伙协议约定投资丰华鸿业公司宝华寺项目的合同目的一致。另外，根据金元百利公司在二审期间举示的上海市高级人民法院（2016）沪刑终42号刑事案件复印材料中李某1和李某2等人的笔录，亦无该二人在事前合谋的供述。

因此，尽管丰华鸿业公司实际控制人李某 2 在收到吾思十八期的贷款后将大部分资金挪用，但根据目前查明的事实尚不能证明吾思基金在与金元百利公司签订合伙协议之前即与李某 2 形成了挪用基金款项的合意。

最后，关于吾思基金在与金元百利公司签订合伙协议之前提供的尽职调查报告是否存在虚构事实和隐瞒真相的问题。尽职调查报告系吾思基金对其拟开展项目的一个整体介绍而非邀约。该报告宣称“吾思基金团队管理资产规模 30 亿元以及中国银行深圳分行累计为其发行近 10 亿元私募基金”，无论是否存在对自身实力的不合理夸大，金元百利公司作为专业的基金投资公司，在作出上亿元资金投入前均负有必要的注意义务，应对吾思基金的真实实力进行必要的核实。尽职调查报告作出了“资金通过委托贷款进入丰华鸿业公司账户后，将转入由政府设立的‘官渡区宝华寺城中村改造项目指挥部’专用账户并由政府监管使用，专项用于宝华寺项目的征地拆迁，从而保证委托贷款的资金安全”的介绍，但资金在进入丰华鸿业公司账户后，丰华鸿业公司并未转入政府设立的账户并专项用于宝华寺项目，此为实际履行过程中发生的客观事实，但不能仅凭此认定吾思基金在作出尽职调查报告时即明知资金进入丰华鸿业公司账户后不会进入指挥部专用账户，且不会专款专用。尽职调查报告对于还款来源和债务人资产规模的陈述仅仅是根据当时的情况对未来还款保证所作的预估，不能以此后的实际情况来推定吾思基金在作出尽职调查报告时即存在故意虚构和隐瞒真实情况的行为。关于尽职调查报告中对丰华鸿业公司及其还款保证人的资产规模的陈述，金元百利公司并未提供证据证明吾思基金关于债务人资产状况的陈述系故意虚构。就债务人的负债规模而言，从尽职调查报告作出的时间和债务人及还款保证人对外债务的发生时间来看，尽职调查报告是在 2013 年 6 月作出的，而债务人及还款保证人的部分债务发生在尽职调查报告作出及合伙协议订立之后，其中包括 2013 年 7 月 23 丰华鸿业公司的实际控制人李某 2 和法定代表人张某某向杨某某所借的 2.1 亿元。因此，金元百利公司主张吾思基金在尽职调查报告中故意隐瞒债务人债务规模的事实不成立。

综上所述，金元百利公司主张合伙协议系因为受到吾思基金的欺诈陷入错误进而在错误的基础上违背其真实意愿而订立，缺乏足够的证据予以证明。一审判决认定合伙协议并非基于欺诈而订立并无不当，金元百利公司以合伙协议存在欺诈为由要求撤销的上诉请求应予驳回。

（二）关于吾思基金、吾思十八期和丰华鸿业公司是否需要共同向金元百利公司返还出资并承担相应的损失的问题

首先，吾思基金不负有向金元百利公司返还出资款及利息的义务。合伙人的出资对象是合伙而非其他合伙人，因此金元百利公司的出资对象是合伙企业吾思十八期而非另一合伙人吾思基金。根据《合伙企业法》第二十条“合伙人的出资、以合伙企业名义取得的收益和依法取得的其他财产，均为合伙企业的财产”的规定，金元百利公司的出资构成合伙企业吾思十八期的财产，吾思基金并未取得金元百利公司的出资款。尽管吾思基金作为普通合伙人曾实际占有并控制合伙企业的财产，但从性质上看其是以合伙事务执行人的身份代表合伙企业占有和控制合伙资产的，而且吾思基金作为合伙事务的执行人已将金元百利公司的出资款根据合伙协议的安排通过委托贷款借给了丰华鸿业公司，吾思基金并未取得合伙财产的所有权。因此，金元百利公司要求吾思基金向其返还出资款及利息的请求没有事实和法律依据，本院不予支持。

其次，丰华鸿业公司也没有向金元百利公司返还出资款及利息的义务。从法律关系上看，丰华鸿业公司是合伙企业吾思十八期的债务人，而非合伙人金元百利公司的债务人。尽管丰华鸿业公司从吾思十八期取得的贷款在事实上来源于金元百利公司的出资，但从法律关系上看，其取得贷款资金的依据是其与吾思十八期之间的借款合同而非金元百利公司签订的合伙协议，因此金元百利公司与丰华鸿业公司之间不存在直接的法律关系。而且，丰华鸿业公司与吾思十八期之间的债权债务关系已经由金元百利公司代表吾思十八期在另案中提起诉讼，生效民事判决已经判令丰华鸿业公司向吾思十八期偿还借款本金及利息。故金元百利公司要求丰华鸿业公司向其承担出资款及利息的返还义务缺少事实及法律依据，本院不予支持。

最后，吾思十八期作为金元百利公司的出资对象，在符合法定条件的情况下，金元百利公司可以要求吾思十八期向其返还出资款。但本案中，金元百利公司关于合伙协议系另外一名合伙人吾思基金以欺诈的手段使其在违背真实意思的情况下订立的主张并不成立。此外，金元百利公司并未提供证据证明合伙企业吾思十八期存在《合伙企业法》第八十五条规定的解散事由。在合伙企业尚未解散且未完成清算的情况下，金元百利公司无权直接要求吾思十八期返还出资。因此，金元百利公司要求吾思十八期返还出资款的请求没有事实和法律依据，本院不予支持。

三、合伙型基金份额转让承诺协议的效力与性质认定

案　　号：(2020) 陕民终 810 号

案件名称：深圳复思尔湾投资合伙企业（有限合伙）与西安润基投资控股有限公司、深圳复思尔汇投资合伙企业（有限合伙）合同纠纷

裁判要旨：所谓"名股实债"，系指投资人在向目标企业出资时即对其退出目标企业并获取相关收益作出约定，投资人的合同目的并非取得目标企业的股权或出资份额，而是以向企业出资的形式，在满足一定的条件时退出目标企业并获取其出资的固定收益。所谓"对赌协议"，又称估值调整协议，是指投资方与融资方在达成股权性融资协议时，为解决交易双方对目标企业未来发展的不确定性、信息不对称以及代理成本而设计的包含股权回购、金钱补偿等对未来目标企业的估值进行调整的协议。通常，目标企业未来的业绩是对赌的主要内容，协议中涉及的业绩补偿及股权回购等条款具有不确定性。

本案中被上诉人在签订《复思尔汇企业合伙协议》时未对上述内容进行约定，其根据该合伙协议确已成为原审第三人的有限合伙人。在被上诉人作为合伙人期间，又就转让合伙份额与目标企业原审第三人及其执行事务合伙人上诉人签订《出资份额转让承诺协议》，该协议虽有被上诉人取得投资收益的相关内容，但结合该协议其他条款，应认定为协议各方对被上诉人所持合伙份额对价计算方式达成的一致意思表示，不符合"名股实债"的特点。且被上诉人转让其合伙份额是协议约定的必然结果，不符合"对赌协议"的法律特征。

因此，有限合伙人与普通合伙人、有限合伙企业签订《出资份额转让承诺协议》，约定特殊情况下退伙并由合伙企业外第三人受让全部有限出资份额，该协议的性质是出资份额转让协议而非"名股实债"，也非"对赌协议"。在普通合伙人违反《出资份额转让承诺协议》的情况下，有限合伙人有权起诉要求普通合伙人按约定支付其出资份额及投资收益。

案情简介

上诉人（一审被告）：深圳复思尔湾投资合伙企业（有限合伙）（以下简称复思尔湾企业）

被上诉人（一审原告）：西安润基投资控股有限公司（以下简称润基公司）

原审第三人：深圳复思尔汇投资合伙企业（有限合伙）（以下简称复思尔汇企业）

2018年3月23日，润基公司与复思尔湾企业、复思尔汇企业、案外人复思资产管理（北京）有限公司等签订《复思尔汇企业合伙协议》，成为复思尔汇企业有限合伙人，复思尔湾企业系复思尔汇企业普通合伙人。该协议第十一条第二款约定，润基公司以货币出资5000万元，首期实缴出资0万元，在申请合伙企业设立登记前缴纳，其余认缴出资在2037年12月9日前缴足。2018年3月26日，润基公司通过上海浦东发展银行西安高新开发区支行向复思尔汇企业缴纳出资5000万元。同日，复思尔汇企业向润基公司出具收款确认函和收据各一张。2018年12月5日，润基公司与复思尔湾企业及复思尔汇企业签订《出资份额转让承诺协议》，该协议约定：润基公司应在复思尔汇企业向重庆翔美教育投资有限公司的新一轮增资前或2019年3月31日前（二者以先到时间为准）退伙并获取相关投资收益。复思尔湾企业承诺在前述时间届满前将安排投资机构或个人受让润基公司在复思尔汇企业拥有的全部有限出资份额。而且，复思尔湾企业同意润基公司退伙并确保复思尔汇企业其他合伙人一致同意润基公司退伙。该协议第二条约定受让份额的价格：复思尔湾企业确保潜在受让方的转让对价满足以下标准：（1）标的份额的转让对价不低于5000万元×$(1+7\%)N$；（2）标的份额对应的全部权利义务在全部转让对价支付完毕之时一并转移给受让方。$N=$润基公司实际缴付出资之日起至收到全部标的份额转让对价之日止经过的天数÷365日。如实际转让价款低于该条的约定价格，差额部分由复思尔湾企业以其包括但不限于所管理复思尔汇企业的管理收益等财产向润基公司补足。该协议第三条约定受让份额的完成时间：复思尔湾企业承诺在本协议签署后将尽快推进本协议约定的工作，并确保润基公司在复思尔汇企业向重庆翔美教育投资有限公司的新一轮增资前或2019年3月31日前（二者以先到时间为准）完成受让份额的转让。协议第四条第二款约定：如复思尔湾企业未在本协议第三条约定的时间内确保润基公司完成受让份额转让，复思尔湾企业应向润基公司支付认缴复思尔汇企业出资份额5000万元款项及2500万元投资收益。2019年4月3日，润基公司向复思尔湾企业邮寄《关于要求履行出资份额转让承诺协议的函》，要求复思尔湾企业于2019年4月10日前全面履行《出资份额转让承诺协议》约定义务。2019年6月6日，润基公司再次向复思尔湾企业邮寄《关于要求履行出资份额转让承诺协议的函》，要求履行《出资份额转让承诺协议》约定义务。

此后，润基公司诉至一审法院，请求：1. 复思尔湾企业向润基公司支付认缴复思尔汇企业出资份额5000万元款项及2500万元投资收益；2. 本案诉讼费由复思尔湾企业承担。

判决结果

一审法院：1. 复思尔湾企业应于本判决生效之日起15日内向润基公司支付认缴复思尔汇企业出资份额5000万元；2. 复思尔湾企业应于本判决生效之日起15日内向润基公司支付投资收益2500万元。

二审法院：驳回上诉，维持原判。

各方观点

复思尔湾企业观点：1. 2019年1月25日，因新合伙人入伙，复思尔湾企业、润基公司及其他合伙人又另行签订了新的合伙协议并进行工商变更。其中第十八条约定，"合伙人对合伙企业有关事项作出决议，实行合伙人一人一票并经全体合伙人过半数同意的表决办法"。第二十四条约定，"合伙协议约定合伙期限的，除出现《合伙企业法》第四十五条规定的情形，不得退伙"。至此，《出资份额转让承诺协议》因新合伙协议变更而不再适用。

2. 案涉《出资份额转让承诺协议》中违约条款不属于复思尔湾企业与润基公司就合伙企业份额回购进行的约定。首先，润基公司作为出资人，是向合伙企业出资，即使附条件回购，也应为合伙企业进行份额回购。而本案争议显然是份额转让，即润基公司退伙，其诉讼请求主张的是由普通合伙人即复思尔湾企业承担责任，这一主张显然不是份额回购，而是份额转让。其次，一审判决第一项内容本身也是要求复思尔湾企业受让润基公司对合伙企业的出资份额，显然也不是依据合伙企业对投资人的份额回购能够作出的。最后，如果润基公司与一审法院均认定《出资份额转让承诺协议》是份额回购的约定，则恰好说明润基公司的投资行为性质是“名股实债”，是为收取固定回报的借贷而非风险投资。债权债务关系亦发生于润基公司与合伙企业之间，润基公司也不应向复思尔湾企业主张权利。此外，《出资份额转让承诺协议》中载明的复思尔湾企业对润基公司作出的承诺也是在满足案外人受让润基公司的出资份额的前提下确保其他合伙人同意润基公司退伙，若直接由复思尔湾企业受让该份额，则一方面基于有限合伙和普通合伙的性质差异，复思尔湾企业作为普通合伙人不能直接受让有限合伙份额；另一方面当受让人发生变化后未经重新决议复思尔湾企业则无法确保其他合伙人同意该条件。

3. 如认定《出资份额转让承诺协议》是普通合伙人与有限合伙人的“对赌”约定，认定《出资份额转让承诺协议》合法有效，就属于变相支持法律法规明令禁止的私募基金“保底”承诺。本案合伙企业份额转让并非一种或然条件，而是必然，不应解释为对赌。《出资份额转让承诺协议》本质体现出的“保底保收益”，违反法律和监管规定，变相保证润基公司的投资收益，违法规避投资行为本身存在的风险，是无效约定。首先，《出资份额转让承诺协议》多处约定违反《合伙企业法》的强制性规定，违反合伙协议及补充协议的约定，违反润基公司入伙时的承诺。其一，润基公司作为有限合伙人，强行安排人员进入合伙企业投资决策委员会阻碍增资事项，迫使复思尔湾企业及复思尔汇企业与其签订《出资份额转让承诺协议》，属于以干预项目投资、干预合伙事务执行的方式意图实现其违法退伙的目的。其二，润基公司要求复思尔湾企业与其签订《出资份额转让承诺协议》，根本目的是要求复思尔湾企业向其进行保底保收益承诺，违反法律的强制性规定及合伙协议的约定。其次，《出资份额转让承诺协议》的实质内容是关于退伙事项的约定，规避《合伙企业法》关于退伙的限制性条件，规避合伙协议约定的5年投资期内不得退伙的事由，直接导致《出资份额转让承诺协议》系以合法形式掩盖非法目的。而且，《出资份额转让承诺协议》性质上属于对合伙协议中关于退伙的补充约定，属于对合伙企业重大事项的变更，未经全体合伙人对合伙企业重大变更事项的表决程序，不发生对退伙事项变更约定的效力。最后，《证券投资基金法》《私募投资基金监督管理暂行办法》《私募投资基金募集行为管理办法》均明令禁止私募基金管理人向投资者承诺投资本金不受损失或者承诺最低收益，而《出资份额转让承诺协议》“保底保收益”的约定违反监管规定，违背公平原则，属于严重扰乱市场秩序的行为。总之，《出资份额转让承诺协议》应归于无效。

4. 润基公司行使违约责任请求权的前提条件尚不具备。首先，《出资份额转让承诺协议》第二条约定复思尔湾企业负有对价支付补足义务，即复思尔湾企业为潜在受让方的对价支付行为担保。违约责任条款实际上又设定了复思尔湾企业对润基公司5000万元债权本金（投资款）及利息（投资收益）的担保。当未找到潜在受让方时，因没有特定债务人而主债权尚未成立，担保债权亦不成立而处于待定状态，润基公司尚不具备向复思尔湾企业主张权利的条件。且复思尔湾企业也是有限合伙企业，在《出资份额转让承诺协议》中作出的一切担保承诺均无合伙企业同意担保的决议，该担保承诺因违反法定程序而对复思尔湾企业不发生效力。其次，违约责任条款本身是债权请求权，不能直接设立新的债权，即不应将违约责任条款直接解释为要求复思尔湾企业自行受让润基公司的出资份额。本案目前所处的状态，润基公司并未丧失对合伙企业5000万元的出资份额，其出资人权利并未受到任何损害，在此情形下，另行让复思尔湾企业向其支付出资份额5000万元及2500万元收益显然并不合理。最后，根据《出资份额转让承诺协议》受让份额价格计算公式，即使润基公司不承担合伙企业风险而按此约定进行份额转让，其持有合伙企业份额每满一年，可获得的固定收益也仅为350万元。而对比违约条款约定的固定收益2500万元，润基公司须持有合伙企业份额7年以上，显然《出资份额转让承诺协议》违约责任的设置极不合理。

润基公司观点：1. 复思尔湾企业故意混淆《出资份额转让承诺协议》与《合伙协议》之间的关系。《出资份额转让承诺协议》系特定合伙人之间关于财产份额转让的特殊约定，其效力仅及于润基公司与复思尔湾企业之间，与其他合伙人和合伙企业无关，亦不影响合伙协议的继续执行。各合伙人于2019年1月25日签署的合伙协议仅是针对新合伙人入伙进行的变更，系对原合伙协议的变更，与《出资份额转让承诺协议》无关。

2. 《出资份额转让承诺协议》系合伙人之间关于财产份额的对赌约定，该协议合法有效。首先，该协议实质上是关于润基公司财产份额回购的对赌条款，对赌内容为：复思尔湾企业确保在特定条件成就前或时间到达前，安排潜在受让方以协议约定的价格完成润基公司财产份额的转让。否则，则由复思尔湾企业按照认缴出资份额5000万元的价格回购润基公司财产份额，并支付2500万元收益补偿。其次，《出资份额转让承诺协议》关于复思尔湾企业回购润基公司财产份额的约定，实质是普通合伙人向外部投资人提供补偿的条款，目的在于降低投资人在投资时误判目标企业价值的投资风险，以促成投融资交易的实现。其形式合法，目的也合法，复思尔湾企业主张《出资份额转让承诺协议》违反《合同法》第五十二条第三项规定的“以合法形式掩盖非法目的”无事实根据。最后，《出资份额转让承诺协议》不存在《合同法》第五十二条规定的其他无效的法定情形。合伙人之间转让财产份额未损害合伙企业、其他合伙人以及债权人的利益，也未破坏有限合伙企业的人合性。并且根据《合伙企业法》第二十二条第二款的规定，合伙人之间转让财产份额，亦不需要全体合伙人形成决议一致同意。复思尔湾企业认为《出资份额转让承诺协议》违反《合伙企业法》、监管规定及合伙协议的约定而无效的主张，没有事实和法律依据。

3. 本案法律关系明确，不属于“名股实债”，并非借贷法律关系。首先，润基公司基于《合伙协议》成为复思尔汇企业有限合伙人，实缴出资额5000万元，符合《合伙企业法》的规定。同时，《合伙协议》中并没有约定固定的收益回报，润基公司在履行《合伙协议》过程中客观上承担了投资风险。因此，合伙协议并非“名股实债”。其次，复思尔湾企业将其基于《出资份额转让承诺协议》应履行受让财产份额的义务，与润基公司依据《合伙协议》应承担的合伙风险进行嫁接，从而错误推定润基公司不承担合伙风险的结论。复思尔湾企业主张因欠缺风险共担的意思表示而无效的理由于法无据。

4. 润基公司要求复思尔湾企业回购财产份额的条件已经成就，且实际履行不存在任何困难。根据2019年11月8日始施行的《全国法院民商事审判工作会议纪要》的规定，对于投资方与目标公司的股东或者实际控制人订立的“对赌协议”，如无其他无效事由，应当认定有效并支持实际履行。本案《出资份额转让承诺协议》合法有效，约定的受让条件已经成就，且合伙人之间转让财产份额并无任何履行上的困难，复思尔湾企业应当按照《出资份额转让承诺协议》约定履行回购义务。

法院观点

一审法院观点：润基公司与复思尔湾企业、复思尔汇企业、复思资产管理（北京）有限公司等签订的《复思尔汇企业合伙协议》系各方真实意思表示，且未违反法律法规的强制性规定，合法有效，具有法律约束力，各方均应依约履行各自权利义务。上述协议签订后，润基公司依约向复思尔汇企业履行了出资5000万元的义务，成为复思尔汇企业的有限合伙人。关于案涉《出资份额转让承诺协议》违约及回购条款的效力问题，上述合伙协议回购约定，实质上是普通合伙人向外部投资人提供补偿的条款，是当事人之间根据企业未来不确定的目标是否实现对各自权利与义务所进行的一种约定，目前在我国资本市场上俗称“对赌协议”，该约定系当事人的真实、自愿的意思表示，不违反合伙企业的规定，不涉及合伙企业资产的减少，不构成抽逃合伙企业资本，不影响合伙企业债权人的利益，合法有效。

二审法院观点：本案的焦点问题为：1. 案涉《出资份额转让承诺协议》的性质及效力；2. 一审法院以复思尔湾企业违反《出资份额转让承诺协议》约定为由，判令其向润基公司支付认缴复思尔汇企业出资份额及投资收益结果是否适当。

关于第一个焦点问题。针对《出资份额转让承诺协议》的性质，本案中，2018年3月23日各方当事人签订《复思尔汇企业合伙协议》，达成向复思尔汇企业出资成为该企业合伙人的一致意思表示。该协议系本案的基础性协议，其内容不违反法律及行政法规的强制性规定，合法有效，对各方当事人均具有法律约束力。据此，润基公司成为复思尔汇企业有限合伙人。润基公司于2018年3月26日向复思尔汇企业缴纳出资5000万元后，又于2018年12月5日与复思尔湾企业及复思尔汇企业签订《出资份额转让承诺协议》，对润基公司在一定期限届满前退伙并获取相关投资收益，退伙方式及其财产份额转让对价的计算方式以及违约责任进行了约定，明确润基公司退伙时间为复思尔汇企业向重庆翔美教育投资有限公司的新一轮增资前或2019年3月31日前（二者以先到时间为准），退伙方式为复思尔湾企业安排投资机构或个人受让润基公司在复思尔汇企业拥有的全部有限出资份额，对价为不低于5000万元×（1+7%）N，N=润基公司实际缴付出资之日起至收到全部标的份额转让对价之日止经过的天数÷365日，即润基公司5000万元出资额加该出资7%/年的收益。综合以上内容，可以得出润基公司先后签订《复思尔汇企业合伙协议》《出资份额转让承诺协议》，系在成为复思尔汇企业有限合伙人后，又以转让在该企业全部有限出资份额的形式退出该企业的结论。判断合同的性质，应根据合同签订背景、合同内容、主要条款、合同目的，以及所涉及的法律关系即合同双方当事人所设立的权利义务关系进行综合认定。《出资份额转让承诺协议》虽有关于润基公司退伙的约定，但该协议的具体内容为复思尔湾企业在一定的期限内安排投资机构或个人受让润基公司在复思尔汇企业的全部有限出资份额，该形式与《合伙企业法》第五十一条第一款“合伙人退伙，其他合伙人应当与该退伙人按照退伙时的合伙企业财产状况进行结算，退还退伙人的财产份额。退伙人对给合伙企业造成的损失负有赔偿责任的，相应扣减其应当赔偿的数额”的规定不符，应当认定《出资份额转让承诺协议》关于润基公司退出复思尔汇企业的约定虽名为退伙，但不具备前述法律规定的退伙构成要件，该协议的性质确为出资份额转让。复思尔湾企业上诉主张《出资份额转让承诺协议》的性质为“名股实债”，润基公司系为收取固定回报的借贷而非风险投资。本院认为，所谓“名股实债”，系指投资人在向目标企业出资时即对于其退出目标企业并获取相关收益作出约定，投资人的合同目的并非取得目标企业的股权或出资份额，而是以向企业出资的形式，在满足一定的条件时退出目标企业并获取其出资的固定收益。而本案中润基公司在签订《复思尔汇企业合伙协议》时未对上述内容进行约定，润基公司根据该合伙协议确已成为复思尔汇企业有限合伙人。在润基公司作为合伙人期间，又就转让合伙份额与目标企业复思尔汇企业及其执行事务合伙人复思尔湾企业签订《出资份额转让承诺协议》，该协议虽有润基公司取得投资收益的相关内容，但结合该协议其他条款，应认定为协议各方对润基公司所持合伙份额对价计算方式达成的一致意思表示，该种对价计算方式亦不为法律所禁止，《复思尔汇企业合伙协议》《出资份额转让承诺协议》不符合“名股实债”的法律特征，对复思尔湾企业的上述主张，本院依法不予采信。关于一审法院认定《出资份额转让承诺协议》系协议各方签订的“对赌协议”一节，本院认为，所谓“对赌协议”，又称估值调整协议，是指投资方与融资方在达成股权性融资协议时，为解决交易双方对目标企业未来发展的不确定性、信息不对称以及代理成本而设计，包含股权回购、金钱补偿等对未来目标企业的估值进行调整的协议。通常，目标企业未来的业绩是对赌的主要内容，协议中涉及的业绩补偿及股权回购等条款具有不确定性。本案中，润基公司转让其合伙份额是协议约定的必然结果，不符合“对赌协议”的法律特征，一审法院认定《出资份额转让承诺协议》系协议各方签订的“对赌协议”应属不当，本院依法予以纠正。

《出资份额转让承诺协议》系各方当事人真实意思表示，内容不违反法律及行政法规的强制性规定，合法有效，理由如下：首先，复思尔湾企业上诉称《出资份额转让承诺协议》系关于退伙的约定，规避了《合伙企业法》关于退伙的限制性条件及合伙协议的约定，构成以合法形式掩盖非法目的应属无效。本院认为，前已述及《出资份额转让承诺协议》的性质确系出资份额转让，根据《合伙企业法》第二十二条、第七十三条的规定，润基公司可以按照合伙协议的约定向合伙人以外的人转让其财产份额，应当提前30日通知其他合伙人。若合伙协议无相关约定，润基公司向合伙人以外的人转让其财产份额时，须经其他合伙人一致同意；而向合伙人转让其财产份额时，亦应当通知其他合伙人，但《出资份额转让承诺协议》关于润基公司退出形式的约定本身即转让全部有限出资份额并不违反法律及行政法规的强制性规定。其次，复思尔湾企业主张润基公司作为有限合伙人强行安排人员进入合伙企业投资决策委员会阻碍增资事项，迫使其及复思尔汇企业与润基公司签订《出资份额转让承诺协议》，属于以干预项目投资、干预合伙事务执行的方式实现违法退伙的目的。本院认为，润基公司作为有限合伙人是否干预合伙事务执行与《出资份额转让承诺协议》效力的认定无直接关联关系，复思尔湾企业亦未提交证据证明其系被迫与润基公司签订该协议。最后，复思尔湾企业称复思尔汇企业系经中国证券投资基金业协会备案的私募基金，《出资份额转让承诺协议》“保底保收益”的约定违反监管规定，属于严重扰乱市场秩序的行为。本院认为，《出资份额转让承诺协议》并未明确约定复思尔汇企业系润基公司合伙份额的受让主体，润基公司亦未主张复思尔汇企业向其支付出资份额及收益，不存在复思尔汇企业向润基公司承诺“保底保收益”的情形，不违反相关法律法规的规定。综上，复思尔湾企业主张《出资份额转让承诺协议》无效的相关理由均不能成立，本院依法均不予采信。

关于第二个焦点问题。根据《出资份额转让承诺协议》的内容，在约定的期限内，受让润基公司在复思尔汇企业出资份额的主体为复思尔湾企业安排的机构或个人，受让价款为润基公司的出资金额加7%/年的收益。该协议还约定复思尔湾企业未在约定期限内确保润基公司完成出资份额转让，其应向润基公司支付认缴复思尔汇企业出资份额5000万元及投资收益2500万元。该条款约定在该协议中违约责任部分，应为复思尔湾企业对润基公司转让出资份额承诺的兜底条款。虽然润基公司表示在复思尔湾企业支付前述款项后愿将其持有的5000万元合伙份额交由复思尔湾企业所有，但复思尔湾企业在本案历次庭审中均明确表示其不是该合伙份额的受让主体而予以拒绝。因《出资份额转让承诺协议》未明确约定复思尔湾企业在支付前述款项后取得润基公司所有的5000万元合伙份额，故复思尔湾企业关于其作为复思尔汇企业的普通合伙人不能直接受让有限合伙份额的上诉主张与合同约定不符。复思尔湾企业亦无权以此理由对抗润基公司要求其承担合同责任的权利。现复思尔湾企业未在合同约定的期限内履行确保润基公司完成合伙份额转让之合同义务，一审法院依据其在《出资份额转让承诺协议》中所作出的明确承诺，判令其向润基公司支付认缴复思尔汇企业出资份额5000万元及投资收益2500万元并无不当。复思尔湾企业关于《出资份额转让承诺协议》对其支付上述款项的约定构成，为潜在受让方的对价支付行为担保，当未找到潜在受让方时，因没有特定债务人故主债权未成立，担保债权亦不成立，且该对外担保因未经其全体合伙人一致同意应属无效的上诉理由，与《出资份额转让承诺协议》约定的各方当事人之间的法律关系不符，本院依法不予采信。

章节小结

从上述法院判决可以解读出法院对于合伙企业财产份额转让的倾向性看法：合伙企业的人合性赋予其相当大限度的经营自主决定权，因此在成立合伙企业的过程中，除应关注《合伙企业法》中的强制性规定外，我们应当更多关注允许合伙人自行协商决定的内容。例如，《合伙企业法》第四十三条第一款规定："新合伙人入伙，除合伙协议另有约定外，应当经全体合伙人一致同意，并依法订立书面入伙协议。"第四十九条规定，"合伙人有下列情形之一的，经其他合伙人一致同意，可以决议将其除名：……（四）发生合伙协议约定的事由……"这两条允许合伙企业通过提前约定突破"入伙需全体合伙人同意"与"非经其他合伙人一致同意不得将个别合伙人除名"两条一般性原则，实际效果分别是给部分合伙人转让合伙资产份额（退伙）和排除部分合伙人设置了一个窗口。对于这些法律已经明确规定合伙人可以在合伙协议里自行约定的内容，实践中已无争议。

值得关注的是，合伙型私募基金因为有限合伙的人合性相对较弱，多数合伙人都是基于某个投资产品及执行事务合伙人这一纽带形成的投资关系，因此在合伙协议中会进行一些特别约定以保障投资人利益，如合伙型私募基金会通过协议约定将除名权赋予执行事务合伙人，由其在其他合伙人违规时独自决策将违规者“踢出”合伙，进而保护合伙企业以及其他合伙人的权益。对于这样和“人合性”存在“冲突”的内容能否被法院认可？可能还需要结合个案进行审查，如全体合伙人事后表示同意的，则被法院认定有效的可能性较大。

因此，在操作合伙企业资产份额转让的时候，我们应该注意对合伙协议及合伙企业章程进行仔细核查。从风险防范角度来看，收购方应尽量要求合伙企业资产份额出让方敦请全体合伙人签字，如有必要，还可以要求出让方配偶配合签字，以降低合同被认定无效的风险。

相较于有限责任公司，法院关于合伙企业退出机制的要求更为严格，主要体现在两个方面，一是合伙人退出合伙的方式必须严格按照合伙协议的约定，如无明确约定，则需要满足《合伙企业法》的苛刻条件，即《合伙企业法》第四十五条规定的其他三种情形。二是实践中对合伙协议的解除、无效等适用更为严格，如撤销合伙协议，需要遵照合同撤销的法定标准，在未有充分证据足以证明有限合伙人与普通合伙人在订立合伙协议时存在欺诈行为的，法院不会支持撤销合伙协议的诉求。

此外，有限合伙人如果通过诉讼或仲裁的方式退出，一般需要经过合伙企业的审计结算流程，以确定财产份额。《合伙企业法》第五十一条第一款规定：“合伙人退伙，其他合伙人应当与该退伙人按照退伙时的合伙企业财产状况进行结算，退还退伙人的财产份额。退伙人对给合伙企业造成的损失负有赔偿责任的，相应扣减其应当赔偿的数额。”因此，实践中如果合伙企业对应资产已经大幅缩水，那么有限合伙人无法全额取回投资款。此时，有限合伙人应当寻求过错方的责任，要求过错方承担退还金额不足投资款的差额赔偿责任。

在部分合伙型私募基金销售过程中，基金管理人可能会因迎合投资者“保本”的规避风险需求或满足投资者仅进行财务投资而最终退出的需求，而在投资者入伙时与投资者签署《出资份额转让承诺协议》。关于该种协议的性质与效力，实践中有争议。有观点认为，因此种协议约定在特定条件成就前或时间到达前，才安排潜在受让方以协议约定的价格完成投资者的财产份额转让，故属于对赌条款，按照《全国法院民商事审判工作会议纪要》确定的口径，如不存在其他无效事由，应认定为有效。也有观点认为，该协议承诺的份额转让并非或然，而是必然会发生，其体现出来的是“保本保收益”，因为违反《证券投资基金法》等的强制性规定，破坏了金融市场秩序，应当被认定为无效。但当前通过违反法律和行政法规强制性规定认定合同无效的困难有两处，一是明确私募基金不得“保本保收益”的《私募投资基金监督管理暂行办法》和《私募投资基金募集行为管理办法》分属部门规章和行业规定，效力位阶相对还不够，而2023年7月出台的《私募投资基金监督管理条例》作为行政法规能够取得的效果有待实践积累给出的答案；二是《证券投资基金法》仅规定公募基金管理人及其董监高和从业人员不得向基金份额持有人违规承诺收益，而未明确私募基金管理人同样适用。因此，尽管在私募基金当中，“出资份额转让承诺协议”或“远期回购协议”可能因违反不得承诺保本保收益而被证监会和行业协会认定为违规，但法院在认定该类协议无效时则欠缺法律依据。

第二节 契约型基金内部纠纷

契约型基金由基金投资者、基金管理人、基金托管人之间所签署的基金合同而设立，通常是通过基金管理人发行基金份额的方式来募集资金；基金管理公司依据法律、法规和基金合同的规定负责基金的经营和管理运作；基金托管人则负责保管基金资产，执行管理人则负责基金资产，执行管理人的有关指令，办理基金名下的资金往来；资金的投资者通过购买基金份额，享有基金投资收益。实践中，契约型基金的内部纠纷主要体现为合同纠纷，受《证券投资基金法》及《民法典》合同编等相关法律规定制约。

基金管理人以通道形式开展违规业务或未经投资者同意改变投资对象与杠杆率，应承担过错责任

案　　号：（2018）沪01民终13696号

案件名称：上海佳晔茌清股权投资基金管理有限公司与彭某委托理财合同纠纷

裁判要旨：本案系争《委托投资管理协议》系由案外人张某借通道而由上海佳晔苌清股权投资基金管理有限公司出面与彭某签订，目的在于规避国家对证券市场和私募基金运作行为的监管，悖于稳健有序的证券市场监管秩序，损害了社会公共利益。因而，《委托投资管理协议》应认定为无效。对于《委托投资管理协议》无效的后果，上海佳晔苌清股权投资基金管理有限公司辩称彭某系在统计局工作，其应知晓相关政策及风险，须承担相应过错责任。但是，上海佳晔苌清股权投资基金管理有限公司并无证据证明彭某存在过错，相反，其作为专业性基金管理人，明知证监会已叫停“伞形信托”的融资融券业务，却将其资质借给案外人张某，开展“伞形信托”业务，存在过错。此外，上海佳晔苌清股权投资基金管理有限公司并未将系争100,000元用于投资云南信托汇金25号集合资金信托计划，并且自行改变投资对象与杠杆率的行为亦无证据证明得到彭某的同意。因此，彭某诉请上海佳晔苌清股权投资基金管理有限公司返还其投资款100,000元，并无不当。

案情简介

上诉人（一审被告）：上海佳晔苌清股权投资基金管理有限公司（以下简称佳晔公司）

被上诉人（一审原告）：彭某

2015年5月29日，彭某向上海××投资中心（有限合伙）账户汇入款项100,000元。佳晔公司称其收到彭某该笔款项后，根据案外人张某的指示，将该笔款项与其他投资者的款项一并汇入Z公司账户用于股票交易。

2015年6月1日，彭某（作为甲方）与佳晔公司（作为乙方）签订《委托投资管理协议》，就甲方将资产委托于乙方投资管理事宜作出约定：委托投资本金100,000元；委托投资期限6+6个月；起始日期从云南信托汇金25号集合资金信托计划成立之日起算；投资方向为二级市场股票投资（以委托资金作为劣后资金投资“伞形信托”，杠杆率为1∶2，信托资金成本为年化8.6%，如不够12个月，罚息为单月利息）；年化2%的管理费用，作为本基金日常费用支出；乙方不保证投资本金，不承诺投资收益，如有亏损由甲方全部承担；收益分配方式为在除去信托、管理费用等成本后，乙方采用分阶收益分配模式，即当基金净值在1.0～1.5（含）时，收取超过本金部分的

20%作为委托管理费；当基金净值在1.5～2.0（含）时，收取超过本金部分的25%作为委托管理费；当基金净值在2.0以上，收取超过本金部分的30%作为委托管理费；收益支付方式为委托期限到期后收益随本金一并支付；收益清算顺序为基金封账时收取管理费，6个月内本基金不可赎回，6个月后可赎回，优先偿还信托成本，剩余资金视为基金净值，按上述分配比例进行分配，扣除管理方投资收益，全部分配给甲方；基金封账日为鸿福一号基金封账截止时间，即2015年5月31日17：00；甲方应在本协议生效之日起5个工作日内，将委托资金本金全额汇入乙方指定账户，户名为上海××投资中心（有限合伙），开户行为中国工商银行上海虹桥开发区支行；甲方特别保证其用作本协议项下委托投资的有关款项属于甲方合法所有并拥有完全处分权的自有资金。

佳晔公司成立于2010年4月30日，注册资本5000万元，经营范围为股权投资基金管理、投资咨询、资产管理、商务咨询等。佳晔公司与其法定代表人王某某系上海××投资中心（有限合伙）的合伙人，上海××投资中心（有限合伙）成立于2014年12月17日，出资额3000万元，经营范围为投资管理、投资咨询等，由佳晔公司（委派代表：王某某）担任执行事务合伙人。中国证券投资基金业协会公示的“私募基金管理人公示信息”显示，佳晔公司的管理基金主要类别为证券投资基金。中国证监会于2015年4月22日发布的《中国证监会通报证券公司融资融券业务开展情况》载明：不得以任何形式参与场外股票配资、“伞形信托”等活动，不得为场外股票配资、伞形信托提供数据端口等服务或便利。

此后，彭某向法院提起诉讼，要求：1. 确认彭某与佳晔公司签订的《长青鸿福一号证券投资基金资产委托投资管理协议》无效；2. 佳晔公司返还彭某投资款100,000元；3. 佳晔公司偿付彭某利息损失（以100,000元为基数，按中国人民银行规定的同期贷款利率，自2015年5月29日起计算至2018年6月8日为14,791.67元）；4. 佳晔公司支付彭某诉讼保全担保费3000元；5. 案件受理费与财产保全费由佳晔公司承担。

判决结果

一审法院：1. 彭某与佳晔公司2015年6月1日签订的《长青鸿福一号证券投资基金资产委托投资管理协议》无效；2. 佳晔公司应于判决生效之日起

10 日内返还彭某投资款 100, 000 元；3. 佳晔公司应于判决生效之日起 10 日内偿付彭某自 2015 年 5 月 29 日起计算至判决生效之日止的利息损失（以 100, 000 元为基数，按中国人民银行规定的同期活期存款利率计算）；4. 驳回彭某其余诉讼请求。

二审法院：驳回上诉，维持原判。

各方观点

佳晔公司观点：中国证监会主席的讲话稿不是法律法规，不能作为合同无效的依据，涉案合同也不损害公共利益，佳晔公司更没隐瞒真实情况，欺骗彭某，且彭某自身也存在过错，故原审判决认定合同无效、判令佳晔公司支付彭某投资款本息是错误的。

彭某观点：佳晔公司明知“伞形信托”的融资融券业务已被中国证监会叫停，仍与其签订委托理财协议进行“伞形信托”的融资融券业务，且改变投资对象及杠杆率，故双方签订的委托理财协议无效。

法院观点

一审法院观点：本案系争《委托投资管理协议》系由彭某与佳晔公司签订，从协议约定来看，系争 100, 000 元款项的投资方向为二级市场股票投资（以委托资金作为劣后资金投资伞形信托），但中国证监会于 2015 年 4 月 22 日即叫停“伞形信托”的融资融券业务。在此情形下，佳晔公司作为专业基金管理公司于 2015 年 6 月 1 日仍与彭某签订相关内容的《委托投资管理协议》，佳晔公司属故意隐瞒真实情况，欺骗彭某，诱使其作出错误的意思表示而签订本案协议，其行为构成欺诈。此外，正如佳晔公司所述，本案系争《委托投资管理协议》系由案外人张某借通道而由佳晔公司出面与彭某签订，目的在于规避国家对证券市场和私募基金运作行为的监管，悖于稳健有序的证券市场监管秩序，损害了社会公共利益。综上，《委托投资管理协议》应认定为无效。对于《委托投资管理协议》无效的后果，佳晔公司辩称彭某系在统计局工作，其应知晓相关政策及风险，须承担相应过错责任。但是，佳晔公司并无证据证明彭某存在过错，相反，佳晔公司作为专业性基金管理人，明知中国证监会已叫停“伞形信托”的融资融券业务，却将其资质借给案外人张某，开展“伞形信托”业务，存在过错。此外，佳晔公司并未将系争100,000元用于投资云南信托汇金25号集合资金信托计划，并且自行改变投资对象与杠杆率的行为亦无证据证明得到彭某的同意。因此，彭某诉请佳晔公司返还其投资款100,000元，并无不当，予以支持。彭某还诉请要求佳晔公司按银行同期贷款利率赔偿利息损失。对此，佳晔公司则认为彭某要求按银行贷款利率主张利息损失没有法律依据。法院认为，《委托投资管理协议》现为无效，佳晔公司作为过错方，应当赔偿彭某由此所受到的损失。但是，彭某诉请要求利息损失按中国人民银行同期同档贷款基准利率计算，缺乏法律和事实依据。因彭某系自然人，且无证据证明投资款100,000元系通过银行贷款等渠道融资取得，故法院认为彭某的利息损失应按中国人民银行同期活期存款利率计算。

二审法院观点：双方当事人于2015年6月1日签订的《委托投资管理协议》约定的彭某100,000元款项的投资方向为二级市场股票投资（以委托资金作为劣后资金投资“伞形信托”），且正如佳晔公司所述，本案系争《委托投资管理协议》系由案外人张某借通道而由佳晔公司出面与彭某签订，目的在于规避国家对证券市场和私募基金运作行为的监管，故原审判决认为佳晔公司在中国证监会于2015年4月22日已叫停“伞形信托”的融资融券业务后，仍隐瞒真实情况，欺骗彭某，且系争协议悖于稳健有序的证券市场监管秩序，损害了社会公共利益，认定系争《委托投资管理协议》无效并无不当，应予维持。对于系争协议无效的后果，佳晔公司未能提供证据证明其改变投资对象与杠杆率的行为得到了彭某的同意，也无证据证明彭某对相关政策及风险已明知，故原审判决认定佳晔公司为过错方，应返还彭某投资款并赔偿相关损失也无不当，亦应维持。

| 章节小结 |

契约型私募基金不同于合伙型私募基金的关键，在于投资者投入“资金”的形式。在合伙型私募基金当中，基础合同是合伙协议，投资者投入资金入伙，资金成为“合伙企业资产”，资金使用应符合合伙协议、合伙企业章程及相关法律法规规定。在契约型私募基金中，基础合同是委托理财合同，投资者的资金仍应归投资者所有，但由基金管理人管理并由基金托管人保管，资金的使用应严格符合委托理财合同约定。

在司法实践中，对于否定合伙合同与委托理财合同效力，法院有着不同的尺度。在彭某诉佳晔公司委托理财合同纠纷一案中，上海的两级法院认为案涉合同规避国家对证券市场和私募基金运作行为的监管，扰乱金融市场秩序，损害了社会公共利益，根据原《合同法》第五十二条规定认定合同无效。在同样是缺乏法律与行政法规层面强制性规定的情况下，在上述委托理财合同纠纷中，法院基于损害社会公共利益否定合同效力，显然比否定合伙协议更为宽松。

相较于目前种类丰富的基金产品，仅凭《证券投资基金法》及《民法典》合同编的内容无法对契约型基金纠纷的要点进行全面覆盖。客观上，《证券投资基金法》和《民法典》也不可能经常作出变动。因此，这就要求律师代理此类案件时，不能只局限于传统的“合同法”思维去理解合同的效力。特别是对一些特殊条款约定的理解，一定要结合实务经验和监管部门不断出台的文件进行综合判断。

随着上海金融法院、北京金融法院、成渝金融法院陆续成立，法院审理此类专业案件的水平也在不断提升，但大量案件仍需要律师针对特定的法律观点进行专门梳理，以帮助法官厘清法律关系。在现行政策变动频繁的情况下，长期深耕于金融领域的律师或律师事务所显然更具优势。

第四章　私募基金对外投资阶段的争议纠纷

私募投资基金成立后，基金管理人将代表整个私募基金对外投资。就目前而言，管理人的投资方向大致可以分为以下两个类型：

一是将资金投往公司股权的私募股权投资基金以及创业投资基金。在这种投资基金的类型下，管理人会选择市场上经营状况良好的公司将其私有化，利用企业分配的利润实现投资的回报，或者帮助创业公司成长为未来的上市公司后，再出售股份换取投资收益。

为保证自身能够获得投资收益，此时基金通常会与公司签订一系列的协议来实现投资目的，如与目标公司及其实际控制人之间的“对赌回购协议”，约定在未来如果公司经营、企业管理层发生某种不利情况，如企业连续无法盈利、核心人员发生大幅度更换等，私募基金可以要求目标公司或其他公司的实际控制人按照事先约定的价格或计算方法回购私募基金所持有的股权，以保证私募基金不会遭受损失，安全退出公司。

当然，私募基金的投资目的也可以通过业绩补偿协议或差额补足协议实现。差额补足协议，一般是指差额补足权利人（通常是投资主体、投资主体的出资人、债权人等）在未达到投资目标或取得预期投资收益等或未实现债权时，针对预期目标与实际获得投资回报之间的差额部分或应享有的债权与实际实现债权的差额部分，要求差额补足义务人（通常是融资方、融资方的关联方、实际控制人）按照约定补足差额的交易安排。该协议也能对私募基金的权益起到保护作用。

二是类 FOF（基金中的基金，Fund of Funds）投资。此时私募基金作为投资主体，会选择将资金投给私募基金、信托计划、券商资管等资产管理计划；私募基金将与信托公司、资管计划等签署相应的信托合同、资管合同等，以保障自身权益。FOF 的设立和投资，可以帮助投资人分散投资的风险，在投资其他基金或项目后可以进入更广阔的地域或行业等，还可以降低投资的门槛，利用其他基金的庞大规模进入相关领域或者获取更加优质的私募股权基金等。

但投资有风险，私募基金的投资并不总是一帆风顺的，如果目标公司不能适当地履行合同中约定的义务，导致研发团队离开，核心团队解散或者公司业绩不断下滑，或者信托公司未能尽到尽职义务，对投资标的情况失察，底层的资产如债务人的情况恶化，无法兑现投资收益，私募基金便可依据合同约定以及法律的规定主张权益，而相对方无法按照私募基金的要求履行或拒不履行的，也将进一步引发诉讼纠纷。

本章将就私募基金成立后对外投资期间可能发生的纠纷进行探讨，包括私募基金与目标公司及其实控人之间对赌回购纠纷、业绩补偿纠纷、投资协议纠纷等；私募基金与信托公司之间信托合同纠纷、与底层资产相关的债权纠纷或股权纠纷或“名股实债”纠纷等。需要说明的是，本章在着重讨论以上热点问题的同时，还将就其中相互关联的法律问题进行讨论。

第一节　“对赌协议”中的回购纠纷

一、股东间“对赌协议”不构成对目标公司股东权益的侵犯，协议各方应当依约履行

案　　号：（2021）京民终 87 号

案件名称：吴某等与济宁银丰财盈医药产业创业投资中心（有限合伙）股权转让纠纷

裁判要旨：“对赌协议”系以当事人意思自治为前提，是商事交易利益平衡的产物。当事人行使权利、履行义务应当遵循诚实信用原则。

案情简介

上诉人（原审被告）：吴某（第三人的法定代表人、董事长）

被上诉人（原审原告）：济宁银丰财盈医药产业创业投资中心（有限合伙）（以下简称创业投资中心）

原审第三人：北京凯悦宁医药科技有限公司（以下简称凯悦宁公司）

原审被告：周某（凯悦宁公司股东）

2014年6月23日，创业投资中心［创业投资中心作为甲方1和甲方2案外人北京和光博雅投资中心（有限合伙）共同为协议甲方］和凯悦宁公司（乙方）及吴某（丙方1）、周某（丙方2）、刘某某（丙方3）、朱某某（丙方4）、北京道同长菁投资管理中心（有限合伙）（丙方5）、中关村发展集团股份有限公司（丙方6）共同签订《增资协议》，约定吴某系凯悦宁公司实际控制人，截至甲方增资日，丙方2、3、4、5和6系乙方经合法工商登记的股东，合称原股东。本次投资指甲方根据本协议约定的内容，以增资形式与刘某某、王某某一同向凯悦宁公司进行股权投资。其中创业投资中心投资人民币600万元获得凯悦宁公司本轮投资后0.88%的股权。凯悦宁公司接受甲方增资前注册资本为人民币1453.3万元。存在下述三种情况之一时，甲方有权要求吴某、周某回购甲方所持有的凯悦宁公司股权：……截至2016年12月31日凯悦宁公司未向中国证监会递交在深圳证券交易所创业板或中小企业板上市申请材料。当出现上述规定的情形之一，甲方可向吴某、周某或其中任何一方发出要求回购甲方所持凯悦宁公司股权的书面通知，吴某、周某在接到书面通知之日起一个月内，应按照甲方实际投资额按内部年收益率8%的价格回购甲方持有的凯悦宁公司的全部股权并支付股权回购款项及利息。凯悦宁公司和吴某、周某违反或未能履行本协议项下的任何义务，且经催告后10日内仍未更正或履行或达成解决方案的，甲方有权采取以下任何救济措施：……要求违约方支付违约金，违约金按未履行部分款项每日3.5‰计算。

协议签订后，创业投资中心于2014年1月26日向凯悦宁公司支付增资款人民币5,873,400元。2014年3月19日，凯悦宁公司向创业投资中心返还人民币14,100元。2014年12月19日，创业投资中心向凯悦宁公司支付增资款人民币140,700元。创业投资中心共向凯悦宁公司支付增资款人民币600万元。

2016年2月，吴某（甲方1）、周某（甲方2）、创业投资中心（乙方1）、案外人北京和光博雅投资中心（有限合伙）（乙方2）共同签订《增资协议之补充协议》，约定吴某系凯悦宁公司实际控制人，周某系大股东。创业投资中心已向凯悦宁公司汇款人民币600万元。因公司未实现2015年的业绩目标，触发了甲方回购乙方股权的条款。经友好协商，甲方按15.6%的综合收益向乙方给予等值的股份补偿，乙方则不行使针对公司2015年业绩未达标所产生的回购权利。创业投资中心投资本金为人民币600万元，按15.6%的综合收益率计算的补偿金额为人民币936,000元，则甲方给予创业投资中心的股份补偿为0.138%，补偿后创业投资中心持有公司1.018%的股权。

2018年1月，吴某（甲方1）、周某（甲方2）、创业投资中心（乙方1）、案外人北京和光博雅投资中心（有限合伙）（乙方2）共同签订《增资协议之补充协议二》，约定吴某系凯悦宁公司实际控制人，周某系大股东。创业投资中心已向公司汇款人民币600万元。鉴于2014年6月23日的《增资协议》、2016年2月的《增资协议之补充协议》，创业投资中心投资本金为人民币600万元。因公司未实现2016年12月31日前递交上市申请材料的目标，触发了甲方回购乙方股权的条款。经友好协商，甲方按每年8%的综合收益率向乙方给予等值的股份补偿，乙方则不行使针对公司未达标所产生的回购权利。各方对股权回购条款的修订如下：乙方发现下述两种情况之一时，乙方有权要求甲方回购乙方所持的公司股权：（1）截至2017年12月31日公司年税后净利润（扣除非经常性收益后）未达到人民币7000万元；（2）截至2018年12月31日公司未向中国证监会递交在深圳证券交易所创业板或中小企业板上市申请材料。因公司未实现2017年的业绩目标，触发了甲方回购乙方股权的条款。经友好协商，甲方按每年8%的综合收益率向乙方给予等值的股份补偿，乙方则不行使针对公司未达标所产生的回购权利。创业投资中心投资本金为人民币600万元，补偿后创业投资中心持有公司1.159%的股权。

2019年11月7日，吴某（甲方1）、周某（甲方2）、创业投资中心（乙方）、凯悦宁公司（丙方）共同签订《股权回购协议》，约定吴某系凯悦宁公司的实际控制人。鉴于各方于2014年6月—2018年1月签订了《增资协议》及相关补充协议，乙方向公司投资人民币600万元，持有公司1.02%的股权，但因公司未满足上市承诺，触发了股权回购条款。2019年5月7日，乙方向甲方发送《北京凯悦宁医药科技有限公司股权通知书》，并要求其于2019年6月7日前回购相关股权并支付回购款项，截至本协议签订之日，甲方未进行股权回购也未支付任何款项。甲方、乙方友好协商，达成如下协议：1. 吴某、周某同意回购创业投资中心持有的公司1.02%的股权，股权回购价款为投资本金人民币600万元及投资收益，具体支付时间及金额为：(1) 吴某、周某于2019年12月21日前向创业投资中心支付投资本金人民币180万元；(2) 吴某、周某于2020年2月29日前向创业投资中心支付投资本金人民币420万元及投资收益［以人民币600万元为基数，自2014年1月26日起至股权回购款全部付清之日止，按照每年8%的内部收益率计算，计算公式为：$P=M\times(1+8\%)^T$，其中P为回购价格，M为实际投资额，T为实际支付投资款之日起至实际给付之日止的自然天数除以365，即股权回购价格=实际投资额乘以（1+8%）的T次方］。2. 吴某、周某同意向创业投资中心支付违约金人民币30万元。3. 乙方收到本协议书第一、二项约定的全部款项后，其持有的凯悦宁公司全部股权归周某或吴某、周某指定的第三方所有。4. 如果吴某、周某未按本协议书第一、二项所述时间全额偿付任一应付款项，则创业投资中心有权就未还的全部款项提起诉讼。创业投资中心为实现债权所支付的诉讼费用、律师费用、通知费用、催告费用等费用，均由吴某、周某承担。

上述协议签订后，凯悦宁公司的工商档案材料中关于创业投资中心所持有的公司股份发生过两次变更：2014年12月18日，创业投资中心在凯悦宁公司认缴的出资数额为人民币14.06万元；2016年11月30日，创业投资中心在凯悦宁公司认缴的出资数额为人民币16.42万元。

2019年10月14日，创业投资中心和北京瀛和律师事务所签订委托代理合同。同日，创业投资中心向北京瀛和律师事务所支付律师费人民币4万元。

二审法院另补充查明：吴某一审中提交两份调查取证申请书。其中一份申请书载明：申请事项：请求调取创业投资中心在中国证券投资基金业协会进行私募基金备案的档案。证明目的：证明创业投资中心备案不合法，《增资协议》《增资协议之补充协议》《增资协议之补充协议二》《股权回购协议》无效。事实与理由：创业投资中心工商登记信息显示其成立日期为2013年1月31日，但中国证券投资基金业协会私募基金公示信息显示其成立时间为2014年5月25日，备案时间为2016年8月2日。因此，创业投资中心“投资”时尚不具有私募基金资格，且其投资的款项涉嫌非法集资。审查创业投资中心出借款项的来源不合法，是判断本案各协议无效的基础。另一份申请书载明：申请事项：请求调取创业投资中心招商银行股份有限公司账户2013年1月1日起至2014年12月31日止的银行流水。证明目的：证明案涉借贷款项来源不合法，《增资协议》《增资协议之补充协议》《增资协议之补充协议二》《股权回购协议》无效。事实与理由：创业投资中心称分别于2014年1月26日、2014年12月29日支付案涉借款。其转款时间介于工商登记显示的成立时间与中国证券投资基金业协会私募基金公示信息显示的成立时间之间，且均在备案时间之前。因此，创业投资中心“投资”时尚不具有私募基金资格；本案系民间借贷纠纷，审查创业投资中心出借款项的来源不合法，是判断本案各协议无效的基础。

吴某一审提交的中国证券投资基金业协会信息公示网页截图中显示，基金名称：创业投资中心；基金编号：SK6929；成立时间：2014年5月25日；备案时间：2016年8月2日；基金备案阶段：暂行办法实施前成立的基金；基金类型：股权投资基金；基金管理人名称：银丰融金（北京）投资管理有限公司。

判决结果

一审法院：1. 吴某、周某于本判决生效之日起10日内向创业投资中心支付股权回购款及截至2019年12月31日的投资收益共计人民币9,419,035元（自2020年1月1日起至给付之日止的投资收益，以投资本金600万元为基数，按《股权回购协议》约定的回购价格计算公式计算）；2. 吴某、周某于本判决生效之日起10日内向创业投资中心给付违约金及律师费计人民币34万元；3. 吴某、周某在履行上述第一、二项给付义务后，创业投资中心持有的凯悦宁公司的全部股权变更由周某持有；4. 驳回创业投资中心的其他诉讼请求。

二审法院：驳回上诉，维持原判。

各方观点

吴某观点：1. 一审判决严重违反法定程序。（1）吴某申请一审法院依法调取创业投资中心在中国证券投资基金业协会进行私募基金备案的档案，申请审查创业投资中心出借款项来源是否合法，一审法院未予准许且未给予书面答复。中国证券投资基金业协会私募基金公示信息显示创业投资中心成立时间为2014年5月25日，备案时间为2016年8月2日。本案“投资”发生于2014年1月26日、2014年12月19日。因此，创业投资中心在本案交易发生时尚不具有私募基金资格，其投资款项涉嫌非法集资。（2）吴某申请一审法院依法调取创业投资中心招商银行股份有限公司××××0707账户2013年1月1日至2014年12月31日的银行流水，一审法院未予准许且未给予书面答复。根据《最高人民法院关于审理民间借贷案件适用法律若干问题的规定》（2020年第一次修正）第十九条规定，人民法院审理民间借贷纠纷案件时，应当严格审查借款款项的来源。因此，申请调取上述银行流水，借以判断本案基本事实的《增资协议》《增资协议之补充协议》《增资协议之补充协议二》《股权回购协议》是无效的。一审法院未准予调取上述证据，且未给予答复，违反法定程序，导致本案事实认定错误，且一审法院在庭审过程中均未说明不予调查的理由，仅是在判决书中认定上述证据的调取与本案无关，剥夺了吴某的救济权利。2. 一审判决认定事实错误、适用法律错误。（1）本案《增资协议》《增资协议之补充协议》《增资协议之补充协议二》《股权回购协议》因违反《证券投资基金法》和《私募投资基金监督管理暂行办法》的相关规定，应为无效。如上所述，创业投资中心“投资”时尚不具有私募基金资格，且其投资的款项可能涉嫌非法集资。（2）本案中创业投资中心通过股权转让的形式对外投资，但以回购形式获得固定收益，并与吴某、周某等约定投资资本金远期有效退出和约定利息（固定）收益的刚性实现为要件。创业投资中心入股投资实质上并不承担经营风险，虽名为股权回购，实为民间借贷。以下合同条款均可以证明：《增资协议》第6.1条；《增资协议之补充协议》第1条；《增资协议之补充协议二》第3条、第6条；《股权回购协议》第1条。3. 一审判决股权回购金额计算错误。一审法院认定根据《股权回购协议》的约定，股权回购价格公式为$P=M\times(1+8\%)^T$。其中，P为回购价格，M为实际投资额，T为实际支付投资款之日起至实际给付之日止的自然天数除以365。因凯悦宁公司2014年1月26日收到人民币58,734,000元，2014年3月19日返还人民币14,100元，2014年12月19日收到人民币140,700元，回购价格应分段计算。自2014年1月26日起至2014年3月18日，此时$M=$人民币5,873,400元，$T=51/365=0.1397$，1.08的T次方=

1.0108。经计算，该阶段 P_1 = 人民币63,432.72元。自2014年3月19日起至2014年12月18日，此时 M = 人民币5,873,400元 - 人民币14,100元 = 人民币5,859,300元，T = 274/365 = 0.7506，1.08的 T 次方 = 1.0594。经计算，该阶段 P_2 = 人民币348,042.42元。自2014年12月19日起至2019年12月31日，此时 M = 人民币5,873,400元 - 人民币14,100元 + 人民币140,700元 = 人民币6,000,000元，T = 1838/365 = 5.0356，1.08的 T 次方 = 1.4733。经计算，该阶段 P_3 = 人民币2,839,800元。故股权回购价格应为：人民币6,000,000元 + P_1 + P_2 + P_3 = 人民币9,251,275.14元。一审判决未考虑在 P_2 阶段到 P_3 阶段基数发生了变化，重复计算了部分金额，使金额错误计算为人民币9,419,035元，多计算金额为人民币167,759.86元，应予调整。4. 一审判决违约金约定过高，应当予以调整为人民币20万元。根据《最高人民法院关于适用〈中华人民共和国合同法〉若干问题的解释（二）》第二十九条之规定，认定违约金应当以实际损失为基础，兼顾合同的履行情况、当事人的过错程度以及预期利益等综合因素，并根据公平原则和诚实信用原则予以衡量。一审判决要求吴某进行股权回购并支付股权回购款，违约金旨在弥补创业投资中心损失，本案中创业投资中心的损失已通过股权回购的形式补足，一审法院再行认定吴某承担人民币30万元违约金过分高于创业投资中心的实际损失，况且创业投资中心本应就其行为承担相应的商业风险，故，请求二审法院就违约金的数额依法调整为20万元。

创业投资中心观点：一审法院认定事实清楚，证据充分，适用法律正确，程序合法。吴某的上诉理由不能成立，请求驳回上诉，维持原判。1. 一审法院认定事实清楚，证据充分，应予维持。（1）本案先后签署的《增资协议》《增资协议之补充协议》《增资协议之补充协议二》《股权回购协议》系双方真实意思表示，并不违反法律法规的强制性规定，各协议均合法有效，且其中约定的股权回购条件已成就，吴某等应承担对应的回购义务。（2）创业投资中心是于2013年1月31日合法成立的有限合伙企业，其在《私募投资基金监督管理暂行办法》生效前的签约行为合法有效。《私募投资基金监督管理暂行办法》于2014年8月21日发布，创业投资中心于该办法生效后积极履行备案义务，其行为符合法律法规以及相关监管规定。此外，关于吴某提及的《证券投资基金法》第二条的规定，由于本案中的投资事项为单纯的股权投资，不属于证券投资，因而不适用该法。创业投资中心在签订《增资协议》

及后续协议时具有相应的民事行为能力，且双方意思表示真实，协议内容本身并不违背法律、行政法规的效力性强制性规定，《增资协议》及后续协议合法有效。(3) 根据《全国法院民商事审判工作会议纪要》的规定，投资方与目标公司的股东或者实际控制人订立的“对赌协议”，如无其他无效事由，认定有效并支持实际履行，实践中并无争议。(4) 本案不存在任何“名股实债”的情形，与民间借贷关系存在本质差异。双方签订《增资协议》及后续文件显然并非为按期收回本息或者按期收取固定利润，而是通过增资方式增强投资目标公司实力，从而敦促投资目标公司凯悦宁公司尽快达到协议设定的目标即按时顺利上市，签约各方的意思表示系投资而非借贷，且并不违反金融管制法律。股权回购条款本质来讲，就是投资人进行风险控制的一种手段，由于非上市公司没有股票公开交易的市场，约定回购是投资人投资退出的一种重要手段，在私募股权基金领域应用非常广泛。(5) 一审判决吴某承担违约金数额合理，其要求调减违约金的诉求，不应得到法院支持。《股权回购协议》第二条的约定经签约当事人意思表示一致而成立，未违反法律法规规定，不属于“过分高于造成的损失”。2. 一审法院适用法律正确，程序合法。本案中，《股权回购协议》等文件合法有效，因吴某违约，一审法院依据协议约定的计算方式判决其履行回购股权义务并承担违约责任，在法律适用上并无不妥。

法院观点

一审法院观点：1. 关于本案的法律适用问题。本案中吴某为美国国籍，故本案涉及的法律关系为涉外民事关系。关于法律适用问题中的程序法律适用，依照《民事诉讼法》第二百五十九条的规定，本案的程序法应当适用《民事诉讼法》第四编关于涉外民事诉讼程序的特别规定以及该法其他有关规定。关于法律适用中的准据法适用，《涉外民事关系法律适用法》第四十一条规定，“当事人可以协议选择合同适用的法律。当事人没有选择的，适用履行义务最能体现该合同特征的一方当事人经常居所地法律或者其他与该合同有最密切联系的法律”，案涉各合同均围绕凯悦宁公司的对赌行为签订，凯悦宁公司的注册地在境内，故本案应适用中华人民共和国法律作为处理本案纠纷的准据法。

本案中《增资协议》《增资协议之补充协议》《增资协议之补充协议二》《股权回购协议》系创业投资中心与吴某、周某及凯悦宁公司的真实意思表示，内容不违反法律法规的强制性规定，故合法有效。根据《合同法》第六条的规定，当事人行使权利、履行义务应当遵循诚实信用原则。一审法院注意到，吴某、周某自 2014 年至 2019 年不断和创业投资中心签订案涉各协议，吴某、周某理应遵循诚实信用原则去履行合同义务。从性质上看，本案属于“对赌协议”引发的投资纠纷。“对赌协议”，又称估值调整协议。从该类案件的成因来看，其性质属于股权投资过程中，投资方与融资方签订协议进行溢价增资，并约定预期目标，如净利润、销售收入、市场占有率、完成新产品测试或实现公司上市等，如果预期目标无法实现，则融资方须兑现对投资方的承诺，如回购股权、更换管理层、现金补偿等，以使投资方能够退出被投资企业。该种协议系以当事人意思自治为前提，是商事交易利益平衡的产物。具体到本案，作为投资方的创业投资中心与作为融资方的目标公司凯悦宁公司及实际控制人吴某、股东周某签订《增资协议》《增资协议之补充协议》《增资协议之补充协议二》《股权回购协议》，约定了融资方应达到的目标及股权回购方式。创业投资中心已按约定履行了投资义务。现吴某、周某在《股权回购协议》中认可股权回购条件已成就，并承诺向创业投资中心返还投资本金人民币 600 万元及投资收益，应依约履行。吴某、周某未能履行《股权回购协议》的约定，引发诉讼，应返还创业投资中心投资本金人民币 600 万元及投资收益，并应承担人民币 30 万元违约金及实现债权的费用。

2. 关于股份回购的金额如何确定问题。根据《股权回购协议》的约定，股权回购价格按下述公式计算：$P=M\times(1+8\%)^{T}$。本案中，T 因创业投资中心分两次付款且曾返还人民币 14, 100 元款项而分别计算。截至 2019 年 12 月 31 日，P_1 = 人民币 5, 873, 400 元 × $(1+8\%)^{51\div365}$ = 人民币 5, 936, 900 元；P_2 = （人民币 5, 873, 400 − 人民币 14, 100）元 × $(1+8\%)^{2113\div365}$ = 人民币 9, 148, 233 元；P_3 = 人民币 140, 700 元 × $(1+8\%)^{1838\div365}$ = 人民币 207, 302 元。故股权回购价格 $P=P_1+P_2+P_3$ − 人民币 5, 873, 400 元 = 人民币 9, 419, 035 元。

3. 关于实现债权的费用问题。创业投资中心已支付律师费人民币 4 万元，故吴某、周某应承担的律师费为人民币 4 万元。

4. 关于创业投资中心要求吴某、周某回购其持有的凯悦宁公司股权的诉讼请求问题。因《股权回购协议》约定在吴某、周某履行付款义务后，创业投资中心持有的凯悦宁公司全部股权归周某或吴某、周某指定的第三方所有。现吴某系外籍，其身份不允许持有凯悦宁公司的股权，且周某亦未指定持有股权的第三方，则一审法院认定在吴某、周某向创业投资中心返还投资款及投资收益并承担违约责任后，创业投资中心持有的凯悦宁公司股权由周某持有。

吴某、周某、凯悦宁公司关于案涉的《增资协议》《增资协议之补充协议》《增资协议之补充协议二》《股权回购协议》应认定无效的答辩意见，因上述各协议未违反法律、行政法规的规定，故该答辩意见缺乏法律依据，一审法院不予采信。吴某、凯悦宁公司关于案涉各协议侵犯了凯悦宁公司的股东权益的答辩意见，系其对估值调整协议的性质、作用不理解的误读，吴某、周某约定的凯悦宁公司预期目标无法实现，则融资方须兑现对投资方的承诺，如回购股权等，以使投资方能够退出被投资企业。故一审法院对上述答辩意见不予采信。吴某关于本案系民间借贷案件的答辩意见，缺乏法律依据，一审法院不予采信。

二审法院观点：本案中吴某为美国国籍，故本案涉及的法律关系为涉外民事关系。关于准据法，《涉外民事关系法律适用法》第四十一条规定，“当事人可以协议选择合同适用的法律。当事人没有选择的，适用履行义务最能体现该合同特征的一方当事人经常居所地法律或者其他与该合同有最密切联系的法律”，案涉各合同均围绕凯悦宁公司，凯悦宁公司的注册地在境内，故本案应适用中华人民共和国法律作为处理本案纠纷的准据法。

根据双方诉辩意见，本案二审争议焦点包括以下三个方面：一是案涉协议是否因违反法律规定而无效；二是一审法院认定的股权回购款及投资收益数额是否有误；三是一审法院认定违约金数额应否调整。

一、案涉协议是否因违反法律规定而无效

吴某主张，各方之间名为股权回购，实际应为民间借贷关系，根据《最高人民法院关于审理民间借贷案件适用法律若干问题的规定》（2020 年第一次修正）第十九条的规定，应当严格审查借款款项的来源，创业投资中心在案涉投资时尚不具有私募基金资格，其投资款项涉及非法集资，因此，案涉协议因违反《证券投资基金法》《私募投资基金监督管理暂行办法》相关规定而无效。

根据《增资协议》《增资协议之补充协议》《增资协议之补充协议二》《股权回购协议》，各方之间本次投资的模式是，投资人创业投资中心投资人民币 600 万元获得标的公司凯悦宁公司增资后 0.88% 的股权，标的公司承诺履行一定义务或完成一定事项，否则在触发股权回购约定事项时，投资人创业投资中心可要求原股东吴某等人回购其所持有的股权。其性质为在股权投资过程中，投资方与融资方签订增资协议，并约定一定的预期目标，当目标无法实现时，融资方兑现回购投资方股权等承诺。由此可见，本案属于因对赌协议引发的投资纠纷，在此类投资行为中，若预期目标实现则不会触发回购股权。而民间借贷纠纷系借款方承诺对出借方在一定期限或一定条件成就后还本付息的行为。因此，案涉纠纷不属于民间借贷纠纷。

关于吴某主张的《增资协议》《增资协议之补充协议》《增资协议之补充协议二》《股权回购协议》因违反《证券投资基金法》《私募投资基金监督管理暂行办法》的相关规定而无效问题，首先，本案属于股权投资行为引发的纠纷，因此，吴某依据《证券投资基金法》主张合同无效，缺乏法律依据。其次，创业投资中心的转账行为发生在 2014 年 1 月 26 日、2014 年 12 月 19 日，其作为私募基金成立时间为 2014 年 5 月 25 日，签订《增资协议》的时间为 2014 年 6 月，中国证券投资基金业协会公示信息显示该基金为上述暂行办法实施前成立的基金，因此，吴某依据 2014 年 8 月 21 日公布的《证券投资基金法》主张合同无效，本院不予支持。

对于吴某主张一审法院因未予准许且未回复调查取证申请而违反法定程序问题，综上所述，本案系投资人创业投资中心与目标公司凯悦宁公司股东吴某等人之间进行的对赌行为而非普通的民间借贷行为，因此，吴某关于资金来源等问题申请调取的证据与本案待证事实和争议焦点之间并无直接关联性，一审法院未予调取并在判决中予以回应，并无不当。

因此，根据本案事实，吴某以各方之间为民间借贷关系且创业投资中心资金来源违法为由主张案涉协议无效，缺乏事实依据，本院不予支持。

二、一审法院认定的股权回购款及投资收益数额是否有误

吴某主张，股权回购价格公式为 $P = M \times (1 + 8\%)^T$，因凯悦宁公司 2014 年 1 月 26 日收到人民币 58,734,000 元，2014 年 3 月 19 日返还人民币 14,100 元，2014 年 12 月 19 日收到人民币 140,700 元，回购价款应分段计算，应为人民币 9,251,275.14 元，一审法院计算有误，回购价款应予扣减人民币

167,759.86 元。创业投资中心不予认可，称一审法院根据协议约定的方式计算，认定数额无误。对此，本院认为，根据《股权回购协议》的约定，股权回购价格按下述公式计算：$P=M\times(1+8\%)^T$，其中 P 为回购价格，M 为实际投资额，T 为实际支付投资款之日起至实际给付之日止的自然天数除以 365，即股权回购价格 = 实际投资额乘以（1 +8%）的 T 次方。创业投资中心的款项投资情况为 2014 年 1 月 26 日投资人民币 58,734,000 元，2014 年 3 月 19 日收回人民币 14,100 元，2014 年 12 月 19 日投资人民币 140,700 元。对此，应当注意的是，双方约定的计算公式中的 T 为 T 次方，经本院根据《股权回购协议》的约定及支付款项情况具体核算，一审法院认定截至 2019 年 12 月 31 日的股权回购款及投资收益为人民币 9,419,035 元不高于双方约定的标准。故对于吴某主张的一审法院认定股权回购款及投资收益数额中应当扣减人民币 167,759.86 元，缺乏事实依据，本院不予支持。

三、一审法院认定违约金数额应否调整

吴某主张，违约金旨在弥补创业投资中心损失，现一审法院认定吴某应回购股权，再行认定吴某应当支付人民币 30 万元违约金过分高于创业投资中心的实际损失，而且，创业投资中心应当承担相应的商业风险，因此，请求将违约金数额调整为人民币 20 万元。创业投资中心不予认可，其称违约金系各方在《股权回购协议》中明确约定的，系真实意思表示，且吴某违约，故其应当按约支付违约金。

对此，首先，《股权回购协议》中约定“吴某、周某同意向乙方支付违约金人民币 30 万元”。其次，吴某、周某在《股权回购协议》中认可股权回购条件已成就，并约定按期返还投资本金及投资收益，但吴某、周某并未按照《股权回购协议》约定履行付款义务，因此，其应当承担相应的违约责任。故，吴某主张违约金过分高于创业投资中心的实际损失，缺乏事实依据，本院不予支持。

综上，吴某的上诉请求不能成立，应予驳回；一审判决认定事实清楚，适用法律正确，应予维持。

二、股东间“对赌回购协议”属于投融资法律关系中的估值调整条款，不属于“名股实债”等借贷法律关系

案　　号：（2022）鲁民终576号

案件名称：杜某、青岛嘉鸿壹号创业投资基金企业等股权转让纠纷

裁判要旨：股东间的回购约定仅存在于股东之间，是对投资估值的一种调整方式，约定的是股东之间的权利，回购义务主体是股东，股东履行回购义务不损害目标公司的利益、不影响公司治理结构的稳定性，亦不损害公司其他投资人的利益。

案情简介

上诉人（原审被告）：杜某

被上诉人（原审原告）：青岛嘉鸿壹号创业投资基金企业（有限合伙）（以下简称青岛嘉鸿）

原审第三人：青岛高校信息产业股份有限公司（以下简称青岛高校公司）

2018年4月2日，青岛嘉鸿与青岛高校公司签订《股票发行认购合同》，约定，青岛嘉鸿以现金方式一次性认购青岛高校公司发行的股票。青岛嘉鸿以13.8元/股的价格认购青岛高校公司发行的215万股股票，认购价款合计2967万元。2018年4月13日，青岛嘉鸿向青岛高校公司支付认购款2967万元。

2018年4月3日，青岛嘉鸿作为乙方、杜某作为丙方、青岛高校公司作为甲方，三方共同签订补充协议，补充协议第1条约定：“各方在此确认，当出现以下情形之一时，乙方有权要求丙方回购乙方所持有甲方的全部股权：1.1甲方公司未能在2019年12月30日前完成合格上市……1.3甲方公司出现年度亏损”，第3条约定“本协议项下的股份回购均以现金形式进行，全部股份回购款应在乙方发出书面回购要求之日起2个月内完成该股权或股份的回购，并全额支付给乙方回购款。回购价格=投资金额×（1+年化利率14%）×出资天数÷365－现金分红（如有）”，第4条约定“如丙方未按时支付乙方投资本息，从到期之日起投资利息按照日利率0.5%加收罚息”。

2020年5月20日，青岛嘉鸿作为乙方、杜某作为丙方、青岛高校公司作

为甲方，共同签订《青岛高校公司补充协议》，第2条约定，“……丙方承诺于2019年12月31日前回购乙方持有的目标公司（青岛高校公司）股份”，第3条载明“乙方已要求丙方履行回购承诺。截至本补充协议签署日，丙方已支付截止于2019年12月31日投资股息人民币716万元，尚未完成其他回购承诺”。正文第1.1条约定，“丙方承诺于2020年12月31日支付2020年1月1日至2020年12月31日股息共计人民币445.05万元，同时承诺于2021年1月10日前完成全部回购款（包括投资价款及其投资收益）的支付”，第1.2条约定“乙方有权要求丙方在投资价款（计人民币2967万元）基础上以年化15%按单利计算所得的款项于2020年12月31日前受让乙方持有的215万股目标公司股份。丙方具有按约定股权/股份转让价格受让该等股权/股份的义务。股权/股份转让价格的具体计算公式如下：股权/股份转让价格＝投资价款＋投资价款×投资月份/12×15%，其中投资时间是从2020年1月1日起计算至股份回购事项完成（以丙方实际支付日为准）时的按月份计算时间，不足整月的，按比例计算”，第1.4条约定“如丙方未能于2021年1月10日按时完成全部回购款（包括投资价款及其利息）的支付，则乙方有权要求从到期之日起投资股息按照日利率0.5%加收罚息”。

2018年7月13日，杜某在与青岛嘉鸿负责人魏某某的微信聊天记录中表示：“魏总好！几经沟通，还要讨扰，请求支持！与券商谈，是股转公司的明确要求，必须回答是否有承诺的问题，而按照咱们的原意设计和补充协议，就没想公开，前面给各方的答复也已是没有承诺的意思，所以就形成了当前的困窘矛盾，但必须还要解决……为了咱们实际达成的协议有效且不受影响，您看公司还是我好，再给您们写个保证，只为本次手续所用，不具法律效力……”后青岛嘉鸿出具关于认购青岛高校公司所发行股票事项不存在对赌协议或相关条款的承诺函，承诺不存在与青岛高校公司及其股东、实际控制人、董事、监事、高级管理人员签订含业绩承诺及补偿、股份回购、反稀释等特殊条款的对赌协议。

2018年7月16日，杜某、青岛高校公司出具承诺书一份，载明《关于认购青岛高校信息产业股份有限公司所发行股票事项的相关说明》仅为满足督导券商核查使用，不影响青岛高校公司及本人（杜某）与青岛嘉鸿共同签署《补充协议》的任何履行，《补充协议》仍具有其独立法律效力。青岛高校公司在承诺书上盖章，杜某签字。

杜某支付青岛嘉鸿股息至2021年2月28日。

二审中，当事人没有提交新证据。

判决结果

一审法院：1. 杜某于本判决生效之日起10日内按照2967万元的价格购买青岛嘉鸿持有的青岛高校公司的全部股权并支付利息（利息以2967万元为基数，自2021年3月1日起至实际给付之日按照年利率15%计算）；2. 杜某于本判决生效之日起10日内支付青岛嘉鸿财产保全担保函保险费25,036元；（3）驳回青岛嘉鸿的其他诉讼请求。

二审法院：驳回上诉，维持原判。

各方观点

上诉人观点：1. 一审判决错误认定青岛嘉鸿与杜某、青岛高校公司之间分别于2018年4月3日和2020年5月20日签订的补充协议《青岛高校信息产业股份有限公司补充协议》（以下统称案涉补充协议）均有效，理由明显不充分，不能成立。首先，案涉补充协议作出股份回购安排，属于附加了特殊的入股条件，青岛嘉鸿因此获得其他股东所没有的利益保障，事实上造成股东间的不平等，这违反了我国《公司法》第一百二十六条、《股票发行与交易管理暂行条例》第八条第二项关于股份发行公平公正、同股同权的规定，也不符合青岛高校公司章程的相关要求。其次，案涉补充协议系青岛嘉鸿、杜某与青岛高校公司之间共同签订，从补充协议第5条、《青岛高校信息产业股份有限公司补充协议》第2条约定的内容看，三方关于回购股份事项作出了由杜某回购或由青岛高校公司回购的两种安排，而后一种安排是与标的公司之间的典型"对赌"。青岛高校公司作为在全国中小企业股份转让系统挂牌的非上市公众公司，在本案中具有主体上的特殊性。全国中小企业股份转让系统（以下简称股转系统）《挂牌公司股票发行常见问题解答（四）——特殊投资条款》关于投资者参与挂牌公司股票发行时约定投资条款的禁止性规定，就已明确要求挂牌公司不得作为特殊投资条款所属协议的当事人。此外，三方以补充协议形式达成对《股票发行认购合同》中关于股权回购等特殊条款，没有经过青岛高校公司董事会与股东大会的审议通过，亦违反了股转系统《挂牌公司股票发行常见问题解答（三）——募集资金管理、认购协议中特殊条款、特殊类型挂牌公司融资》的相关监管要求。上述股转系统的监管规定或要求反映了对股转系统内投资者及挂牌公司股东的平等对待和保护原则，目的是维护股转系统的市场秩序，这属于我国《民法总则》或《民法典》所规定的“公序良俗”在金融资本市场领域的集中体现。当民事法律行为违反公序良俗时，无论根据《民法总则》或《民法典》的规定，还是2019年11月施行的《全国法院民商事审判工作会议纪要》的精神，都应对其效力持否定的态度。2. 本案应当按照借贷法律关系进行审理，一审判决未能正确认定本案的实质法律关系，导致适用法律错误。案涉补充协议先是约定案涉股份的回购价格是青岛嘉鸿投资金额2967万元加上按年利率14%计算的逐年利息，减去青岛嘉鸿从青岛高校公司处收到的现金分红（如有）；后为青岛嘉鸿投资金额2967万元加上按年利率15%计算的约定期间利息。结合本案事实，青岛嘉鸿自投资青岛高校公司的股份以来，其取得的全部投资收益并非依第三人实际经营情况所可能产生的现金分红，而是由杜某向其支付的名义为“利息款”或“股息款”的固定利息回报，这明显属于借贷法律关系的典型特征。在“名股实债”的情况下，人民法院应当按照当事人之间形成的实际法律关系审理案件并适用法律作出裁判。根据中国证监会《关于加强私募投资基金监管若干规定》的相关规定，青岛嘉鸿作为私募投资基金企业，在本案中从事名义为投资，但实质为保本保收益、无亏损风险的借贷业务，属于违法展业，应不受法律保护，因此青岛嘉鸿主张的关于支付股息的权利不应得到支持。3. 关于本案财产保全担保函保险费，无论杜某是否最终承担案涉股份回购责任，均不应当向青岛嘉鸿进行赔偿。首先，案涉补充协议就该费用的发生及承担均未作约定，青岛嘉鸿主张该费用没有合同依据，也没有法律依据；其次，即使认定杜某违约，该费用也不是青岛嘉鸿的必要支出。除了购买财产保全责任保险，现实中青岛嘉鸿还能提供以自身财产设定抵押或质押、第三方保证担保等多种保全担保方式申请保全，但在本来能够采用上述担保方式情况下却未采用，径直以购买财产保全责任保险的担保方式申请法院保全杜某的财产，这不合理地加重了杜某的负担，不应得到法律支持。

被上诉人观点：1. 一审法院认定涉案各方于2018年4月3日和2020年5

月 20 日签订的《补充协议》《青岛高校信息产业股份有限公司补充协议》有效，依据充分，适用法律正确。(1) 涉案回购约定不违反《公司法》、《股票发行与交易管理暂行条例》、青岛高校公司章程的规定。(2) 涉案合同不违反股转系统关于挂牌公司股票发行常见问题相关解答的规定。(3) 案涉补充协议不存在危害金融安全、违反公序良俗的情形。2. 杜某主张本案应当按照借贷法律关系进行审理，该主张与事实不符，依法不应予以采纳。青岛嘉鸿认购青岛高校公司的股份属于投融资法律关系，青岛嘉鸿与杜某间的回购约定属于典型的估值调整条款，显然区别于民间借贷，私募基金企业依法开展投资业务受法律保护，杜某的该条上诉理由与事实不符，依法不应予以采纳。3. 杜某主张本案财产保全担保函保险费不应由其承担，该主张与法律不符，依法不应予以采纳。

青岛嘉鸿向一审法院起诉请求：1. 判令杜某按照投资价款 29,670,000 元加上每年 15% 的单利计算的投资股息确定的购买价格购买青岛嘉鸿持有的青岛高校公司的全部股权（其中“每年 15% 的单利计算的投资股息”是以 2967 万元为基数，按照年 15% 的利率，自 2021 年 3 月 1 日计算至杜某支付全部股权转让款之日，截至 2021 年 6 月 1 日，共产生投资股息 1,112,625 元）；2. 判令杜某以投资股息为基数按照日利率 0.5% 支付罚息（罚息以投资股息为基数，按照日利率 0.5%，自 2021 年 3 月 1 日计算至杜某支付全部款项之日，截至 2021 年 6 月 1 日，共产生罚息 511,807.50 元）（以上暂共计 31,294,432.50 元）；3. 判令杜某承担本案的诉讼费、保全费、诉讼保全保险费、律师费等费用。

原审第三人青岛高校公司未到庭，未作陈述。

法院观点

一审法院观点：本案争议的焦点为青岛嘉鸿、杜某等签订的多份协议、说明、承诺书的效力及认定。《股票发行认购合同》约定，青岛嘉鸿以 13.8 元/股的价格认购青岛高校公司发行的 215 万股股票，认购价款合计 2967 万元，青岛嘉鸿已足额支付认购款。案涉补充协议对杜某的回购义务作出了约定，同时约定了青岛嘉鸿可以要求杜某回购全部股权的条件。《青岛高校公司补充协议》确认股份回购条件已达成，杜某应于 2021 年 1 月 10 日前按时完成全部回购款（包括利息）的支付。由此可见，三份协议书是对认购股份、回购股份相关事项作出的约定，并未违反法律、行政法规的强制性规定，亦无法律规定的其他合同无效的情形，三份协议真实有效，是各方真实意思的表示，具有法律效力，当事人应当依约定履行各自的义务和享有权利。虽然青岛嘉鸿出具的承诺函中表示，在认购青岛高校公司发行的股票事项中不存在签订业绩承诺及补偿、股份回购等特殊条款，但结合微信聊天记录可知，该承诺函系青岛嘉鸿在杜某的要求下出具的，仅为满足督导券商的核查使用，不影响实际达成的协议。杜某于2018年7月16日出具的承诺书亦可与聊天记录相互印证，且杜某已按照案涉补充协议中回购约定履行支付部分投资股息的义务，已实际履行了补充协议，因此，青岛嘉鸿出具的关于认购青岛高校公司所发行股票事项不存在对赌协议或相关条款的承诺函并不具备法律效力，双方应当继续按照补充协议的约定行使权利、履行义务。现股份回购义务条件已达成，触发回购条件，青岛嘉鸿有权要求回购。杜某应按照协议约定向青岛嘉鸿按照2967万元投资价款加上每年15%利率的投资股息购买青岛嘉鸿持有的青岛高校公司的全部股权。因杜某已实际支付股息至2021年2月28日，故青岛嘉鸿请求自2021年3月1日起至实际给付之日止计算利息，符合法律规定，应予支持。

关于罚息部分，案涉补充协议已经对股息作出了约定，逾期利息已经可以弥补因杜某违约造成的资金占用损失，且利息加罚息已超出法律规定的最高标准，故关于罚息部分，本院不予支持。

关于律师费损失、财产保全担保函保险费损失，因双方未对律师费的承担作出约定，青岛嘉鸿要求杜某支付律师费的诉讼请求，一审法院不予支持。财产保全担保函保险费系青岛嘉鸿因杜某违约负担的必要支出，故杜某应当赔偿青岛嘉鸿财产保全担保函保险费25,036元。

二审法院观点：本案二审争议的焦点问题：一审法院认定案涉协议有效，判决杜某按照2967万元的价格购买青岛嘉鸿持有的青岛高校公司的全部股权并支付利息、杜某支付青岛嘉鸿财产保全担保函保险费25,036元是否正确。首先，杜某上诉称，案涉补充协议违反《公司法》《股票发行与交易管理暂行条例》等相关规定而无效。本院认为，根据一审法院查明的事实，涉案《股票发行认购合同》约定，青岛嘉鸿以13.8元/股的价格认购青岛高校公司发行的215万股股票，认购价款合计2967万元，青岛嘉鸿已足额支付认购款。

案涉补充协议对杜某的回购义务作出了约定，同时约定青岛嘉鸿可以要求杜某回购全部股权的条件。《青岛高校信息产业股份有限公司补充协议》确认股份回购条件已达成，杜某应于 2021 年 1 月 10 日前按时完成全部回购款（包括利息）的支付。因案涉回购约定存在于股东之间，是对投资估值的一种调整方式，约定的是股东之间的权利，回购义务主体是杜某，杜某履行回购义务不损害青岛高校公司的利益，不影响公司治理结构的稳定性，亦不损害公司其他投资人的利益，而青岛高校公司并非回购义务主体，且在涉案相关补充协议中并未承担任何义务。据此，一审法院认定涉案协议是对认购股份、回购股份相关事项作出的约定，并未违反法律、行政法规的强制性规定，亦无法律规定的其他合同无效的情形，三份协议真实有效，是各方真实意思的表示，具有法律效力，并无不当。其次，青岛嘉鸿认购青岛高校公司的股份属于投融资法律关系，双方之间的回购约定属于典型的估值调整条款，杜某上诉称本案应按照借贷法律关系进行审理，理由不能成立。最后，财产保全担保函保险费是青岛嘉鸿申请法院采取保全措施的合理费用，本案系杜某违约所致，一审判决其承担该费用，并无不当。

综上所述，杜某的上诉请求不能成立，应予驳回；一审判决认定事实清楚，适用法律正确，应予维持。

三、回购协议中要求目标公司履行回购义务的，需要履行减资、利润分配等法律程序

案　　号：（2020）最高法民终 575 号

案件名称：上海银润传媒广告有限公司、陈某因与浙江华数元启投资合伙企业（有限合伙）股权转让纠纷

裁判要旨：目标公司与股东违反合同约定的，应当依法承担合同约定的回购义务，但目标公司承担回购义务需要履行法定的减资程序，否则私募基金无权主张目标公司承担回购义务，仅能要求其他股权回购方承担回购义务、支付股权回购款等。但未履行减资程序不影响目标公司承担合同约定的其他违约责任。

案情简介

上诉人（一审被告）：上海银润传媒广告有限公司（以下简称银润公司）

上诉人（一审被告）：陈某（银润公司董事长、法定代表人）

被上诉人（一审原告）：浙江华数元启投资合伙企业（有限合伙）（以下简称华数元启公司）

执行事务合伙人：浙江华数文化传媒产业投资管理有限公司

2014 年 7 月，华数传媒网络有限公司（以下简称华数传媒）与银润公司签订《战略合作框架协议》，约定双方长期合作并达成如下意向性内容：资本层面华数传媒投入不超过 2.5 亿元资金参与银润公司增资扩股。业务合作方面华数传媒依托自身优势为银润公司宣传推广提供支持和优惠。同时注明，该协议为合作框架协议，双方合作的具体内容及方式以项目合作协议为准。

2015 年 2 月，华数元启公司与银润公司、陈某、李某、北京尚心华滋投资中心（有限合伙）及上海钜润资产管理有限公司签订《股权转让和增资协议》。该协议第 2.3 条约定：陈某在重组后向华数元启公司转让其所持有的银润公司 39.23 万元注册资本对应的股权（占本次交易后银润公司 4.44% 的股权），华数元启公司同意以 6000 万元受让；第 2.4 条约定：银润公司重组后接受华数元启公司投资，再增加注册资本 124.22 万元，华数元启公司以货币资金 19,000 万元认购银润公司重组后新增加的注册资本 124.22 万元，占增资完成后公司总股本的 14.06%；第 3.3.1 条约定，在协议生效、银润公司、本次交易前全体股东、陈某向华数元启公司出具增资交割通知之日（先决条件完成日）起 10 个工作日或各方同意的其他期限内，华数元启公司将增资款 1.9 亿元汇至银润公司指定的银行账户；第 3.3.2 条约定，自先决条件完成日起，在银润公司办理完毕股权过户手续后 5 个工作日或各方同意的其他期限内，华数元启公司将股权转让款扣除税款后汇至陈某指定的银行账户；第 12.1 条约定，如各方中任何一方构成违约，守约方有权要求违约方支付 500 万元违约金，且若此违约金尚不足以弥补守约方因此遭受的损失，违约方仍应就守约方因该违约行为遭受的所有损失、责任、费用、开支（包括为追究违约方责任而支出的调查费、律师费等），进行全面赔偿；第 14.3 条约定，因本协议产生的争议，任何一方均有权向华数元启公司所在地人民法院提起诉讼。

2015 年 2 月，各方又签订补充协议，该协议第 2.1 条约定：银润公司、本次交易前全体股东、陈某向华数元启公司确认并保证，银润公司合并会计报表中于 2015 年、2016 年、2017 年会计年度实现的归属母公司所有者的净利润应分别不少于 5500 万元、9500 万元、15,000 万元。第 2.2 条约定：银润公司、本次交易前全体股东、陈某认可和确认：华数元启公司同意按《股权转让和增资协议》第 2 条约定的增资扩股价格认购公司新增注册资本并受让原股东所持股权，系基于公司、《股权转让和增资协议》、陈某在本补充协议第 2.1 条所作出的利润预测与保证。第 3.3 条约定："实际净利润"是指华数元启公司和银润公司共同指定并由银润公司聘请的具有证券从业资格的会计师事务所根据中国会计准则等会计制度对银润公司进行审计后确认的银润公司合并会计报表中归属公司全体股东的净利润。银润公司应在每一会计年度结束后 4 个月内，提供上述审计报告。第 4.1 条约定：如果银润公司 2015 年和 2016 年的合计实际净利润低于 2015 年和 2016 年合计目标净利润的 50%，银润公司必须回购华数元启公司届时所持有的公司全部股权，回购利率为 8%/年。若银润公司最迟于 2017 年 6 月 30 日仍未能提供相关审计报告且未获得华数元启公司的事先许可延期或豁免，即视为本条所约定的回购条款触发。第 4.2 条约定：触发上述第 4.1 条约定的回购条件时，华数元启公司应在收到银润公司提供的书面审计报告之日（若公司逾期提供审计报告，则为第 4.1 条约定触发之日）起 60 日内以书面形式确认是否行使回购权。第 4.3 条约定：华数元启公司要求行使回购权的，银润公司应在华数元启公司书面确认回购要求后的 18 个月内一次性或分期回购华数元启公司所持有的公司股权（以付清回购款为标准），逾期未回购的，则应按年利率 20%（每日 5.5‱）的标准另行支付违约金。第 4.5 条约定：无论银润公司因何种原因不能按期足额回购华数元启公司所持有的公司股权，陈某都有义务按第 4.1 条约定的价格回购华数元启公司届时所持有的银润公司全部股权，并最迟在不晚于华数元启公司作出书面确认回购要求后的 18 个月内付清全部回购价款，逾期未付清回购价款的，则应按年利率 20%（每日 5.5‱）的标准另行支付违约金。

2015 年 4 月，各方签订《补充协议一》，其中第 1.2 条、第 1.4 条约定，华数元启公司不晚于 2015 年 6 月 30 日将款项支付给银润公司及陈某。

华数元启公司于 2015 年 3 月 24 日、4 月 23 日分别向银润公司支付增资款 8000 万元、11,000 万元，合计 1.9 亿元；于 2015 年 6 月 12 日、6 月 16 日及7月1日分别向陈某支付股权转让款1000万元、3800万元、1200万元，合计6000万元。

2017年5月17日，华数元启公司向银润公司、陈某发函，表示根据银润公司委托上海汇强会计师事务所审计的2015年、2016年审计报告，该两年实际完成的净利润数据低于业绩承诺指标，且完成率不足50%，符合触发补充协议回购条款的条件，故要求：1. 尽快共同委托具有证券从业资格的会计师事务所进行审计，确定实际净利润；2. 银润公司提供增资款适用情况专项说明；3. 银润公司、陈某是否同意启动回购条款。银润公司回函，明确银润公司的利润情况确实如上所述，银润公司对未能如约完成2015年、2016年财务计划深表歉意，并解释了原因。同时建议引进新一轮战略投资人，目前银润公司已经与潜在的新投资人接洽，希望引入新投资人落实后，再安排审计报告。

华数元启公司于2017年6月21日向银润公司、陈某出具《关于尽快指定并聘请具有证券从业资格的会计师事务所进行审计的催告函》，要求银润公司、陈某于2017年6月30日前提供相关符合条件的审计报告。银润公司、陈某于2017年6月29日出具复函，表示其在2017年5月25日给华数元启公司的报告中曾经介绍银润公司2015年、2016年的财务数据，并表示希望等新投资方案基本确定过后根据财务调整规划来处理银润公司账务之后再进行正式审计，由于未收到华数元启公司的答复，新投资方沟通工作也在一直进行中，所以有关审计工作尚未进行。其2017年6月28日才收到催告函，客观上无法在限定时间内提供审计报告。华数元启公司于2017年7月11日向银润公司、陈某发出《关于要求履行回购条款的通知》，以书面形式要求银润公司、陈某依照补充协议的约定，回购华数元启公司所持有的银润公司全部股权。

2018年11月23日，银润公司、陈某出具回复函，告知其多方面努力，切实解决回购事宜，但尚需时日，故再次与华数元启公司协商解决方案。2018年12月24日，银润公司、陈某出具《关于回购事宜的建议方案》，提及2018年12月14日起已配合华数元启公司进行审计，并商谈回购方式，表示若华数元启公司在年底完成回购，回购款应为本金2.5亿元加累计投资利润8400万元，银润公司现阶段很难筹集回购款项，并提出愿意将相关项目一定比例支付的方式作为华数元启公司前期投资利润，希望华数元启公司能够持有目前股权。若华数元启公司不考虑上述方案，陈某可以考虑同其他股东一起以无偿转股或者其他方式，将银润公司的实际控制权交给华数元启公司作为替代，并为银润公司提供3年的服务等。

另查明，银润公司单方委托不具有证券从业资格的上海汇强会计师事务所出具银润公司2015年度和2016年度审计报告，显示2015年实际完成净利润28,783,240.46元，2016年实际完成净利润28,289,336.33元。后银润公司与华数元启公司共同选定具有证券从业资格的立信会计师事务所出具银润公司2014~2016年度审计报告、2017年度审计报告。

自2017年7月11日《关于要求履行回购条款的通知》之日起计算18个月至2019年1月10日止，华数元启公司共计支付的2.5亿元款项，按年利率8%计算投资收益为74,193,534元，加上2.5亿元本金，共计324,193,534元。

还查明，华数元启公司为本案诉讼支付律师费80万元，支付诉讼保全责任保险金129,800元。

判决结果

一审法院：1. 陈某于本判决生效后10日内向华数元启公司支付股权回购款324,193,534元及违约金（按年利率16%自2019年1月12日计算起至实际支付回购款之日止），用于受让华数元启公司持有的银润公司14.06%的股权；2. 银润公司、陈某于本判决生效后10日内向华数元启公司支付律师费80万元，诉讼保全责任保险金129,800元，合计929,800元；3. 驳回华数元启公司的其他诉讼请求。

二审法院：驳回上诉，维持原判。

各方观点

上诉人（一审被告）观点：1. 一审判决认定事实不清，银润公司、陈某不应承担回购责任。（1）华数元启公司以银润公司、陈某迟延交付审计报告触发回购条款为由要求回购，无事实依据。华数元启公司在发函要求回购后，又与银润公司、陈某多次磋商，最终达成重新共同委托具备证券从业资质的上海立信会计师事务所进行审计的一致意见。银润公司、陈某认为华数元启公司的上述行为已经表明其已认可银润公司、陈某迟延提交审计报告，所以不应以迟延提交审计报告为由提出回购申请。（2）华数元启公司对银润公司合作期间业绩未达标应承担相应责任。华数元启公司怠于履行股东义务，多次不参加董事会，导致银润公司的很多决策无法进一步实施，进而导致银润公司无法完成对赌计划的业绩要求。银润公司与华数元启公司间另有其他合作合同，但华数元启公司拖延履行合同义务。华数元启公司作为股东，对对赌计划失败负有责任。（3）华数元启公司并未按时、足额支付投资款，导致银润公司现金流短缺，诸多项目无法及时付款，进而影响商业规划。华数元启公司的违约行为系案涉对赌计划失败的根本因素。2. 即使认定银润公司、陈某应当承担回购责任，一审对回购金额及起算时间认定也有错误。（1）银润公司、陈某收到华数元启公司要求回购的函件后，一直在与华数元启公司沟通协商指定会计师事务所重新审计的事宜，同时双方就回购的具体方式进行协商，但直至华数元启公司提起本案诉讼，双方仍未达成一致意见。银润公司、陈某认为应当从其收到一审法院寄送的起诉材料之日起开始计算 18 个月回购期限，违约金的起算点亦应当顺延。（2）回购利率 8%/年约定过高，有悖于市场公平。回购条款的本质是对投资方权益的弥补而非获利。签署回购条款并不能改变华数元启公司投资行为的性质，即投资的风险性仍然要自担。在确定回购金额时应当考虑华数元启公司投资行为的实质，兼顾市场公平，不应认定回购金额为 324, 193, 534 元，应当酌情降低。（3）一审判决按照年化 16% 计算违约金过高，应当予以调整。设置迟延履行违约金的目的是补偿守约方、惩罚违约方，但违约金的约定应当符合公平原则。一审判决认定以 324, 193, 534 元为基数计算违约金有违公平，因为 324, 193, 534 元中已经包括了回购利率 8% 计算出来的利息，在 324, 193, 534 元基础上按照年 16% 的标准计算违约金实质上属于计算复利，加重了银润公司、陈某的回购责任。银润公司、陈某认为违约金的计算基数应以实际投资本金人民币 2. 5 亿元来计算，并且应调低违约金标准。3. 银润公司、陈某不应当承担回购责任，因而不应当赔偿律师费、案件受理费、诉讼保全责任保险金等因主张回购而支出的费用。即使判决，也应考虑华数元启公司的行为因素，对赔偿费用的金额予以调低。

被上诉人（一审原告）观点：一审判决认定事实清楚，适用法律正确，请求驳回上诉，维持原判。理由如下：1. 合同约定的回购条件已经触发，华数元启公司不存在任何违约行为。延迟交付审计报告是各方约定的回购触发条件，华数元启公司未作出任何豁免的意思表示，其通过书面形式要求银润公司、陈某履行回购义务的意思表示十分明确，不存在豁免其回购义务的情况。2. 华数元启公司不存在任何违约行为，在投资款支付过程中无任何逾期，对增资款的认缴完全符合合同约定。银润公司同意剩余出资款及股权转让价款相应顺延至2016年6月30日支付，华数元启公司分别于2016年6月12日、6月13日和7月1日支付案涉款项，且支付最后一笔股权转让款比约定晚一天的原因是陈某迟至6月30日才向华数元启公司提交完税凭证。银润公司、陈某在各方往来函件中对于华数元启公司支付股权转让款的时间、金额从未以任何方式提出异议和违约主张。3. 一审判决对回购金额、起算时间的认定符合合同约定，且已酌情调整。华数元启公司于2017年7月11日向银润公司、陈某发出回购通知，自2019年1月12日已超出18个月，故应从2019年1月12日开始计算违约金。一审法院结合股权回购款中已计算了8%的年利率，酌定将2019年1月12日之后的违约金调整为16%，并无不当。4. 一审判决适用法律正确，对当事人实体权利义务的处理符合合同约定和法律规定。陈某在案件审理期间实施了转移资产逃避债务的行为。华数元启公司作为一家国有资金出资并主导管理的私募股权投资基金公司，陈某恶意转移财产的行为将导致国有资产损失和债权人利益无法实现。

华数元启公司向一审法院起诉请求：1. 银润公司、陈某共同向华数元启公司支付股权回购款324,193,534元，并按年利率20%的标准承担至实际付款日止的违约金；2. 银润公司、陈某承担华数元启公司为实现债权支出的律师费80万元，财产保全担保费129,800元，合计929,800元（以上二项合计325,123,334元）；3. 诉讼费用由银润公司、陈某承担。

法院观点

一审法院观点： 本案的争议焦点为：1. 银润公司、陈某在本案中是否存在违约行为；2. 华数元启公司是否有权要求银润公司、陈某回购相应股权；3. 华数元启公司是否有权要求银润公司、陈某支付律师费用、诉讼保全保险费等相应费用。

关于争议焦点一，根据《股权转让和增资协议》及《补充协议》的约定，银润公司、陈某保证银润公司合并会计报表中2015年、2016年、2017

年会计年度实现净利润分别不少于 5500 万元、9500 万元、15,000 万元，该实际净利润指华数元启公司和银润公司共同指定并由银润公司聘请的具有证券从业资格的会计师事务所根据中国会计准则等会计制度对银润公司进行审计后确认的银润公司合并会计报表中归属公司全体股东的净利润。银润公司应在每一会计年度结束后 4 个月内，提供审计报告。如果银润公司 2015 年和 2016 年的合计实际净利润低于 2015 年和 2016 年合计目标净利润的 50%，其必须回购华数元启公司届时所持有的公司全部股权，回购利率为 8%/年。若银润公司最迟于 2017 年 6 月 30 日仍未能提供相关审计报告且未获得华数元启公司的事先许可延期或豁免，即视为所约定的回购条款触发。现银润公司在 2017 年 6 月 30 日前无法提供符合合同约定的具有证券从业资格的会计师事务所出具的审计报告，构成违约事项，能够触发回购条款。在双方的往来函件中，银润公司、陈某对其未按期提供审计报告的事实并不否认，且认可根据其单独委托的会计师事务所出具的 2015 年、2016 年审计报告，银润公司的利润亦不符合合同约定。2018 年 11 月 23 日，银润公司、陈某出具的回复函中认可回购事宜，并商谈相应解决方案。综上，银润公司、陈某对其存在违约情形、触发回购条款并不持异议。

银润公司、陈某抗辩称华数元启公司违约在先，其晚于合同约定的时间支付股权转让款及增资款。但根据《股权转让和增资协议》第 3.3.1 条约定，在协议生效后，银润公司、本次交易前全体股东、陈某向华数元启公司出具增资交割通知之日（先决条件完成日）起 10 个工作日或各方同意的其他期限内，华数元启公司将增资款 1.9 亿元汇至银润公司指定的银行账户。第 3.3.2 条约定，自先决条件完成日起，在银润公司办理完毕股权过户手续后 5 个工作日或各方同意的其他期限内，华数元启公司将股权转让款扣除税款后汇至陈某指定的银行账户，即华数元启公司支付股权转让款及增资款可在各方同意的其他期限内完成。《补充协议一》第 1.2 条、第 1.4 条中约定，华数元启公司不晚于 2015 年 6 月 30 日将款项支付给银润公司及陈某。华数元启公司于 2015 年 3 月 24 日、4 月 23 日向银润公司交付足额增资款，于 2015 年 6 月 12 日、6 月 16 日及 7 月 1 日向陈某支付足额股权转让款。除 2015 年 7 月 1 日的 1200 万元延迟一天外，其余均在各方约定的范围之内，且并无证据证明协议各方对该支付时间提出异议，故应认定该支付方式及时间并不违反案涉协议约定，银润公司、陈某抗辩称华数元启公司违约在先，缺乏事实依据，难以支持。

银润公司、陈某还抗辩称华数元启公司的母公司华数传媒与银润公司签订《战略合作框架协议》，约定华数传媒依托自身优势为银润公司宣传推广提供支持和优惠，但华数传媒未履行上述约定，存在违约。但《战略合作框架协议》明确该协议仅为合作框架协议，双方合作的具体内容及方式以项目合作协议为准，故银润公司、陈某该项抗辩缺乏依据，难以支持。

关于争议焦点二，案涉《股权转让和增资协议》及补充协议系各方真实意思表示，不存在法定无效事由，应认定上述协议效力。如上所述，银润公司存在违约情形，触发回购条款。但《公司法》第一百四十二条规定，“公司不得收购本公司股份。但是，有下列情形之一的除外：（一）减少公司注册资本；（二）与持有本公司股份的其他公司合并；（三）将股份奖励给本公司职工；（四）股东因对股东大会作出的公司合并、分立决议持异议，要求公司收购其股份的。公司因前款第（一）项至第（三）项的原因收购本公司股份的，应当经股东大会决议”。经审查，银润公司并未完成法定减资程序，故对于华数元启公司要求银润公司支付股权回购款的诉讼请求，不符合法律规定，难以支持。《股权转让和增资协议》第4.5条约定：无论银润公司因何种原因不能按期足额回购华数元启公司所持有的公司股权，陈某都有义务按第4.1条约定的价格回购华数元启公司届时所持有的银润公司全部股权，并最迟在不晚于华数元启公司作出书面确认回购要求后的18个月内付清全部回购价款，逾期未付清回购价款的，则应按年利率20%（每日5.5‱）的标准另行支付违约金。故陈某应依约承担回购华数元启公司持有的银润公司股权的义务。

根据补充协议第4.1条的约定，回购利率为8%/年，按此计算陈某应支付的股权回购款为324,193,534元。补充协议第4.3条约定：华数元启公司若要求行使回购权，银润公司应在华数元启公司书面确认回购要求后的18个月内一次性或分期回购华数元启公司所持有的公司股权（以付清回购款为标准），逾期未回购的，则应按年利率20%（每日5.5‱）的标准另行支付违约金。华数元启公司于2017年7月11日向银润公司、陈某发出《关于要求履行回购条款的通知》，以书面形式通知要求银润公司、陈某回购股权；自2019年1月12日起超出18个月，故应从该日开始计算违约金。陈某主张违约金过高，请求法院予以调整。一审法院针对股权回购款中已计算了8%的年利率，并综合各方履约情况及合同性质，酌定调整为自2019年1月12日开始，以年利率16%支付违约金。

关于争议焦点三，《股权转让和增资协议》第12.1条约定，如各方中任何一方构成违约，守约方有权要求违约方支付500万元违约金，且若此违约金尚不足以弥补守约方因此遭受的损失，违约方仍应就守约方因该违约行为遭受的所有损失、责任、费用、开支（包括为追究违约方责任而支出的调查费、律师费等）进行全面赔偿。华数元启公司为本案诉讼支付的律师费80万元，支付的诉讼保全责任保险金129,800元，均属于因违约行为遭受的损失，故有权要求银润公司、陈某赔偿相应损失。

二审法院观点：本案的争议焦点为：1. 本案回购条款是否触发，触发的原因及时间如何认定；2. 一审判决认定的回购金额及违约金的核算是否适当；3. 银润公司、陈某应否承担华数元启公司因回购而产生的费用。

关于回购条款是否触发及触发的原因及时间认定问题。补充协议第4.1条款约定，“若银润公司最迟于2017年6月30日仍未能提供相关审计报告且未获得华数元启公司的事先许可延期或豁免，即视为本条所约定的回购条款触发”。银润公司、陈某未于2017年6月30日前向华数元启公司提供具有证券从业资格的会计师事务所出具的资产审计报告，其上诉主张当事人间经过商议共同委托立信会计师事务所进行审计的行为表示华数元启公司同意银润公司、陈某延期或豁免交付审计报告，但其未能提供充分证据证明华数元启公司明确作出了同意延期或豁免的意思表示，共同委托审计的行为也不足以证明华数元启公司放弃回购。华数元启公司于2017年7月11日向银润公司、陈某发出《关于要求履行回购条款的通知》。2018年11月23日，银润公司、陈某出具的回复函中明确表示“解决回购事宜尚需时日”。2018年12月24日，银润公司、陈某出具的《关于回购事宜的建议方案》亦载明“已配合华数元启公司进行审计，并商谈回购方式”。上述事实表明双方当事人已经以书面函的形式确认了回购条款触发的事实，一审法院认定案涉协议的回购条款已经触发，并以华数元启公司发出《关于要求履行回购条款的通知》之日作为触发日，并无不当。

关于一审判决认定的回购金额及违约金的核算是否适当问题。案涉《补充协议》第4.1条约定，“如果银润公司2015年和2016年的合计实际净利润低于2015年和2016年合计目标净利润的50%，银润公司必须回购华数元启公司届时所持有的公司全部股权，回购利率为8%/年”。银润公司、陈某在出具的《关于回购事宜的建议方案》中表示，“……若华数元启公司在年底完成回购，回购款应为本金2.5亿元加累计投资利润8400万元……”在银润公司、陈某未能提供证据证明银润公司2015年、2016年合计净利润高于2015年和2016年合计目标净利润的50%的情况下，一审法院按照上述合同约定计算回购款总计324,193,534元，并无不当。银润公司、陈某上诉主张华数元启公司晚于合同约定的时间支付股权转让款及增资款，违约在先，但除2015年7月1日1200万元款项华数元启公司延迟一天支付外，其余2.38亿元认购款、增资款，华数元启公司均在合同约定的时间内支付。银润公司、陈某在公司往来函件中从未对1200万元延迟一天支付提出异议，亦未提交证据证明1200万元的延期支付对银润公司运行造成不良后果，其主张华数元启公司未按时、足额支付投资款的违约行为导致案涉对赌计划失败，不能成立。银润公司、陈某主张华数元启公司未履行股东义务，没有对公司运营产生帮助，对对赌计划未完成负有责任，但对此未提供证据证明，本院不予支持。案涉《补充协议》约定陈某有义务回购华数元启公司所持有的银润公司全部股权，并最迟在不晚于华数元启公司作出书面确认回购要求后的18个月内付清全部回购价款，逾期未付清回购价款的，则应按年利率20%（每日5.5‱）的标准另行支付违约金。一审法院基于各方履约情况及合同性质，将违约金酌定调整为自2019年1月12日开始，以年利率16%支付，并无不当。

关于银润公司、陈某应否承担华数元启公司因回购而产生的费用问题。案涉《股权转让和增资协议》第12.1条约定，如当事人各方中任何一方构成违约，守约方有权要求违约方支付500万元违约金，且若此违约金尚不足以弥补守约方因此遭受的损失，违约方仍应就守约方因该违约行为遭受的所有损失、责任、费用、开支（包括为追究违约方责任而支出的调查费、律师费等）进行全面赔偿。案涉律师费、诉讼保全责任保险金确系因本案诉讼实际发生的费用，银润公司、陈某应当按照协议约定进行赔偿。银润公司、陈某主张上述费用过高应当予以调整，但未能提供相应证据予以证明，本院不予支持。

综上所述，上诉人银润公司、陈某的上诉请求不能成立，应予驳回；一审判决认定事实清楚，适用法律正确，应予维持。

章节小结

2012年在最高人民法院审理的“甘肃世恒有色资源再利用有限公司、香港迪亚有限公司与苏州工业园区海富投资有限公司、陆波增资纠纷案”（案号：2012民提字第11号）中，最高人民法院否定了“对赌协议”的效力。最高人民法院认为，“对赌条款”实际上违反了《公司法》（2005年）第二十条关于股东不得滥用股东权利损害公司或者其他股东及公司债权人的利益，故应当根据原《合同法》第五十二条规定认定无效。但是，司法界在7年间对于“对赌条款”的态度发生了转变。2019年，江苏省高级人民法院在其审理的“江苏华工创业投资有限公司与扬州锻压机床股份有限公司、潘某某等请求公司收购股份纠纷案”［案号：（2019）苏民再62号］中，认为案涉“对赌协议”中关于股份回购的条款内容，是当事人特别设立的保护投资人利益的条款，属于缔约过程中当事人对投资合作商业风险的安排，系各方当事人的真实意思表示，不存在原《合同法》第五十二条规定的合同无效的情形。

2019年，最高人民法院通过《全国法院民商事审判工作会议纪要》（以下简称《九民纪要》），明文强调“对赌协议”的合理性。《九民纪要》认为，“对赌协议”系估值调整协议，是为解决交易双方对目标公司未来发展的不确定性、信息不对称以及代理成本问题而设计的。只要“对赌协议”不存在法定无效的事由（《民法典》规定的无效事由包括：行为能力人无民事行为能力、行为人与相对人有虚假的意思表示；违反法律、行政法规的强制性规定；违背公序良俗；恶意串通等），都应认定为合同有效，但是投资人的诉请能否实现或者说能否实际履行，需要参照《公司法》中有关股东股份回购的强制性规定加以判断是否支持诉讼请求。

至此，对赌协议的效力可能不再是投资人在私募基金投资协议中应当着重关心的问题。私募基金投资方应当将条款的设计以及谈判的焦点放在“对赌协议”能否在法律允许的范围内实现。在设计股权回购条款时，首先，要注意回购的触发条件，最好可以有明确的阈值；其次，要注意回购价格的计算方式，避免出现价格出现负值的情况；最后，要注意回购主体的选择。如果是股东方及实际控制人等，注意增加的连带保证人等保障条款要具有可执行性。如果回购主体是目标公司自身，应当按照《公司法》的规定完成相应的减资程序。否则，即使提起诉讼，目标公司如未能完成相应的减资程序，关于由目标公司回购股权的诉讼请求也将无法得到支持。

结合以上的判例、法律及司法解释，在未来，承担回购义务的股东、实际控制人等，可能无法以回购条款损害公司利益、违反《公司法》等理由主张条款无效。如与投资方发生纠纷，可能需要更多地关注条款设计的合理性、科学性。回购的前提是否成就，回购的金额是否超出正常商业逻辑的认知，违约金是否超出投资方的实际损失等问题，可能是未来诉讼过程中回购义务人应当关注的内容。如果回购的义务人是目标公司本身，还需要关注投资方是否已经按照公司章程以及法律规定完成了减资的有关程序。

第二节 “对赌协议”中业绩补偿纠纷

一、股权回购与业绩补偿条款相互独立的，投资者可以同时主张权利

案　　号：（2019）最高法民申5691号

案件名称：山东宏力艾尼维尔环境科技集团有限公司、天津普凯天吉股权投资基金合伙企业公司增资纠纷

裁判要旨：关于业绩补偿的条款与关于股权回购的条款相互独立，业绩补偿条款也并未约定以一审第三人不能在2014年12月31日前在中国境内A股市场公开发行并上市为条件。业绩补偿适用的条件是一审第三人2012年净利润达不到4500万元的情形，而股权回购适用的条件是一审第三人不能于2014年12月31日前在A股上市，两者适用条件和约定的行权时间并不相同。此外，将前述业绩补偿款和分红平均到两再审被审请人投资入股至其行使股权回购条件成就之日这段时间，其每年的投资回报率加上二审判决支持的投资成本利率即中国人民银行同期贷款利率，两再审被审请人的综合投资回报率并不存在过高的问题。

案情简介

再审申请人（一审被告、二审被上诉人）：山东宏力艾尼维尔环境科技集

团有限公司（以下简称宏力集团）

被申请人（一审原告、二审上诉人）：天津普凯天吉股权投资基金合伙企业（有限合伙）（以下简称普凯天吉）

被申请人（一审原告、二审上诉人）：天津普凯天祥股权投资基金合伙企业（有限合伙）（以下简称普凯天祥）

一审第三人：山东宏力热泵能源股份有限公司（以下简称宏力热泵）

2011年11月，普凯天吉、普凯天祥与山东宏力空调设备有限公司（以下简称宏力空调，即宏力热泵的前身）签订《关于山东宏力空调设备有限公司之增资协议》，约定：普凯天吉、普凯天祥以33,378,350元为对价认购宏力空调新增注册资本，其中3,295,000元计入宏力空调注册资本，其余30,083,350元计入宏力空调资本公积。其中普凯天吉以现金17,453,116.11元认购目标公司本次新增注册资本的1,722,913.73元，普凯天祥以现金15,925,233.89元认购目标公司本次新增注册资本的1,572,086.27元。2011年12月19日，普凯天吉、普凯天祥分别向宏力空调支付增资款17,453,116.11元、17,453,116.11元。

2011年11月，普凯天吉、普凯天祥作为甲方，宏力空调作为乙方，宏力集团作为丙方，三方签订《补充协议》。该协议第2.2条约定："本协议所述'净利润'均指扣除非正常性损益之前及之后的税后净利润较低者，且未考虑将来会计政策变更因素和股份支付因素。"第2.3条约定："乙方2012年经审计净利润未达到4500万元（因券商设计规划因素除外），则甲方有权要求丙方给予现金补偿，补偿金额＝3337.835万元×（1－2012年净利润/5000）。甲方要求进行前述约定的补偿，应向丙方发出通知，被要求方应在收到甲方通知后90日内完成相应补偿。……"第2.4条约定："经甲乙丙三方一致同意，至乙方成功国内A股公开发行上市前，甲方不要求乙方进行利润分配。"第3.1条约定："除去不可抗力，公司在2014年12月31日前因任何其他事件导致公司不能在中国境内A股市场公开发行并上市的，甲方有权在该事件发生后提前要求回购投资方股权，回购价格按照甲方投资成本加计同期贷款利息确定。甲方向乙方提出回购要求之日起九十日内，丙方应当按照本协议约定的条件收购甲方所持股权。"宏力空调2012年度的净利润没有达到4500万元。

2012年11月至2013年12月沪深股市IPO暂停1年3个月。2013年12

月13日，国务院发布《关于全国中小企业股份转让系统有关问题的决定》（国发〔2013〕49号），批准新设全国性证券交易场所，即全国中小企业股份转让系统。

2014年6月19日，宏力空调召开股东会，通过了补签2013年分红决议、报高新管委会新三板申请等项决议。

2014年7月26日，宏力热泵召开创立大会，审议通过了公司章程。公司章程第三章第三节“股份转让”第24条规定：公司股票在全国中小企业股份转让系统挂牌后，应采取公开转让形式或经中国证监会批准的其他转让形式。第25条规定：发起人持有的本公司股份，自公司成立之日起1年内不得转让。2014年8月25日，宏力空调变更为现名称宏力热泵。

2014年12月2日，宏力热泵召开2014年第二次临时股东大会，包括普凯天吉、普凯天祥在内的全体股东一致通过了《关于申请公司股票在全国中小企业股份转让系统挂牌并公开转让的议案》，拟确定公司股票在全国中小企业股份转让系统转让方式为协议转让，在满足做市转让方式的前提下，公司将积极推动采取做市转让方式。

2015年3月3日，普凯股权投资管理（上海）有限公司向宏力集团发函，要求宏力集团在2015年3月31日前履行《补充协议》第3.1条的约定。2015年5月4日，普凯天吉、普凯天祥出具《山东宏力热泵能源股份有限公司股东承诺函》，承诺在宏力热泵挂牌之前，普凯天吉、普凯天祥不会按照《补充协议》向宏力集团及/或宏力热泵提出现金补偿、利润分配、股权回购、股权转让限制、反稀释等要求。本承诺在下列任何日期最早到来（以先到者为准）之次日自动失效：(1) 宏力热泵新三板成功挂牌之日；(2) 2015年8月25日。

2015年5月15日，宏力热泵作出《山东宏力热泵能源股份有限公司公开转让说明》，其中第43页载明，宏力热泵的机构投资者已分别出具声明及承诺：在宏力热泵股票在全国中小企业股份转让系统正式挂牌之前，不会按照补充协议中的约定，提出现金补偿、利润分配、股权回购、股权转让限制、反稀释等要求。

2015年5月19日，全国中小企业股份转让系统有限责任公司向宏力热泵发出《关于同意山东宏力热泵能源股份有限公司股票在全国中小企业股份转让系统挂牌的函》，其中载明：“……根据《中华人民共和国公司法》《中华人民共和国证券法》《国务院关于全国中小企业股份转让系统有关问题的决定》《非上市公众公司监督管理办法》《全国中小企业股份转让系统业务规则(试行)》等有关法律法规、部门规章及相关业务规定，经审查，现同意你公司股票在全国中小企业股份转让系统挂牌。……你公司挂牌后纳入非上市公众公司监管……”

2015 年 6 月 5 日，宏力热泵在全国中小企业股份转让系统（新三板）挂牌。宏力热泵股票上市后最高价 11 元左右，近一年来股价为 2 ~ 3 元。

2015 年 7 月 17 日，宏力热泵召开 2015 年第一次临时股东大会，会议审议了“关于公司股票由协议转让方式变更为做市转让方式的议案”等议案，普凯天吉、普凯天祥参加了会议并投票同意。

2015 年 11 月 20 日，宏力集团向普凯天吉、普凯天祥回函，表示不同意普凯天吉、普凯天祥 2015 年 11 月 2 日函件中再次提出的“现金补偿”与“赎回股份”主张。

2015 年 12 月 31 日，宏力热泵分别支付普凯天祥、普凯天吉 2013 年的分红 314, 420 元、344, 580 元。

2016 年 3 月 18 日，全国中小企业股份转让系统有限责任公司给宏力热泵发出《关于同意股票变更为做市转让方式的函》，同意宏力热泵股票自 2016 年 3 月 22 日起，由协议转让方式变更为做市转让方式，中泰证券股份有限公司、中原证券股份有限公司、招商证券股份有限公司、申万宏源证券有限公司为宏力热泵股票提供做市报价服务。

截至 2018 年 4 月 13 日，宏力热泵共有 39 名股东，与宏力热泵挂牌时的股东人数相比，增加了 9 名股东。四位做市商共持有宏力热泵的股权比例为 9. 6807%。

在一审第三人新三板挂牌过程中，上诉人向被上诉人、一审第三人推荐券商，并就新三板挂牌政策等方面提出了建议。2014 年 11 月 5 日，上诉人委托普凯股权投资管理（上海）有限公司向被上诉人、一审第三人及其董事长于某某发送了催告函，内容为：为了公司发展考虑，希望公司能尽快推进新三板申报，按照公司原定计划在 2014 年 12 月 31 日之前递交新三板挂牌申请。如果公司未能在 2014 年 12 月 31 日递交新三板挂牌申请，根据《补充协议》第二条“业绩承诺及权益调整”及第三条“上市保证与股份转让”的约定，普凯有权立刻要求公司进行业绩补偿，并在 2015 年任何时候启动赎回要求。

2014年12月23日，上诉人委托普凯股权投资管理（上海）有限公司向被上诉人、一审第三人及其董事长于某某发送了催告函，要求被上诉人收到函件后90日内付清补偿金14,372,900元，同时因一审第三人无法在2014年12月31日前实现中国境内A股市场公开发行并上市，要求被上诉人回购上诉人股份。2015年11月2日，上诉人再次委托普凯股权投资管理（上海）有限公司向被上诉人、一审第三人及其董事长于某某发送了催告函，要求根据《补充协议》的约定启动现金补偿和赎回股份的程序。

判决结果

一审法院：驳回普凯天吉、普凯天祥的诉讼请求。诉讼保全费5000元，均由普凯天吉、普凯天祥负担。

二审法院判决：1. 撤销山东省潍坊市中级人民法院（2016）鲁07民初24号民事判决；2. 宏力集团于本判决生效之日起10日内支付普凯天吉、普凯天祥业绩补偿款14,372,900元；3. 宏力集团于本判决生效之日起10日内支付普凯天吉按投资成本17,453,116.11元加计中国人民银行同期贷款利息计算的股权回股款（利息以17,453,116.11元为基数，按中国人民银行同期贷款利率自2011年12月20日起计算至判决确定偿还之日止），并受让普凯天吉持有的宏力热泵全部股份；4. 宏力集团于本判决生效之日起10日内支付普凯天祥按投资成本15,925,233.89元加计中国人民银行同期贷款利息计算的股权回股款（利息以15,925,233.89元为基数，按中国人民银行同期贷款利率自2011年12月20日起计算至判决确定偿还之日止），并受让普凯天祥持有的宏力热泵全部股份。

再审法院：驳回宏力集团的再审申请。

各方观点

再审申请人（一审被告、二审被上诉人）观点：依据《民事诉讼法》第二百条第一项、第二项、第六项之规定，请求：1. 依法裁定对本案进行再审；2. 撤销山东省高级人民法院（2018）鲁民终2175号民事判决，维持山东省潍坊市中级人民法院（2016）鲁07民初24号民事判决，驳回普凯天吉和普凯天祥的全部诉讼请求。事实与理由：其一，二审判决关于普凯天吉和普凯天祥未放弃《关于〈山东宏力空调设备有限公司之增资协议〉之补充协议》（以下简称《补充协议》）约定的回购权利的认定缺乏事实证明。宏力集团申请再审提交的新证据足以证明，宏力热泵改在新三板挂牌系由高新投资发展有限公司（以下简称高新投资）主动提出，包括普凯天吉和普凯天祥在内的全体股东已经通过书面协议的合意方式放弃了宏力热泵在A股上市的回购条件。之后，各方股东实际履行的均是推进新三板挂牌的交易安排，包括普凯天吉和普凯天祥在内的各方股东从未再向宏力集团或宏力热泵提出过任何关于在A股上市的要求，也从未提议召开过任何关于A股上市的股东会或者作出过任何相关决议。新三板挂牌与A股上市属于互斥程序，不可能同时申请并同时实现，普凯天吉和普凯天祥作为专业投资机构，已经明确知悉自己的行为必然导致目标公司无法于2014年12月31日以前在A股完成上市，应自行承担相应风险及后果。宏力热泵未能于2014年12月31日实现A股上市并非宏力集团单方违约导致，而是各股东共同行为所造成的，如果认定普凯天吉和普凯天祥仍然具有回购权利，有违公平原则。《山东宏力热泵能源股份有限公司股东承诺函》仅系为推进新三板挂牌程序严格合规需求出具，并不代表普凯天吉和普凯天祥仍然享有回购权利。普凯天吉和普凯天祥仅因新三板挂牌上市后股价下跌，即反言主张其仍然具有回购权利，严重违反诚实信用原则，依法不应予以支持。根据《补充协议》约定，仅在实现A股公开上市情况下，普凯天吉和普凯天祥方可进行利润分配。普凯天吉和普凯天祥参与利润分配的事实，可以证明其认为新三板挂牌实现了与A股上市的相同效果，其已经放弃了以宏力热泵未在A股上市为条件要求宏力集团回购其股份的权利。其二，在普凯天吉和普凯天祥等股东合意放弃《补充协议》约定的A股上市条件，并事实上推动宏力热泵在新三板挂牌以后，《补充协议》中关于业绩补偿的履行基础已经实质改变，普凯天吉和普凯天祥继续主张所谓业绩补偿缺乏依据。而且，普凯天吉和普凯天祥基于《补充协议》第2.3条和第3.1条要求宏力集团同时承担业绩补偿责任和股权回购责任，请求矛盾，股权回购相当于撤回出资且失去股东身份，进而以股东身份为前提的业绩补偿也就失去依据。二审判决同时支持两项请求错误，依法应予纠正。

被申请人（一审原告、二审上诉人）观点：1. 宏力集团提交的证据不属于再审新证据，其申请不符合《民事诉讼法》（2017年修正）第二百条第一项规定的再审条件。2.《补充协议》未经变更和解除，对各方仍具约束力。普凯天吉和普凯天祥亦从未放弃依据《补充协议》享有的权利，宏力集团应依约履行利润补偿及股权回购义务。3.《补充协议》中利润补偿及股权回购条款属于两个不同的对赌条件，二者没有依附关系，普凯天吉和普凯天祥可在对应条件满足时同时主张。综上所述，二审判决认定事实清楚，适用法律正确，宏力集团的再审申请应予驳回。

法院观点

一审法院观点：本案各方当事人主要争议的焦点问题有四个：一是普凯天吉、普凯天祥与宏力集团及宏力热泵签订的《补充协议》是否有效；二是普凯天吉、普凯天祥要求宏力集团支付补偿款14,372,900元的诉讼请求是否成立；三是普凯天吉、普凯天祥是否存在不正当促成回购条件成就的行为；四是股份回购条款是否存在变更或者因不可抗力致使不能实现合同目的而解除的情形。

关于《补充协议》是否有效。首先，普凯天吉、普凯天祥作为投资方，宏力集团作为目标公司的股东，与作为目标公司的宏力热泵，三方在平等、自愿的基础上协商订立的《补充协议》意思表示真实，业绩补偿与股权回购条款系缔约过程中当事人对投资合作商业风险的安排，不违反合法、公平、诚实信用的商事缔约原则。其次，涉案股权回购不会导致目标公司宏力热泵资本减少，不违反《公司法》关于禁止抽逃出资的规定；该回购股权系私募股权，不适用《公司法》第一百二十七条的规定。再次，《补充协议》第3.1条约定的普凯天吉、普凯天祥与宏力集团之间的权利义务仅为双方之间的合同法律关系，宏力集团对普凯天吉、普凯天祥的补偿承诺并不损害公司及公司债权人利益，有关股权回购与业绩补偿的约定均未违反《反垄断法》(2007年公布）第十三条第一款第一项以及《反不正当竞争法》第二条等法律、行政法规的禁止性强制性规定。最后，《增资协议》与《补充协议》并未约定宏力集团的被保证人身份或宏力热泵的保证人身份，亦无宏力集团承担保证责任的约定，该两份协议的内容不能体现宏力集团与宏力热泵为保证合同法律关系，因此宏力集团以违反《公司法》第十六条为由主张协议与担保无效并不成立。综上，《补充协议》意思表示真实，内容合法，不违反法律、行政法规的禁止性强制性规定，为有效协议，对协议各方具有法律约束力，各方均应依约履行。

关于普凯天吉、普凯天祥要求支付补偿款的诉请是否成立。首先，如焦点一中所述，宏力集团与宏力热泵并非保证合同关系，补充协议第2.3条与第3.1条约定的是普凯天吉、普凯天祥与宏力集团之间的权利义务，第2.3条明确约定宏力集团负有现金补偿义务，第3.1条涉及的宏力热泵收购义务是否履行不影响宏力集团履行收购义务的独立性。故宏力集团以其承担的系连带保证责任、6个月的保证期间已过等为由主张免除责任的答辩意见不成立，不予采信。其次，宏力集团主张宏力热泵未实现补充协议约定利润目标系券商规划设计因素，于本案中提供的证据不具备相应证明力，其以此否认普凯天吉、普凯天祥提出的业绩补偿请求不成立，不予采信。最后，普凯天吉、普凯天祥依照《补充协议》约定的计算方式要求宏力集团支付补偿款14,372,900元，因其主张的净利润数据的来源即证据大信审字［2014］第3-00451号审计报告复印件不能作为有效证据，故普凯天吉、普凯天祥以此数据为基础要求宏力集团支付补偿款14,372,900元，依据不足，不予支持。

关于普凯天吉、普凯天祥是否存在不正当促成回购条件成就的行为。宏力集团主张普凯天吉、普凯天祥不配合吸收空调安装公司的工作以及拖延备案，仅是其单方陈述，不足以采信；且考虑到2012年11月至2013年12月出现的沪深股市IPO暂停1年3个月的情形，宏力热泵股票未能如期在国内A股市场上市原因复杂，即使能够认定普凯天吉、普凯天祥存在拖延行为，其拖延行为所起作用无法估量，故对宏力集团有关普凯天吉、普凯天祥存在不正当促成回购条件成就行为的主张，不予采信。

关于《补充协议》中股票回购的约定是否存在变更或解除情形的问题。

首先，宏力热泵在2014年12月2日召开2014年第二次临时股东大会，审议通过了《关于申请公司股票在全国中小企业股份转让系统挂牌并公开转让的议案》，普凯天吉、普凯天祥在该议案上签字盖章。《全国中小企业股份转让系统业务规则》第3.1.1条规定："股票转让采用无纸化的公开转让形式，或经中国证监会批准的其他转让形式。"普凯天吉、普凯天祥同意宏力热泵股票在全国中小企业股份转让系统（新三板）挂牌转让，即是表示同意接受《全国中小企业股份转让系统业务规则》的约束并同意按照第3.1.1条规定的公开转让形式转让其持有的宏力热泵股票，如采用其他转让形式则应经过中国证监会批准，普凯天吉、普凯天祥在宏力热泵股票公开转让或非公开转让两种转让形式之间作出了选择，放弃了原来双方之间约定的非经过新三板进行的非公开转让形式。

其次，宏力热泵 2014 年 7 月 26 日通过的公司章程第三章第三节的规定，对公司股份转让的方式和时间限制作出了与之前约定不同的规定，普凯天吉、普凯天祥作为宏力热泵的股东和发起人依法受到公司章程的制约，因此公司章程的上述规定应视为普凯天吉、普凯天祥对于公司股份转让方式变更的同意，普凯天吉、普凯天祥与宏力集团之间约定的股份协议转让的形式已经变更为在全国中小企业股份转让系统挂牌的公开转让形式或者经中国证监会批准的其他转让形式。公司章程对发起人持有的本公司股份自公司成立之日起一年内不得转让的规定，对普凯天吉、普凯天祥所持股份通过新三板进行公开转让的时间限制的效力持续到 2015 年 7 月底，而《补充协议》第 3.1 条约定的在 2014 年 12 月 31 日后 90 日内回购股份，与公司章程的限制相冲突，因此新的限制已经取代了《补充协议》的约定。

再次，宏力热泵 2015 年 7 月 17 日召开 2015 年第一次临时股东大会，审议通过了“关于公司股票由协议转让方式变更为做市转让方式的议案”等议案，包括普凯天吉、普凯天祥在内的出席股东全部同意公司股票转让变更为做市转让。2016 年 3 月 18 日，全国中小企业股份转让系统有限责任公司同意宏力热泵股票自 2016 年 3 月 22 日起，由协议转让方式变更为做市转让方式。《全国中小企业股份转让系统业务规则》第 3.1.4 条、《全国中小企业股份转让系统股票转让细则（试行）》第四十四条、《全国中小企业股份转让系统股票转让细则》（2018 年 1 月 15 日施行）第四十三条皆规定：做市转让方式下，投资者之间不能成交。《全国中小企业股份转让系统股票转让细则》第七十八条第二款规定：“协议转让的成交价格应当不高于前收盘价的 200% 或当日已成交的最高价格中的较高者，且不低于前收盘价的 50% 或当日已成交的最低价格中的较低者。”因此，做市转让方式下，股东之间无法直接交易，即使在协议转让方式下也无法按照原《补充协议》约定的价格成交。宏力热泵股票经公司决议并经全国中小企业股份转让系统公司批准由协议转让方式变更为做市转让方式，普凯天吉、普凯天祥转让自己持有的宏力热泵股票不仅受到公司决议的制约，也受到《全国中小企业股份转让系统业务规则》、《全国中小企业股份转让系统股票转让细则（试行）》及后来实施的《全国中小企业股份转让系统股票转让细则》制约，即普凯天吉、普凯天祥通过同意和服从公司决议的方式为自己设定了对包括宏力集团在内的公司股东的新合同义务和其作为公司股东根据公司章程应当遵守的股东义务，从而放弃了原《补充协议》约定的非公开协议转让方式，而改用公开转让的做市转让方式。普凯天吉、普凯天祥通过本案诉讼要求宏力集团以原《补充协议》约定的非公开协议转让方式回购自2016年3月22日起开始做市交易的宏力热泵股份，是对包括宏力集团在内的公司股东的违约行为，宏力集团有权抗辩不履行原《补充协议》约定的义务。

复次，普凯天吉、普凯天祥在2015年12月31日收取了2013年的分红，以实际行为表明了不再履行《补充协议》第2.4条约定的义务，基于该义务的条件即关于股票在国内A股公开发行上市的约定也失去了效力。普凯天吉、普凯天祥未遵守约定的行为进一步表明了其放弃股票在国内A股公开发行上市的意愿。

最后，虽然普凯天吉、普凯天祥在2015年5月4日出具的《山东宏力热泵能源股份有限公司股东承诺函》中表示在公司挂牌之前不提出股权回购要求的承诺在公司成功挂牌之后自动失效，但是在2015年5月15日《山东宏力热泵能源股份有限公司公开转让说明》中只是公开了在公司挂牌之前不提出股权回购的承诺，并没有公开在公司成功挂牌之后该承诺自动失效的表示，而在公司成功挂牌之后该承诺自动失效的说法只是普凯天吉、普凯天祥单方的意思表示，对宏力集团没有法律约束力；普凯天吉、普凯天祥虽有撤回承诺的自由，但并不表明《补充协议》约定的回购义务重新生效。况且，在宏力能源成功挂牌之后，普凯天吉、普凯天祥又作出新的承诺并经公司章程确认在公司成立之日起一年内不得转让股票，系全体股东的一致意思表示，因此普凯天吉、普凯天祥以2015年5月4日《山东宏力热泵能源股份有限公司股东承诺函》和2015年5月15日《山东宏力热泵能源股份有限公司公开转让说明》为根据要求宏力集团回购其股份，与上述各股东之间达成的一致意思表示相冲突，其关于在公司成功挂牌之后该承诺自动失效的表示不具有合同效力。

综上所述，普凯天吉、普凯天祥与宏力集团及宏力热泵签订的《补充协议》是有效合同，合同约定的宏力集团收购普凯天吉、普凯天祥股份的义务是双方之间的独立法律关系。该协议签订后，国家政策发生了变化，2012年

11 月至 2013 年 12 月沪深股市 IPO 暂停 1 年 3 个月，2013 年 12 月 13 日国务院发布《关于全国中小企业股份转让系统有关问题的决定》批准设立新的全国性证券交易场所，即全国中小企业股份转让系统。在情事变更的情况下，目标公司宏力热泵及全体股东商讨应对策略，停止沪深股市 IPO，而改为在全国中小企业股份转让系统上市。虽然普凯天吉、普凯天祥与宏力集团之间没有关于变更股份收购协议的书面约定，但普凯天吉、普凯天祥以其在公司一系列决议中的投票行为表明了不再履行股份收购协议的意思表示，宏力集团同样以其在公司一系列决议中的投票行为作出与普凯天吉、普凯天祥一致的意思表示，双方之间的股份收购协议已因双方的一致投票行为而发生变更。普凯天吉、普凯天祥请求宏力集团在全国中小企业股份转让系统之外的交易场所以固定价格收购其股份，违反了公司章程，也违反了《全国中小企业股份转让系统业务规则》、《全国中小企业股份转让系统股票转让细则（试行）》及后来实施的《全国中小企业股份转让系统股票转让细则》的规定，其违约行为不应得到法律支持，该诉讼请求应予驳回。普凯天吉、普凯天祥于本案中请求宏力集团支付补偿款 14, 372, 900 元的证据不足，该诉讼请求亦应予驳回。

二审法院观点：本案二审当事人的争议焦点是：1.《补充协议》中关于股权回购及业绩补偿的约定是否已变更或解除；2. 如未变更或解除，被上诉人应支付股权回购款及业绩补偿款的数额。

一、《补充协议》中关于股权回购及业绩补偿的约定是否已变更或解除

（一）股权回购部分

1. 民事权利的放弃必须采取明示的意思表示才能发生法律效力，默示的意思表示只有在法律有明确规定或当事人有特别约定的情况下才能发生法律效力，不宜在无明确约定或者法律无特别规定的情况下，推定当事人对权利进行放弃。本案中，《补充协议》明确约定协议修改、变更事项在双方签署书面协议后方可生效，而上诉人、被上诉人以及一审第三人之间从未就变更或解除《补充协议》中股权回购约定协商一致并签订书面变更或解除的协议，所以虽然上诉人同意一审第三人由在中国境内 A 股市场公开发行并上市转为在全国中小企业股份转让系统挂牌交易，并领取了一审第三人在新三板挂牌后的分红，但不能就此推定上诉人放弃了要求被上诉人按照《补充协议》约定回购其股权的权利。上诉人主张其作为一审第三人股东，之所以签署一审第三人的相关股东会决议、公司章程等，是因为从一审第三人的利益角度考虑，配合该公司在全国中小企业股份转让系统挂牌，其主张符合一审第三人在新三板挂牌的实际状况，应予采信。

2. 上诉人不但未放弃要求被上诉人回购其股权的权利，反而一直积极主张权利。通过2014年12月23日、2015年3月3日、2015年11月2日上诉人委托普凯股权投资管理（上海）有限公司向被上诉人发出的催告函件以及2015年5月4日上诉人出具的《山东宏力热泵能源股份有限公司股东承诺函》、2015年5月15日一审第三人作出的《公开转让说明》第43页中的声明承诺等均可以看出，为配合一审第三人新三板挂牌，上诉人只是推迟行使其要求股权回购的权利，而并无放弃的意思表示，并且上诉人在一审第三人新三板挂牌前后一直不断向被上诉人主张股权回购。

3. 本案上诉人不存在为自己利益不正当促成条件成就的情形。上诉人与被上诉人、原审第三人签订的《补充协议》第3.1条约定，“除去不可抗力，公司在2014年12月31日前因任何其他事件导致公司不能在中国境内A股市场公开发行并上市的，甲方有权在该事件发生后提前要求回购投资方股权，回购价格按照甲方投资成本加计同期贷款利息确定”。本案一审第三人并未能在2014年12月31日前在中国境内A股市场公开发行并上市，且不存在不可抗力情形，上诉人要求被上诉人回购股权的条件已经成就，上诉人即已实际享有要求被上诉人回购股权的权利。上诉人在一审第三人已确定不能在2014年12月31日前在中国境内A股市场公开发行并上市的情况下，即《补充协议》约定的股权回购条件已经成就的情况下，同意一审第三人新三板挂牌，不会对股权回购的履行基础产生实质影响，亦不属于上诉人为自己利益不正当促成条件成就的情形。再者，在一审第三人已确定不能在2014年12月31日前在中国境内A股市场公开发行并上市的情况下，上诉人为了自身利益或一审第三人利益，选择积极促成一审第三人新三板挂牌，是正常的商业决断，亦不违反诚信原则。

综上，一审法院以上诉人在一审第三人一系列决议中的投票行为推定其放弃了要求股权回购的权利，从而认定《补充协议》已因双方协商同意而解除错误，本院予以纠正。

（二）业绩补偿部分

与前述同理，《补充协议》中关于业绩补偿的约定也并未变更或解除。再者，《补充协议》中关于业绩补偿的条款与关于股权回购的条款相互独立，业绩补偿也并未约定以一审第三人不能在 2014 年 12 月 31 日前在中国境内 A 股市场公开发行并上市为条件。故被上诉人主张《补充协议》中关于业绩补偿的约定也已变更或解除的理由不能成立，本院不予支持。

另外，关于《补充协议》中股权回购的约定能否实际履行的问题。《全国中小企业股份转让系统股票转让细则》第十三条规定，股票可以采取做市转让方式、竞价转让方式、协议转让方式进行转让；因收购、股份权益变动或引进战略投资者等原因导致的股票转让，可以申请进行特定事项协议转让。特定事项协议转让的具体办法另行制定。《全国中小企业股份转让系统挂牌公司股份特定事项协议转让业务暂行办法》第四条规定，“挂牌公司股份转让具有下列情形之一的，可以向全国股转公司和中国结算申请办理特定事项协议转让手续：……（四）按照挂牌公司披露的通过备案或审查的《公开转让说明书》、《股票发现情况报告书》、《重大资产重组报告书》等文件中股东间业绩承诺及补偿等特殊条款，特定投资者之间以事先约定的价格进行的股份转让……”本案《补充协议》尤其是其第 3.1 条关于股权回购的特殊条款内容已在一审第三人公布的《公开转让说明》中进行了披露，在双方当事人约定的股权回购条件成就后，完全可以按照《补充协议》约定的股权回购价格，通过申请特定事项协议转让的方式在全国中小企业股份转让系统进行股份转让。一审法院关于上诉人申请股权回购违反法律规定的认定错误，本院予以纠正。

二、被上诉人应支付股权回购款及业绩补偿款的数额

（一）股权回购款的数额

如前所述，本案关于股权回购的约定并未变更或解除，且股权回购条件已经成就。《补充协议》第 3.1 条约定，“除去不可抗力，公司在 2014 年 12 月 31 日前因任何其他事件导致公司不能在中国境内 A 股市场公开发行并上市的，甲方有权在该事件发生后提前要求回购投资方股权，回购价格按照甲方投资成本加计同期贷款利息确定”。因而，上诉人有权要求被上诉人按照该协议约定回购股权，回购价格按照上诉人投资成本加计同期贷款利息确定。对于同期贷款利息，上诉人同意按照中国人民银行同期贷款利率确定。上诉人普凯天吉、普凯天祥向一审第三人的投资成本分别为 17,453,116.11 元、15,925,233.89 元，所以被上诉人应支付上诉人普凯天吉的股权回购款为投资成本 17,453,116.11 元加计中国人民银行同期贷款利息，应支付上诉人普凯天祥股权回购款为投资成本 15,925,233.89 元加计中国人民银行同期贷款利息。

（二）业绩补偿款的数额

上诉人与被上诉人、一审第三人签订的《补充协议》第 2.2 条约定，“本协议所述‘净利润’均指扣除非正常性损益之前及之后的税后净利润较低者，且未考虑将来会计政策变更因素和股份支付因素”。第 2.3 条约定，“乙方 2012 年经审计净利润未达到 4500 万元（因券商设计规划因素除外），则甲方有权要求丙方给予现金补偿，补偿金额 = 3337.835 万元 ×（1 - 2012 年净利润/5000）。甲方要求进行前述约定的补偿，应向丙方发出通知，被要求方应在收到甲方通知后 90 日内完成相应补偿。……”如前所述，《补充协议》中关于业绩补偿的上述约定并未变更或解除，上诉人有权要求被上诉人按照上述约定给予业绩补偿。

对于业绩补偿款的具体数额，上诉人提交了大信审字［2014］第 3 - 00451 号《审计报告》，该报告虽为复印件，虽与被上诉人提交的大信审字［2014］第 3 - 00550 号《审计报告》有一定差异，但对上诉人提交的《审计报告》，被上诉人及一审第三人均认可其真实性，且根据上诉人提交的《审计报告》计算业绩补偿额对被上诉人有利，所以本院对上诉人提交的大信审字［2014］第 3 - 00451 号《审计报告》予以采信。从该报告可以看出，一审第三人 2012 年扣除非经常性损益之前的净利润为 35,060,073.98 元，扣除非经常性损益之后的净利润为 28,469,720.84 元。根据《补充协议》第 2.2 条、第 2.3 条的约定计算，被上诉人应支付上诉人的业绩补偿款数额为：3337.835 万元 ×（1 - 28,469,720.84 元/5000 万元）= 14,372,903.87 元，二审中被上诉人对此计算方式也未提出异议。故上诉人要求被上诉人支付业绩补偿款 14,372,900 元，有事实和法律依据，应予支持，一审法院以上诉人提交的《审计报告》系复印件为由不予支持上诉人主张的业绩补偿款不当，本院予以纠正。

再审法院：本案再审审查争议焦点有三个问题：1. 是否有新的证据足以推翻二审判决；2. 二审判决认定的事实是否缺乏证据证明；3. 二审判决是否存在适用法律错误问题。

一、是否有新的证据足以推翻二审判决

宏力集团申请再审提交了三组证据。第一组证据：证据 1. 2013 年 12 月

20 日，高新投资的投资总监左某向宏力集团办公室主任周某 1 发出的电子邮件；证据 2. 2013 年 12 月 25 日，普凯天吉、普凯天祥项目负责人薛某 1 向宏力热泵工作人员周某 1 及其他股东回复的电子邮件；证据 3. 2013 年 12 月 28 日，宏力集团财务副总徐某某发送给民生证券项目负责人袁某的电子邮件；证据 4. 2011 年 6 月 30 日，宏力空调与民生证券签署的《关于山东宏力空调设备有限公司改制与上市辅导、保荐（主承销）之总体合作协议》；证据 5. 2014 年 5 月 30 日，普凯天祥合伙人李某某向宏力集团财务总监徐某某发送推荐东兴证券作为券商的电子邮件；证据 6. 2014 年 10 月，宏力热泵与齐鲁证券有限公司签署的《关于山东宏力热泵能源股份有限公司全国股转系统挂牌之财务顾问协议》；证据 7. 2014 年 6 月 19 日的《山东宏力空调设备有限公司股东会纪要》。该组证据用于证明普凯天吉、普凯天祥书面同意宏力热泵改在新三板挂牌，放弃了继续在 A 股上市的回购条件。第二组证据：证据 8. 2015 年 7 月 5 日新闻报道《证监会 20 年内 8 次暂停 IPO 3 次股价下跌（图）》；证据 9. 宏力热泵在新三板挂牌后股价波动情况。该组证据用于证明宏力热泵未能如期实现在 A 股上市不是宏力集团的单方违约所致，普凯天吉和普凯天祥仅因新三板挂牌上市后股价下跌，即反言主张其仍然具有回购权利，有违公平原则。第三组证据：证据 10. （2017）京 01 民初 814 号判决书，用于证明二审判决同时要求宏力集团承担股权回购和业绩补偿责任错误。

本院组织当事人进行了质证，宏力集团认可的前述证据中证据 2、证据 3、证据 5、证据 7 在一审中已经提交过。据此，本院对这些证据不作为新证据审查。普凯天吉、普凯天祥对宏力集团提交的证据 4 和证据 6 的真实性予以认可，对证据 1、证据 8、证据 9、证据 10 的真实性不予认可，且认为宏力集团提交的所有证据都不属于再审新证据，不应予以采纳。宏力热泵同意宏力集团对其提交证据的主张。本院认为，就证据形式而言，宏力集团提交的第一组证据在二审庭审结束前已经存在，且不存在因客观原因不能发现或者无法取得的情形，因此形式上不属于再审新证据；第三组证据不属于证据。就证据内容而言，第一组证据不能直接证明宏力热泵全体股东书面合意放弃了《补充协议》约定的回购条件。第二组证据之证据 9 没有标明来源和出处，无法确定其真实性；即便真实，也仅仅反映了宏力热泵股票价格的变动情况，实现不了宏力集团主张的证明目的。因此，宏力集团提交的新证据不足以推翻二审判决，其该项再审申请理由不能成立，本院不予支持。

二、二审判决认定的事实是否缺乏证据证明

权利的放弃应予明示，除非有法律的特别规定或者当事人有特别约定。本案中，当事人在《补充协议》中明确约定，协议修改、变更事项在各方签署书面协议后方可生效。普凯天吉、普凯天祥、宏力集团和宏力热泵之间并未就变更或解除《补充协议》签订书面协议。而且，从2014年12月23日、2015年3月3日、2015年11月2日普凯天吉、普凯天祥委托普凯股权投资管理（上海）有限公司向宏力集团发出的催告函件以及2015年5月4日普凯天吉、普凯天祥出具的《山东宏力热泵能源股份有限公司股东承诺函》、2015年5月18日宏力热泵作出的《公开转让说明》第43页中的声明承诺等均可以看出，普凯天吉、普凯天祥不但未明示放弃要求宏力集团收购其股权的权利，反而一直在主张回购权利。尽管普凯天吉、普凯天祥同意宏力热泵2014年6月19日的股东会决议、配合宏力热泵申请新三板上市相关工作以及收取了分红，但上述行为只表明其同意宏力热泵申请新三板上市，并不足以证明其放弃要求宏力集团按照《补充协议》的约定条件收购其股权的权利。二审判决认定普凯天吉、普凯天祥未放弃《补充协议》约定的回购权利，并无不当。宏力集团的该项再审申请理由不能成立，本院不予支持。

三、二审判决是否存在适用法律错误问题

宏力集团主张普凯天吉、普凯天祥基于《补充协议》第2.3条和第3.1条要求宏力集团同时承担业绩补偿责任和股权回购责任，存在矛盾，构成重复请求，二审法院判决同时支持两项责任存在错误。本院认为，宏力集团的该项主张不能成立，理由如下：

1. 同时支持业绩补偿和股权回购是否矛盾问题。《补充协议》第2.3条约定："乙方2012年经审计净利润未达到4500万元（因券商设计规划因素除外），则甲方有权要求丙方给予现金补偿，补偿金额＝3337.835万元×（1－2012年净利润/5000）。甲方要求进行前述约定的补偿，应向丙方发出通知，被要求方应在收到甲方通知后90日内完成相应补偿。如果因为不可抗力因素或本协议各方一致书面认可的特殊情况而导致公司未能达到承诺的保底净利润，经本协议各方协商同意后可以修改利润保障及权益调整条款。"《补充协议》第3.1条约定："除去不可抗力，公司在2014年12月31日前因任何其他事件导致公司不能在中国境内A股市场公开发行并上市的，甲方有权在该事件发生后提前要求回购投资方股权，回购价格按照甲方投资成本加计同期贷款利息确定。甲方向乙方提出股权回购要求之日起九十日内，丙方应当按照本协议约定的条件收购甲方所持股份。”由上述约定可见，业绩补偿适用的条件是宏力热泵2012年净利润达不到4500万元的情形，而股权回购适用的条件是宏力热泵不能于2014年12月31日前在A股上市，两者适用条件和约定的行权时间并不相同。业绩补偿条件成就之时，案涉股权回购条件尚未成就，普凯天吉和普凯天祥仍为宏力热泵的股东，并不存在宏力集团主张的普凯天吉和普凯天祥不是股东，不享有业绩补偿权利，同时支持业绩补偿和股权回购权利存在矛盾的问题。

2. 同时支持业绩补偿和股权回购是否导致普凯天吉和普凯天祥的投资回报率过高问题。二审判决宏力集团应支付普凯天吉、普凯天祥2012年的业绩补偿款为14,372,900元。本案普凯天吉、普凯天祥的投资成本为33,378,350元（17,453,116.11元+15,925,233.89元）。2015年12月31日，宏力热泵分别支付普凯天祥、普凯天吉2013年的分红314,420元、344,580元，合计659,000元。据此，将前述业绩补偿款和分红平均到普凯天吉、普凯天祥投资入股至其行使股权回购条件成就之日这段时间，其每年的投资回报率加上二审判决支持的投资成本利息利率即中国人民银行同期贷款利率，普凯天吉、普凯天祥的综合投资回报率并不存在过高的问题。因此，二审判决不存在适用法律错误的问题，宏力集团的该项再审申请理由不能成立，本院不予支持。

二、业绩补偿款过度超过投资额，存在不被法院认可的可能性

案　　号：（2014）浙杭商终字第2488号

案件名称：苏州富丽泰泓投资企业与杭州中宙科技有限公司、浙江中宙光电股份有限公司合同纠纷

裁判要旨：依据“对赌协议”中的业绩补偿计算公式，如果接受投资的公司利润为负，为避免出现业绩补偿额过度超过投资额的情况，法院将在计算业绩补偿时将利润调整为零。

案情简介

上诉人（一审被告）：杭州中宙科技有限公司（以下简称杭州中宙公司）

被上诉人（一审原告）：苏州富丽泰泓投资企业（以下简称富丽泰泓投资）

一审被告：浙江中宙光电股份有限公司（以下简称浙江中宙公司）

2011年1月20日，富丽泰泓投资与浙江中宙公司签订《增资扩股协议》，主要约定如下：浙江中宙公司系在中国境内依法设立并有效存续的股份有限公司，注册资本为5618.6万元，实收资本为5618.6万元，股份总数为5618.6万股，拟进行增资扩股，将股份总数由现有的5618.6万股增加至6600万股，浙江中宙公司有意向富丽泰泓投资发行且富丽泰泓投资有意认购数量为100万股的新增股份，增资中目标股份的认股价格确定为人民币8.7元/股，富丽泰泓投资须向浙江中宙公司缴纳认股价款人民币870万元；浙江中宙公司应在本协议签署并生效后3个工作日内向富丽泰泓投资发出缴款通知书，发出缴款通知书后的5个工作日内，富丽泰泓投资应将认股价款足额缴纳至浙江中宙公司缴款通知书中载明的验资账户，股价款缴纳至验资账户后的5个工作日内，浙江中宙公司聘请会计师事务所进行验资并出具验资报告，验资报告出具之日起3个工作日内，浙江中宙公司应向主管工商行政管理机关办理注册资本、实收资本等工商变更登记手续；自本次增资完成之日起，富丽泰泓投资即成为浙江中宙公司的股东，合法持有浙江中宙公司股份100万股；本次增资完成后，浙江中宙公司的注册资本变更为人民币6600万元，实收资本变更为人民币6600万元，股权总数变更为6600万股，其中杭州中宙公司持股3,0758,000股、持股比例为46.6030%，富丽泰泓投资持股1,000,000股、持股比例为1.5152%。该协议还约定：任何一方由于不可抗力且自身无过错造成部分不能或者全部不能履行本协议项下的义务将不视为违约，但应在条件允许的情况下，采取一切必要的补偿措施，以减少因不可抗力造成的损失；遇有不可抗力的一方，应在事件发生之日起7个工作日内，将事件的发生情况以书面形式通知另一方，并应在事件发生后15个工作日内，向另一方提供不可抗力的详情，以及不能履行或者需要延期履行理由的有效证明，该证明文件应由不可抗力发生地的公证机构出具，按其对本协议的影响程度，本协议各方协商决定是否解除协议，或者部分免除履行本协议，或者延期履行本协议，如果自不可抗力或情势变迁发生之日起60日内不能协商一致，遇有不可抗力或情势变迁的一方有权终止本协议，由此给协议其他方造成的损失，任何一方不承担赔偿责任；不可抗力指不能预见、不能避免并不能克服的客观情况，其中包括由于地震、台风、水灾、火灾、战争以及其他不能预见并且对其发生和后果不能预防或避免的不可抗力事件出现，或任何法律、法规和规章的变更，或新的法律、法规和规章的颁布，或任何政府行为，致使直接影响本协议的履行或者不能按约定的条件履行。该协议还就双方其他权利义务做了约定。同日，富丽泰泓投资与杭州中宙公司、浙江中宙公司签订《增资扩股补充协议》，主要约定：富丽泰泓投资根据《增资扩股协议》，以8.7元/股的价格对目标公司即浙江中宙公司增资100万股，合计增资人民币870万元，占增资后公司总股本的1.5152%；除特别说明，本协议中的财务数据以浙江中宙公司聘请的会计师事务所（目前为浙江中汇会计师事务所有限公司）核定的审计数据为准；浙江中宙公司的业绩目标为在富丽泰泓投资增资后，2011年度净利润实现4000万元，2012年在2011年基础上实现净利润增长40%以上，如果2011年和2012年实际净利润总和低于7700万元，对低于7700万元的部分，由杭州中宙公司以现金方式进行补偿，计算公式如下：（1－实际完成额/承诺额）×增资方增资款总额；现金补偿款将在签署本次增资补充协议的各增资方之间按各自增资金额占本次增资总金额的比例进行分配，若杭州中宙公司应向富丽泰泓投资进行补偿，杭州中宙公司应在2012年公司合并报表审计完成后的60天内，按上述公式将补偿款支付给富丽泰泓投资，逾期支付的，每逾期一日，杭州中宙公司应按照逾期支付金额的5‰向富丽泰泓投资支付违约金；目标公司净利润以扣除非经常性损益后作为计算依据。合同签订后，富丽泰泓投资于2011年1月25日向浙江中宙公司缴纳增资款870万元，浙江中宙公司向工商部门办理了注册资本和股权变更登记，富丽泰泓投资持有浙江中宙公司1.5152%的股权。2013年4月30日，中汇会计师事务所出具审计报告，2011年浙江中宙公司的母公司净利润为－36,627,216.63元，合并项下的净利润为－37,191,305.44元，2012年浙江中宙公司的母公司净利润为－43,529,097.13元，合并项下的净利润为－50,029,300.79元。2011年，浙江中宙公司上述新增股份中的其余881.4万股由杭州融高股权投资有限公司、上海星杉创富股权投资合伙企业（有限合伙）、苏州东方赛富创业投资企业（有限合伙）和自然人王某某认购，其中，杭州融高股权投资有限公司认购550万股、持股比例为8.3333%，上海星杉创富股权投资合伙企业（有限合伙）认购150万股、持股比例为2.2727%，苏州东方赛富创业投资企业（有限合伙）认购100万股、持股比例为1.5152%，王某某认购81.4万股、持股比例为1.2333%，认购价格均为人民币8.7元/股。浙江中宙公司分别与其签订了相应的增资扩股补充协议。受国际经济环境和国内产能过剩影响，2011年、2012年led行业增速放缓。

判决结果

一审法院：1. 杭州中宙公司支付富丽泰泓投资补偿款18,554,795.77元，于判决生效后10日内付清；2. 杭州中宙公司支付富丽泰泓投资违约金1,141,119.94元（按本金18,554,795.77元、日5‰计算，自2013年7月1日暂计至2013年10月31日为1,141,119.94元，自2013年11月1日起至生效判决确定履行之日的违约金按上述标准另计），于判决生效后10日内付清；3. 驳回富丽泰泓投资的其他诉讼请求。

二审法院：1. 撤销杭州市余杭区人民法院（2014）杭余商初字第59号民事判决。2. 杭州中宙公司于判决生效后10日内向富丽泰泓投资支付补偿款870万元以及违约金（违约金以870万元为基数、按日5‰标准、从2013年7月1日起算至款项付清日止）。3. 驳回富丽泰泓投资的其他诉讼请求。

各方观点

上诉人（原审被告）观点：一审判决对于诉争业绩补偿约定条款的效力及补偿数额的认定，事实不清、适用法律错误。一审判决根据本案所涉《增资扩股补充协议》第二条，判令杭州中宙公司支付补偿款，没有事实和法律依据。根据《增资扩股协议》，富丽泰泓投资出资870万元认购浙江中宙公司100万股，成为浙江中宙公司股东之一。根据《公司法》及公司章程规定，富丽泰泓投资享有股东权益也需要承担股东义务。补充协议中对于补偿款的约定，使富丽泰泓投资投资的收益完全脱离浙江中宙公司的经营业绩，损害了公司和其他股东的利益，应当被判定无效。另外，即使业绩补偿条款约定有效，富丽泰泓投资作为公司股东，根据公司章程约定，应按照持股比例享有和承担公司损益，公司净利润的分配也应按照持股比例。一审法院认定的补偿款，以公司净利润总额作为基数计算，其数额明显超过签署增资协议时富丽泰泓投资合理的期待利益，也超出了业绩目标未能实现时其股东权益实际受到的损失，对于该业绩补偿计算方式及补偿数额法院当依法作出调整，而不应全额支持。综上，请求二审法院依法撤销一审判决，驳回富丽泰泓投资诉讼请求，本案一审、二审诉讼费用由富丽泰泓投资承担。

被上诉人（原审原告）观点：一审认定事实清楚，适用法律正确，请求二审法院驳回上诉，维持原判。

一审被告浙江中宙公司观点：同意杭州中宙公司的上诉意见。

法院观点

一审法院观点：富丽泰泓投资与杭州中宙公司、浙江中宙公司之间签订的《增资扩股协议》《增资扩股补充协议》，当事人意思表示真实，未违反法律强制性效力性规定，一审法院确认合法有效。《增资扩股补充协议》约定，浙江中宙公司应保证 2011 年、2012 年实际净利润总和在 7700 万元以上，否则由杭州中宙公司承担对富丽泰泓投资的补偿义务，该约定对双方有约束力，当事人均应依约履行。现浙江中宙公司 2011 年和 2012 年的实际净利润总和未达到 7700 万元，根据协议约定该补偿条件成就，故杭州中宙公司依约应于 2012 年 4 月 30 日公司合并报表审计完成后的 60 天内，将补偿款支付给富丽泰泓投资，富丽泰泓投资以 2011 年、2012 年合并项下的净利润之和 -87, 220, 606. 23 元为依据计算补偿款，理由成立，一审法院予以支持。杭州中宙公司关于应向浙江中宙公司而非富丽泰泓投资承担补偿义务及因 2011 年、2012 年实际利润为负数，故补偿款计算前提不存在的抗辩，理由不成立，一审法院不予采纳。浙江中宙公司实际业绩未达到《增资扩股补充协议》的约定目标，虽与当时行业整体状况有关，但市场环境变化、企业整体利润下滑属于企业从事商事活动的行业经营性风险，不符合情事变更法定要件，故杭州中宙公司关于适用不可抗力和情事变更条款终止补偿条款的抗辩，无事实和法律依据，一审法院不予采纳。因《增资扩股补充协议》约定由杭州中宙公司承担补偿义务，故富丽泰泓投资对浙江中宙公司的诉讼请求理由不成立，一审法院不予支持。浙江中宙公司关于不承担补偿义务的抗辩，理由成立，一审法院予以采纳。

杭州中宙公司未向富丽泰泓投资支付补偿款，富丽泰泓投资有权要求其支付相应的违约金，故一审法院对富丽泰泓投资关于违约金的诉讼请求的合理部分予以支持。

二审法院观点：富丽泰泓投资与杭州中宙公司签订的《增资扩股补充协议》未违反法律、行政法规的效力性强制性规定，依法确认有效。根据《增资扩股补充协议》第2.2条约定，如果浙江中宙公司2011年和2012年实际净利润总和低于7700万元，杭州中宙公司对低于7700万元的部分，按照公式“（1－实际完成额/承诺额）×增资方增资款总额”计算补偿，并在2012年度公司合并报表审计完成后的60天内，以现金方式支付补偿款。根据会计师事务所出具的审计报告，浙江中宙公司2011年、2012年合并项下的净利润之和为－87,220,606.23元；根据《增资扩股补充协议》约定，杭州中宙公司应当向富丽泰泓投资进行补偿。本案的争议焦点是在浙江中宙公司利润为亏损的情况下，如何计算杭州中宙公司应当支付的补偿金额。杭州中宙公司认为最大的补偿金额应当不超过富丽泰泓投资的增资款总额即870万元，而富丽泰泓投资认为应当按照浙江中宙公司的全部亏损额作为基数计算补偿金额。对此，本院认为，《增资扩股补充协议》第2.2条约定的“实际净利润”，理解上的确可能包括负数的情况，但是在公式中约定了“实际完成额”，两者并非同一概念。在双方约定目标利润为7700万元的情况下，全部完成即实现实际净利润7700万元时，根据公式，杭州中宙公司无须进行补偿，而当实际净利润为零时，杭州中宙公司的补偿金额达到870万元。当实际净利润为负数时，应当视为浙江中宙公司没有实际完成额。由于浙江中宙公司的实际净利润为负数，如果将负的净利润直接等同于公式中的“实际完成额”，并以此计算杭州中宙公司的补偿金额，则可能出现浙江中宙公司亏损越多，富丽泰泓投资获得的补偿越多之现象，有违诚实信用和公平合理原则。另外，根据双方《增资扩股补充协议》的约定，杭州中宙公司应在2012年公司合并报表审计完成后的60天内支付补偿款；逾期支付的，杭州中宙公司应按照逾期支付金额的日5‰向富丽泰泓投资支付违约金。根据查明的事实，浙江中宙公司2012年度审计报告出具时间为2013年4月30日，故杭州中宙公司应在2013年7月1日起开始支付违约金。综上，杭州中宙公司的上诉理由部分成立，本院予以支持。

三、因业绩补偿条款设计不当导致最终补偿为零或负的，人民法院不支持相关补偿请求

案　　号：（2015）辽民二初字第00029号

案件名称：上海盛彦投资合伙企业（有限合伙）与宋某公司增资纠纷

裁判要旨：依据意思自治原则，按照股权投资协议中的补偿条款计算出的股权补偿款为负的情况下，不予支持关于业绩补偿款的诉讼请求。

案情简介

原告：上海盛彦投资合伙企业（有限合伙）（以下简称上海盛彦）

被告：宋某

2011年7月9日，天津盛彦股权投资基金合伙企业（有限合伙）（以下简称天津盛彦）作为投资方与宋某、辽宁唐人神曙光农牧集团有限公司（以下简称曙光农牧）签订《增资合同》。约定天津盛彦投资以增资形式向曙光农牧投资，支付投资款合计5000万元（含沈阳宾海）。其中1250万元计入公司注册资本金，其余部分全部计入曙光农牧的资本公积金。增资前曙光农牧的股本结构是宋某占68.97%，增资完成后的股本结构是宋某占62.26%，天津盛彦投资占3.89%。《增资合同》第7.2.4条规定，公司股改后，不得以任何方式改变公司的实际控制人地位，未经投资方同意，大股东不得转让（直接或间接）、质押或抵押其所持有的公司股份。同日，天津盛彦作为投资方（甲方），宋某作为曙光农牧的控股股东（乙方）签订《增资补充合同》。《增资补充合同》第3.3.3条明确了《增资合同》约定的投资价款及支付，又约定在公司2011年的净利润达到或者超过1亿元时，经由公司正式聘请的上市会计师事务所审计或甲方审计确认后，投资方再支付第二期投资款合计2500万元（上海盛彦1000万元），该等第二期投资款全部计入公司的资本公积金。第3.3.5条约定，标的公司在2011年所获得的各项国家扶助资金，作为营业外收入入账（经由乙方正式聘请的上市会计师事务所审计认可），计作公司的非经常性损益。第5.5.1条约定了目标公司接受投资后的经营目标，其中2011年度净利润（扣除非经常性损益后）为1亿元，2012年度净利润（扣除非经常性损益后）为1.3亿元，2013年度净利润（扣除非经常性损益后）为

1.69 亿元。或者以标的公司2011 年实际完成的净利润为基础，乙方保证2012 年至2013 年年均实现净利润增长不低于30%。承诺：如2011 年至2013 年标的公司实际经营业绩低于约定的经营目标，则乙方以相应的现金对沈阳滨海投资、天津盛彦投资进行补偿，现金补偿计算如下：2011 年补偿金额 =5000 万元 ×（6666.67 万元 – 实际完成净利润）÷6666.67 万元（公司实际完成的净利润低于6666.67 万元适用本公式，公司完成的净利润达到或超过6666.67 万元时，乙方无须向投资方进行现金补偿）。2012 年补偿金额为按下列两公式计算的款项的较低者：（1）2012 补偿金额 =7500 万元 ×（5000 万元 – 实际完成净利润）÷5000 万元；（2）2012 年补偿金额 = 甲方实际投资金额 ×（2011 年实际完成净利润 ×130% –2012 年实际完成净利润）÷（2011 年实际完成净利润 ×130%）。当2012 年净利润较2011 年的净利润增长达到或超过5%时，乙方无须向甲方进行补偿。2013 年补偿金额为按下列两公式计算的款项的较低者：（1）2013 补偿金额 =7500 万元 ×（1.69 亿元 – 实际完成净利润）÷1.69 亿元；（2）2013 年补偿金额 = 甲方实际投资金额 ×（2012 年实际完成净利润 ×130% –2013 年实际完成净利润）÷（2012 年实际完成净利润 ×130%）。当2013 年净利润较2012 年的净利润增长达到或超过5%时，乙方无须向甲方进行补偿。还约定，对2011 年度的补偿应于2012 年4 月30 日之前结清，对2012 年、2013 年度的补偿应于次年的4 月30 日之前结清。第8.8.1 条约定，标的公司股改后首次公开发行股票并上市前，未经投资方书面同意，乙方不得向其他股东或公司股东以外的第三方转让标的公司的股权。第18.18.1 条、第18.18.2 条约定，本协议的任何一方违反本协议约定的条款，均构成违约，除本协议另有约定之外，违约金为投资方投资总额的5%。在《增资补充合同》第3.3.3 条约定，在公司2011 年的净利润达到或者超过10,000 万元时，经由公司正式聘请的上市会计师事务所审计或宋某审计确认后，投资方再按2 元每股支付第二期投资款2500 万元，该等第二期投资款全部计入公司的资本公积金。2011 年7 月20 日，天津盛彦向曙光农牧支付2000 万元，其摘要中注明“投资款”。2012 年3 月30 日，天津盛彦向曙光公司支付750 万元，其摘要中注明“投资款”。2012 年3 月30 日曙光农牧出具收据，载明：今收到上海盛彦对我公司的追加投资款750 万元。另查明：曙光农牧与大信会计师事务有限公司签订《大信会计师事务有限公司业务约定书》，约定对曙光农牧每年一期的财务报表进行审计。大信会计师事务所大信审字（2013）第 3－00082 号审计报告记载，曙光农牧 2011 年的净利润为 95,485,284.08 元，政府补助利得为 3,068,768.67 元，经营净利润为 92,416,516 元；2012 年曙光农牧的净利润为－40,184,884.15 元，政府补助利得为 12,363,535.23 元，经营净利润为－5254.84 万元。大信会计师事务所大信审字（2014）第 3－00227 号审计报告记载，2013 年曙光农牧的净利润为－12,355,598.52元，政府补助利得为 62,211,829.41 元，经营净利润为－7456.74万元。在上述两份审计报告的“其他应付款”项目中记载，上海盛彦投资打入曙光农牧的 750 万元在“其他应付款性质或内容”中均记载为“投资款”。还查明：2012 年 9 月 1 日，曙光农牧 2012 年度第一次临时股东会会议对天津盛彦更名为上海盛彦形成决议。以上事实，有《增资合同》、《增资补充合同》、付款凭证、曙光集团 2012 年度审计报告、中国注册会计师的两份文件、大信审字（2013）第 3－00082 号、（2014）第 3－00227 审计报告、庭审笔录在卷佐证，相关证据已经质证。

判决结果

一审法院：1. 宋某于本判决生效后 10 日内给付上海盛彦 2012 年度补偿款 3952.86 万元；2. 宋某于本判决生效后 10 日内向上海盛彦支付违约金 137.5 万元；3. 驳回上海盛彦其他诉讼请求。

各方观点

原告观点：上海盛彦是专注于股权投资的有限合伙制投资基金，主要从事股权投资业务。2011 年 7 月 9 日，上海盛彦与宋某签署了《辽宁唐人神曙光农牧集团有限公司之增资合同》（以下简称《增资合同》），合同约定上海盛彦以现金增资的方式，向曙光农牧投资人民币 2000 万元，其中增加注册资本 500 万元。上海盛彦按约支付了股权投资款人民币 2000 万元，并经工商变更登记成为曙光农牧的合法股东，充分履行了《增资合同》项下的义务。为明确股权投资的估值基础及调整机制，保障各方当事人的合法权益，上海盛彦与宋某于 2011 年 7 月 9 日另行签订了《辽宁唐人神曙光农牧集团有限公司之增资补充合同》（以下简称《增资补充合同》）。《增资补充合同》约定了第二期投资的条件和数额的计算方法（第3.3条）；政府各项扶持基金为非经常性损益（第3.5条）；宋某承诺曙光农牧2012年度净利润（扣除非经常性损益后）为人民币130,000,000元（第5.1条）；如曙光农牧未能完成上述业绩指标，宋某应当给予上海盛彦现金补偿及计算方式（第5.2条），该笔款项应当在2013年4月30日前结清。此后，上海盛彦依据《增资补充合同》的约定追加了第二期投资750万元。上述投资完成后，宋某经营管理不善，导致曙光农牧业绩出现大面积下滑，2011年扣除非经常性损益后净利润为9241.65万元，但2012年扣除非经常性损益后净利润仅为-5254.84万元，不仅未能达到约定的业绩指标，也给上海盛彦的投资造成了极大损失。根据《增资补充合同》第5.2条的约定，宋某应给予上海盛彦的现金补偿，按公式一计算=7500万元×［5000万元-（-5254.84万元）］÷5000万元=15382.26万元，按公式二计算=2750万元×［9241.65万元×130%-（-5254.84万元）］÷（9241.65万元×130%）=3952.86万元，取其中较低者，故2012年业绩补偿款应为3952.86万元。曙光农牧2013年扣除非经常性损益后净利润为-7456.74万元，未能达到约定的业绩指标，根据《增资补充合同》第5.2条的约定，宋某应当给予上海盛彦现金补偿，按公式一计算=7500万元×［16900万元-（-7456.74万元）］÷16900万元=10809.2万元，按公式二计算=2750万元×［（-5254.84万元）×130%-（-7456.74万元）］÷［（-5254.84万元）×130%］=-251.78万元，最低值是个负数。上海盛彦认为，虽然根据公式算出来是负数，但曙光农牧连年亏损，应当按照估值调整的基本原则支付业绩补偿款。计算出现负数的根本原因是上海盛彦没有料到曙光农牧在2012年、2013年连续出现如此巨额的亏损。假设曙光农牧的2013年的净利润是1元，其应当支付的补偿款根据公式计算且是2750万元，何况曙光农牧2013年净利润是-7456.74万元，净利润更不达标，应当支付上海盛彦远大于2750万元的补偿款才合理。目前根据计算公式得到-251.78万元的结论，明显是不符合双方估值调整的缔约本意及预期的。上海盛彦认为，还原双方协议签订时估值调整的本意，考虑到宋某实际支付能力及业绩补偿公式计算的基本原则，上海盛彦将2013年的净利润对比2011年净利润，计算业绩补偿款后扣除2012年补偿金额，得到的2013年补偿金额的算法，是合理且符合双方缔约本意的。在此种情况下，根据公式所得的业绩补偿款为：2750万元×［9241.65万元×130%-（-7456.74万元）］÷

（9241.65 万元 × 130%） －3952.86 万元 = 503.96 万元。为此，上海盛彦多次发函要求宋某支付上述业绩补偿款，而宋某却一直拒绝履行，其行为已构成违约，严重损害上海盛彦合法权益。为维护自身权益，上海盛彦提起诉讼，请求依法支持上海盛彦诉讼请求。请求：1. 判令宋某向上海盛彦支付 2012 年的业绩补偿款人民币 3952.86 万元；2. 判令宋某向上海盛彦支付 2012 年业绩补偿款自 2013 年 4 月 30 日至实际履行之日的利息损失 415.05 万元（暂计至 2015 年 2 月 1 日，按中国人民银行同期贷款利率 6%/年计算）；3. 判令宋某向上海盛彦支付 2013 年的业绩补偿款人民币 503.96 万元；4. 判令宋某向上海盛彦支付 2013 年业绩补偿款自 2014 年 4 月 30 日至实际履行之日利息损失 22.67 万元（暂计至 2015 年 2 月 1 日，按中国人民银行同期贷款利率 6%/年计算）；5. 判令根据宋某逾期支付 2013 年业绩补偿款的违约行为，向上海盛彦支付违约金 137.5 万元，上述诉讼请求合计人民币 5032.04 万元；6. 判令宋某承担本案全部诉讼费用。

被告观点：1. 上海盛彦的身份不适用《增资合同》和《增资补充合同》。上海盛彦没有向法院递交关于如何从天津盛彦变更为上海盛彦的身份证据。根据《最高人民法院关于民事诉讼证据的若干规定》第 8 条的规定，“诉讼过程中，一方当事人对另一方当事人陈述的案件事实明确表示承认的，另一方当事人无需举证。但涉及身份关系的案件除外”，既然上海盛彦没有提交相应身份变更的证据，那么《增资合同》和《增资补充合同》均与本案无关，对宋某与上海盛彦均不适用。2. 在本案假设认为天津盛彦与上海盛彦可能为一家或是存在代理关系的前提下，宋某答辩如下：（1）上海盛彦违约在先，宋某无须向上海盛彦支付任何业绩补偿款。根据宋某与投资方签订的《增资补充合同》，以及上海盛彦提供的辽宁省高院关于沈阳滨海公司的判决，证明天津盛彦应该与沈阳滨海公司同样的投资价格，即每股 2 元增资，按照天津盛彦前期出资占股为 500 万股，天津盛彦本次应增资为 1000 万元。天津盛彦至今未向曙光农牧支付任何增资款。天津盛彦违约在先，宋某无须向天津盛彦支付任何业绩补偿款。另外，宋某认为支付的 750 万元从数量上根本没有达到合同的约定，且性质仅为其他应付款。因此天津盛彦违约在先，宋某无须向天津盛彦支付任何业绩补偿款。根据《增资补充合同》第 3.3 条的约定，上海盛彦应该向曙光农牧增资，而至今上海盛彦没有履行出资义务，这个出资是记到资本公积金项下，而不是其他应付款；另根据《增资补充合同》第

3.4 条的约定，各方同意，投资方按本协议约定交付全部出资款（包括先支付的部分和后补充的部分）后，投资方在本协议项下的出资义务即告完成。而上海盛彦没有按照这个约定履行相应的投资义务。《公司法》第四条规定“公司股东依法享有资产收益、参与重大决策和选择管理者等权利”和《最高人民法院关于适用〈中华人民共和国公司法〉若干问题的规定（三）》第十九条中对于股东未全面履行出资义务的，公司可合理限制利润分配请求权、新股优先认购权、剩余财产分配请求权等股东权利。从这两条可以认定，股东的出资应该先于股东取得收益。因此，股东未进行出资，也就是未完全取得股东权益，那么对于对赌的业绩补偿也就无从谈起。（2）本案中合同约定的投资应该为股权投资，那么其他应付款和实收资本的本质区别也就导致天津盛彦没有按照股权投资的要求向宋某支付投资款。根据中国注册会计师协会发布的会协（2002）203 号《中国注册会计师关于成立上市公司会计审计问题专家技术援助小组的决定》，“为了在上市公司年报和中报审计期间给注册会计师提供会计、审计等方面的技术支持，及时解决在实务中遇到的专业问题，降低可能存在的审计风险，兹决定聘请注册会计师行业、政府有关部门和科研院校等方面的专家，组成上市公司会计审计问题专家技术援助小组（以下简称专家小组）”。而《中国注册会计师协会专家技术援助小组信息公告第 8 号》第六条中写明：“根据企业出资者签署的与出资有关的协议或合同，如果出资者共同约定将某出资者超过其注册资本所占份额的部分作为所有者权益，则企业确认为‘资本公积——资本溢价’；如果出资者共同约定将某出资者超过其注册资本所占份额的部分作为负债，待一定期间需要偿还给出资者的，则应确认为对某出资者的负债，计入‘其他应付款’。”这一条明确表明，计入资本公积是指超出注册资本的部分，此即天津盛彦第一次出资 2000 万元，占注册资本只有 500 万元，剩余部分 1500 万元计入资本公积的原因。而天津盛彦第二次 750 万元，没有计入资本公积而计入其他应付款，这说明该笔钱为负债，这笔钱是需要曙光农牧以后要还的。所以审计报告的记账方式能够完全体现出第二次 750 万元是负债，不是投资款。本案的合同中有关的投资约定、业绩约定和业绩补偿都是建立在《企业会计准则》和中国注册会计师协会的相关规定的基础之上的，如果混淆或不认同“其他应付款”和“资本公积”的区别，就推翻了 2011 ~2013 年度审计报告的内容，那么投资、收益或业绩补偿都无从算起。（3）天津盛彦的计算错误，即使存在业绩补偿，根据公式计算也应该是 2012 年业绩补偿为 2874.71 万元，2013 年业绩补偿为负数。宋某认为没有向天津盛彦支付业绩补偿款和利息损失的义务。若法院认定宋某应该履行上述义务，宋某认为天津盛彦的计算是错误的。根据天津盛彦在起诉状中写明的“2012 年曙光农牧的合并利润为 -4018.49 万元，其中政府补助利得 1236 万元，即经营净利润为 -5254.49 万元。根据《增资补充合同》第 5.2 条的规定计算，宋某应该补偿上海盛彦 6491.69 万元”。根据《增资补充合同》中约定的计算方法：补偿金额 = 甲方实际投资金额 ×（2011 年实际完成净利润 ×130% -2012 年实际完成净利润）÷（2011 年实际完成净利润 ×130%）。推算 3952 万元 =2750 万元 ×［9241.65 万元 ×130% -（-5254.49 万元）］÷（9241.65 万元 ×130%），也就是认定天津盛彦的实际投资金额为 2750 万元。而实际上天津盛彦的实际投资金额为 2000 万元，天津盛彦支付给 750 万元并未进入投资款，而是按照天津盛彦的要求进入其他应付款。即使天津盛彦提供的 2012 年、2013 年实际完成净利润数据准确，计算结果也应该是：2000 万元 ×［9241.65 万元 ×130% -（-5254.49 万元）］÷（9241.65 万元 ×130%）=2874.71 万元。同理 2013 年的业绩补偿：2000 万元 ×［（-5254.49 万元）×130% -（-7456.56 万元）］÷（［-5254.49 万元）×130%］= -183 万元。也就是说，2013 年的业绩应该是由天津盛彦补偿给宋某 183 万元。另外，根据曙光农牧 2012 年度股东会的审议结果，天津盛彦作为曙光农牧的股东对 2012 年的财务决算投了同意的表决票，对当时 750 万元计入其他应付款而非权益类科目予以认可。因此该 750 万元不应该认定为投资款。另根据天津盛彦的起诉状中写明计算出 2013 年的业绩补偿是个负数即 -251.78 万元，根据《增资补充合同》第 5.2 条的约定，取二公式的最小值，显然该值是最小值，因此 2013 年是不需要进行业绩补偿的。（4）上海盛彦违约在先，宋某无须向上海盛彦支付利息及违约损失。上海盛彦仅向曙光农牧出资 2000 万元，另 750 万元为曙光农牧对上海盛彦的负债；即使计算违约金，也应该是以 2000 万元为计算依据，即违约金为 100 万元。综上，宋某认为上海盛彦的 6 项诉讼请求均无事实和法律依据，请法院驳回上海盛彦的诉讼请求。

法院观点

《增资合同》《增资补充合同》是各方当事人真实意思表示，不违反法律、行政法规的强制性规定，内容合法有效。1. 关于案涉 2000 万元及 750 万元款项性质的认定问题。《增资合同》及《增资补充合同》中均有上海盛彦以增资形式向曙光农牧投资的约定。2011 年 7 月 20 日及 2012 年 3 月 30 日，上海盛彦向曙光农牧支付款项 2000 万元及 750 万元，在借记通知上注明“投资款”。对 2000 万元款项的性质为投资款，宋某没有异议，但对 750 万元款项的性质，宋某主张“在审计报告中为其他应付的股东欠款，并未进资本公积，未确认为投资款，该 750 万元应为曙光农牧对上海盛彦的欠款”。该项主张不能成立，理由如下：第一，上海盛彦和曙光农牧从未签订借款合同并就借款的期限、利息等借款合同的主要条款作出约定，认定双方为借贷法律关系缺乏合同依据；第二，上海盛彦按照《增资补充合同》的约定将款项打入曙光农牧，借记通知上明确记载为“投资款”，且在曙光农牧 2012 年度的审计报告中，虽然将该款项记入“其他应付款”项下，但对该款项的性质仍明确记载为“投资款”，这表明曙光农牧亦认可该款项的“投资款”性质；第三，曙光农牧在收据上明确写明收到投资款。因此，从基于投资行为的合意的角度看，该款项的性质也应认定为投资款，款项的性质亦不会因为公司会计上的不同处理而发生变化。综上，对上海盛彦按照合同约定向曙光农牧给付两期共计 2750 万元投资款的事实应予认定。2. 关于利润应以 2750 万元，还是以 2000 万元计算的问题。宋某主张上海盛彦按照《增资补充合同》约定，其应在第二期投入 1000 万元，上海盛彦违约只投入 750 万元，所以，应以 2000 万元计算。《增资补充合同》约定，在公司 2011 年的净利润达到或者超过 10, 000 万元时，经由公司正式聘请的上市会计师事务所审计或宋某审计确认后，投资方再按 2 元每股支付第二期投资款 2500 万元（上海盛彦应投资 1000 万元）。按照上述约定，只有在公司 2011 年的净利润达到或者超过 10, 000 万元时，投资方再按 2 元每股支付第二期投资款 1000 万元。因曙光农牧经审计未达到合同约定条件，其主张计算利润应以 2000 万元为基数，不予支持。应按上海盛彦实际投资 2750 万元计算补偿款。3. 关于补偿款给付依据及额度的确认问题。《增资补充合同》约定，标的公司获得的各项国家扶助资金计作公司的非经常性损益。本案中的非经常性损益即为审计报告载明的“政府补助利得”，对此，各方均无异议。《增资补充合同》还约定，2011 年度至 2013 年度目标公司接受投资后的经营目标是扣除非经常性损益之后的净利润。故曙光农牧 2011 年度至 2013 年度的实际净利润 = 审计报告中载明的

2011 年度至 2013 年度净利润 - 2011 年度至 2013 年度非经常性损益（政府补助利得）。鉴于上海盛彦按照合同约定采用了第二种计算方式计算相应的补偿款，故对上海盛彦提出的计算方法予以采纳。根据大信审字（2013）第 3 - 00082 号和（2014）第 3 - 00227 号审计报告的记载，曙光农牧 2011 年的净利润为 95,485,284.08 元，政府补助利得为 3,068,768.67 元，故 2011 年的实际净利润应为 95,485,284.08 元 - 3,068,768.67 元 = 92,416,515.41 元≈9241.65 万元，虽未达到合同约定的 1 亿元的经营目标，但该利润已经超过 6666.67 万元，按照合同约定，宋某无须向上海盛彦进行现金补偿。2012 年曙光农牧的净利润为 -40,184,884.15 元，政府补助利得为 12,363,535.23 元，故 2012 年的实际净利润应为（-40184884.15 元）+（-12363535.23 元）= -52548419.38 元≈ -5254.84 万元。2013 年曙光公司的净利润为 -12,355,598.52 元，政府补助利得为 62,211,829.41 元，故 2013 年的实际净利润应为（-12355598.52 元）-62211829.41 元 = -74567427.93 元≈ -7456.74 万元。这两个年度的净利润均为负值，均未达到合同约定的 1.3 亿元和 1.69 亿元的经营目标，故宋某应基于合同中对业绩保证作出的承诺，对上海盛彦进行现金补偿。2012 年的补偿金额，按照《增资补充合同》的约定的公式二计算 = 2750 万元 ×［9241.65 万元 ×130% -（-5254.84 万元）］÷（9241.65 万元 ×130%）= 3952.86 万元，取其中较低者，故 2012 年业绩补偿款应为 3952.86 万元。按照合同约定，补偿款的确定应在两个公式计算结果中取较低的一个，故上海盛彦应获得的 2012 年的补偿款应确定为 3952.86 万元。按照合同约定，该笔款项应于 2013 年 4 月 30 日之前结清，宋某至今未予支付，构成违约，故除应向上海盛彦支付该补偿款外，还应按照《增资补充合同》中违约条款的约定承担相应的违约责任。因而，上海盛彦要求宋某按照“违约金为投资方投资总额的 5%”（2750 万元 ×5% = 137.5 万元）的约定支付违约金的诉请应予支持。上海盛彦要求宋某给付补偿款的利息，因已判令宋某承担补偿款和相应的违约责任，其承担支付的补偿款及违约金均具有补偿性质，故对上海盛彦要求给付利息的该项诉请不予支持。2013 年的补偿金额，曙光农牧 2013 年扣除非经常性损益后净利润为 -7456.74 万元，未能达到约定的业绩指标，根据《增资补充合同》第 5.2 条的约定，宋某应当给予上海盛彦现金补偿，按公式一计算 = 7500 万元 ×［16900 万元 -（-7456.74 万元）］÷ 16900 万元 = 10809.2 万元，按公式二计算 = 2750 万元 ×［（-5254.84 万元）×

130% -（-7456.74 万元）] ÷ [（-5254.84 万元）×130%] = -251.78 万元，最低值是个负数。两个公式计算结果中较低的为 -251.78 万元，因该结果出现负值，故对上海盛彦要求宋某给付 2013 年补偿款及利息的诉请无法支持。

| 章节小结 |

相比于其他条款，业绩补偿条款的设计应更加谨慎。如果业绩补偿条款的责任人是目标公司的股东，可以要求股东就协议的履行提供担保。在设计业绩补偿金时，不能过分追求投资的收益，将业绩补偿金金额过分拉高，最终造成目标公司经营状态越差，投资方将获得更多收益这种与投资目的相违背的业绩补偿金设计，人民法院将对过高的业绩补偿金作出调整。另外，需要仔细核对补偿金条款的计算方式，如果最终计算出的结果是零或为负值，人民法院也将很难支持投资方关于业绩补偿金的诉讼请求。

业绩补偿条款约定的责任人是目标公司的，除上述在责任人是股东时应当注意的条款外，还需要注意目标公司是否处于盈利状态（不能仅是未满足投资方设定的业绩目标或其他要求等）。如目标公司存在利润且能够覆盖私募基金投资方主张的业绩补偿金额，则该诉讼请求将得到人民法院的支持；如目标公司的利润不足私募基金投资方主张的业绩补偿金额，则该诉讼请求仅能得到部分的支持；如目标公司不存在利润，则私募基金投资方要求目标公司支付业绩补偿金将无法得到支持。后两种情况发生后，目标公司在未来盈利，存在新的利润时，私募基金投资方可以另行主张权利。

此外，如果“对赌协议”中同时存在股权回购条款，要注意对触发条件的区分。仅投资方是股东时才有可能要求业绩补偿金，如果业绩补偿金条件的触发在股权回购触发条件成就之后，投资方可能因为已经丧失股东资格而无法主张业绩补偿金条款的执行。

结合以上案例、法律及司法解释的有关规定，未来纠纷发生后，庭审过程中的争议焦点可能包括：（1）业绩补偿条款的有效性。这里的有效并非法律上的效力，而是能否合理且科学地计算出业绩补偿金的具体金额。（2）业绩补偿的条件是否已经成就。成就的前提大致有：投资方是否具有接受业绩补偿的资格、公司的经营状况是否达到了适用业绩补偿的指标等。（3）业绩补偿的义务人应否履行相应的补偿义务。如果业绩补偿的义务人是股东、实际控制人等非目标公司主体，则应当依照约定承担补偿业务。如果业绩补偿的义务人是目标公司本身，在目标公司没有利润的前提下，再苛求其对投资方进行业绩补偿将使目标公司的经营情况难以扭转，故目标公司仅能在有一定利润的前提下履行业绩补偿义务。

第三节　私募投资协议的其他纠纷

一、因被投资人未能适当履行导致投资协议解除，投资人可依据回购条款等的投资目的要求主张可得利益损失

案　　号：（2019）最高法民终1354号

案件名称：厦门润晶光电集团有限公司、南京阔志企业管理中心合伙协议纠纷

裁判要旨：案涉《股权协议》与《回购协议》关于资金投入和回收的约定，构成以股权回购担保企业间融资，违约方在没有履行合同主要义务而导致合同解除的情况下应当承担相应违约责任。

案情简介

上诉人（一审被告）：厦门润晶光电集团有限公司（以下简称厦门润晶）

被上诉人（一审原告）：南京阔志企业管理中心（有限合伙）（以下简称南京阔志）

南京阔志（甲方）于2018年3月5日与厦门润晶（乙方）签订编号为20180301的《投资协议》，其第一条约定投资目的，为了促进乙方业务发展，扩大经营规模，拓展业务区域，甲方同意向乙方进行投资。第二条约定审批与认可，此次甲、乙双方对投资的各项事宜，已经分别获得各方相应权力机构的批准。第三条约定投资金额与占比，甲方向乙方投资28,890万元人民币，《华信恒裕1号私募投资基金》《华信恒裕2号私募投资基金》《华信恒裕3号私募投资基金》《华信恒裕4号私募投资基金》《华信恒裕5号私募投

资基金》(以下简称华信恒裕1~5号私募基金)共计25,780万元人民币，持有乙方14.61%股权，《华信恒富1号私募投资基金》共计3110万元人民币，持有乙方1.76%股权。最终以实际出资相对应的持股份额为准。第四条约定股权持有期限，甲方代华信恒裕1~5号私募基金持有乙方的股权，代持期限为1年，以项目具体退出日期为准。甲方代《华信恒富1号私募投资基金》持有乙方的股权，代持期限为2年，以项目具体退出日期为准。第五条约定变更期限及违约责任，在甲方的投资款到达乙方指定的账户后，乙方必须积极配合甲方到工商局做股权转让登记。原则上自投资款到账次日起30个工作日内完成登记。第六条约定声明、保证和承诺：1. 乙方向甲方作出下列声明、保证和承诺，并确认甲方依据这些声明、保证和承诺而签署本协议：(1) 乙方是依法成立并有效存续的企业法人；(2) 乙方具备签署本协议的权利能力和行为能力，本协议一经签署即对乙方构成具有法律约束力的文件；(3) 乙方在本协议中承担的义务是合法的、有效的，其履行不会与乙方承担的其他协议义务相冲突，也不会违反任何法律。2. 甲方向乙方作出下列声明、保证和承诺，并确认乙方依据这些声明、保证和承诺而签署本协议：(1) 甲方是依法成立并有效存续的合伙企业，并已对此次投资所要求的一切授权批准及认可；(2) 甲方具备签署本协议的权利能力和行为能力，本协议一经签署即对甲方构成具有法律约束力的文件；(3) 甲方在本协议中承担的义务是合法的、有效的，其履行不会与甲方承担的其他协议义务相冲突，也不会违反任何法律。第七条约定协议的终止，在按本协议的规定，合法地进行股权质押前的任何时间，如果出现了下列情况之一，则乙方有权在通知甲方后终止本协议，并收回本协议项下的股权：(1) 如果出现了对于其发生无法预料也无法避免，对于其后果又无法克服的事件，导致本次投资事实上的不可能性；(2) 如果甲方违反了本协议的任何条款，并且该违约行为使本协议的目的无法实现；(3) 如果出现了任何使甲方的声明、保证和承诺在实质意义上不真实的事实或情况。第八条约定管辖及争议解决方式：(1) 本协议中的行为均适用中华人民共和国法律。(2) 甲乙双方因本协议的解释或履行发生争议的，首先应由双方协商解决；协商解决不成的，依法向合同签订地有管辖权的人民法院起诉，所发生的律师费、诉讼费由败诉方负担。第九条约定合同生效及其他：(1) 本合同经甲乙双方签字或盖章后生效。(2) 本合同一式三份，甲乙双方各执一份，公司存档一份用于办理与本协议有关的报批和工商登记手续。每份均具有同等法律效力。(3) 本合同由甲乙双方在南京签订。甲方执行事务合伙人赵某、乙方法定代表人钟某某在协议尾部签名并加盖公章。

同日，南京阔志（甲方）、厦门润晶（乙方）签订《回购协议》，其主要内容为：1. 股权的回购。(1) 根据南京阔志与厦门润晶编号为20180301的《投资协议》，甲方以其代为持有的华信恒裕1～5号私募基金共计25,780万元，持有厦门润晶14.61%的股权，代持期限为1年；《华信恒富1号私募投资基金》共计3110万元，持有厦门润晶1.76%的股权，代持期限为2年，期限届满，乙方须根据甲方要求，随时按不低于起始投资金额的112.2%（年化，二年期则为124.4%）价格无条件到期受让基金所持有的全部股权。(2) 股权回购应以现金形式进行，全部股权回购款应甲方书面回购要求之日起1个星期内全额支付给投资方。(3) 如果乙方对甲方的股权回购行为受到法律的限制，乙方股东应作为收购方，收购甲方所代持的股份。2. 违约及其责任。本协议生效后，各方应当按照本协议的规定全面、适当、及时地履行其义务及约定，若本协议任何一方违反本协议约定的条款，均构成违约。(1) 由于甲方或者乙方过错、过失构成违约的，应当支付对方违约金（按甲方投资额的10%计算）。(2) 一旦发生违约行为，违约方除应当向守约方支付违约金外，还应赔偿因违约而给守约方造成的损失。3. 协议的变更、解除和终止。(1) 本协议的任何修改、变更应当经双方另行协商，并就修改、变更事项共同签署书面协议后方可生效。(2) 本协议在下列情况下解除：①经各方当事人协商一致解除。②任何一方发生违约行为并在守约方向其发出要求更正书面通知之日起30日内不予更正的，或发生累计两次或以上违约行为，守约方有权单方面解除本协议。③不可抗力，造成本协议无法履行。④提出解除协议的一方应当书面形式通知其他各方，通知在到达对方时生效。⑤本协议解除后，不影响守约方要求违约方支付违约金和赔偿损失的权利。4. 争议解决。甲乙双方在执行协议中发生的一切争执应通过双方友好协商解决。如果不能协商解决，甲、乙双方可以向有管辖权的人民法院提起诉讼。5. 附则。(1) 乙方股东在此承担共同连带保证责任。如果甲方根据本协议要求乙方或乙方股东回购其代持的标的公司全部或者部分股份，或者根据本协议要求转让其所代持的乙方全部或者部分股份，一方股东应促使乙方同意该股份的回购或转让，在相应的表决会上投票同意，并签署一切必须签署的法律文件。(2) 在甲方出资款被全部回购前，甲方仍然保有对乙方的一切权利。

乙方应积极地履行回购义务。(3) 因乙方或者乙方的股东不能积极履行回购义务，给甲方造成损害的，乙方股东承担连带责任。(4) 协议的生效及其他。①本协议经甲乙双方共同签章后生效。协议正本一式两份，甲乙双方各执一份，具有同等效力。②本协议未尽事宜由甲乙双方另行协商，签订补充协议。甲方执行事务合伙人赵某、乙方法定代表人钟某某在协议尾部签名并加盖公章。

同日，双方签订编号为20180302的《投资协议》，其第三条“投资金额与占比”约定，甲方向乙方投资3000万元人民币，持有乙方1.7%股权，最终以实际出资相对应的持股份额为准；第四条“股权持有期限”约定，甲方代《宇鹏恒通1号私募投资基金》持有乙方的股权，代持期限为1年，以项目具体退出日期为准。其余条款内容与前述《投资协议》基本一致。

同日，南京阔志（甲方）、厦门润晶（乙方）又签订一份《回购协议》，其中约定根据南京阔志与厦门润晶编号为20180302的《投资协议》，甲方以其代为持有的《宇鹏恒通1号私募投资基金》共计3000万元，持有厦门润晶1.7%的股权，代持期限为1年，期限届满，乙方须根据甲方要求，随时按不低于起始投资金额的112.2%价格无条件到期受让基金所持有的全部股权。其余条款内容与前述《回购协议》基本一致。

上述协议签订后，南京阔志支付投资款的时间和金额为：2018年3月7日3000万元、3月26日2000万元、3月27日3200万元、4月9日3000万元、4月11日2000万元、4月17日5000万元、4月26日5000万元、5月4日5000万元、5月15日3690万元，以上合计31,890万元。

2018年10月15日，南京阔志向北京恒都律师事务所汇款65万元，用途为律师费；10月17日，双方签订法律服务代理合同，约定本案前期代理律师费65万元，在签订本合同后3日内一次性支付；另有风险代理律师费等。

判决结果

一审法院：1. 解除南京阔志、厦门润晶于2018年3月5日签订的编号为20180301、20180302的投资协议以及相应回购协议；2. 厦门润晶于判决生效后10日内向南京阔志返还投资款本金31,890万元及相应利息（以31,890万元为基数，按年息12.2%，从2018年5月16日计算至实际给付之日止）、支付违约金3189万元、律师费65万元。

二审法院：驳回上诉，维持原判。

各方观点

上诉人（原审被告）观点：1. 根据《投资协议》《回购协议》的相关约定，南京阔志投资厦门润晶的目的在于获得投资收益，即《回购协议》中约定的年利率12.2%的投资利息，并有权要求厦门润晶支付其维权产生的律师费。在协议被解除的情况下，南京阔志的损失即为协议项下的预期投资利息损失。而对于南京阔志的实际损失及预期投资利息损失，一审判决已判令厦门润晶赔偿，南京阔志于本案中的损失已经充分弥补。2. 根据《合同法》及相关司法解释关于违约金的规定，结合一般理论，违约金一般具有补偿性而不具有惩罚性，违约金如过分高于损失，应当依法予以调整，从而避免守约方因违约行为获得合同完全履行状态下的额外利益。本案中，南京阔志在《投资协议》《回购协议》完全履行后，应获得的投资利息收入为4270万元，加上南京阔志为本案支付的律师费65万元，南京阔志在本案中的损失共计为4335万元。一审认定的3189万元违约金，显然已高出南京阔志因合同解除造成损失的30%，应根据《最高人民法院关于适用〈中华人民共和国合同法〉若干问题的解释（二）》第二十九条第二款规定调整为损失的30%即1300.5万元。3. 南京阔志与厦门润晶在《投资协议》《回购协议》中就股权过户及回购为案外人即厦门润晶的股东设定了义务，违反了《公司法》的强制性规定，事实上履行不能。南京阔志对此及协议的最终解除同样负有过错，应当承担相应责任。一审法院将违约责任全部归于厦门润晶，属适用法律错误，请求二审法院在调整违约金时对此予以考虑。4. 一审认定“约定的违约金连同利息在内没有超过融资本金的24%（年化），并无明显过高情形”，属适用法律错误。南京阔志与厦门润晶签订《投资协议》《回购协议》是为了促进厦门润晶业务发展，取得投资收益，而非因厦门润晶资金周转短缺、融资渠道不畅所进行的资金借贷，本案并非民间借贷案件，不应适用《最高人民法院关于审理民间借贷案件适用法律若干问题的规定》相关规定。

被上诉人（原审原告）观点：1. 利息是厦门润晶使用资金应支付的对价，该利息支付不以违约为前提，而违约金的支付以违约为前提，两者性质不同，一审判决厦门润晶承担利息和违约金正确。2. 本案为融资合同，发生违约后守约方的损失不同于非融资合同，不应适用《最高人民法院关于适用〈中华人民共和国合同法〉若干问题的解释（二)》第二十九条第二款关于“造成损失的30%”的界定标准。一审判决以年利率24%作为判断违约金是否过高的标准，适用法律正确。3. 南京阔志的合同义务是支付投资款，厦门润晶的合同义务是协调其股东将相应的股权变更至南京阔志名下，在投资到期后履行回购义务。现南京阔志已经支付了投资款，而厦门润晶未按承诺将股权变更至南京阔志名下，合同解除的责任在厦门润晶，南京阔志对此没有过错。综上，一审判决认定事实清楚，适用法律正确，请求驳回厦门润晶上诉请求，维持原判。

南京阔志向一审法院起诉请求：解除南京阔志、厦门润晶签订的编号为20180301、20180302的投资协议及相应《回购协议》；厦门润晶支付南京阔志投资款本金31,890万元、利息16,734,823.56元（暂计算至2018年10月20日止，具体金额计算至实际给付之日止)、违约金3189万元、律师费65万元，以上总计368,174,823.56元；案件受理费、保全费由厦门润晶负担。

法院观点

一审法院观点：案涉编号20180301、20180302的两份《投资协议》及相应《回购协议》均为当事人的真实意思，内容不违反法律、行政法规的强制性规定，合法有效，就合同目的而言是以股权回购担保企业间融资，双方均应诚信履行。《合同法》第九十三条规定“当事人协商一致，可以解除合同”，南京阔志诉请解除上述协议，厦门润晶对此同意，一审法院予以认可。

《合同法》第九十七条规定：“合同解除后，尚未履行的，终止履行；已经履行的，根据履行情况和合同性质，当事人可以要求恢复原状、采取其他补救措施，并有权要求赔偿损失。”南京阔志已经依约支付了投资款31,890万元，履行了合同主要义务；根据协议约定，厦门润晶应在30个工作日内将其总计18.07%的股权变更登记到南京阔志名下，待一年投资期间届满后无条件地以约定价格受让南京阔志持有的厦门润晶的全部股权，且协议明确“此次甲、乙双方对外投资的各项事宜，已经分别获得各方相应权力机构的批准”，协议还进一步明确厦门润晶在本协议中承担的义务是合法的、有效的，其履行不会与其承担的其他协议义务相冲突，也不会违反任何法律。故厦门润晶关于股权转让质押、回购主体应为其股东润晶国际科技集团股份有限公司（以下简称润晶国际）、中商投实业控股有限公司（以下简称中商实业）的主张缺乏合同依据。《回购协议》第一条第三款、第五条建立在厦门润晶已经履行股权过户手续的基础上，目的在于保障南京阔志实现合同权利，现厦门润晶据此辩称南京阔志对合同解除及损失亦有相应过错缺乏事实与法律依据。综上，厦门润晶在没有履行合同主要义务而导致合同解除的情况下应当承担相应违约责任，具体包括以下方面。

1. 返还已经收取的投资款31,890万元。

2. 支付每笔投资款到账后所产生的利息，南京阔志以全部投资款到账次日作为利息起算点属于处分自身权利，一审法院予以认可；由于利息系使用资金的成本，无论厦门润晶是否办理了股权变更登记均不影响资金到账时间，故其关于扣除30个工作日免息期的辩解不能成立。

3. 违约金属于违约方向守约方所承担的代价，利息属于用资成本，二者性质不同，可以并存；《回购协议》约定由于甲方或者乙方过错、过失构成违约的，应当支付对方违约金（按甲方投资额的10%计算），本案系因厦门润晶违约导致合同无法继续履行并解除，约定的违约金连同利息在内没有超过融资本金的24%（年化），并无明显过高情形，故一审法院对南京阔志所主张违约金予以支持。

4. 两份投资协议“管辖及争议解决方式”约定，由于双方争议所发生的律师费、诉讼费由败诉方负担。南京阔志提交了与北京恒都律师事务所签订的法律服务代理合同以及付款凭证，足以证明65万元律师费的真实性，二者时间先后不影响上述认定且南京阔志的诉讼请求成立，故其主张的65万元律师费应由败诉方厦门润晶负担。

二审法院观点：本案二审的争议焦点为：一审认定合同解除的过错在于厦门润晶是否适当；一审认定的违约金是否过高，应否调整。

案涉《投资协议》《回购协议》是当事人的真实意思表示，不存在违反法律、行政法规强制性规定而导致无效的情形，亦非事实上履行不能，双方应按约履行各自合同义务。一审认定合同有效正确，本院予以维持。根据合同约定，南京阔志负有支付投资款的义务，而厦门润晶依约应将其18.07%的股权变更登记至南京阔志名下，并在投资期间届满后根据南京阔志的要求，按不低于起始投资金额112.2%（年化）的价格受让全部股权。为保证合同义务的履行，双方在投资协议中明确已获得相应权力机构的批准，并承诺履行不会与其承担的其他协议义务相冲突，也不会违反任何法律。现南京阔志已按约全额支付了投资款，厦门润晶却违反承诺，未履行上述合同约定的主要债务，一审法院认定合同解除的过错在于厦门润晶并无不当。《回购协议》第一条第三款、第五条建立在厦门润晶已经履行股权过户手续的基础上，目的在于保障南京阔志实现合同权利，并未改变厦门润晶的合同主体身份，厦门润晶据此主张股权变更登记、回购的义务人为其股东润晶国际、中商实业而非自己，缺乏事实和法律依据，本院不予支持。

《最高人民法院关于适用〈中华人民共和国合同法〉若干问题的解释（二）》第二十九条第一款规定："当事人主张约定的违约金过高请求予以适当减少的，人民法院应当以实际损失为基础，兼顾合同的履行情况、当事人的过错程度以及预期利益等综合因素，根据公平原则和诚实信用原则予以衡量，并作出裁决。"从案涉《投资协议》《回购协议》关于资金投入和回收的约定来看，一审认定合同目的是以股权回购担保企业间融资，有事实依据。基于合理融资成本的考量，一审法院参照年利率24%的标准，认定南京阔志主张的违约金不存在明显过高的情形，并无不当。且厦门润晶明知合同约定的违约后果，仍在收取南京阔志巨额投资款后不履行主要债务，并持续占用资金不予返还，致使双方签订的合同目的不能实现，有违诚实信用原则。一审法院在衡量上述综合因素后，对双方约定的违约金不予调整，有事实和法律依据。厦门润晶关于违约金过高应予调整的理由不能成立，其上诉请求，本院不予支持。

厦门润晶关于重新核定一审案件受理费、判令南京阔志承担二审案件受理费的请求，因缺乏事实和法律依据，本院不予支持。

综上所述，一审判决认定事实清楚、适用法律正确，应予维持。厦门润晶的上诉请求不能成立，应予驳回。

二、私募基金投资方依约享有的各类优先权条款，应认定有效

案　　号：（2019）京03民终6335号

案件名称：林某1与北京北科创新投资中心（有限合伙）股权转让纠纷

裁判要旨：案涉《增资协议》《补充协议》并不因目标公司为协议一方主体，以及案涉《增资协议》包含股权同售权、反稀释、优先清算权等条款，而必然无效。案涉《增资协议》《补充协议》不违反法律、行政法规的效力性强制性规定，且系各方当事人的真实意思表示，故本院对于案涉《增资协议》《补充协议》的效力予以确认。

案情简介

上诉人（一审被告）：林某1

被上诉人（一审原告）：北京北科创新投资中心（有限合伙）（以下简称北科中心）

北京二十一世纪校园数字电影院线有限公司（以下简称校园电影院线公司）成立于2008年4月17日，原为有限责任公司，2015年8月19日登记的注册资本为2650万元，股东为林某1、吴某、林某2、吴某某、黄某、张某某、罗某某、曲某某、谢某某、北京宸业投资管理有限公司（以下简称北京宸业）、嘉兴星球投资合伙企业（有限合伙）（以下简称嘉兴星球）。

2015年9月24日，北科中心（甲方）、林某1（乙方）、林某2（丙方）、吴某某（丁方）、校园电影院线公司（戊方）签订《增资协议》，约定校园电影院线公司（以下简称标的公司或戊方）系一家依据中国法律设立并有效存续的有限责任公司，截至该协议签署日，注册资本金为2650万元；林某1、林某2、吴某某系标的公司截至该协议签署时点的现有股东，分别依法持有标的公司30.94%、11.51%、7.08%的股权，共同拥有对标的公司的实际控制力。北科中心系一家依据中国法律设立并有效存续的有限合伙企业，拟对标的公司进行增资，认购标的公司新增105万元的注册资本（占增资后总注册资本的3.81%）。标的公司本次增资前的注册资本为2650万元，增资前的股权结构为：林某1出资额820万元、出资比例30.94%，嘉兴星球出资额500万元、出资比例18.87%，吴某出资额375万元、出资比例14.15%，林某2

出资额305万元、出资比例11.51%，吴某某出资额187.5万元、出资比例7.08%，黄某出资额175万元、出资比例6.6%，北京宸业出资额100万元、出资比例3.77%，张某某出资额87.5万元、出资比例3.3%，谢某某出资额50万元、出资比例1.89%，罗某某出资额40万元、出资比例1.51%，曲某某出资额10万元、出资比例0.38%。该协议各方一致同意甲方对标的公司进行增资扩股，以现金形式投资于标的公司，甲方拟以人民币630万元对标的公司进行投资，认购标的公司3.81%的股权，其中105万元计入标的公司注册资本，剩余525万元计入标的公司资本公积，本次增资完成后，标的公司注册资本增至2755万元，其中乙方及其他10名股东出资2650万元，甲方出资105万元。本次增资完成后，标的公司股权结构为：林某1出资额820万元、出资比例29.76%，嘉兴星球出资额500万元、出资比例18.15%，吴某出资额375万元、出资比例13.61%，林某2出资额305万元、出资比例11.07%，吴某某出资额187.5万元、出资比例6.81%，黄某出资额175万元、出资比例6.35%，北京宸业出资额100万元、出资比例3.63%，张某某出资额87.5万元、出资比例3.18%，谢某某出资额50万元、出资比例1.81%，罗某某出资额40万元、出资比例1.45%，曲某某出资额10万元、出资比例0.36%，北科中心出资额105万元、出资比例3.81%。标的公司按照该协议的相关条款修改章程并经甲方及标的公司其他股东正式签署，除上述标的公司章程修订之外，过渡期内，不得修订标的公司章程。本次增资完成后，标的公司应当尽快启动变更为股份有限公司的相关法律程序，并在2015年12月31日前完成股份制的改制（以取得变更为股份有限公司的企业法人营业执照的时间为准）。估值调整条款约定：各方一致同意，甲方愿意以630万元（每份出资额6元）的价格认购目标公司新增的105万元新增注册资本，甲方增加的注册资本是基于乙方、丙方、丁方对目标公司以下经营业绩目标的实现承诺，且各方一致认为目标公司以下经营目标及业绩目标的实现主要有赖于乙方、丙方、丁方的积极努力，因而当以下经营目标及业绩目标未能实现时，乙方、丙方、丁方自愿按以下约定的方式承担对甲方的补偿责任：1. 截至2015年12月31日，戊方（目标公司）已经与60家以上的高等院校签署合法有效的《校园电影综合服务合约》（含设备已经投放完成及签约准备投放设备的高等院校），且设备投放完成已经开始电影放映的高等院校不少于45家；如该目标未能达成，每少完成一家高等院校的签约或设备投放，则由乙方、丙方、丁方共计向甲方无偿转让其持有的目标公司 0.15% 的股份，根据实际未完成目标的高等院校的数量，转让股份的比例 = 0.15% × 未完成目标的高等院校的数量。但由于“1”的目标未达成而累计向甲方无偿转让其持有的目标公司不超过目标公司总股本（以截至 2015 年 12 月 31 日的目标公司总股本为基准）的 1.5%。上述无偿转让股份的义务，甲方可以向乙方、丙方、丁方任何一方或多方主张，乙方、丙方、丁方不得以任何事由进行抗辩。2. 截至 2016 年 12 月 31 日，戊方（目标公司）已经与 100 家以上的高等院校签署合法有效的《校园电影综合服务合约》（含设备已经投放完成及签约准备投放设备的高等院校），且设备投放完成已经开始电影放映的高等院校不少于 60 家。如该目标未能达成，每少完成一家高等院校的签约和设备投放，则由乙方、丙方、丁方共计向甲方无偿转让其持有的目标公司 0.15% 的股份，根据实际未完成目标的高等院校的数量，转让股份的比例 = 0.15% × 未完成目标的高等院校的数量。但由于“2”的目标未达成而累积向甲方无偿转让其持有的目标公司不超过目标公司总股本（以截至 2016 年 12 月 31 日的目标公司总股本为基准）的 1.5%。上述无偿转让股份的义务，甲方可以向乙方、丙方、丁方任何一方或多方主张，乙方、丙方、丁方不得以任何事由进行抗辩。3. 目标公司经具有证券期货从业资格且市场声誉良好的会计师事务所审计的 2015 年度非经常性损益后的净利润不低于人民币 0 万元（盈亏平衡）；如该目标未能达成，目标公司经审计的 2015 年度扣除非经常性损益后的净利润低于人民币 0 万元时，则由乙方、丙方、丁方向甲方无偿转让其持有目标公司的股份作为补偿。无偿转让股份的比例根据目标公司实际经审计的 2015 年度扣除非经常性损益后的净利润按如下公式计算：转让股份的比例 = 0.15% ×（0 万元 - 目标公司经审计的 2015 年度扣除非经常性损益后净利润）÷100 万元。但由于上述“3”的目标未达成而累计向甲方无偿转让其持有的目标公司的股份不超过目标公司总股本（以截至 2015 年 12 月 31 日的目标公司总股本为基准）的 1.5%。上述无偿转让股份的义务，甲方可以向乙方、丙方、丁方任何一方或多方主张，乙方、丙方、丁方不得以任何事由进行抗辩。4. 经具有证券期货从业资格且市场声誉良好的会计师事务所审计的 2016 年度扣除非经常性损益后净利润不低于人民币 500 万元。如该目标未能达成。目标公司经审计的 2016 年度扣除非经常性损益后的净利润低于人民币 500 万元时，则由乙方、丙方、丁方共计向甲方无偿转让其持有的目标公司的股份。无偿转让股份的比例根据目标公司实际经审计的2016年度扣除非经常性损益后的净利润按如下公式计算：转让股份的比例＝0.15%×（500万元－目标公司经审计的2016年度扣除非经常性损益后净利润）÷100万元。但由于上述“4”的目标未达成而累计向甲方无偿转让其持有的目标公司不超过目标公司总股本（以截至2016年12月31日的目标公司总股本为基准）的1.5%。上述无偿转让股份的义务，甲方可以向乙方、丙方、丁方任何一方或多方主张，乙方、丙方、丁方不得以任何事由进行抗辩。《增资协议》第十八条第四项约定：乙方、丙方及丁方承诺将尽一切努力以使得：目标公司于2016年12月31日前完成新三板挂牌（以取得全国中小企业股份转让中心同意挂牌函的日期为准）。如该承诺未能如期完成，则由乙方、丙方、丁方合计按目标公司总股本的1.5%，无偿向甲方转让目标公司股份，或甲方可以要求乙方、丙方、丁方承担回购甲方所持有的目标公司全部股份的责任，回购总价格为甲方本次投资本金630万元及该投资本金按年利率15%计算的利息。目标公司于2019年12月31日前完成上市（以目标公司股份开始在证券交易所公开交易的日期为准）。如该承诺未能如期兑现，则由乙方、丙方、丁方承担回购甲方所持有的目标公司全部股份的责任，回购总价格为甲方本次投资本金630万元及该投资本金按年利率15%计算的复利利息，或由甲方将持有的目标公司股份向公司股东以外的第三方转让。乙方、丙方及丁方、标的公司承诺，在本次增资完成后，每个季度结束后的15个工作日内将目标公司季度经营情况及财务报表（至少包含资产负债表、利润表）及时提供给甲方，每个会计年度结束后的2个月内将目标公司年度经营情况及经具有证券期货从业资格的会计师事务所出具的年度审计报告及时提供给甲方，并承诺该等经营情况及财务报表数据真实、准确、完整。乙方、丙方、丁方、标的公司承诺，即在本次增资后，标的公司将聘请具有证券期货从业资格的会计师事务所对公司进行审计（以2015年9月30日为审计基准日），并以该基准日审计报告、评估报告进行股份制改制。各方同意，除非本协议另有约定，本协议任何一方违反本协议义务（包括但不限于作为义务、承诺与保证等）的，违约方应分别向守约方支付违约金100万元，造成守约方损失的，除承担违约金外，违约方应当足额赔偿守约方的损失，包括但不限于律师费、财产保全费等。

2015年9月29日，北科中心向校园电影院线公司转账630万元。

2015年9月28日，校园电影院线公司的注册资本变更为2755万元，新增的105万元注册资本登记在北科中心名下。

2016年1月19日，校园电影院线公司的企业类型由有限责任公司（自然人投资或控股）变更为股份有限公司（非上市、自然人投资或控股），名称由北京二十一世纪校园数字电影院线有限公司变更为北京二十一世纪校园电影院线股份有限公司。

林某1（甲方）、北科中心（乙方）、林某2（丙方）、吴某某（丁方）、校园电影院线公司（戊方）曾签订《〈北京二十一世纪校园电影院线股份有限公司股份转让协议〉的补充协议暨〈关于北京二十一世纪数字电影院线有限公司的增资协议〉的补充协议》（以下简称《补充协议》），约定鉴于甲乙丙丁戊方已于2015年9月24日签订《关于北京二十一世纪校园数字电影院线有限公司的增资协议》（以下简称《增资协议》），根据《增资协议》的约定，乙方履行了对标的公司的增资义务，并成为标的公司的股东，2016年1月19日，标的公司整体变更为股份有限公司，乙方作为发起人股东合法持有标的公司105万股股份；根据《增资协议》的约定，乙方以630万元的价格溢价认购标的公司105万元新增注册资本，是基于对标的公司原主要股东甲方、丙方、丁方对于标的公司的经营及业绩目标的实现承诺，当《增资协议》约定的经营目标及业绩未能实现时，甲方、丙方、丁方自愿根据约定的方式承担对乙方的补偿责任。由于标的公司截至2015年12月31日、截至2016年12月31日与高等院校签署的《校园电影综合服务合约》的数量以及设备投放完成已经开始电影放映的高等院校数量未能达到《增资协议》约定的目标，与此同时，标的公司2015年度、2016年度经审计的扣除非经常性损益后的净利润亦未能达到《增资协议》约定的业绩目标，甲方、乙方、丙方、丁方经友好协商，就补偿乙方的相关事宜达成一致意见，并订立本协议，以便共同遵守。严格根据《增资协议》的约定，甲方、丙方、丁方应合计向乙方无偿转让超过137.75万股股份（合计超过标的公司总股本的5%）作为补偿，乙方本着友好合作及有助于标的公司发展的精神，自愿降低甲方、丙方、丁方的补偿，并与本协议各方一致同意，为履行《增资协议》的约定，由甲方将其持有的标的公司82.65万股股份（占标的公司总股本的3%）无偿转让给乙方作为补偿，乙方愿意无偿受让甲方持有的标的公司的上述股份。甲方与乙方签署的《北京二十一世纪校园电影院线股份有限公司股份转让协议》（以下简称《股份转让协议》）系为方便进行股权转让的工商变更登记手续而签署。

本协议的约定与《股份转让协议》的约定不同的，以本协议的约定为准，包括但不限于甲方应当根据本协议的约定，无偿向乙方转让标的公司82.65万股股份，乙方并不需要依据《股份转让协议》的约定向甲方支付转让价款等。本次股份转让前，甲方合法持有标的公司820万股股份，占公司总股本比例为29.7641%。本次股份转让完成后，甲方持有公司股份数额变更为737.35万股股份，占公司总股本比例变更为26.7641%。本次股份转让前，乙方系标的公司的股东，合法持有公司105万股股份，占公司总股本比例为3.8113%，本次股份转让完成后，乙方合计持有公司187.65万股股份，占公司总股本比例变更为6.8113%。各方一致确认，如严格按照《增资协议》“估值调整条款”的约定计算，甲方、丙方或丁方应当给予乙方的补偿股份数量超过82.65万股股份，但基于各方的友好合作关系，经协商一致将补偿股份数量确定为82.65万股。如甲方依照本协议的约定，实际将其持有的标的公司82.65万股股份无偿转让给乙方，则股份转让完成后乙方不再依据《增资协议》“估值调整条款”的约定要求甲方、丙方或丁方给予新增的股份补偿。如甲方未能依据本协议的约定，实际将其持有的标的公司82.65万股股份无偿转让给乙方，则乙方保留依据《增资协议》“估值调整条款”的约定重新准确计算甲方、丙方或丁方应当给予乙方的股份补偿的权利，并可以向甲方、丙方或丁方中的任何一方、多方同时主张补偿。甲方、丙方或丁方不得根据本协议主张补偿责任仅由甲方承担，亦不得主张补偿股份的数量仅为82.65万股。各方一致确认，《增资协议》第十八条第四项的约定变更为：乙方、丙方及丁方（为《增资协议》中的乙方、丙方、丁方）承诺将尽一切努力以使得：目标公司于2016年12月31日前完成新三板挂牌（以取得全国中小企业股份转让中心同意挂牌函的日期为准）。如该承诺未能如期完成，则由乙方、丙方、丁方合计按目标公司总股本的1.5%，无偿向甲方转让目标公司股份，或甲方可以要求乙方、丙方、丁方承担回购甲方所持有的目标公司全部股份的责任，回购总价格为甲方本次投资本金630万元及该投资本金按年利率15%计算的利息（单利计算）。目标公司于2019年12月31日前完成上市（以目标公司股份开始在证券交易所公开交易的日期为准）。如该承诺未能如期完成，则由乙方、丙方、丁方承担回购甲方所持有的目标公司全部股份的责任，回购总价格为甲方本次投资本金630万元及该投资本金按年利率15%计算的利息（单利计算），或由甲方将持有的目标公司股份向公司股东以外的第三方转让。

一审诉讼中，北科中心提交其与上海星原律师事务所于2017年12月25日签订的《法律服务协议》及上海星原律师事务所于2018年10月9日开具给北科中心的律师代理服务费30万元的发票，用以证明北科中心支出的律师费。林某1对上述证据的真实性予以认可，但主张北科中心是否真实发生30万元律师费无法查证。

一审诉讼中，北科中心提交两张北京市至上海市的往返火车票，合计1203元，用以证明北科中心支出的差旅费。林某1对上述证据的真实性、证明目的予以认可。

一审诉讼中，北科中心提交中华联合财产保险股份有限公司北京分公司于2018年6月4日给北科中心开具的财产保全责任险保费19,137.50元的发票，予以证明北科中心为本案财产保全提供担保而支出的保费。林某1对该证据的真实性予以认可，但主张该费用不是必要支出的费用。

2015年9月24日，北科中心作为甲方（投资方）、林某1作为乙方（原股东）、林某2作为丙方（原股东）、吴某某作为丁方（原股东）、校园电影院线公司作为戊方（标的公司）签订案涉《增资协议》中载明：第十条“乙方、丙方、丁方股权处置限制及优先受让权”约定：1. 本次增资完成后且标的公司上市之前，不论标的公司的企业性质（组织形式）是有限责任公司还是股份有限公司，如果乙方、丙方、丁方拟将持有的标的公司部分或全部股权进行处分，包括但不限于直接或间接转让该等股份或该等股份设定质押等第三方权利，均须事先获得目标公司董事会全体董事一致同意方可实施。2. 在戊方（标的公司）实现新三板挂牌前或A股上市前，乙方、丙方、丁方及高管总计只能在戊方（标的公司）股本总额10%的范围内对外转让股份，对于超出的部分，甲方享有优先购买权。第十一条“甲方的股权（份）同售权”约定：如果乙方、丙方、丁方拟向除甲方以外的任何第三方直接或间接出售其持有的标的公司部分或全部股权，无论该等转让是否出于乙方、丙方、丁方自愿，均应至少提前30日通过书面形式通知甲方，并获得甲方出具的书面同意方可实施，且甲方可以主张将其持有的标的公司部分或全部股权出售给拟受让乙方、丙方、丁方持有的标的公司股权的交易方。如甲方上述同售主张不能得到满足，则乙方、丙方、丁方不得向该第三方直接或间接出售其持有的标的公司部分或全部股权。第十四条“反稀释”约定：1. 在完成本次增资后，标的公司新三板挂牌/上市前，除非获得甲方书面同意，标的公司不得以低于融资前估值2.5亿元人民币发行新的权益类证券，包括但不限于普通股、优先股、可转换债券等；即使甲方同意发行该等新的权益类证券，在同等的条件下，甲方享有将持有的目标公司股份增持到350万股（且不低于标的公司在新三板挂牌/上市时总股本的10%）的优先认购权。在完成本次增资后，标的公司新三板挂牌/上市前，标的公司为新引进高级管理人员、具有特殊资源的人才的情况下，可以不低于融资前估值2.5亿元人民币发行新的权益类证券，但该等新引进高级管理人员、具有特殊资源的人才的人选须征得董事会全体董事的同意方为有效，且上述新引进高级管理人员、具有特殊资源的人才累计通过股权激励方式取得的股权不得超过标的公司总股本的10%。此外，标的公司在上市前，根据法律、法规以及中国证监会等证券市场主管部门、机构制定的专门规则实施员工股权激励计划的具体条件（含价格、股份比例）依照届时有效的法律、法规及规则执行，不受本协议的约束。2. 在完成本次增资后，标的公司新三板挂牌/上市前，如标的公司新增注册资本价格低于甲方本次认购增资的价格（股权激励除外），则乙方、丙方、丁方应按照上述新增注册资本价格与甲方本次增资价格的差额对甲方的损失进行补偿［补偿金额＝（甲方认购本次增资的每股单价－标的公司该次新增股本的每股单价）×甲方本次增资认购的股数×1.5］。调整可以通过乙方向甲方现金补偿相应差价的方式进行，亦可通过乙方向甲方无偿转让部分股权（无偿转让部分股权的数量＝补偿金额÷甲方认购本次增资的每股单价）的方式进行，上述调整的最终方式由双方协商确定，协商不成则以现金方式进行补偿。如在完成本次增资后，标的公司新三板挂牌/上市前，目标公司及甲方持股数量因为股份制改制的净资产折股比例以及公司配股、送股等因素发生调整，则上述每股单价根据总股本的变化相应进行调整。第十五条“优先清算权”约定，标的公司如果因破产或其他原因实施清算，则在分别支付清算费用，职工的工资、社会保险费用和法定补偿金，缴纳所欠税款，清偿公司债务后，对标的公司的剩余财产进行分配时，乙方、丙方、丁方应保证甲方优先获得本次增资中其对标的公司的全部实际投资加上该等实际投资对应的在标的公司已公布分配方案但还未执行的红利中投资方应享有的部分。第十七条“估值调整条款”……第十八条“声明、保证和承诺”约定，乙方、丙方、丁方、标的公司承诺，在本次增资后，标的公司将聘请具有证券期货从业资格的会计师事务所对公司进行审计（以2015年9月30日为审计基准日)，并以该基准日的审计报告、评估报告进行股份制改制。

2017 年 6 月 18 日，林某 1 作为甲方（股份转让方）、北科中心作为乙方（股份受让方）、林某 2 作为丙方、吴某某作为丁方、校园电影院线公司作为戊方（标的公司）签订案涉《补充协议》中载明："根据《增资协议》第十七条'估值调整条款'的约定，乙方以 630 万元的价格溢价认购标的公司 105 万元新增注册资本，是基于对标的公司原主要股东甲方、丙方、丁方对于标的公司的经营及业绩目标的实现承诺，当《增资协议》约定的经营目标及业绩目标未能实现时，甲方、丙方、丁方自愿根据约定的方式承担对乙方的补偿责任。……第一条约定，乙方本着友好合作及有助于标的公司发展的精神，自愿降低甲方、丙方、丁方的补偿，并与本协议各方一致同意，为履行《增资协议》第十七条'估值调整条款'的约定，由甲方将其持有的标的公司 82.65 万股股份（占标的公司总股本的 3.00%）无偿转让给乙方作为补偿，乙方愿意无偿受让甲方持有的标的公司的上述股份。第二条约定，《增资协议》第十七条'估值调整条款'的效力各方一致确认，如严格按照《增资协议》第十七条'估值调整条款'的约定计算，甲方、丙方或丁方应当给予乙方的补偿股份数量超过 82.65 万股股份，但基于各方的友好合作关系，经协商一致将补偿股份数量确定为 82.65 万股。如甲方依照本协议的约定，实际将其持有的标的公司 82.65 万股股份无偿转让给乙方，则股份转让完成后乙方不再依据《增资协议》第十七条'估值调整条款'的约定要求甲方、丙方或丁方给予新增的股份补偿。……第三条约定，《增资协议》其他条款的效力各方一致确认，《增资协议》第十七条以外的其他条款的效力不变，乙方根据《增资协议》享有的其他权利依法有效，该等权利包括但不限于：《增资协议》第十条、第十一条、第十二条、第十三条、第十四条、第十五条、第十六条、第十八条中乙方所享有的权利。各方一致确认，《增资协议》第十八条第四项的约定变更为：(4) 乙方、丙方及丁方（为《增资协议》中的乙方、丙方、丁方）承诺将尽一切努力以使得：目标公司于 2016 年 12 月 31 日前完成新三板挂牌（以取得全国中小企业股份转让中心同意挂牌函的日期为准）。如该承诺未能如期完成，则由乙方、丙方、丁方合计按目标公司总股本的 1.5%，无偿向甲方转让目标公司股份，或甲方可以要求乙方、丙方、丁方承担回购甲方所持的目标公司全部股份的责任，回购总价格为甲方本次投资本金 630 万元及该投资本金按年利率 15% 计算的利息（单利计算）。目标公司于 2019 年

12 月 31 日前完成上市（以目标公司股份开始在证券交易所公开交易的日期为准）。如该承诺未能如期完成，则由乙方、丙方、丁方承担回购甲方所持有的目标公司全部股份的责任，回购总价格为甲方本次投资本金 630 万元及该投资本金按年利率 15% 计算的利息（单利计算），或由甲方将持有的目标公司股份向公司股东以外的第三方转让。《增资协议》第十八条其他条款保持不变。”

判决结果

一审法院：1. 林某 1 于判决生效后 10 日内给付北科中心 630 万元及其利息（按年利率 15% 计算，自 2015 年 9 月 30 日起至实际支付之日止），用以回购北科中心持有的校园电影院线公司的全部股份；2. 驳回北科中心的其他诉讼请求。

二审法院：驳回上诉，维持原判。

各方观点

上诉人（原审被告）观点： 1. 撤销一审判决第一项，判决驳回北科中心的全部诉讼请求；2. 一审、二审诉讼费由北科中心承担。

事实与理由：1. 首先，《增资协议》中包含大量“对赌条款”，性质上属于“对赌协议”，目标公司校园电影院线公司参与签订的“对赌协议”违法无效；其次，案涉《增资协议》中包含的反稀释、优先清算权等约定违反全国中小企业股份转让系统发布实施的《挂牌公司股票发行常见问题解答（三）——募集资金管理、认购协议中特殊条款、特殊类型挂牌公司融资》（以下简称《解答三》）及相关法律法规，故该协议应属无效。2.《增资协议》的反稀释、优先清算权等部分条款违反了《解答三》第二条第二款第一项、第二项、第四项、第六项的规定，而由于北科中心不同意修改案涉《增资协议》中违反《解答三》规定的条款，才导致目标公司无法完成新三板挂牌，责任在北科中心。3. 根据《补充协议》的约定，北科中心已经放弃了股权回购，其无权再要求林某 1 回购股权。

被上诉人（原审原告）观点： 不同意林某 1 的上诉请求。理由如下：关于协议中对赌条款的效力，案涉《增资协议》的对赌条款并不违反法律法规的强制性规定，系双方当事人的真实意思表示，应属有效。1. 虽然目标公司系案涉合同的一方主体，但是目标公司仅参与签订协议，并没有承担对赌的实体义务和责任。“海富案”中只认定投资方与目标公司之间的对赌无效，但同时认定投资方与股东之间的对赌合法有效。2. 关于反稀释条款，合同中的反稀释条款仅约定新三板挂牌之前目标公司不得以本次增资的估值再行融资，并没有约定挂牌之后也不能融资；关于优先清算权，合同约定的是指按照法定程序处理了税务、工资、外部债权人等之后，在内部股东之间分配时的优先清偿权，是为了防止大股东滥用权利。而且，即使某些条款无效，也不影响其他条款的效力，仍应当回购。3. 林某 1 主张北科中心方面的原因导致新三板挂牌不成功，但没有提交证据证明，缺乏事实依据。4. 根据《补充协议》的约定，北科中心无偿取得 3% 的股权系基于《增资协议》第十七条的补偿，而非基于股权回购，双方关于股权回购的约定权利义务不因此而灭失。

法院观点

一审法院观点：本案所涉《增资协议》《补充协议》系当事人的真实意思表示，协议内容并不违反法律、行政法规的强制性规定，应属有效。林某 1 主张校园电影院线公司参与签订协议属违法无效，理由不充分，一审法院不予采信。校园电影院线公司并未在 2016 年 12 月 31 日前完成新三板挂牌，按照协议约定，北科中心可以要求林某 1 回购北科中心持有的校园电影院线公司全部股份，北科中心提出的要求林某 1 以 630 万元加自 2015 年 9 月 30 日至实际付款之日按年利率 15% 计算的利息的价格回购北科中心持有的校园电影院线公司全部股份的诉讼请求，符合协议约定，一审法院予以支持。林某 1 主张北科中心已放弃了要求林某 1 回购股份，现无权再要求林某 1 回购股份，理由并不充分，一审法院不予采信。协议约定：“各方同意，除非本协议另有约定，本协议任何一方违反本协议义务（包括但不限于作为义务、承诺与保证等）的，违约方应分别向守约方支付违约金 100 万元，造成守约方损失的，除承担违约金外，违约方应当足额赔偿守约方的损失，包括但不限于律师费、财产保全费等。”现北科中心以校园电影院线公司未完成新三板挂牌为由，要求林某 1 支付违约金并赔偿损失，而根据协议约定，林某 1、林某 2、吴某某承诺尽一切努力以使校园电影院线公司于2016年12月31日前完成新三板挂牌。从文意看，林某1、林某2、吴某某承诺的是为新三板挂牌而尽力，并不是承诺新三板挂牌。从当事人的本意看，校园电影院线公司能否于2016年12月31日在新三板挂牌，这正是原股东与投资人对赌的目标，而对未能于2016年12月31日前在新三板挂牌的处理，协议也做了约定，即林某1、林某2、吴某某无偿向北科中心转让校园电影院线公司总股本1.5%的股份，或北科中心可以要求林某1、林某2、吴某某回购北科中心所持有的全部股份。故此，应当认定，校园电影院线公司未能于2016年12月31日前在新三板挂牌，属于违约责任条款中"本协议另有约定"的情形，而且不能认定为林某1违约，北科中心以此为由要求林某1支付违约金并赔偿损失的诉讼请求，一审法院不予支持。

二审法院观点： 本案二审期间的争议焦点包括以下三点：1. 案涉《增资协议》《补充协议》的效力，具体包括以下两个方面：（1）林某1主张的案涉《增资协议》《补充协议》因目标公司为协议一方主体而无效是否成立；（2）林某1主张的案涉《增资协议》因包含股权同售权、反稀释、优先清算权等条款而无效是否成立。2. 案涉《增资协议》第十八条第一款第四项中约定"目标公司于2016年12月31日前完成新三板挂牌"，该事项未如期完成的原因及责任承担，具体包括以下两个方面：（1）案涉《增资协议》是否存在新三板挂牌文件规定的情形；（2）如果存在《增资协议》约定内容造成挂牌障碍的情形，相关责任应当由谁承担。3. 北科中心诉请主张目标公司因未能于2016年12月31日前完成新三板挂牌的回购权，是否因《补充协议》的签订而变更或丧失。

一、关于案涉《增资协议》《补充协议》的效力一项

林某1主张，首先，案涉《增资协议》中存在"对赌条款"，系对赌协议，校园电影院线公司作为目标公司与投资人之间签订的对赌协议应属无效，且目标公司在对赌协议中承担了部分义务，影响了目标公司的股权稳定性和持续经营能力，也导致目标公司无法达到《全国中小企业股份转让系统业务规则（试行）》的规定要求；其次，案涉《增资协议》中包括股权同售权、反稀释、优先清算权等条款，违反了法律法规的强制性规定，故该协议应属无效。对此，北科中心不予认可，其称，首先，虽校园电影院线公司作为目标公司系《增资协议》一方主体，但目标公司并未承担"对赌"的特定义务，且即使目标公司系对赌协议的一方主体，也仅影响目标公司与投资人之间权利义务关系的效力，并不影响投资人与原股东之间权利义务关系的效力；其次，案涉《增资协议》中的股权同售权、反稀释、优先清算权等条款并不违反法律法规的强制性规定。

《合同法》第五十二条规定："有下列情形之一的，合同无效：（一）一方以欺诈、胁迫的手段订立合同，损害国家利益；（二）恶意串通，损害国家、集体或者第三人利益；（三）以合法形式掩盖非法目的；（四）损害社会公共利益；（五）违反法律、行政法规的强制性规定。"根据双方的诉辩意见，关于案涉《增资协议》《补充协议》的效力问题，争议具体包括以下两个方面：1. 林某1主张的案涉《增资协议》《补充协议》因目标公司为协议一方主体而无效是否成立；2. 林某1主张的案涉《增资协议》因包含股权同售权、反稀释、优先清算权等条款而无效是否成立。

（一）林某1主张的案涉《增资协议》《补充协议》因目标公司为协议一方主体而无效是否成立

《公司法》第二十条规定："公司股东应当遵守法律、行政法规和公司章程，依法行使股东权利，不得滥用股东权利损害公司或者其他股东的利益；不得滥用公司法人独立地位和股东有限责任损害公司债权人的利益。公司股东滥用股东权利给公司或者其他股东造成损失的，应当依法承担赔偿责任。公司股东滥用公司法人独立地位和股东有限责任，逃避债务，严重损害公司债权人利益的，应当对公司债务承担连带责任。"根据上述规定，股东不得滥用股东权利损害公司、股东、公司债权人利益。本案中，只有在校园电影院线公司作为目标公司实际参与股权回购才可能导致损害公司、股东、公司债权人利益。因此，本院从以下几个方面分析，校园电影院线公司作为案涉《增资协议》一方主体是否导致合同无效。

1. 北科中心与校园电影院线公司之间的关系。案涉《增资协议》中载明，北科中心为投资方，校园电影院线公司为目标公司，投资方北科中心拟对目标公司校园电影院线公司进行增资，认购目标公司新增105万元的注册资本（占增资后总注册资本的3.81%）。

2. 校园电影院线公司的合同义务。首先，校园电影院线公司作为案涉《增资协议》一方，根据案涉《增资协议》的约定，校园电影院线公司主要负担的合同义务包括：增资交割后章程修订、在2015年12月31日前完成股份制改革、向北科中心签发并交付股东出资证明书、将北科公司登记于股东名册、变更工商登记。上述权利义务均系股权转让后，作为目标公司应为的程序性事项，而非目标公司在股权转让中承担实体权利义务。其次，案涉《增资协议》中涉及增资及履行事项的条款主要包括：增资后的股权比例；增资认购款的支付；股权同售权；实质性违约导致的乙方、丙方、丁方的回购义务；反稀释；优先清算权；估值调整条款；承诺完成新三板挂牌及承诺未完成时的回购义务，而目标公司校园电影院线公司并非上述权利义务关系中的承担主体。综上，根据合同内容，无法直接认定目标公司作为合同一方主体将损害公司、其他股东、债权人利益。

3. 北科中心的诉请依据。首先，北科中心诉请系要求林某1作为原股东承担回购义务，北科中心并未诉请目标公司校园电影院线公司承担回购义务。其次，案涉《增资协议》中约定："乙方、丙方及丁方承诺将尽一切努力以使得：目标公司于2016年12月31日前完成新三板挂牌（以取得全国中小企业股份转让中心同意挂牌函的日期为准）。如该承诺未能如期完成，则由乙方、丙方、丁方合计按目标公司总股本的1.5%，无偿向甲方转让目标公司股份，或甲方可以要求乙方、丙方、丁方承担回购甲方所持的目标公司全部股份的责任，回购总价格为甲方本次投资本金630万元及该投资本金按年利率15%计算的利息。目标公司于2019年12月31日前完成上市（以目标公司股份开始在证券交易所公开交易的日期为准）。如该承诺未能如期完成，则由乙方、丙方、丁方承担回购甲方所持有的目标公司全部股份的责任，回购总价格为甲方本次投资本金630万元及该投资本金按年利率15%计算的复利利息，或由甲方将持有的目标公司股份向公司股东以外的第三方转让。"案涉《补充协议》中载明："各方一致确认，《增资协议》第十八条第四项的约定变更为：(4) 乙方、丙方及丁方（为《增资协议》中的乙方、丙方、丁方）承诺将尽一切努力以使得：目标公司于2016年12月31日前完成新三板挂牌（以取得全国中小企业股份转让中心同意挂牌函的日期为准）。如该承诺未能如期完成，则由乙方、丙方、丁方合计按目标公司总股本的1.5%，无偿向甲方转让目标公司股份，或甲方可以要求乙方、丙方、丁方承担回购甲方所持的目标公司全部股份的责任，回购总价格为甲方本次投资本金630万元及该投资本金按年利率15%计算的利息（单利计算）。目标公司于2019年12月31日前完成上市（以目标公司股份开始在证券交易所公开交易的日期为准）。如该承诺未能如期完成，则由乙方、丙方、丁方承担回购甲方所持有的目标公司全部股份的责任，回购总价格为甲方本次投资本金630万元及该投资本金按年利率15%计算的利息（单利计算），或由甲方将持有的目标公司股份向公司股东以外的第三方转让。《增资协议》第十八条其他条款保持不变。”根据上述约定可以看出，作出承诺在2016年12月31日前使目标公司完成新三板挂牌和2019年12月31日前使目标公司完成上市的义务主体为林某1、案外人林某2和吴某某，而非目标公司校园电影院线公司；且当上述承诺未按期履行时，承担股权无偿出让或以630万元本金加年利率15%的利息回购股权的义务主体亦为林某1、案外人林某2和吴某某，而非目标公司校园电影院线公司。故校园电影院线公司作为目标公司并未实质参与挂牌承诺及承担股权回购义务。

综上，第一，根据案涉《增资协议》《补充协议》的约定以及现行法律法规的规定，虽然目标公司校园电影院线公司是案涉《增资协议》《补充协议》的一方主体，但其并未实质参与挂牌承诺及承担股权回购义务。因此，根据现有证据无法证明目标公司作为案涉《增资协议》《补充协议》一方主体将损害公司、其他股东、债权人利益，亦非导致合同无效的法定情形。第二，即使目标公司校园电影院线公司作为案涉《增资协议》《补充协议》的一方主体影响合同效力，也应当仅系影响与其相关的权利义务关系的效力，并不必然影响整体合同的效力。因此，林某1以目标公司系合同一方主体参与“对赌”为由主张案涉《增资协议》《补充协议》无效，缺乏事实及法律依据，本院不予支持。

（二）林某1主张的案涉《增资协议》因包含股权同售权、反稀释、优先清算权等条款而无效是否成立

1. 股权同售权。根据案涉《增资协议》第十一条“股权（份）同售权”条款的约定，当林某1、林某2、吴某某出售股权时，北科中心享有同等出售的权利，亦不违反《公司法》等相关法律法规对股权转让的强制性规定。

2. 反稀释。根据案涉《增资协议》第十四条“反稀释”条款的约定，各方之间就目标公司校园电影院线公司的融资、股权激励等的限制时间均限定在“完成本次增资后，标的公司新三板挂牌/上市前”，并不违反法律法规的强制性规定。

3. 优先清算权。《公司法》第一百八十六条规定，“清算组在清理公司财

产、编制资产负债表和财产清单后，应当制定清算方案，并报股东会、股东大会或者人民法院确认。公司财产在分别支付清算费用、职工的工资、社会保险费用和法定补偿金，缴纳所欠税款，清偿公司债务后的剩余财产，有限责任公司按照股东的出资比例分配，股份有限公司按照股东持有的股份比例分配”。根据上述规定，公司清算时，清算费用，职工的工资、社会保险费用和法定补偿金，所欠税款，以及公司债务优先于股东分配。本案中，案涉《增资协议》第十五条“优先清算权”约定，目标公司在分别支付清算费用，职工的工资、社会保险费用和法定补偿金，缴纳所欠税款，清偿公司债务后，北科中心在股东分配中优先于其他股东进行分配，该协议约定在支付了法定优于股东之间分配的款项后，股东内部对于分配顺序进行约定并不违反《公司法》第一百八十六条的规定。因此，《增资协议》对优先清算权的约定并不违反法律法规。

《最高人民法院关于适用〈中华人民共和国合同法〉若干问题的解释（一）》第四条规定：“合同法实施以后，人民法院确认合同无效，应当以全国人大及其常委会制定的法律和国务院制定的行政法规为依据，不得以地方性法规、行政规章为依据。”《最高人民法院关于适用〈中华人民共和国合同法〉若干问题的解释（二）》第十四条规定：“合同法第五十二条第（五）项规定的‘强制性规定’，是指效力性强制性规定。”根据上述规定，只有违反法律、行政法规的效力性强制性规定才导致合同必然无效，案涉《增资协议》中所约定的内容并不违反法律法规的强制性规定。因此，林某 1 主张的案涉《增资协议》因包含股权同售权、反稀释、优先清算权等条款而无效，缺乏法律依据，本院不予支持。

综上，案涉《增资协议》《补充协议》并不因目标公司为协议一方主体，以及案涉《增资协议》包含股权同售权、反稀释、优先清算权等条款，而必然无效。案涉《增资协议》《补充协议》不违反法律、行政法规的效力性强制性规定，且系各方当事人的真实意思表示，故本院对于案涉《增资协议》《补充协议》的效力予以确认。

二、关于案涉《增资协议》第十八条第一款第四项中约定“目标公司于 2016 年 12 月 31 日前完成新三板挂牌”，该事项未如期完成的原因及责任承担

林某 1 主张，因案涉《增资协议》违反《解答三》第二条第二款中有关“禁止挂牌公司作为特殊条款的义务承担主体”“反稀释”“禁止最优权”“禁止优先清算权”的规定，导致目标公司校园电影院线公司不符合规定而无法进行新三板挂牌，而北科中心拒绝修改《增资协议》，因此无法进行新三板挂牌的责任在于北科中心，而不应由林某1承担责任。对此，北科中心不予认可，其称，案涉《增资协议》并未违反《解答三》且《解答三》并非适用于挂牌前的公司；《解答三》并非强制性效力性规范，即使违反该规定也不影响《增资协议》的效力；北科中心从未接到通知要求修改《增资协议》；目标公司新三板挂牌的承诺未完成时就触发了林某1的回购义务，北科中心系诉请林某1承担回购义务，而非违约责任。

根据双方诉辩意见，争议具体包括以下两个方面：1. 案涉《增资协议》是否存在新三板挂牌文件规定的情形；2. 如果存在《增资协议》约定内容造成挂牌障碍的情形，相关责任应当由谁承担。

（一）案涉《增资协议》是否存在新三板挂牌文件规定的情形

《解答三》中载明：“二、挂牌公司股票发行认购协议中签订的业绩承诺及补偿、股份回购、反稀释等特殊条款（以下简称‘特殊条款’）应当符合哪些监管要求？答：挂牌公司股票发行认购协议中存在特殊条款的，应当满足以下监管要求：（一）认购协议应当经过挂牌公司董事会与股东大会审议通过。（二）认购协议不存在以下情形：1. 挂牌公司作为特殊条款的义务承担主体。2. 限制挂牌公司未来股票发行融资的价格。3. 强制要求挂牌公司进行权益分派，或不能进行权益分派。4. 挂牌公司未来再融资时，如果新投资方与挂牌公司约定了优于本次发行的条款，则相关条款自动适用于本次发行认购方。5. 发行认购方有权不经挂牌公司内部决策程序直接向挂牌公司派驻董事或者派驻的董事对挂牌公司经营决策享有一票否决权。6. 不符合相关法律法规规定的优先清算权条款。7. 其他损害挂牌公司或者挂牌公司股东合法权益的特殊条款。（三）挂牌公司应当在股票发行情况报告书中完整披露认购协议中的特殊条款；挂牌公司的主办券商和律师应当分别在‘主办券商关于股票发行合法合规性意见’、‘股票发行法律意见书’中就特殊条款的合法合规性发表明确意见。”

1.《解答三》的规定是否用以规范案涉《增资协议》

首先，《解答三》系全国中小企业股份转让系统发布的行业规则，属于“公司业务——融资类”，规范的是已挂牌公司发行股票募集资金的情形，并非针对“挂牌业务”，即并非针对股份有限公司首次在全国中小企业股份转让系统挂牌的情况。本案中，根据《增资协议》第十八条的约定，林某1、林某2、吴某某承诺的是新三板挂牌，林某1亦主张系《增资协议》违反《解答三》导致目标公司无法完成新三板挂牌，均指向新三板挂牌而非《解答三》所规范的已挂牌公司发行股票募集资金。

其次，《解答三》中载明："二、挂牌公司股票发行认购协议中签订的业绩承诺及补偿、股份回购、反稀释等特殊条款（以下简称'特殊条款'）应当符合哪些监管要求？答：挂牌公司股票发行认购协议中存在特殊条款的，应当满足以下监管要求：……"由此可见，《解答三》第二条的规定系用于规范"挂牌公司股票发行认购协议"。本案中，案涉《增资协议》系针对有限责任公司增资签订的协议，并非《解答三》中所指的股票发行认购协议。

2. 案涉《增资协议》是否违反《解答三》的规定

（1）关于挂牌公司作为特殊条款的义务承担主体一项。根据《解答三》的规定，特殊条款主要指业绩承诺及补偿、股份回购、反稀释等内容条款。首先，如上文所述，校园电影院线公司作为目标公司在案涉《增资协议》中并未承担业绩承诺及补偿、股份回购等条款的义务。其次，关于反稀释条款的义务承担问题，下文具体阐述。因此，根据案涉《增资协议》的约定并不足以证明协议中挂牌公司作为业绩承诺及补偿、股份回购等特殊条款的义务承担主体。

（2）关于限制挂牌公司未来股票发行融资的价格一项。本案中，案涉《增资协议》中约定："1. 在完成本次增资后，标的公司新三板挂牌/上市前，除非获得甲方书面同意，标的公司不得以低于融资前估值2.5亿元人民币发行新的权益类证券，包括但不限于普通股、优先股、可转换债券等；即使甲方同意发行该等新的权益类证券，在同等的条件下，甲方也享有将持有的目标公司股份增持到350万股（且不低于标的公司在新三板挂牌/上市时总股本的10%）的优先认购权。在完成本次增资后，标的公司新三板挂牌/上市前，标的公司为新引进高级管理人员、具有特殊资源的人才的情况下，可以不低于融资前估值2亿元人民币发行新的权益类证券，但该等新引进高级管理人员、具有特殊资源的人才的人选征得董事会全体董事的同意方为有效，且上述人才累计通过股权激励方式取得的股权不得超过标的公司总股本的10%。此外，标的公司在上市前，根据法律、法规以及中国证监会等证券市场主管部门、机构制定的专门规则实施员工股权激励计划的具体条件（含价格、股份比例）依照届时有效的法律、法规及规则执行，不受本协议的约束。2. 在完成本次增资后，标的公司新三板挂牌/上市前，如标的公司新增注册资本价格低于甲方本次认购增资的价格（股权激励除外），则乙方、丙方、丁方应按照上述新增注册资本价格与甲方本次增资价格的差额对甲方的损失进行补偿[补偿金额=（甲方认购本次增资的每股单价－标的公司该次新增股本的每股单价）×甲方本次增资认购的股数×1.5]。调整可以通过乙方向甲方现金补偿相应差价的方式进行，亦可通过乙方向甲方无偿转让部分股权（无偿转让部分股权的数量=补偿金额/甲方认购本次增资的每股单价）的方式进行，上述调整的最终方式由双方协商确定；协商不成，则以现金方式进行补偿。如在完成本次增资后，标的公司新三板挂牌/上市前，目标公司及甲方持股数量因为股份制改制的净资产折股比例以及公司配股、送股等因素发生调整，则上述每股单价根据总股本的变化相应进行调整。”

根据上述约定，各方之间就目标公司校园电影院线公司的融资、股权激励等的限制时间，均限定在“完成本次增资后，标的公司新三板挂牌/上市前”。根据《解答三》的规定，该规则限制的时间应当系限定于标的公司新三板挂牌/上市后。因此，案涉《增资协议》的约定并未违反《解答三》中该条规定。

另外，由于该合同的约定并非《解答三》中所指“反稀释”的情况，因此，根据现有证据，无法直接认定校园电影院线公司作为目标公司承担了反稀释义务，即校园电影院线公司作为挂牌公司并未作为反稀释义务的特殊条款的义务承担主体。

（3）关于挂牌公司未来再融资时，如果新投资方与挂牌公司约定了优于本次发行的条款，则相关条款自动适用于本次发行认购方一项。林某1主张《增资协议》第十一条“甲方的股权（份）同售权”违反了上述规定。对此，案涉《增资协议》中载明：“如果乙方、丙方、丁方拟向除甲方以外的任何第三方直接或间接出售其持有的标的公司部分或全部股权，无论该等转让是否出于乙方、丙方、丁方自愿，均应至少提前30日通过书面形式通知甲方，并获得甲方出具的书面同意方可实施，且甲方可以主张将其持有的标的公司部分或全部股权出售给拟受让乙方、丙方、丁方持有的标的公司股权的交易方。如甲方上述同售主张不能得到满足，则乙方、丙方、丁方不得向该第三方直接或间接出售其持有的标的公司部分或全部股权。”根据上述约定，当林某1、林某2、吴某某出售股权时，北科中心享有同等出售的权利，并非上述规定中限制的“优于本次发行的条款自动适用于本次发行认购方”情况。

(4) 关于不符合相关法律法规规定的优先清算权条款一项。综上所述，根据《公司法》第一百八十六条的规定，公司清算时，清算费用、职工的工资、社会保险费用和法定补偿金、所欠税款、公司债务优先于股东分配。本案中，案涉《增资协议》中载明：“标的公司如果因破产或其他原因实施清算，则在分别支付清算费用，职工的工资、社会保险费用和法定补偿金，缴纳所欠税款，清偿公司债务后，对标的公司的剩余财产进行分配时，乙方、丙方、丁方应保证甲方优先获得本次增资中其对标的公司的全部实际投资加上该等实际投资对应的在标的公司已公布分配方案但还未执行的红利中投资方应享有的部分。”根据上述约定，在分别支付清算费用、职工的工资、社会保险费用和法定补偿金，缴纳所欠税款，清偿公司债务后，北科中心在股东分配中优先于其他股东进行分配，该协议约定在支付了法定优于股东之间分配的款项后，股东内部对分配顺序进行约定并不违反《公司法》第一百八十六条的规定。因此，《增资协议》对优先清算权的约定并不违反法律法规。

(二) 如果存在《增资协议》约定内容造成挂牌障碍的情形，相关责任应当由谁承担

林某1虽主张由于《增资协议》违反了《解答三》的相关规定导致挂牌障碍且其与北科中心沟通，北科中心不同意修改《增资协议》导致了校园电影院线公司未能新三板挂牌成功，但其仅提交校园电影院线公司与中泰证券股份有限公司签订的《关于北京二十一世纪校园电影院线股份有限公司股份制改革暨全国股转系统挂牌财务顾问协议》、校园电影院线公司与北京市康达律师事务所及北京康达（成都）律师事务所签订的《法律顾问协议》用以佐证。对此，北科中心不予认可。

第一，《全国中小企业股份转让系统股票挂牌审查工作指引（试行）》第七条规定：“申请材料正式受理当日，公开转让说明书（申报稿）、审计报告、法律意见书、主办券商推荐报告等文件在全国股转系统指定信息披露平台披露。”本案中，林某1虽主张未能挂牌成功系案涉《增资协议》违反《解答三》的相关规定导致，但其并未提交证据证明目标公司校园电影院线公司已

向全国中小企业股份转让系统申请股票挂牌。第二，林某1并未提交证据证明，校园电影院线公司已申请新三板挂牌而未成功完成系案涉《增资协议》违反《解答三》的相关规定导致。第三，林某1亦未提交证据证明其曾就修改案涉《增资协议》与北科中心进行协商且系北科中心拒绝修改《增资协议》导致校园电影院线公司无法完成新三板挂牌。第四，案涉《增资协议》中载明："第十八条第四项：乙方、丙方及丁方承诺将尽一切努力以使得：目标公司于2016年12月31日前完成新三板挂牌（以取得全国中小企业股份转让中心同意挂牌函的日期为准）。如该承诺未能如期完成，则由乙方、丙方、丁方合计按目标公司总股本的1.5%，无偿向甲方转让目标公司股份，或甲方可以要求乙方、丙方、丁方承担回购甲方所持有的目标公司全部股份的责任，回购总价格为甲方本次投资本金630万元及该投资本金按年利率15%计算的利息。"案涉《补充协议》中载明："《增资协议》第十八条第四项的约定变更为：乙方、丙方及丁方（为《增资协议》中的乙方、丙方、丁方）承诺将尽一切努力以使得：目标公司于2016年12月31日前完成新三板挂牌（以取得全国中小企业股份转让中心同意挂牌函的日期为准）。如该承诺未能如期完成，则由乙方、丙方、丁方合计按目标公司总股本的1.5%，无偿向甲方转让目标公司股份，或甲方可以要求乙方、丙方、丁方承担回购甲方所持的目标公司全部股份的责任，回购总价格为甲方本次投资本金630万元及该投资本金按年利率15%计算的利息（单利计算）。"根据上述规定，首先，校园电影院线公司于2016年12月31日前完成新三板挂牌系林某1、林某2、吴某某所做的承诺，北科中心无须承担任何协助或配合义务；其次，当新三板挂牌未能实现时，北科中心即可选择要求林某1、林某2、吴某某回购其股权，即当新三板挂牌未能实现的条件发生时，林某1、林某2、吴某某即产生回购义务，该回购并非林某1、林某2、吴某某承担的违约责任，因此，即使是北科中心的过错导致新三板挂牌未能实现，也不必然导致林某1、林某2、吴某某的回购义务灭失。

由此，根据现有证据，林某1以《增资协议》约定内容造成挂牌障碍系北科中心导致的为由主张其不承担回购义务，缺乏事实依据，本院不予支持。

三、关于北科中心诉请主张目标公司未能于2016年12月31日前完成新三板挂牌的回购权是否因《补充协议》的签订而变更或丧失

林某1主张，首先，案涉《补充协议》签订于2017年6月18日，此时经过了双方约定的新三板挂牌日2016年12月31日，北科中心接受其无偿转让3%股份的行为系明确表示其选择了无偿受让股权而非要求回购股权；其次，《补充协议》中对目标公司因未能于2016年12月31日前完成新三板挂牌的回购权的约定系笔误，本应删除该约定内容，双方已约定不回购了；最后，北科中心已经明确作出了不回购的意思表示，其提交微信记录予以证明。对此，北科中心不予认可，其称根据案涉《补充协议》的约定，其接受林某1无偿转让的3%股权系基于《增资协议》中第十七条的估值调整条款，而非基于《增资协议》第十七条对回购权的约定，且其从未表示不再回购。

1. 案涉《补充协议》的约定。案涉《补充协议》中载明："根据《增资协议》第十七条'估值调整条款'的约定，乙方以630万元的价格溢价认购标的公司105万元新增注册资本，是基于对标的公司原主要股东甲方、丙方、丁方对于标的公司的经营及业绩目标的实现承诺，当《增资协议》约定的经营目标及业绩目标未能实现时，甲方、丙方、丁方自愿根据约定的方式承担对乙方的补偿责任。……乙方本着友好合作及有助于标的公司发展的精神，自愿降低甲方、丙方、丁方的补偿，并与本协议各方一致同意，为履行《增资协议》第十七条'估值调整条款'的约定，由甲方将其持有的标的公司82.65万股股份（占标的公司总股本的3.00%）无偿转让给乙方作为补偿，乙方愿意无偿受让甲方持有的标的公司的上述股份。《增资协议》第十七条'估值调整条款'的效力各方一致确认，如严格按照《增资协议》第十七条'估值调整条款'的约定计算，甲方、丙方或丁方应当给予乙方的补偿股份数量超过82.65万股股份，但基于各方的友好合作关系，经协商一致将补偿股份数量确定为82.65万股。如甲方依照本协议的约定，实际将其持有的标的公司82.65万股股份无偿转让给乙方，则股份转让完成后乙方不再依据《增资协议》第十七条'估值调整条款'的约定要求甲方、丙方或丁方给予新增的股份补偿。……《增资协议》其他条款的效力各方一致确认，《增资协议》第十七条以外的其他条款的效力不变，乙方根据《增资协议》享有的其他权利依法有效，该等权利包括但不限于：《增资协议》第十条、第十一条、第十二条、第十三条、第十四条、第十五条、第十六条、第十八条中乙方所享有的权利。"根据上述约定可知，北科中心无偿受让3%校园电影院线公司股权系基于《增资协议》第十七条中约定的业绩承诺未完成而触发的股权出让义务，而非《增资协议》第十八条中对于新三板挂牌未成功而触发的股权出让义务或回购义务。

2. 林某1虽主张《补充协议》对目标公司未能完成2016年12月31日前完成新三板挂牌的回购权的约定系笔误，本应删除该约定内容，双方已约定不回购了，但其并未提交证据证明。且案涉《补充协议》中载明："《增资协议》第十八条第四项的约定变更为：乙方、丙方及丁方（为《增资协议》中的乙方、丙方、丁方）承诺将尽一切努力以使得：目标公司于2016年12月31日前完成新三板挂牌（以取得全国中小企业股份转让中心同意挂牌函的日期为准）。如该承诺未能如期完成，则由乙方、丙方、丁方合计按目标公司总股本的1.5%，无偿向甲方转让目标公司股份，或甲方可以要求乙方、丙方、丁方承担回购甲方所持的目标公司全部股份的责任，回购总价格为甲方本次投资本金630万元及该投资本金按年利率15%计算的利息（单利计算）。目标公司于2019年12月31日前完成上市（以目标公司股份开始在证券交易所公开交易的日期为准）。如该承诺未能如期完成，则由乙方、丙方、丁方承担回购甲方所持有的目标公司全部股份的责任，回购总价格为甲方本次投资本金630万元及该投资本金按年利率15%计算的利息（单利计算），或由甲方将持有的目标公司股份向公司股东以外的第三方转让。《增资协议》第十八条其他条款保持不变。"因此，在林某1未提交反证的情况下，对于其所主张的合同书写为笔误，本院难以采信。

3. 北科中心是否作出放弃回购权的意思表示。林某1所提交的微信记录中显示，对方称"目前只是对赌，投委会不想回购"，林某1回答"明白"，此后对方发送了17秒的语音，北科中心主张该语音的主要内容系称即使回购也是原来的价格，不会增加林某1一方的负担，经询，林某1对北科中心所称的上述语音内容予以认可。故根据现有证据，并不足以证明北科中心作出过放弃回购权的意思表示。

综上，一审法院认定北科公司要求林某1承担股权回购义务，于法有据，且对回购价款予以认定，并无不当，本院予以支持。

章节小结

除私募基金投资方在投资后的补偿与退出条款外，影响基金收益事件发生前的条款也需要在协商谈判时给予重视。第一，在进行投资时，明确投资的模式，是否需要股权变更登记，变更登记的时间节点和义务方，以及未能履行变更登记义务等违约责任。第二，在成为股东并将资金注入目标公司后，私募基金投资方还需要注意对目标公司经营进行监督，如董事的任命、监事的任命、财务负责人及其他高级管理人员的任命等。第三，当目标公司进入投后的日常经营时，如果公司经营得当创造利润，私募基金投资方需要关注优先分红等条款的设计。如果公司经营需要引入更多的资本或者私募基金投资方希望出售股权获得投资收益，可以关注增资时的优先认购权、股权转让时的随售权等条款的设计。第四，如果公司经营不善，需要对公司进行清算或关闭，可以设计私募基金投资方的优先清算权。第五，以上条款可能属于私募基金投资方的单方获益条款，所以在签署合同时需要向目标公司或其股东单独说明，并留存有关记录；也可以考虑对相关条款文字加粗等，以免被认定为格式条款而丧失法律效力。第六，以上各类权利设计，需要写进目标公司的公司章程，要求公司及股东遵守此类条款。在股东会或管理层作出与之相反的决定时，可以以公司章程为依据提起诉讼等。

当然，每个投资项目都是一个独立的案例，彼此之间没有必然的联系，各方的优势地位也不尽相同。为了确保目标公司能够妥善经营，私募基金投资方也可以在协议中要求控制公章、财务盾或其他固定资产等。因此，私募基金投资方在进行协议谈判时还需要根据自身的需要以及实际情况设计相关条款，避免使用模板而导致协议的执行陷入僵局，进而影响投资的效果。

除了以上条款可能引发纠纷外，潜在的诸多纠纷可能还包括以下内容：(1) 投资方是否履行了出资义务。投资方履行出资义务是投资协议当中投资方的重要义务之一，投资方应当适当履行。(2) 股东、实际控制人因合并、分立或死亡等引发的权利义务的继承问题。(3) 自然人股东、实际控制人的配偶是否需要承担相应的股权回购、业绩补偿义务等。如股东或实际控制人对投资方负有债务，在某些情形下可能被认定为夫妻共同债务。(4) 投资方本身是否具有相应的主体资格，管理人及基金是否完成了登记备案等行政手续等。这也将影响投资协议本身的有效性。

第四节　FOF 类私募投资基金再投资引发的纠纷

一、FOF 类私募投资基金的托管人应当对投资的流向负责，如果投资的方向与实际对母基金投资人的承诺不符，应当向投资人承担相应的违约责任

案　　号：（2020）湘02民再63号

案件名称：中信银行股份有限公司长沙分行与高某、中国建设银行股份有限公司株洲分行、株洲华泰股权投资基金管理有限公司侵权责任纠纷

裁判要旨：中信长沙分行作为案涉基金托管银行，对华泰公司基金管理人资格不作审查，便接受委托托管私募基金；在履行基金托管职责过程中，案涉基金入伙湖南汉坤智源投资管理合伙企业和中元华金投资管理合伙企业时，没有证据显示汉坤智源和中元华金系国内优质股权私募基金，华泰公司发出的投资指令违反了合伙人协议的约定，中信长沙分行应当拒绝划款并向监管部门报告。中信长沙分行对汉坤智源和中元华金是否系国内优质股权私募基金未作审查，仅审核入伙协议书、风险提示书和划款指令就划转资金，导致募集资金流出，与投资人发生的损失存在因果关系。中信长沙分行违反法律规定和合同约定，未尽到基金托管人的审慎监管义务，存在明显过错，依法应当对投资人的损失承担相应的赔偿责任。托管协议亦系为第三人（投资者）利益签订的合同，托管人不审慎履行托管职责，应向投资者承担相应的违约责任。

案情简介

再审申请人（一审被告、二审上诉人）：中信银行股份有限公司长沙分行（以下简称中信长沙分行）

再审申请人（一审原告、二审上诉人）：高某

再审申请人（一审被告、二审上诉人）：中国建设银行股份有限公司株洲

市分行（以下简称建行株洲分行）

再审被申请人（一审被告、二审被上诉人）：株洲华泰股权投资基金管理有限公司（以下简称华泰公司）

2012 年 12 月 17 日，唐某某联系代办公司注册登记华泰公司，华泰公司登记的经营范围为股权投资基金项目管理活动、投资项目管理活动及咨询服务，注册资本 3000 万元，登记股东为黄某（占股 45%，替黄某某代持）、何某（占股 30%，替邱某某代持）、唐某 2（占股 25%，替唐某某代持）。黄某某任董事长，全面负责公司事务。邱某某任总经理，负责管理公司日常事务，策划、指挥募集华泰基金，参加股东会议决策公司重大事务。唐某某通过参加股东会议决策公司重大事务；黄某任法定代表人、会计，姜某任董事长助理，何某任副总经理，杨某任总经理助理，四人具体负责华泰公司日常事务，同时兼任基金经理，负责募集基金前期准备工作，与银行、客户联系并推销基金等工作。之后，黄某某安排黄某等人通过代办人员先后注册成立华泰智源投资管理合伙企业（有限合伙，以下简称华泰智源）、湖南华泰鑫宏创业投资合伙企业（有限合伙，以下简称华泰鑫宏）作为华泰公司吸收投资者出资入伙的平台，注册成立株洲中元华金投资管理合伙企业（有限合伙，以下简称中元华金）作为接收资金的平台。建行株洲分行对华泰公司进行考察后，2013 年 5 月 2 日，黄某某代表华泰公司与建行株洲湘江支行签订《顾问协议》，约定：由建行株洲湘江支行为华泰公司推介合规的特定投资者和投资项目，对投资项目所涉事项进行尽职调查；华泰公司向建行株洲湘江支行支付募集资金的 1.5% 作为顾问费；如建行株洲湘江支行向华泰公司推介优质项目，顾问费为推荐项目投资金额的 1%；后期建行株洲湘江支行向华泰公司推荐项目，并协助华泰公司获得股权、期权等投资权益，顾问费为股权、期权等投资权益的收益分红的 5%。签订《顾问协议》后，在建行株洲湘江支行行长王某的协助下，邱某某及姜某、何某、杨某、黄某等人于 2013 年 5 月在建行株洲湘江支行召开了华泰母基金推介会，建行株洲各支行的 20 余名营销主管参会。会上邱某某对华泰公司、华泰母基金进行推介，内容包括华泰母基金投资方向、投资期限、年化收益率、湖南华友融资担保有限责任公司（以下简称华友公司）担保等，并表示经建行客户经理向客户推荐购买华泰基金的，向客户经理给付投资额 1% 的佣金。会上邱某某等人还发放了《华泰股权投资母基金募集说明书》、《华泰股权基金》三折页、《华泰股权投资母基金常见问题解答》等宣传资料，要建行营销主管带回各支行向建行客户进行宣传和推荐。2013年8月，黄某某找到建行株洲分行私人银行业务营销部主任付某，经付某同意，邱某某安排姜某、杨某、何某、黄某等人两次在建行财富中心私人银行业务营销部晨会上向建行客户经理宣传、推介华泰基金，并发放前述宣传资料。华泰公司在未经有关部门依法批准、备案的情况下，违反政策规定，未实际确定投资项目，对投资者不经审查，安排杨某、何某、黄某、姜某等人与建行各支行联系。建行株洲分行下属各支行营销主管、客户经理通过电话联系、现场宣传、发放资料等方式向包括高某在内的众多建行长期客户等不特定投资者推销华泰基金，承诺投资年化收益率12%，由华友公司担保，保本保息，无任何风险。在建行株洲分行下属支行客户经理的推介下，高某于2014年1月1日在建行株洲分行营业厅与华泰公司签署《优先级有限合伙人入伙协议》，该协议约定：高某自愿成为华泰智源的优先级有限合伙人，普通合伙人为华泰公司，执行合伙人为华泰公司，担保公司为华友公司，合伙企业投资方向和目的为对中国境内优质的私募股权基金进行投资，以期获得高额利润分红；优先级有限合伙人高某承诺出资总计50万元，自本协议生效后当日缴足。优先级有限合伙人的出资汇入华泰智源在建行株洲湘江支行的账户；基础年收益不超过12%，基金届满36个月或60个月时向优先级有限合伙人按照超额利润的20%或30%分配额外收益；本产品结构化设计保本保收益；合伙企业迟延支付有限合伙人出资或者收益，每逾期一日支付应付出资或者收益部分5‰的违约金。签订入伙协议当日，高某依约向协议约定的银行账户转账50万元。高某投资后，华泰公司向高某支付占出资额50万元的12%的收益6万元，自此再未支付收益，也未退还投资本金。2013年7月26日，华泰智源与中信长沙分行签订《财产保管协议》，约定华泰智源委托中信长沙分行作为合伙企业财产保管人，由华泰智源事务合伙人进行本财产的投资运作，中信长沙分行负责本财产的保管；中信长沙分行的保管行为不构成任何投资承诺，不对华泰智源合伙企业财产来源和投资经营承担任何责任；华泰智源在向中信长沙分行发送划款指令前，华泰智源应保证财产保管专户有足够的资金，并提供交易依据，本款所指交易依据包括但不限于合伙企业投资决策文件、华泰智源与项目方签订的股权交易合同等；中信长沙分行对华泰智源的投资运作及资金划拨行使监督权，发现华泰智源运作违反法律法规或合作人协议约定时，及时以书面形式通知华泰智源，要求华泰智源改正，华泰智源未按规定及时整改的，中信长沙分行有权对其相关指令不予执行并向监督部门报告，由此引起的法律后果由华泰智源承担；对来自华泰智源的划款指令书，中信长沙分行应立即审慎验证有关内容及印鉴和签名，同时审核划款指令及所附交易依据中载明的投资行为信息是否符合企业文件及本协议中有关投资决策程序、投资范围及比例限制等内容的约定，如发现有问题，应及时通知华泰智源，如果存在问题或问题没有解决，中信长沙分行有权不执行华泰智源的划款指令；保管费为全体合伙人对华泰智源的认缴出资总额的0.05%，自合伙企业成立之日起开始计算。2015年6月至9月，黄某某、唐某某、杨某、何某、黄某、姜某因涉嫌集资诈骗罪被公安机关刑事拘留，2016年7月26日，邱某某因涉嫌集资诈骗罪被公安机关刑事拘留。经依法审理后，2017年10月17日作出（2016）湘0211刑初172号刑事判决书，2018年9月28日作出（2017）湘0211刑初227号刑事判决书，分别认定黄某某、唐某某、杨某、何某、黄某、姜某、邱某某违反国家有关金融管理法规及国家相关政策的规定，以发行基金的名义变相向社会不特定多数人吸收资金，扰乱了国家金融管理秩序，数额巨大，其行为均已构成非法吸收公众存款罪，并责令黄某某、唐某某、杨某、何某、黄某、姜某退赔陈某某、兰某某等集资参与人的损失（其中黄某某、唐某某对4346.35万元负责，杨某对4311万元负责，何某对1711万元负责，黄某对791万元负责，姜某对620万元负责），责令邱某某退赔陈某某、兰某某等集资参与人的损失5657.952386万元。该案高某所投资的资金在上述刑事判决书认定的犯罪金额范围内。华泰公司自2013年5月至2014年7月以“华泰智源”名义非法吸收公众存款5460万元（含已退本金635万元）；以“华泰鑫宏”名义非法吸收公众存款240万元。华泰公司吸收资金后，在邱某某的安排下，华泰智源作为优先级有限合伙人分别于2013年8月6日投资1212万元、2013年9月27日投资2155万元到湖南汉坤智源投资管理合伙企业（有限合伙，以下简称汉坤智源）在中信长沙分行营业部的740账号。后由于担心资金安全，黄某某召集唐某某及邱某某、瞿某某召开股东会，经过商讨决定按照各股东的持股比例来支配使用募集资金。2013年8月23日，由汉坤智源与华友公司及黄某某、丁某、瞿某某共同签订汉坤智源与华友公司之投资协议、补充协议、补充协议二。汉坤智源对华友公司分三次投资2000万元，按年30%享受投资收益，并约定将投资款转为股权的条件。后因故终止投资协议的履行，经各方协商，同意将2000万元的投资款转为借款，并另行签订借款协议。借款期限为一年，年利息按30%计算。华友公司于2013年9月10日与汉坤智源签订借款协议，借款850万元，该笔款项打至华友公司在株洲市工商银行高新技术开发支行190账号；2013年9月29日，华友公司与汉坤智源签订借款协议，借款1150万元，该笔款项打至华友公司在建行株洲湘江支行430账号。华泰智源作为优先级有限合伙人（入伙人）于2013年12月31日投资1063万元、2014年5月15日投资218万元入伙到中元华金在长沙银行株洲支行800账号，华泰鑫宏作为优先级合伙人于2014年7月22日投资200万元亦入伙到前述账号。通过中元华金与华友公司投资协议，中元华金作为优先级入伙人分别于2014年1月1日投资1063万元到华友公司在株洲市城郊曲尺农村信用合作社820账号，于2014年5月15日投资218万元、2014年7月22日投资200万元到华友公司在株洲市工商银行高新技术开发支行190账号。黄某某分别于2013年8月29日、9月29日与湖南虎翼投资管理有限公司（以下简称虎翼公司）签订借款协议，黄某某从虎翼公司分别借款120万元、215万元。华泰智源分别于2014年9月24日、9月28日、10月14日、10月16日与汉坤智源签订关于提前偿还投资款项的协议，分别还款275万元、3.4万元、177.6万元、32.4万元，总计488.4万元。以上募集的资金均被黄某某用于华友公司经营、偿还债务（其中替唐某某偿还个人债务400万元）及华泰公司经营等。华泰公司通过株洲建行募集资金的同时，邱某某私下安排杨某、何某采取相同方式，通过株洲建行以湖南汉红弘新投资管理中心的名义募集资金1161万元（其中杨某、何某通过株洲建行募集资金1011万元）。吸收资金后，邱某某主要用于支付该中心前期吸收客户的资金、邱某某个人及公司开销等。

2013年7月22日，华泰智源向中信长沙分行递交《中信银行长沙分行资产托管业务申请表》，表中载明项目名称为“华泰股权投资母基金”，项目类型为“股权投资基金”。《华泰股权投资母基金》（优先级有限合伙人）募集说明书载明，“华泰公司发起成立华泰股权投资母基金，华泰公司作为基金管理人管理该基金。该次基金募集的资金，主要用于投资中国境内的私募股权基金，首期主投汉红股权基金和汉坤股权基金。华友公司作为专业融资担保机构为该基金提供担保……母基金（Fund of Funds，FOF）是指募集资金后，主要不直接投资企业而是通过专业遴选和配置投资于私募股权基金（子基金），从而对子基金所投资的项目公司进行间接投资的基金。FOF完全按照基金的模式运作，投资于一支优质FOF等于同时投资于多支优质子基金，既能有效分散、降低风险，又能大大降低进入的门槛和成本”。

案涉《湖南华泰智源投资管理合伙企业（有限合伙）优先级有限合伙人入伙协议》第三条约定，合伙企业投资方向和投资目的为“对中国境内优质的私募股权基金进行投资，以期获得高额利润分红”。案涉《湖南华泰智源投资管理合伙企业（有限合伙）财产保管协议》第二条约定，华泰公司在向中信长沙分行发送划款指令前，应保证财产保管专户有足额的资金，并提供交易依据。交易依据包括但不限于合伙企业投资决策文件，华泰智源与项目方签订的股权交易合同等。2013年8月6日、2013年9月29日、2013年12月31日、2014年5月16日，中信长沙分行4次共计转出案涉基金资金4648万元，其中3367万元转入汉坤智源，1281万元转入中元华金。中信长沙分行据以转出资金的材料均为：优先级有限合伙人入伙协议、风险提示书及划款指令。

判决结果

一审法院：1. 限华泰公司于本判决生效之日起10日内向高某赔偿投资损失44万元（如果刑事退赔启动，高某因刑事退赔获取的赔偿款在上述损失中予以核减）；2. 建行株洲分行对本判决第一项的损失承担60%的补充赔偿责任，中信长沙分行对本判决第一项的损失承担40%的补充赔偿责任；3. 驳回高某的其他诉讼请求。

二审法院：驳回上诉，维持原判。

再审法院：维持（2019）湘02民终2418号民事判决。

各方观点

中信长行分行（一审被告、二审上诉人，再审申请人）观点：二审判决认定高某的损失为44万元缺乏证据支持，二审判决认定高某对自身损失存在一定过错，但未判决其承担任何责任错误；高某对中信长沙分行未提出承担责任的诉讼请求，中信长沙分行是华泰智源企业财产的保管人，与华泰公司无托管法律关系，华泰智源未承担案涉责任，二审判决认定中信长沙分行承担40%责任没有法律依据；案涉诉讼时效已经经过，二审判决对中信长沙分行提出的一审程序违法的上诉请求未予处理错误；本案系一般侵权，二审判决适用特殊侵权的规定分配举证责任，属适用法律错误。

建行推介行为违反了《私募投资基金监督管理暂行办法》，应当承担连带责任；投资人未向中信银行主张赔偿，中信银行作为托管行，不存在法律规定及合同约定的审查监管义务，不应当承担赔偿责任。

法院追加中信银行参加诉讼违法，中信银行与投资人之间没有法律关系，中信银行作为托管行，不应承担赔偿责任；投资人损失通过刑事退赔程序得到了赔偿，利息损失请求法院依法判决；建行株洲分行应承担连带责任。

高某（一审原告、二审上诉人，再审申请人）观点：高某没有过错，建行高层才知道是假基金，超出了普通人的认知范围，建行向投资人销售基金属于诈骗行为；刑事退赔程序只退赔了部分损失，本案系民法调整范围，应当计算利息；刑事案件结束后才能提起民事诉讼，本案诉讼时效没有经过。

基金在银行发行应当经过各部门的批准，案涉基金是假基金，投资人并不知情；建行株洲分行存在代理销售行为，应当承担连带赔偿责任。

原判决没有判决利息属于适用法律错误；建行株洲分行与中信长沙分行应当承担连带偿还责任。

建行株洲分行（一审被告、二审上诉人，再审申请人）观点：中信银行没有履行监督职责，存在过错，应当承担连带赔偿责任；投资人应当对其自身损失承担相应责任；一审法院已经进行了退赔；诉讼时效问题请求法院依法审查。

一审判决认定建行株洲分行对高某构成侵权，并承担60%的补充赔偿责任错误；中信长沙分行在托管过程中存在重大过错，应对高某的损失承担连带赔偿责任，一审判决确定其仅承担40%的责任属适用法律错误；高某对自身损失的产生存在一定过错，应承担相应的责任。

原判决不支持利息正确；建行株洲分行没有销售行为，与投资人的损失没有因果关系，不应承担赔偿责任。

华泰公司（一审被告、二审被上诉人，再审被申请人）观点：未向法院提交答辩意见。

法院观点

一审法院观点：本案案由系侵权纠纷。本案的争议焦点为：1. 原告对被告中信银行长沙分行的诉请是否超过诉讼时效期间？2. 原告的损失如何认定？3. 各被告的责任如何确定？具体分析如下：关于被告中信银行长沙分行提出本案对其主张赔偿的诉请是否超过法定诉讼时效的问题。根据《民法总则》的规定，当事人向人民法院请求保护民事权利的诉讼时效期间为3年，诉讼时效期间自权利人知道或者应当知道权利受到损害以及义务人之日起开始计算，本案所涉基金投资行为于2018年才经过生效刑事判决确定为违法犯罪行为，原告在刑事案件审理后才知道其权利受到损害以及损害其权利的义务人。原告于2018年12月向本院提起民事诉讼，在本案诉讼过程中追加被告中信银行长沙分行为共同被告要求其承担民事责任，未超过法定诉讼时效期间。对被告中信银行长沙分行该抗辩意见不予采纳。

关于被告邱某某、黄某某、唐某某、杨某、何某、黄某、姜某的赔偿责任问题。《最高人民法院关于适用刑法第六十四条有关问题的批复》（法〔2013〕229号）规定："根据刑法第六十四条和《最高人民法院关于适用〈中华人民共和国刑事诉讼法〉的解释》第一百三十八条、第一百三十九条的规定，被告人非法占有、处置被害人财产的，应当依法予以追缴或者责令退赔。据此，追缴或者责令退赔的具体内容，应当在判决主文中写明；其中，判决前已经发还被害人的财产，应当注明。被害人提起附带民事诉讼，或者另行提起民事诉讼请求返还被非法占有、处置的财产的，人民法院不予受理。"根据上述规定，对于因犯罪分子非法占有、处置被害人财产而使其遭受的物质损失，应通过追缴或者责令退赔手段予以救济，被害人不能提起刑事附带民事诉讼或另行提起民事诉讼。本案中，被告邱某某、黄某某、唐某某、杨某、何某、黄某、姜某与生效刑事判决认定的承担刑事责任的被告人竞合，且该刑事判决对涉案财产的处理结果已涵盖前述认定的应返还财产的范围，就被告邱某某、黄某某、唐某某、杨某、何某、黄某、姜某的赔偿责任，被害人已获得公力救济。在此情况下，原告基于同一事实和理由另行对被告邱某某、黄某某、唐某某、杨某、何某、黄某、姜某提起民事诉讼，不符合上述司法解释的规定。故本案中不再处理被告邱某某、黄某某、唐某某、杨某、何某、黄某、姜某的赔偿问题。

关于原告在本案中的损失如何认定的问题。原告系通过与被告华泰基金公司签订《优先级有限合伙人入伙协议》投资华泰基金，生效的刑事判决已认定华泰基金公司的实际控制人及高管利用华泰基金公司发行基金的行为系非法吸收公众存款，原告投资的资金在生效刑事判决中被认定为非法吸收公众存款的犯罪金额，故《优先级有限合伙人入伙协议》应认定为无效合同。原告依据该协议的约定主张合同期内的投资收益及违约金，没有法律依据，不予支持。原告按年利率6%主张资金占用的利息损失，因原告的损失已在刑事案件中予以确认，而刑事案件确定的损失不包含利息损失，故本案中亦只认定本金损失。原告依据该协议已获取的6万元投资收益，应冲抵其本金损失。至本案判决前，因刑事退赔尚未启动，故原告在本案中的损失为扣除已返还收益的本金损失，即44万元（50万元－6万元）。之后，如刑事退赔的金额能够确认并支付原告，对于原告因刑事退赔获取的赔偿款，则应当在本案确定的损失中予以核减。

关于被告华泰公司的赔偿责任问题。华泰公司作为与原告签订《优先级有限合伙人入伙协议》的相对方，系吸收原告投资资金的直接责任主体，其控制人和高管以签订该协议的形式进行非法吸收公众存款活动，造成原告的财产损失，其应对原告的财产损失承担全部的赔偿责任。即被告华泰公司应向原告赔偿财产损失44万元。

关于被告建行株洲分行及被告中信银行长沙分行的赔偿责任问题。原告系建行株洲分行的长期客户，建行株洲分行向原告推介投资产品时，应向原告解释相关投资工具的运作市场及方式，提示相关风险，并应利用自身的专业能力对投资产品的合法性及相关风险进行审查，提供合适的投资产品由原告自主选择。但是，华泰公司发行的私募基金未经相关部门的批准、备案，也未明确投资项目，建行株洲分行应对该情况进行审查，在未经审查的情况下仍然向原告推介该私募基金，并向原告介绍该基金产品保本保收益，误导原告作出投资决策，原告基于对建行株洲分行作为大型商业银行的充分信任购买了该私募基金产品，造成投资损失，建行株洲分行的行为对原告构成侵权，该侵权行为与原告在本案中的损失具有因果关系，应对原告的损失承担一定的赔偿责任。被告中信银行长沙分行虽与原告不具有直接的合同关系，但其作为华泰基金的托管行，其职责在于保证基金的财产安全，并应监督基金管理人的投资运作行为。其对基金投资人实际上具有财产保管及代投资人对基金运作进行监督的义务。但是，被告中信银行长沙分行未提供充分证据证实其在与湖南华泰智源投资管理合伙企业签订财产保管协议时对华泰公司及湖南华泰智源投资管理合伙企业的运作是否合法合规进行了合理审查，签订财产保管协议后，对华泰基金的投资运作进行合理监督，故其在对华泰基金资金托管过程中存在过失，该过失行为与原告在本案中的损失亦具有因果关系，其亦应对原告的损失承担一定的赔偿责任。被告建行株洲分行与被告中信银行长沙分行作为华泰基金的销售银行与托管银行，在本案中的责任主要体现在对华泰基金缺乏必要的审查和监督，其在本案中的责任承担也应为在被告华泰公司责任承担的基础上承担补充赔偿责任。综合考虑上述情由及对原告造成损失的原因力大小，酌情认定建行株洲分行承担60%的补充赔偿责任，被告中信银行长沙分行承担40%的补充赔偿责任。

二审法院观点：该案系侵权责任纠纷。争议焦点为：1. 各方主体责任该如何认定；2. 高某要求对方偿还本金及利息的主张是否成立。关于焦点一，建行株洲分行上诉称高某购买基金产品的行为是建行株洲分行的员工和华泰公司与高某完成的，高某的损失与建行株洲分行无因果关系，其损失为托管银行中信长沙分行没有履行监管责任所致，故应由托管银行和华泰公司承担连带责任，同时高某对于投资高回报的基金产品理应有风险辨识能力，对于发生的风险自己也应当承担相应的责任。建行株洲分行的上诉理由与一审答辩理由基本一致，一审认定其承担责任的事实和理由，予以确认，不再赘述。中信长沙分行提出关于一审判决程序违法，高某增加诉讼请求且合并审理不当的问题，一审法院予以释明，且并无违法之处，不予支持。其提出高某的资金根本不在托管协议范围的问题，在二审汇总并未提交证据予以证实，不予支持。关于焦点二，根据2019年《全国法院民商事审判工作会议纪要》关于金融消费者权益保护纠纷案件的审理意见明确损失赔偿数额包括了本金和利息。虽然一审法院没有计算利息是出于投资人应当自行承担一定的风险而没有支持的做法存在一定的瑕疵，但并不影响该案的处理结果，故予以维持。该案系金融产品发行人、销售者以及金融服务者与金融消费者因销售高风险等级金融产品和为金融消费者参与高风险等级投资活动提供服务而引发的民商事案件，“卖者尽责、买者自负”的原则是处理此类案件的基本原则。适当性义务给了责任主体建行株洲分行、中信长沙分行非常严格的法定责任，金融消费者的投资资金一旦进入金融管道，金融产品的销售者和服务者的风险责任便已存在，一审法院严格适用责任原则，划分责任承担比例并无不妥。金融消费者高某在从事高风险金融活动中对于自身可能存在的风险亦应当承担一定的责任。故各上诉人的上诉理由均不能成立。

再审法院观点：本案系合同纠纷。争议焦点为：高某、建行株洲分行、中信长沙分行是否存在过错，对本案损失应否承担相应责任。分析如下：

一、高某应对案涉损失承担部分责任

《证券投资基金法》（2013 年 6 月 1 日施行）第九十条规定，担任非公开募集基金的基金管理人，应当按照规定向基金行业协会履行登记手续，报送基本情况；第九十一条规定，未经登记，任何单位或者个人不得使用“基金”或者“基金管理”字样或者近似名称进行证券投资活动，但法律、行政法规另有规定的除外。本案中，华泰公司作为案涉“华泰股权投资母基金”的管理人，没有向中国证券投资基金业协会履行登记手续，依法不得进行私募基金的募集活动。华泰公司违法使用“基金”“基金管理”字样进行私募基金的募集活动，由此签订的《优先级有限合伙人入伙协议》依法无效。

《合同法》第五十八条规定，合同无效或者被撤销后，因该合同取得的财产，应当予以返还；不能返还或者没有必要返还的，应当折价补偿。有过错的一方应当赔偿对方因此所受到的损失，双方都有过错的，应当各自承担相应的责任。案涉《优先级有限合伙人入伙协议》无效，因该合同取得的财产，基金发行人华泰公司应当予以返还。高某投资 50 万元，已经获取回款 6 万元，核减后，华泰公司还须返还 44 万元。之后，如刑事退赔程序启动，高某因刑事退赔获取的款项，亦应从案涉 44 万元中予以核减。高某主张利息损失无法律依据，且与生效刑事判决相悖，不予支持。此外，关于金融消费者高某应否承担相应责任的问题。高某作为高风险等级金融产品的消费者，理应认识到私募基金的风险，对合同对象和案涉基金具备较高的谨慎注意义务。其忽视自身风险，不审核合同相对人的资质和相关宣传推介资料的真实性，签订案涉合同导致投资损失，理应对自己的投资行为承担相应的责任。高某所受的实际损失，应包含损失的本金和利息，综合本案情形，本院酌情确定利息损失部分由高某自行承担。

二、建行株洲分行、中信长沙分行应对投资者损失承担相应的补充赔偿责任

首先，《证券投资基金法》（2013 年 6 月 1 日施行）第九十九条规定，基金销售机构应当向投资人充分揭示投资风险，并根据投资人的风险承担能力销售不同风险等级的基金产品。《证券投资基金销售管理办法》（2013 年修订）第五十九条规定，基金销售机构在销售基金和相关产品的过程中，应当坚持投资人利益优先原则，注重根据投资人的风险承受能力销售不同风险等级的产品，把合适的产品销售给合适的基金投资人。本案中，建行株洲分行在其营业场所推介案涉基金、其下属湘江支行与华泰公司签订《顾问协议》，其员工向投资者推销案涉基金并获取佣金的行为属销售案涉基金的行为，建行株洲分行属案涉基金的销售机构。建行株洲分行在向高某推介、销售案涉基金时，必须履行了解客户、了解产品、将适当的产品销售给适合的消费者的义务。建行株洲分行没有提供证据证明其对高某的风险认知、风险偏好和风险承受能力进行过测评，亦未提供证据证明对基金发行人和担保人进行了尽职调查，或对案涉基金建立风险评估及相应管理制度，在对华泰公司的基金管理人资格和案涉基金的宣传资料未进行核实的情况下，径行销售案涉基金，违反了诚信原则，违反了基金销售机构的适当性义务，给投资者造成损害，应当依法承担赔偿责任。

其次，《证券投资基金法》（2013 年 6 月 1 日施行）第三十七条第十项规定，基金托管人应当按照规定监督基金管理人的投资运作；第三十八条规定，基金托管人发现基金管理人的投资指令违反法律、行政法规和其他有关规定，或者违反基金合同约定的，应当拒绝执行，立即通知基金管理人，并及时向国务院证券监督管理机构报告。本案中，华泰公司为募集基金向中信长沙分行提出申请，华泰公司填写的业务申请表名为“中信银行长沙分行资产托管业务申请表”，申请表中明确项目名称为“华泰股权投资母基金”，项目类型为“股权投资基金”。故中信长沙分行系案涉基金的托管人，虽然双方签订的合同名为《财产保管协议》，但实际系案涉基金的托管协议。中信长沙分行应依照法律法规的规定和托管协议的约定履行托管义务。中信长沙分行作为案涉基金托管银行，对华泰公司基金管理人资格不作审查，便接受委托托管私募基金；在履行基金托管职责过程中，案涉基金入伙汉坤智源和中元华金时，没有证据显示汉坤智源和中元华金系国内优质股权私募基金，华泰公司发出的投资指令违反了合伙人协议的约定，中信长沙分行应当拒绝划款并向监管部门报告。中信长沙分行对汉坤智源和中元华金是否系国内优质股权私募基金未作审查，仅审核入伙协议书、风险提示书和划款指令就划转资金，导致所募集资金流出，与投资人发生的损失存在因果关系。中信长沙分行违反法律规定和合同约定，未尽到基金托管人的审慎监管义务，存在明显过错，依法应当对投资人的损失承担相应的赔偿责任。华泰智源为发行私募基金而签订《财产保管协议》，案涉《财产保管协议》亦系为第三人（投资者）利益签订的合同，中信长沙分行不审慎履行托管职责，应向投资者承担相应的违约责任，中信长沙分行声称与高某不存在合同关系，故不应承担案涉责任于法无据，不予支持。

建行株洲分行的销售行为和中信长沙分行的托管行为相互独立，故各自对自己的行为承担相应责任。高某投入资金尚有 44 万元没有退还，除去刑事退赔程序中退赔的部分后，华泰公司应当承担返还责任。对华泰公司不能返还的部分，由建行株洲分行和中信长沙分行赔偿。关于建行株洲分行和中信长沙分行具体承担责任的范围和大小，本院二审根据双方的主观过错、行为性质、对投资者损失造成的原因力大小等因素，酌情确定建行株洲分行承担 60% 的赔偿责任、中信长沙分行承担 40% 的赔偿责任并无不妥，应予维持。建行株洲分行与中信长沙分行否认自己的销售行与托管行地位与事实不符，本院不予支持。

二、私募投资基金成立后委托银行向目标公司发放贷款的，构成委托贷款合同关系，目标公司应当向基金承担还款责任

案　　号：（2020）最高法民终 1298 号

案件名称：北京恒帝隆房地产开发有限公司、深圳市思道科投资有限公司等金融借款合同纠纷

裁判要旨：招行南宁分行与思道科公司之间为受托人与委托人的关系，而恒帝隆公司对该二者之间的委托内容事项亦明知，案涉《委托贷款借款合同》能够直接约束思道科公司和恒帝隆公司，思道科公司有权以自己名义直接介入《委托贷款借款合同》。在没有证据证明出借资金的来源影响思道科公司贷款人地位以及合同效力的情况下，一审法院以查明事实为基础，并结合当事人的诉辩理由认为思道科公司、招行南宁分行、恒帝隆公司三方当事人之间建立的是委托贷款合同关系，思道科公司有权以自己名义直接向恒帝隆公司主张权利，理据充分。

案情简介

上诉人（原审被告）：北京恒帝隆房地产开发有限公司（以下简称恒帝隆公司）

被上诉人（原审原告）：深圳市思道科投资有限公司（以下简称思道科公司）

一审第三人：招商银行股份有限公司南宁分行（以下简称招商南宁分行）

一、关于案涉合同签订以及案涉贷款发放的事实

思道科公司现金2号私募投资基金成立于2015年4月14日，于2015年5月18日备案，系《私募证券投资基金业务管理暂行办法》实施后成立的基金，类型为私募证券投资基金，基金管理人为思道科公司，托管人为平安银行股份有限公司（以下简称平安银行），募集方式为自行筹集，筹集结算资金专用账户为“深圳市思道科投资有限公司平安财富现金2号私募投资基金”。该私募基金的投资范围为证券类、非证券类及FOF类，其中非证券类包括委托贷款、带回购条款的股权性融资、各类受（收）益权、私募基金、信托计划、证券公司及其子公司的资产管理计划。平安银行余额对账单显示，该基金账户2015年12月7日余额为2,310,511,791.9元，2015年12月20日余额为3,224,824,107.84元，2016年3月20日余额为3,224,824,107.84元，2016年6月20日余额为5,289,787,449.39元，2016年9月20日余额为3,357,320,507.5元，2016年12月20日余额为2,814,699,661.91元，2017年3月20日余额为3,458,917,151.78元。

恒帝隆公司成立于2001年1月16日，为有限责任公司（台港澳与境内合资），注册资本为13.5亿元（认缴），股东为香港亿盛亚洲有限公司、北京佳越天地经贸有限公司，董事长为徐某某，副董事长为苏某某，经营范围是：恒隆家园一期、新天地家园一期和新天地家园二期项目的开发经营；物业管理。

2015年8月13日，思道科公司与招行南宁分行签订编号为7715011115009（委）的《委托贷款委托合同》，约定思道科公司（甲方）拟通过深圳市思道科投资有限公司现金2号私募投资基金预计共募集资金不超过70亿元，委托招行南宁分行（乙方）向恒帝隆公司发放委托贷款。《委托贷款委托合同》第三条约定，乙方应与借款人签署《委托贷款借款合同》。……乙方已经收到甲

方发送的《委托贷款通知书》。第一批委托贷款用于借款人归还平安银行贷款本金45亿元，甲方应于上述第三条第一款全部办妥后2个工作日内，将当笔委托贷款本金委托乙方向借款人发放委托贷款。第二批委托贷款中的14亿元用于借款人项目开发建设及公司经营，待本合同第三条第二款约定的第二批及后续批次委托贷款放款条件满足后2个工作日内，甲方将第二批次即14亿元委托乙方向借款人发放委托贷款；后续批次不超过11亿元委托贷款，专项用于支付本合同项下自第一笔贷款放款日起18个月内，各笔委托贷款计提的利息，甲方应于每个付息日前一日，按当期应付利息金额委托乙方向借款人发放委托贷款。

2015年8月14日，招行南宁分行（甲方）与恒帝隆公司（乙方）签订编号为7715012115010（委）的《委托贷款借款合同》，约定招行南宁分行接受思道科公司的委托，向恒帝隆公司发放不超过人民币70亿元整的委托贷款，双方按《委托贷款委托合同》约定的条款订立合同。有关条款约定如下：第一条约定……金额70亿元整；用途为偿还借款人对平安银行的借款、项目开发建设以及公司经营资金等；年利率10.2%；日利率为年利率/360；还款期限48个月；自第一笔委托贷款发放之日起满36个月之当日，委托人（思道科公司）有权通过受托银行要求借款人偿还全部各笔委托贷款，利随本清；自第一笔委托贷款发放之日起满48个月之当日，借款人须偿还全部各笔委托贷款，利随本清。贷款起始日为甲方将委托贷款发放到乙方借款账户之日，贷款借款及还款金额和实际起止日期具体以甲方借款借据记载的为准。第二条约定，贷款发放及用途：……（2）如下条件已经全部满足后发放第二批及后续批次委托贷款合计25亿元（以甲方借款借据记载的金额为准）：甲方已取得如下全部抵押物的第一顺位抵押权并办妥相关抵押登记手续：京通国用（2013出）第0××7号、京通国用（2013出）第0××6号、京通国用（2014出）第0××8号土地使用权证项下地块上现房及其分摊土地使用权抵押；京通国用（2014出）第0××7号土地使用权证项下土地使用权及在建工程抵押；京通国用（2003出）字第0××4号、京通国用（2015出）第0××3号土地使用权证项下土地使用权抵押。（3）委托贷款资金交付约定如下：①第一批委托贷款用于借款人归还平安银行贷款本金及利息，约人民币45亿元，甲方应于第二条第（一）款全部办妥后2个工作日内，将当笔委托贷款本金划至乙方借款账户，再由乙方借款账户定向划至平安银行贷款还款账户；第二批委托贷款中的人民币14亿元用于借款人项目开发建设及公司经营，待本合同第二条第（二）款约定的第二批及后续批次委托贷款放款条件已经满足后2个工作日内，甲方将第二批即14亿元委托贷款本金划至乙方借款账户；后续批次不超过11亿元委托贷款，根据借款人偿付各批次委托贷款利息需要，分期发放至乙方借款账户。②双方约定，本委托贷款总额人民币70亿元扣除上述第一、二批款项后的余额（最高额不超过11亿元），专项用于支付本合同项下自第一笔委托贷款放款日起18个月内各笔委托贷款计提的利息。在委托人备足委托贷款资金并划付至委托贷款专户后，甲方应于每个付息日前一日，按当期应付利息金额发放至乙方扣息账户用于偿还当期利息。③如甲方未能按上述约定如期放款，给乙方造成损失，甲方自愿承担赔偿责任。第三条约定，乙方应按本合同约定的借款期限归还全部借款本息。乙方借款账户中接受第一笔委托贷款45亿元，仅限用于向平安银行北京分行朝外支行账户支付，用以偿还乙方对平安银行北京分行借款本息。除甲方向乙方发放的45亿元和14亿元两笔委托贷款资金外，乙方借款账户接收的其他委托贷款资金，仅限于用于偿还委托贷款本息……第四条约定，根据本合同第一条确定的利率计算利息，自甲方发放贷款之日起按贷款实际占用天数计息。本合同项下贷款的计息日分别为每年3月20日、6月20日、9月20日和12月20日及贷款还本日。付息日为每年3月21日、6月21日、9月21日和12月21日及贷款还本日。……本合同项下贷款的最后一个计息日即付息日应当为借款到期日。贷款期内本合同执行固定利率。每个付息日应付利息 = 计息期间每日委托贷款本金余额 × 委托贷款的年利率 ÷ 360。“计息期间”指委托贷款上一个计息日（含该日……）至本次计息日（不含该日，最后一个计息期间为委托贷款到期日或本合同约定的提前到期日/强制提前到期日）的期间……第六条约定，在本合同有效期内，甲方有权检查贷款使用情况，乙方应按甲方书面要求向甲方如实提供情况说明和资料。第七条约定，提前还款……（4）A. 乙方以抵押物销售之外的来源筹集资金用以还款，且累计偿还委托贷款不低于1亿元的，在还款后，甲方应配合释放“京通国用（2003出）字第0××4号”土地使用权的抵押。B. 或乙方以抵押物销售之外的来源筹集资金用以还款且累计偿还贷款不低于19亿元的，在还款后，甲方应配合释放“京通国用（2015出）第0××3号”土地使用权的抵押。AB之间不重复计算。第八条约定，合同的变更、解除……双方理解，本合同项下委托贷款资金来源于委托人（思道科公司）通过深圳市思道科投资有限公司现金2号私募投资基金产品募集资金，若由于实际缴纳募集资金总额未达到45亿元，委托人可单方面终止《委托贷款委托合同》。双方同意，如委托人单方面终止《委托贷款委托合同》的，本合同亦同样终止，甲方不再承担任何发放贷款的义务和责任。……第九条约定，违约责任：（1）乙方未按本合同约定的用途使用借款，甲方有权停止发放贷款，提前收回部分或全部已发放的贷款，并对违约使用部分每日收取0.1%的罚息。（2）乙方未按本合同约定的期限按时归还贷款本息，甲方有权对逾期部分按照逾期的实际时间每日计收0.1%的罚息。（3）乙方擅自提前归还借款，甲方未得到委托人有关提前还款通知时，有权要求乙方按提前天数，对提前归还借款部分按日5‰支付违约金，但出现本条第一款、第四款的情况除外。（4）在本合同期内，有以下任何一项情况发生时，甲方应当书面通知乙方，要求乙方加以改正。如乙方在接到甲方第一次书面通知之日起90日内改正未达到甲方要求，甲方可再次书面通知乙方进一步改正。如乙方在接到甲方第二次书面通知之日起90日内仍未达到甲方要求，甲方有权根据委托人的要求提前收回委托贷款本金和利息及其他一切相关费用：①乙方、其他合同相关方违反了本合同及该合同项下拟定的任何交易文件的任何义务性条款；……⑧委托人认为可能危及甲方在本合同项下债权安全的其他情形；⑨依据法律法规及金融规章出现甲方有权提前回收贷款的其他情况。第十条约定，甲方及乙方与本协议有关的通知、要求等应以书面形式发送。由专人递送的，收件方签收视为送达；以邮政信函方式递交的，寄出后满7日视为送达；以传真方式递交的，收件方传真系统接收传真后视为送达，但不管采取何种方式，均应同时告知联系人。乙方联系地址为：北京市通州区××街××路××号，邮编：101121，工作邮箱：WXXXX0@sina.com。

2015年8月14日，恒帝隆公司与招行南宁分行签订了编号分别为7715011115009（抵-1）、7715011115009（抵-2）、7715011115009（抵-3）、7715011115009（抵-4）、7715011115009（抵-5）、7715011115009（抵-6）的六份《委托贷款抵押合同》，约定恒帝隆公司以其位于北京市通州区××项目1-6区房产、在建工程及土地使用权作为抵押物，为《委托贷款借款合同》项下的贷款提供抵押担保。《委托贷款抵押合同》第二条约定，在《委托贷款借款合同》项下债务履行期届满时，甲方向借款人提供而未获偿还的贷款由乙方以抵押物在本合同第三条确定的抵押担保范围内承担担保责任；在《委托贷款借款合同》规定的债务履行期届满前，如甲方根据《委托贷款借款合同》约定提前向借款人追索，乙方亦以抵押物承担担保责任。第三条约定，抵押担保的范围包括但不限于《委托贷款借款合同》项下的债务本金及相应利息、罚息、复息、违约金和实现抵押权的费用。包括：甲方根据《委托贷款借款合同》向借款人发放的贷款本金及相应利息、罚息、复息、违约金和有关费用；以及甲方行使抵押权而发生的费用（包括但不限于诉讼费、律师费、公告费、送达费、差旅费等）。《委托贷款抵押合同》签订后，案涉抵押物均已办理了抵押登记，并以招行南宁分行名义领取了他项权证。

2015 年 8 月 14 日，思道科公司（甲方）、恒帝隆公司（乙方）和平安银行北京朝外支行（丙方）签订了平银京朝外字 20150817 第 001《账户监管合同》，约定鉴于甲方与招行南宁分行签订《委托贷款委托合同》，乙方与招行南宁分行签订《委托贷款借款合同》，甲方拟通过深圳市思道科投资有限公司现金 2 号私募投资基金预计募集不超过 70 亿元，期限不超过 4 年。为有效运用其所募得资金，甲方委托招行南宁分行向乙方发放委托贷款，贷款金额不超过 70 亿元；乙方所得的《委托贷款借款合同》下的贷款，45 亿元专项用于偿还平安银行贷款及利息，14 亿元用于项目建设及企业经营资金等；乙方同意甲方对其在丙方开设的销售回款账户进行监管。第三条关于监管账户内资金使用的监管规定约定，销售款监管账户的资金仅应用于偿付借款合同项下的贷款本息，不得挪作他用。第五条关于还款安排约定，乙方应按照《委托贷款借款合同》的约定将其应付给甲方的款项按时足额从其名下的监管账户内划款至甲方在招行南宁分行处开立的委贷账户。

上述合同签订后，招行南宁分行根据思道科公司向其发出的《委托贷款通知书》，于 2015 年 8 月 28 日发放贷款 45 亿元，于 2015 年 9 月 16 日发放贷款 14 亿元和 3400 万元。上述贷款均从深圳市思道科投资有限公司现金 2 号私募投资基金的募集结算资金专用账户汇入思道科公司在招行南宁分行处开立的银行账户后予以发放。恒帝隆公司出具了三份《借款借据》，其中 2015 年 8 月 28 日《借款借据》载明：借款金额 45 亿元，以 10.2% 为基准利率，借款期限 48 个月，偿还日期 2019 年 8 月 28 日，借款用途为偿还平安银行借款。2015 年 9 月 16 日《借款借据》载明：借款金额 14 亿元，以 10.2% 为基准利率，借款期限 47 个月，偿还日期 2019 年 8 月 28 日，借款用途为项目开发建设及公司经营。同日另一份《借款借据》载明：借款金额 3400 万元，以 10.2% 为基准利率，借款期限47个月，偿还日期2019年8月28日，借款用途为支付2015年三季度利息。《委托贷款通知书》与《借款借据》所载内容一致。

二、关于思道科公司、恒帝隆公司及招行南宁分行就贷后资金监管、剩余贷款的发放、逾期付息等问题进行协商以及恒帝隆公司支付利息的事实

2015年11月26日，平安信托公司金融事业一部工作人员康某通过电子邮件向恒帝隆公司工作人员王某发送思道科公司出具的《同意恒帝隆提前还款及二押的函》。

2015年12月2日，康某向恒帝隆公司工作人员的电子邮箱WXXXX0@sina.com发送题为《关于贷后款项用途检查的通知》的电子邮件。内容为：根据贷后管理的相关要求规定，需贵司向我司提供第二期融资款中14亿元（合同约定用于借款人项目开发建设及公司经营）的款项用途及相关凭证。请贵司在3个工作日内提供银行对账单，以及相关款项收款单位与贵司的关系说明。集团最近对贵司项目进行专项检查，请贵司务必重视该项工作，积极配合。2015年12月3日，恒帝隆公司向思道科公司提供了恒帝隆公司在中国银行北京通州支行营业部开立的银行账户于2015年9月9日至11月19日期间的《存款交易明细对账单》。同日，康某将平安信托公司内部电子邮件转发到恒帝隆公司法定代表人徐某某的电子邮箱并附《关于信托公司恒帝隆天地美墅项目的知询函》，内部邮件载明：平安集团投管会领导对恒帝隆天地美墅项目做了审核，经评估，认为该项目交易对手信用不佳，法律尽调未妥善执行，贷后监管措施不强，当前的抵押物价值和去化能力不足以保障平安本息安全，利差低，风险和收益不匹配，建议信托公司重视该项目风险，积极化解风险，协助客户寻找其他还款来源，尽早终止合同，收回贷款。该项目金额很大，领导重点关注，按照集团CIO办的三函管理机制，集团将发出知询函，提示风险并定期追踪。

2015年12月7日，康某向恒帝隆公司工作人员电子邮箱WXXXX0@sina.com发送电子邮件，内容为：根据我司贷后管理要求，我司法律部门对贵司于12月3日提供的银行流水单进行审核，根据银行流水显示，贵司资金使用不符合贷款合同的约定，涉嫌贷款资金挪用。为此，正式向贵司提出下列要求：1. 停止后续贷款的发放，使用自有资金偿还我司2015年12月及以后各期利息；2. 尽快偿还我司已发放的贷款本息；3. 挪用的款项尽快收回至委贷账户。

思道科公司停止发放余下贷款，恒帝隆公司分别于2015年12月21日，2016年3月21日、6月21日、9月21日、12月21日支付了当期应付利息，其还款账户于2017年3月21日被划扣727,643.13元，于2018年1月18日被划扣1000元，于2019年1月25日被划扣100元。至此，恒帝隆公司共支付利息769,082,843.13元。思道科公司及招行南宁分行对该事实均予以确认。

2015年12月9日至17日，康某与王某之间发送多份电子邮件，就后续贷款的发放问题以及《委托贷款补充协议》的签订事宜进行协商。2016年8月至10月，康某及平安信托公司工作人员贾某某向王某发送多份电子邮件，思道科公司拟将其持有的案涉委托贷款债权转让给中国东方资产管理股份有限公司，并向恒帝隆公司介绍深圳市东盈瑞通投资管理合伙企业的融资方案。

2017年3月22日，恒帝隆公司拖欠利息，招行南宁分行将恒帝隆公司拖欠利息的信息录入银行征信系统。同日，思道科公司向恒帝隆公司发出《关于要求尽快支付到期未付贷款利息的律师函》，载明：……按照《委托贷款借款合同》第四条约定，在贷款期限内贵司应于每年3月21日、6月21日、9月21日和12月21日向贷款人支付当季度的应付利息。但截至2017年3月22日，贵司仍未向贷款人支付当季度利息152,998,300元。……现委托人特委托本所向贵司发出催收的律师函，要求贵司尽快筹集资金，并于2017年3月31日之前偿还上述应付未付利息。否则，委托人有权依据合同相关约定，就此向贵司提出进一步的主张或者采取相应的法律措施，包括但不限于宣布全部贷款提前到期，要求立即清还贷款本息，收取罚息，承担追偿费用等要求或者诉求。同日，招行南宁分行向恒帝隆公司发出《利率催收函》，要求恒帝隆公司支付2017年第一季度利息。2017年4月20日，思道科公司向恒帝隆公司发出《关于再次要求尽快支付逾期利息的律师函》，再次催收利息。

2017年4月28日，招行南宁分行与恒帝隆公司召开视频会议就后续贷款发放事宜进行磋商。2017年6月13日，招行南宁分行向恒帝隆公司出具《说明函》，载明：在委托人委托我行发放贷款金额59.34亿元后，剩余10.66亿元委托人因故未继续发放，2017年3月21日起贵司该笔委托贷款形成欠息。据了解，贵司已用自有资金按期支付了五个季度共计7.23亿元利息。基于以上情况，我行认为，贵司本次欠息不属于借款人恶意欠息。此后，招行南宁分行曾消除恒帝隆公司逾期付息记录一次，后因恒帝隆公司欠息，招行南宁分行再次将恒帝隆公司逾期付息的情况录入银行征信系统。2017 年 7 月 12 日，招行南宁分行向恒帝隆公司发出《告知函》，恒帝隆公司于同年 7 月 17 日向招行南宁分行发出《回函》，招行南宁分行于同年 7 月 18 日向恒帝隆公司发出《再次告知函》，恒帝隆公司于同年 7 月 24 日向招行南宁分行发出《再回函》。招行南宁分行与恒帝隆公司通过上述书面函件，就委托贷款合同的主体，后续资金的发放，欠款的数额，征信系统不良记录消除等问题进行了磋商。2017 年 9 月 20 日，招行南宁分行向恒帝隆公司发出《关于贵司 2017 年 9 月 15 日来函的复函》，载明：1. 我行根据《征信业管理条例》等法律规定，依法自动采集各贷款单位的逾期履约信息并向央行征信中心提供。经核实，贵司欠息的事实确实存在。2. 为了便于贵司向第三方融资，我行始终都积极协调委托人与贵司……我行在给贵司的《再次告知函》中建议贵司接受继续放款的方案，以确保贵司征信记录良好，并强调了逾期付息将造成征信不良的风险，但很遗憾贵司未能采纳。3. 望贵司能够按照法律和合同约定，对委托人所提出的贵司违规使用贷款事宜作出正面回应。

2018 年 3 月 14 日，思道科公司提起本案诉讼。恒帝隆公司于 2018 年 3 月 26 日签收了诉讼材料。

三、关于 14 亿元贷款使用情况的相关事实

宁波明圆投资有限公司（以下简称明圆公司）成立于 2004 年 11 月 18 日，为有限责任公司（自然人投资或控股），法定代表人为杨某某，王某为股东、监事，杨某某为股东、执行董事，公司经营范围是实业投资、投资的管理及咨询服务［未经金融等监管部门批准不得从事吸收存款、融资担保、代客理财、向社会公众集（融）资等金融业务］。宁波九龙山农场有限公司（以下简称九龙山公司）成立于 2008 年 3 月 18 日，为明圆公司的全资子公司，法定代表人为杨某某，王某为监事，杨某某为执行董事，公司经营范围是农业种植；牲畜、家禽养殖；游览景区的管理服务。苏某 2 为恒帝隆公司副董事长苏某某的哥哥，其与杨某某为夫妻关系。2011 年至 2015 年，九龙山公司通过其中信银行股份有限公司宁波余姚支行账户向恒帝隆公司中国银行股份有限公司北京通州支行账户汇入多笔款项。2009 年至 2018 年，明圆公司通过其中国农业银行股份有限公司宁波余姚市支行账户向恒帝隆公司中国银行股份有限公司北京通州支行账户汇入多笔款项。

2011 年 8 月 23 日，恒帝隆公司与宁波银亿控股有限公司（以下简称银亿

控股公司)、宁波银亿房地产开发有限公司（以下简称银亿房地产公司）签署《协议书》，约定：2004年10月18日，恒帝隆公司与银亿房地产公司签订了《恒隆家园合作开发协议》，银亿房地产公司将原拟投入南北大街旧城改造项目的11,800万元资金，转为银亿房地产公司投资合作开发恒隆家园项目的投资款。另外，银亿房地产公司还须另行支付合作开发恒隆家园项目的投资款8200万元，即银亿房地产公司为恒隆家园合作项目实际投入2亿元投资款。银亿房地产公司可收回1亿元投资款和1亿元合作开发恒隆家园项目的利润分配款，如恒帝隆公司逾期还付投资款及利润分配款的，还须按照同期银行贷款利率二倍向银亿房地产公司支付利息。……银亿控股公司与银亿房地产公司于2008年12月30日签订了《权益转让协议书》，将银亿房地产公司在《恒隆家园合作开发协议》中的权利、责任和义务概括转让给银亿控股公司。……截至2011年7月31日，恒帝隆公司合计欠付银亿控股公司款项总额为267,308,700元。恒帝隆公司应自2011年8月1日起至实际归还每一笔款项之日止，继续按照当前银行贷款利率双倍的标准（年利率13.12%，此利率固定不变，不再调整）向银亿控股公司支付相应欠款的利息。恒帝隆公司提供的转账凭证显示，恒帝隆公司于2004年至2005年陆续收到银亿房地产公司的款项。

恒帝隆公司于2015年9月17日向银亿控股公司转账2.5亿元，于2015年9月18日向九龙山公司转账1.5亿元、向明圆公司转账3400万元，于9月22日向明圆公司转账2亿元，于2015年11月18日向九龙山公司转账3亿元。经统计，恒帝隆公司共向银亿控股公司转账2.5亿元，向九龙山公司转账4.5亿元，向明圆公司转账2.34亿元。

九龙山公司在本案诉讼中出具《证明》，称其与恒帝隆公司系关联公司，其法定代表人即执行董事杨某某系恒帝隆公司副董事长苏某某的嫂嫂。为公司正常经营需要，九龙山公司与恒帝隆公司长期存在资金往来，往来资金都是用于公司的日常经营。2015年9月18日恒帝隆公司转入九龙山公司1.5亿元及2015年11月18日转入九龙山公司的3亿元银行汇款亦是两公司正常资金往来的一部分。

明圆公司在本案诉讼中出具《证明》，称九龙山公司系其拥有100%股权的全资子公司。九龙山公司法定代表人即股东杨某某，系恒帝隆公司副董事长苏某某的嫂嫂。为公司正常经营需要，九龙山公司与恒帝隆公司长期存在资金往来，往来资金都是用于公司的日常经营。2015 年 9 月 18 日恒帝隆公司转入九龙山公司 3400 万元及 2015 年 9 月 22 日转入九龙山公司的 2 亿元银行汇款亦是两公司正常资金往来的一部分。

四、其他事实

招行南宁分行在本案诉讼中出具《关于北京恒帝隆房地产开发有限公司抵押财产的说明》，同意思道科公司有权对恒帝隆公司的抵押财产主张优先受偿权。招行南宁分行在庭审中确认康某可以代表思道科公司、招行南宁分行向恒帝隆公司发出书面通知。

平安信托公司在本案诉讼中出具《情况说明》称：1. 我司接受思道科公司的委托，在思道科公司和恒帝隆公司的委托贷款项目中作为投资顾问，由我司指定专人提供项目的日常沟通、发送指令、贷后检查等顾问服务。我司曾指定康某作为该项目的联系人。2. 思道科公司通过招行南宁分行向恒帝隆公司发放的委托贷款资金来源于思道科现金 2 号私募基金。思道科现金 2 号私募基金管理人为思道科公司，与我司无关，我司没有资金投入该基金。3. 中国银行业监督管理委员会深圳监管局作出的深银监发（2015）126 号、深银监罚决字（2016）1 号《行政处罚决定书》与思道科公司无关。

思道科公司在诉讼期间向广东省高级人民法院提出财产保全申请，广东省高级人民法院于 2018 年 3 月 28 日作出（2018）粤民初 31 号民事裁定，查封、扣押、冻结恒帝隆公司名下价值 7, 543, 883, 610. 40 元的财产。思道科公司于 2020 年 2 月 24 日向广东省高级人民法院申请追加财产保全，广东省高级人民法院于 2020 年 4 月 20 日作出（2018）粤民初 31 号之二民事裁定，追加查封、扣押、冻结恒帝隆公司名下共计价值 115, 911, 150. 93 元的财产。保全裁定作出后，广东省高级人民法院依法采取了相应的保全措施。思道科公司与中国平安财产保险股份有限公司广东分公司、中国人民财产保险股份有限公司深圳市分公司、中国太平洋财产保险股份有限公司深圳分公司、阳光财产保险股份有限公司深圳市分公司、华安财产保险股份有限公司深圳分公司、太平财产保险有限公司深圳分公司签订《共保协议》，由上述保险公司为本案的财产保全提供担保。思道科公司为此支出诉讼财产保全责任保险的保险费共计 3, 771, 941. 81 元。

判决结果

一审法院：1. 恒帝隆公司应于该判决发生法律效力之日起 10 日内向思道科公司偿还借款本金 5, 934, 000, 000 元以及截至 2018 年 3 月 26 日的利息、利息逾期的罚息以及违反合同约定用途使用借款的罚息，合计 1, 138, 525, 862. 8 元；2. 恒帝隆公司应于该判决发生法律效力之日起 10 日内向思道科公司支付以本金 5, 934, 000, 000 元为基数，按年利率 24% 的标准从 2018 年 3 月 27 日起计至实际清偿之日止的逾期罚息，恒帝隆公司已偿还的部分予以折抵；3. 恒帝隆公司应于该判决发生法律效力之日起 10 日内向思道科公司支付诉讼保全担保保险费 3, 771, 941. 81 元；4. 思道科公司有权在上述第一、二、三项债务范围内对恒帝隆公司提供抵押的国有土地使用权、房产以及在建工程折价或者拍卖、变卖所得价款优先受偿；5. 驳回思道科公司的其他诉讼请求。

二审法院：驳回上诉，维持原判。

各方观点

上诉人（一审被告）观点：1. 思道科公司不具有本案诉讼主体资格，本案不符合民事诉讼起诉受理条件。思道科公司与招行南宁分行只是名义上的委托，即使委托贷款关系合法成立，也应当适用《最高人民法院关于如何确定委托贷款协议纠纷诉讼主体资格的批复》，一审判决认定事实错误、适用法律错误。（1）从案涉借款合同的形式要件、借款合同的合同相对性、借款合同中债权人地位以及一审法院不采用恒帝隆公司变更代理人后的全部重要抗辩意见的错误行为等角度分析，本案不具有法律意义上的委托贷款事实。（2）本案不应适用《合同法》第四百零二条规定的委托人介入权。该规定仅适用于单纯的委托合同关系，而本案涉及借贷、担保等多重法律关系。该规定突破了合同相对性，在适用时应当满足所有法定条件。思道科公司在招行南宁分行与恒帝隆公司签订借款合同时，没有明确有效授权，导致本案不存在由招行南宁分行在授权范围内与恒帝隆公司订立借款合同的情形。（3）恒帝隆公司在借款合同中并不具有法律意义上的知情权，案涉借款合同自始至终不存在法律意义上的委托关系。（4）思道科公司与恒帝隆公司之间并无法律上的直接利害关系，案涉借款合同只能约束招行南宁分行和恒帝隆公司。（5）案涉借款合同本身足以证明诉争借贷关系只约束招行南宁分行和恒帝隆公司，恒帝隆公司对此已经充分举证。2. 一审判决认定事实错误，违法剥夺了恒帝隆公司对招行南宁分行依法享有的民事诉讼权利和民事实体权利。（1）恒帝隆公司与思道科公司并无合同关系，无约可违，一审法院据此判决恒帝隆公司承担合同责任，明显违法。（2）一审法院关于恒帝隆公司与招行南宁分行之间借款合同履约问题的认定超越职权。一审法院对《委托贷款借款合同》中约定的“二次告知”和“两个 90 天”整改期的重要事实，以及“银行的正式发函”的事实认定错误。对于视频会议和说明函中等事实未予认定明显不公。（3）一审判决严重影响了恒帝隆公司另案向招行南宁分行提起诉讼的权利。3. 一审判决涉及的其他重大错误。（1）原审判决遗漏的恒帝隆公司的重要答辩意见包括：招行南宁分行独立承担案涉借款合同的风险责任、招行南宁分行为案涉借款合同债权人、恒帝隆公司对思道科公司身份及行为合法性的质疑、混淆深圳市思道科投资有限公司现金 2 号私募投资基金与深圳市思道科投资有限公司平安财富现金 2 号私募投资基金、平安信托有限责任公司（以下简称平安信托公司）提供的《情况说明》系伪证、《账户监管合同》仅涉及与本案争议无关的项目、招行南宁分行与恒帝隆公司视频会议对本案基本事实的倾向、恒帝隆公司对康某身份的质疑、思道科公司对本案诉争贷款未实际参与、平安信托公司涉嫌严重违法违规、招行南宁分行与恒帝隆公司借款合同履约过程中的贷款用途、贷后检查以及利息支付与思道科公司无关。（2）恒帝隆公司针对平安银行股份有限公司深圳总行营业部以及招商银行股份有限公司申请调查取证，以查明案涉资金来源以及招行南宁分行消除恒帝隆公司征信欠息记录的真实原因。（3）一审判决遗漏以下内容：①基金合同原件、基金招股说明书、备案投资方向、托管协议等重要文件；②案涉借款合同关于招行南宁分行独立承担借款合同风险责任的条款；③委托贷款关系无依据且具有不确定性的相关事实；④借款合同约定债权的事实；⑤借款合同形式要件方面的缺陷；⑥《委托贷款委托合同》第十条第一款；⑦《委托贷款委托合同》第十条第六款；⑧恒帝隆公司将案涉《借款借据》交付招行南宁分行的事实；⑨平安信托公司相关人员以及真正的资金方是平安信托公司；⑩中国平安保险（集团）股份有限公司（以下简称平安集团）将恒帝隆公司视为第一大交易对手，平安信托公司同意放款的附加条件；

⑪招行南宁分行未以其自身名义向恒帝隆公司正式发函要求作贷后检查；⑫一审判决第16页第1行引述的委托合同与实际不符；⑬一审判决遗漏2017年4月16日恒帝隆公司委托的律师事务所致招行南宁分行的《律师函》以及2017年4月21日招行南宁分行致恒帝隆公司的相关回函；⑭2017年4月28日招行南宁分行与恒帝隆公司召开视频会议的事实；⑮关于2017年4月28日招行南宁分行与恒帝隆公司召开视频会议是否存在其他证据佐证的事实；⑯有关深圳市思道科投资有限公司平安财富现金2号私募投资基金等重要事实；⑰平安信托公司作为“投资顾问”的真实性。以上事实能够证明思道科公司原告主体不适格，恒帝隆公司没有违约。4. 本案适用《最高人民法院关于审理民间借贷案件适用法律若干问题的规定》错误。（1）思道科公司不拥有深圳市思道科投资有限公司现金2号私募投资基金的所有权。（2）思道科公司属于非银行金融机构。（3）案涉资金来源非民间资金，而是平安信托公司资金池的违规资金。（4）思道科公司的经营范围并无委托贷款。（5）民间借贷中，出借人的资金必须是自有资金。5. 一审判决变更案件争议焦点有失公允。鉴于一审2020年9月6日开庭时，恒帝隆公司根据一审法院归纳的争议焦点进行辩论，一审判决在判决书中变更争议焦点造成裁判突袭。6. 一审法院未对恒帝隆公司提交的《关于请求合议庭就原告及其第三人针对被告书面发问回复的告知申请》进行回复，剥夺了恒帝隆公司的诉讼知情权和辩论权。

被上诉人（一审原告）观点：1. 思道科公司是本案的适格主体。恒帝隆公司明知委托贷款的事实，思道科公司有权行使介入权。最高人民法院（2018）最高法民辖终339号民事裁定（以下简称339号民事裁定）已确认思道科公司的诉讼主体资格。2. 思道科公司委托贷款资金充裕、合法，恒帝隆公司主张的案涉资金来源于平安信托公司不能成立。思道科公司作为管理人的现金2号私募基金在中国证券投资基金业协会备案正常运作至今，从未受到过监管部门处罚。根据基金合同约定，思道科公司有权独立管理和运用基金财产，包括委托发放案涉贷款。现金2号私募基金不存在因资金不足而停贷。思道科公司向恒帝隆公司发出停贷通知之日即在《委托贷款借款合同》约定的分期发放贷款的时间节点，现金2号私募基金账户的资金足以发放相应委托贷款。恒帝隆公司否认现金2号私募基金备案账户真实性不能成立。现金2号私募基金备案的账户、账户名称和开户行与相应的证据记载内容完全一致。现金2号私募基金与平安信托公司无关。案涉贷款由现金2号私募基金账户汇至思道科公司在招行南宁分行开立的账户，再发放给恒帝隆公司，不是源于平安信托公司。3. 恒帝隆公司挪用9.34亿元借款给其他公司，违反《委托贷款借款合同》的约定用途，思道科公司有权停止发放后续贷款、宣告贷款提前到期并要求恒帝隆公司承担违约责任。4. 思道科公司与招行南宁分行有权对恒帝隆公司使用借款的情况行使监督权，恒帝隆公司拒绝贷后检查，思道科公司有权停止发放后续贷款并收回全部贷款。5. 恒帝隆公司拖欠利息，思道科公司根据《委托贷款借款合同》的约定，宣告贷款提前到期。6. 思道科公司作为委托人有权直接主张抵押权，对恒帝隆公司的抵押物享有优先受偿权。7. 思道科公司因采取本案诉讼保全措施而发生的诉讼保全担保保险费是因恒帝隆公司违约而产生，有权请求恒帝隆公司予以赔偿。

一审第三人观点：思道科公司为本案的适格主体。339号民事裁定明确认定本案为委托贷款合同关系，思道科公司具有本案原告主体资格。恒帝隆公司未按照《委托贷款借款合同》约定的使用用途使用借款，已经构成违约，思道科公司有权停止发放余下贷款。恒帝隆公司违约情况下，思道科公司有权宣布贷款提前到期，并要求恒帝隆公司提前偿还本息并承担违约责任。一审判决对利息、罚息及违约金的计算符合合同约定及法律规定。案涉委托贷款实际兼有金融借款与民间借贷的特征，本案可以参照民间借贷确定有关借款利息、罚息标准。思道科公司依法享有对案涉抵押物的优先受偿权。

法院观点

一审法院观点：本案为借款合同纠纷。根据双方的诉辩意见，本案争议的焦点是：1. 思道科公司是否为适格原告；2. 恒帝隆公司是否违反合同约定用途使用贷款，思道科公司是否有权停止发放余下贷款；3. 思道科公司是否有权宣布贷款提前到期，要求恒帝隆公司提前偿还本息并承担违约责任；4. 利息、罚息、违约金应如何计算；5. 思道科公司对恒帝隆公司的抵押物是否享有优先受偿权。

一、关于思道科公司是否为适格原告的问题

案涉《委托贷款委托合同》《委托贷款借款合同》《委托贷款抵押合同》《账户监管合同》是各方当事人真实意思表示，不违反法律、行政法规的强制性规定，合法有效，各方当事人均应依约履行。《合同法》第四百零二条规定："受托人以自己的名义，在委托人的授权范围内与第三人订立的合同，第三人在订立合同时知道受托人与委托人之间的代理关系的，该合同直接约束委托人和第三人，但有确切证据证明该合同只约束受托人和第三人的除外。"本案恒帝隆公司与招行南宁分行签订的《委托贷款借款合同》在概述中明确载明"招行南宁分行接受思道科公司的委托，向恒帝隆公司发放不超过人民币柒拾亿元的委托贷款"，第八条约定"双方理解，本合同项下委托贷款资金来源于委托人通过思道科现金2号私募基金产品募集资金……"，在思道科公司与恒帝隆公司及平安银行股份有限公司北京朝外支行签订的《账户监管合同》中亦有上述内容的相关约定。由此可见，恒帝隆公司在签订《委托贷款借款合同》时明知思道科公司与招行南宁分行之间的代理关系，恒帝隆公司并未提供证据证明《委托贷款借款合同》只约束招行南宁分行和恒帝隆公司，因此，《委托贷款借款合同》可直接约束思道科公司和恒帝隆公司。思道科公司通过招行南宁分行将资金提供给恒帝隆公司使用，三方当事人之间建立的是委托贷款合同关系。虽然案涉合同是思道科公司与招行南宁分行、招行南宁分行与恒帝隆公司之间分别签订，《委托贷款委托合同》《委托贷款借款合同》个别条款存在差异，但总体而言招行南宁分行并没有超越委托人的授权范围与恒帝隆公司签订《委托贷款借款合同》，案涉合同是否为三方共同签订，并不影响委托贷款合同关系的成立，思道科公司有权以自己名义直接向恒帝隆公司主张权利。此外，《最高人民法院关于如何确定委托贷款协议纠纷诉讼主体资格的批复》从保护委托人权利的角度考量，规定委托人可以以受托人为被告提起诉讼，但并未限制委托人直接以借款人为被告提起诉讼，思道科公司以恒帝隆公司为被告提起本案诉讼符合《民事诉讼法》第一百一十九条的规定。恒帝隆公司主张思道科公司不是本案适格主体，缺乏事实和法律依据，一审法院不予采纳。

二、关于恒帝隆公司是否违反合同约定用途使用贷款，思道科公司是否有权停止发放余下贷款的问题

思道科公司主张恒帝隆公司未按照合同约定用途使用贷款，其有权停止发放余下贷款。恒帝隆公司抗辩称贷款的使用符合合同约定，且思道科公司未按照合同约定履行通知义务，无权停止发放余下贷款。一审法院认为，《合同法》第二百零二条规定："贷款人按照约定可以检查、监督借款的使用情况。借款人应当按照约定向贷款人定期提供有关财务会计报表等资料"；第二百零三条规定："借款人未按照约定的借款用途使用借款的，贷款人可以停止发放借款、提前收回借款或者解除合同。"《委托贷款借款合同》第六条约定"在本合同有效期内，甲方有权检查贷款使用情况，乙方应按甲方书面要求向甲方如实提供情况和资料"，第九条约定"乙方未按本合同约定的用途使用借款，甲方有权停止发放贷款，提前收回部分或全部已发放的贷款"。根据上述法律规定及合同约定，思道科公司有权检查、监督恒帝隆公司借款的使用情况，恒帝隆公司应当如实提供资料进行说明。思道科公司于2015年12月2日通过平安信托公司工作人员康某向《委托贷款借款合同》中载明的恒帝隆公司联系人工作邮箱发出了《关于贷后款项用途检查的通知》，要求恒帝隆公司在3个工作日内提供第二期融资款中14亿元的款项用途及相关凭证，对恒帝隆公司项目进行专项检查。虽然恒帝隆公司在诉讼中对康某的身份提出异议，认为康某无权代表思道科公司发出书面通知要求恒帝隆公司接受资金监管，但从思道科公司及恒帝隆公司提供的康某与恒帝隆公司工作人员王某等人的多份电子邮件可得知，康某一直代表思道科公司与恒帝隆公司就本案委托贷款事宜进行沟通与联系，直至诉讼前恒帝隆公司对康某作为项目联系人的身份均没有提出异议，特别是恒帝隆公司于2015年12月2日收到康某上述电子邮件的次日即提供了其在中国银行北京通州支行营业部开立的银行账户的《交易明细对账单》，对14亿元资金的使用情况进行说明。由此可见，恒帝隆公司知悉并认可康某代表思道科公司发出上述电子邮件，并自愿接受资金贷后检查。招行南宁分行亦确认康某有权代表思道科公司及招行南宁分行就资金监管等事项向恒帝隆公司发出书面通知。综合以上情况可确认思道科公司已按合同约定履行了书面通知义务。对于恒帝隆公司认为思道科公司没有按照《委托贷款借款合同》第九条的约定给予其整改期，无权停止发放贷款的抗辩理由，一审法院认为，《委托贷款借款合同》第九条分别针对恒帝隆公司不同的违约行为约定了思道科公司行使权利及恒帝隆公司承担违约责任的不同方式。根据对合同文义的理解，第九条第四款中约定思道科公司应当给予恒帝隆公司整改期针对的是思道科公司提前收回贷款本息的情形，对于思道科公司因恒帝隆公司违约使用借款而停止发放贷款的情形则未作上述约定。恒帝隆公司的主张系对合同条款的错误理解，一审法院不予采纳。

关于恒帝隆公司有无按合同约定用途使用14亿元贷款的问题，本案《委托贷款借款合同》约定"第二批委托贷款中的人民币14亿元用于借款人项目开发建设及公司经营”，虽然合同对“公司经营”没有作出明确界定，但不能理解为借款可由恒帝隆公司任意支配使用。借款合同约定借款用途，是为了使借款人能在出借人可控的范围内使用资金，以确保出借资金的安全，而公司经营范围反映了公司业务活动的内容和生产经营方向，通常是委托人确定贷款金额、贷款期限、贷款利率、还款方式等要素时考虑的重要因素之一，故本案《委托贷款借款合同》中约定的“用于公司经营”应理解为围绕公司经营范围开展经营活动，合理、合规、合法地使用贷款，恒帝隆公司对 14 亿元贷款的使用不能严重超出其经营范围。根据查明的事实，恒帝隆公司于 2015 年 9 月 17 日向银亿控股公司转账 2.5 亿元。恒帝隆公司提供的其与银亿控股有限公司、银亿房地产公司签署的《协议书》以及相关汇款凭证显示，恒帝隆公司因恒隆家园的开发建设与银亿控股公司产生债权债务关系，恒帝隆公司向银亿控股公司转款 2.5 亿元系用于偿还对外债务，一审法院确认该笔款项的使用属于公司经营所需，符合合同约定的借款用途。恒帝隆公司于 2015 年 9 月 18 日、11 月 18 日分别向九龙山公司转账 1.5 亿元、3 亿元，于 2015 年 9 月 18 日、9 月 22 日分别向明圆公司转账 3400 万元、2 亿元。恒帝隆公司提供了其与两公司 2009 年至 2018 年的转账凭证以及两公司出具的证明，以此主张其向关联公司转款属于公司正常的经营活动。对此，一审法院认为，首先，恒帝隆公司没有提供证据证明其与九龙山公司、明圆公司有业务往来或者存在合法的债权债务关系。其次，虽然上述转账凭证显示恒帝隆公司与两公司之间长期有款项往来，但转款次数多，数额均较小，而本案的四笔转款相隔时间短、数额巨大，明显有别于之前的交易习惯，恒帝隆公司对此并未作出合理解释。最后，恒帝隆公司与九龙山公司、明圆公司是相互独立的法人，即使相互之间具有关联关系，但在没有合法依据的情况下挪用公司资金到关联公司亦有违公司资本维持原则。恒帝隆公司未能举证证明其向明圆公司及九龙山公司转款属于公司正常的经营活动，其应承担举证不能的不利后果，一审法院对恒帝隆公司关于其没有违约使用贷款的主张不予采纳。思道科公司根据《委托贷款借款合同》第九条的约定，在恒帝隆公司未按合同约定的用途使用借款的情况下有权停止发放余下贷款。

三、关于思道科公司是否有权宣布贷款提前到期，要求恒帝隆公司提前归还本息并承担违约责任的问题

思道科公司以恒帝隆公司违约使用贷款、逾期还本付息为由，主张贷款提前到期，并要求恒帝隆公司承担违约责任。恒帝隆公司抗辩主张贷款资金来源于平安信托公司资金池，平安信托公司因违规使用资金被行政处罚导致思道科公司停止发放贷款，思道科公司违约在先，无权提前收回贷款，其基于先履行抗辩权无须承担违约责任。一审法院认为，《委托贷款借款合同》第九条第一款约定，“乙方未按本合同约定的用途使用借款，甲方有权停止发放贷款，提前收回部分或全部已发放的贷款，并对违约使用部分每日收取0.1%的罚息”；第九条第四款约定，“在本合同期内，有以下任何一项情况发生时……甲方有权根据委托人的要求提前收回委托贷款本金和利息及其他一切相关费用：（1）乙方、其他合同相关方违反了本合同及该合同项下拟定的任何交易文件的任何义务性条款；……（8）依据法律法规及金融规章出现甲方有权提前回收贷款的其他情况”。如前所述，恒帝隆公司未按约定用途使用借款，且从2017年3月22日起开始拖欠利息，已构成违约。同日，思道科公司向恒帝隆公司发出《关于要求尽快支付到期未付贷款利息的律师函》要求恒帝隆公司按期支付利息。招行南宁分行分别于2017年3月22日、7月12日、9月20日向恒帝隆公司发函催收利息。以上事实表明，思道科公司已就恒帝隆公司的违约行为书面通知恒帝隆公司并给予恒帝隆公司180天的整改期，思道科公司于2018年3月14日以诉讼的方式主张贷款提前到期并要求恒帝隆公司偿还贷款本息和承担违约责任，符合《委托贷款借款合同》第九条第一款、第四款的约定，一审法院予以支持。

恒帝隆公司为证明其抗辩主张，提供了其工作人员与平安信托公司工作人员的电子邮件，其与招行南宁分行的往来函件、视频会议影像和录音资料以及中国银行业监督管理委员会深圳监管局深银监发（2015）126号、深银监罚决字（2016）1号《行政处罚决定书》等证据。经查，上述电子邮件及往来函件反映的是各方当事人在思道科公司停止发放贷款后为解决恒帝隆公司后续资金问题而进行协商的经过，并不能以此证明贷款资金来源于平安信托公司资金池的事实。《行政处罚决定书》处罚的对象是平安信托公司，受处罚的业务亦与思道科公司无关，恒帝隆公司主张思道科公司存在资金来源不合法等违规行为，亦无证据证明。至于恒帝隆公司提供的招行南宁分行与恒帝隆公司召开的视频会议影像及录音资料，因思道科公司未参与视频会议，在没有其他证据佐证的情况下，不能以招行南宁分行在视频会议中的单方陈述认定思道科公司自认存在违约行为。恒帝隆公司所举示的上述证据均无法证明其主张。恒帝隆公司关于思道科公司存在违约行为，无权提前收回贷款，其不应承担违约责任的主张，缺乏事实和法律依据，一审法院不予采纳。

四、关于借款利息、逾期罚息、违约使用借款罚息的认定问题

委托贷款法律关系中贷款人即受托人是经国家金融监管部门批准设立的从事贷款业务的金融机构，其履行代为发放、监督使用并协助收回贷款等金融机构的职责，但委托贷款有别于商业银行的自营贷款业务，商业银行以受托人身份与借款人发生借款关系，有关贷款对象、用途、金额、期限、利率等借款合同主要权利义务的确定体现了委托人的意志，而且贷款来源于委托人筹集的资金，资金成本与民间借贷大体相当，因此委托贷款实际上兼具金融借款与民间借贷的特征，故本案可适用《最高人民法院关于审理民间借贷案件适用法律若干问题的规定》确定有关借款利息、罚息等利率上限标准。

1. 关于借款期限内正常利息、利息逾期罚息、违约使用借款罚息的计算问题。根据《合同法》第九十六条“当事人一方依照本法第九十三条第二款、第九十四条的规定主张解除合同的，应当通知对方。合同自通知到达对方时解除”的规定，思道科公司于2018年3月14日向广东省高级人民法院提起诉讼，请求判令恒帝隆公司偿还贷款本息，恒帝隆公司于2018年3月26日签收相关诉讼材料，故案涉借款于2018年3月26日到期。根据《最高人民法院关于审理民间借贷案件适用法律若干问题的规定》第二十八条的规定，借款人在借款期间届满后应当支付的本息之和，不能超过最初借款本金与以最初借款本金为基数，以年利率24%计算的整个借款期间的利息之和，出借人请求借款人支付超过部分的，人民法院不予支持。

第一，恒帝隆公司按合同约定用途使用借款本金52.5亿元，对该部分借款正常利息、利息逾期罚息的计算问题。其一，正常利息。《委托贷款借款合同》约定借款年利率为10.2%，借款期内执行固定利率；期内利息按季度结算，每季度末20日（利息计算不包括该日）为结息日，21日为付息日。恒帝隆公司付息至2016年12月19日，故52.5亿元的期内正常利息应从2016年12月20日起按年利率10.2%的标准计至2018年3月26日止（462天），共688,534,000元（52.5亿元×10.2%×462÷360=688,534,000元）。其二，利息逾期罚息。《委托贷款借款合同》第九条第二款约定，对逾期归还的本息按照逾期的实际时间每日计收0.1%的罚息，故借款期内逾期付息的罚息应以当期应付未付的利息为基数，从逾期之日起按日0.1%的标准计至2018年3

月 26 日止，合共 126, 291, 729. 5 元。

第二，恒帝隆公司违反合同约定用途挪用借款本金 6. 84 亿元，对该部分借款利息及罚息的计算问题。《委托贷款借款合同》第九条第一款约定，对违约使用借款部分每日应收取 0. 1% 的罚息，该罚息的约定超出了《最高人民法院关于审理民间借贷案件适用法律若干问题的规定》所确定的利率司法保护上限，故一审法院将违约使用借款的罚息调整为年利率 24%。恒帝隆公司于 2015 年 9 月 18 日挪用资金 1. 84 亿元，于 2015 年 9 月 22 日挪用资金 2 亿元，于 2015 年 11 月 18 日挪用资金 3 亿元，鉴于恒帝隆公司已经按照年利率 10. 2% 的标准支付了上述借款的利息至 2016 年 12 月 19 日，故上述借款因被挪用而产生的罚息从违约使用之日起至 2016 年 12 月 19 日止，应按年利率 13. 8% 计算，合共 113, 028, 133. 3 元。恒帝隆公司从 2016 年 12 月 20 日起开始拖欠上述借款的利息，此时恒帝隆公司违约使用借款的违约行为仍然持续，若从 2016 年 12 月 20 日起既对上述拖欠的借款计收利息和复利，又对恒帝隆公司违约使用上述借款的违约行为判处罚息，则超过了《最高人民法院关于审理民间借贷案件适用法律若干问题的规定》的利率司法保护上限，故一审法院认定被挪用的借款本金 6. 84 亿元，从 2016 年 12 月 20 日起至借款到期日 2018 年 3 月 26 日止，一并按照年利率 24% 的标准计算利息和罚息，合共 210, 672, 000 元。

综上，恒帝隆公司在借款期限内即截至 2018 年 3 月 26 日，应付未付的利息、利息逾期的罚息、违约使用借款的罚息总额合共 1, 138, 525, 862. 8 元。

2. 关于借款到期后逾期罚息的计算问题。思道科公司主张在借款到期后即从 2018 年 3 月 27 日起，以本金和期内正常利息为基数，按日 0. 1% 的标准计算逾期罚息至实际清偿之日止。一审法院认为，《最高人民法院关于审理民间借贷案件适用法律若干问题的规定》第二十九条规定："借贷双方对逾期利率有约定的，从其约定，但以不超过年利率 24% 为限。" 第三十条规定："出借人与借款人既约定了逾期利率，又约定了违约金或者其他费用，出借人可以选择主张逾期利息、违约金或者其他费用，也可以一并主张，但总计超过年利率 24% 的部分，人民法院不予支持。" 本案合同约定的逾期罚息为日 0. 1%，实际达到年利率 36%，已超出了上述司法解释确定的利率司法保护上限。因此，本案逾期罚息应以本金 59. 34 亿元为基数，按年利率 24% 的标准自 2018 年 3 月 27 日起计至实际清偿之日止。鉴于借款到期后本金已按年利率

24%的标准计算罚息，如同时对期内正常利息以及违约使用借款部分再计收罚息，将超过民间借贷利率的上限标准，因此对期内正常利息以及违约使用借款部分在借款到期后不再计收罚息。

五、关于诉讼保全担保保险费的负担问题

虽然案涉《委托贷款借款合同》未明确约定恒帝隆公司须承担思道科公司实现债权的费用，但思道科公司为收回债权而提起本案诉讼，其因采取诉讼保全措施所发生的诉讼保全担保保险费本质上是因恒帝隆公司的违约行为而支出的合理费用，属于违约方给守约方造成的损失，根据《合同法》第一百一十三条“当事人一方不履行合同义务或者履行合同义务不符合约定，给对方造成损失的，损失赔偿额应当相当于因违约所造成的损失”的规定，思道科公司有权主张诉讼保全担保保险费。另外，《最高人民法院关于审理民间借贷案件适用法律若干问题的规定》第三十条规定的逾期利息、违约金或者其他费用，其实质属于借款人为获得借款支付的成本，只有与资金成本紧密相关的相关费用才属于上述规定的范围。本案思道科公司支付的诉讼保全担保保险费系思道科公司为实现其债权而实际支出的成本，不属于借款资金费用，因此不受《最高人民法院关于审理民间借贷案件适用法律若干问题的规定》第三十条的约束。思道科公司提供证据证明诉讼保全担保保险费已实际发生，故思道科公司主张该费用应由恒帝隆公司负担，理据充分，一审法院予以支持。

六、关于思道科公司对恒帝隆公司的抵押物是否享有优先受偿权的问题

恒帝隆公司主张《委托贷款抵押合同》是招行南宁分行与恒帝隆公司签订，且抵押权登记在招行南宁分行名下，思道科公司对抵押物不享有优先受偿权。一审法院认为，从本案《委托贷款委托合同》《委托贷款借款合同》《委托贷款抵押合同》的签订情况及内容看，恒帝隆公司对于《委托贷款借款合同》的存在及思道科公司与招行南宁分行之间的代理关系是明知的，其是在对思道科公司为案涉借款实际权利人有清楚认知的基础上签订案涉《委托贷款抵押合同》。如前所述，《委托贷款借款合同》约束思道科公司与恒帝隆公司，抵押关系作为委托贷款关系的从法律关系，其应与主合同约束同样的当事人，因此思道科公司作为借款及抵押权的实际权利人，有权一并向恒帝隆公司主张抵押权。此外，虽然抵押权登记在招行南宁分行名下，但招行南宁分行作为思道科公司的代理人，以自己的名义签订抵押合同，办理抵押登记，法律后果应归于思道科公司，且招行南宁分行对思道科公司向恒帝隆公司直接主张抵押权不持异议，因此思道科公司可以自己的名义直接向恒帝隆公司主张以招行南宁分行名义设立的抵押权。案涉《委托贷款抵押合同》约定恒帝隆公司以其位于北京市通州区××项目1－6区房产、在建工程及土地使用权作为抵押物，为《委托贷款借款合同》项下的借款提供抵押担保；抵押担保的范围包括但不限于《委托贷款借款合同》项下的债务本金及相应利息、罚息、复息、违约金和实现抵押权的费用。抵押物已经办理抵押登记，根据《物权法》第一百七十九条第一款的规定，思道科公司有权于恒帝隆公司不履行到期债务时，在恒帝隆公司提供抵押担保的范围内，就案涉已办理抵押登记的抵押财产享有优先受偿权。恒帝隆公司的抗辩理由缺乏事实和法律依据，一审法院不予采纳。

二审法院观点：《最高人民法院关于适用〈中华人民共和国民事诉讼法〉的解释》第三百二十三条第一款规定："第二审人民法院应当围绕当事人的上诉请求进行审理。"本院根据恒帝隆公司的上诉请求与理由归纳本案二审的争议焦点为：思道科公司是否为本案的适格原告；恒帝隆公司是否构成违约；一审法院是否存在裁判突袭、剥夺当事人知情权和辩论权等问题。

一、关于思道科公司是否为本案适格原告的问题

《民事诉讼法》第一百一十九条第一项规定："原告是与本案有直接利害关系的公民、法人和其他组织"。"原告与本案有直接利害关系"，是指原告自己的民事权益受到侵害或者与他人发生争议。人民法院围绕上述问题进行审查以认定原告是否有权向人民法院提起诉讼。本案一审立案受理后，恒帝隆公司在提交答辩状期间提出管辖权异议，认为其与思道科公司不存在合同关系，思道科公司无权以自己名义向恒帝隆公司主张权利。广东省高级人民法院作出（2018）粤民初31号之一民事裁定，驳回恒帝隆公司的管辖权异议。恒帝隆公司不服，向本院提起上诉。本院经审查认为，案涉《委托贷款委托合同》及《委托贷款借款合同》均明确了招行南宁分行系接受思道科公司的委托，向恒帝隆公司发放委托贷款。思道科公司亦实际通过招行南宁分行将资金提供给恒帝隆公司使用，一审裁定认定其三方当事人之间系委托贷款合同关系并无不当……招行南宁分行与思道科公司之间为受托人与委托人的关系，而恒帝隆公司对该二者之间的委托内容事项亦明知，案涉《委托贷款借款合同》能够直接约束思道科公司和恒帝隆公司，思道科公司有权以自己名义直接介入《委托贷款借款合同》中。恒帝隆公司关于一审裁定错误适用《合同法》第四百零二条，以及本案应适用《最高人民法院关于如何确定委托贷款协议纠纷诉讼主体资格的批复》确定管辖的主张没有法律依据，不予支持……在思道科公司行使介入权提起本案诉讼的情况下，《委托贷款借款合同》管辖条款中的“原告”当然应认定为具体提起本案诉讼的原告，而非恒帝隆公司主张的招行南宁分行。故本院作出339号民事裁定，驳回上诉，维持原裁定。据此，在本案管辖权异议的审查程序中，本院生效法律文书已经认定思道科公司具备本案的原告主体资格。

本案借款合同纠纷进入实体审理后，恒帝隆公司抗辩主张案涉贷款资金来源于平安信托公司资金池，平安信托公司利用其关联企业思道科公司向恒帝隆公司发放贷款的目的是规避信托资金池和“影子银行”贷款的行政监管措施。本院认为，首先，恒帝隆公司并未申请追加平安信托公司进入本案诉讼，亦不认为其合同相对方即案涉贷款的贷款人为平安信托公司，而案涉《委托贷款委托合同》《委托贷款借款合同》均表明思道科公司是案涉贷款的贷款人，招行南宁分行亦认可上述事实。其次，中国人民银行等机关于2018年4月27日联合发布的《关于规范金融机构资产管理业务的指导意见》（以下简称《金融机构资产管理指导意见》）第二十二条规定，金融机构不得为其他金融机构的资产管理产品提供规避投资范围、杠杆约束等监管要求的通道服务；第二十九条规定，按照“新老划断”原则设置过渡期。而在《金融机构资产管理指导意见》设置了过渡期的情况下，《全国法院民商事审判工作会议纪要》第九十三条亦指出，在过渡期内，对通道业务中存在的利用信托通道掩盖风险，规避资金投向等监管规定，如果不存在其他无效事由，一方以信托目的违法违规为由请求确认无效的，人民法院不予支持。因此，在本案没有证据证明出借资金的来源影响思道科公司贷款人地位以及合同效力的情况下，一审法院以查明事实为基础，并结合当事人的诉辩理由认为思道科公司、招行南宁分行、恒帝隆公司三方当事人之间建立的是委托贷款合同关系，思道科公司有权以自己名义直接向恒帝隆公司主张权利，理据充分，并无不当。

二、关于恒帝隆公司是否构成违约的问题

根据案涉《委托贷款借款合同》，恒帝隆公司未按合同约定的用途使用借款，招行南宁分行有权停止发放贷款，提前收回部分或全部已发放的贷款。

此外，恒帝隆公司违反该合同项下任何义务性条款，招行南宁分行亦有权根据思道科公司的要求提前收回委托贷款本金和利息及其他·切相关费用。《委托贷款借款合同》约定了第二笔委托贷款中的人民币14亿元用于借款人项目开发建设及公司经营。后续批次贷款不超过11亿元，根据恒帝隆公司偿付各批次委托贷款利息的需要分期发放。根据一审查明的事实，恒帝隆公司在第二批贷款发放后，分别于2015年9月18日、11月18日向九龙山公司转账1.5亿元、3亿元，分别于2015年9月18日、9月22日向明圆公司转账3400万元、2亿元。恒帝隆公司没有提供充分证据证明上述款项的使用符合合同约定的借款用途，思道科公司有权依据《委托贷款借款合同》的约定，停止发放用于偿付本次贷款利息的后续贷款。2015年12月7日，康某向恒帝隆公司发送电子邮件通知其将停止后续贷款发放，并要求恒帝隆公司使用自有资金偿还2015年12月之后的利息。思道科公司停止发放后续贷款后，恒帝隆公司先后于2015年12月21日，2016年3月21日、6月21日、9月21日、12月21日以自有资金偿还了当期应付利息。恒帝隆公司自2017年3月22日起拖欠案涉借款的利息，招行南宁分行分别于2017年3月22日、7月12日、9月20日向恒帝隆公司发出催收函，恒帝隆公司仍然未能偿还其拖欠的利息构成违约。一审法院认为思道科公司有权依约宣布贷款提前到期，并要求恒帝隆公司提前归还借款本息及承担相应违约责任，理据充分，并无不当。

本案于2018年3月15日一审立案，一审法院适用《最高人民法院关于审理民间借贷案件适用法律若干问题的规定》（法释〔2015〕18号）确定案涉借款利息、罚息等利率上限标准，与《最高人民法院关于进一步加强金融审判工作的若干意见》（法发〔2017〕22号）关于“金融借款合同的借款人以贷款人同时主张的利息、复利、罚息、违约金和其他费用过高，显著背离实际损失为由，请求对总计超过年利率24%的部分予以调减的，应予支持，以有效降低实体经济的融资成本”的内容一致。故恒帝隆公司关于一审法院按照《最高人民法院关于审理民间借贷案件适用法律若干问题的规定》（法释〔2015〕18号）确定案涉借款利息、罚息等利率上限系适用法律错误的上诉理由，不能成立。

三、关于一审法院是否存在裁判突袭、剥夺当事人知情权和辩论权的问题

经查，一审法院依法公开开庭审理了本案，根据当事人的诉讼请求、答辩意见归纳争议焦点，并就恒帝隆公司是否违反合同约定用途使用贷款、是否存在逾期还本付息的行为、应否承担违约责任、案涉欠款本息和违约金应如何计算等问题进行了法庭调查并组织当事人进行了法庭辩论。恒帝隆公司虽提出一审法院裁判突袭、剥夺其知情权和辩论权等上诉理由，但并未提供充分证据予以证明，亦与一审法院的实际审理情况不符，故本院不予支持。

章节小结

私募基金成立后，私募基金管理人可以根据基金募集说明书的内容，将基金投向其他的私募基金，以及银行等金融机构的信托计划或者资金管理计划等。这样的投资安排可以帮助私募基金分散投资风险；投资到各行各业中的优质资产，可以更好地获取投资收益。私募基金管理人的压力也可以相对地减轻，其目标为识别优质的私募基金或信托项目等，选择信誉较好的受托人或基金管理人等。

但是，私募基金管理人并非无须承担任何责任。管理人的投资方向必须与说明书中的一致，否则管理人以及对投资方向具有审查义务的相关主体须对此承担违约责任。如因信托计划、资管计划的相对方出现违约情况，私募基金管理人可以根据私募基金成立的有关协议的授权，代表广大投资者追究违约方的相关赔偿责任。

管理人在选择投资方向时，也要注意相关的行政及刑事责任。首先，管理人对于基金本身应当及时备案，否则可能导致主体不适格最终被认定为投资无效，还将受到相关单位的行政处罚。根据《证券投资基金法》、国务院发布的《私募投资基金监督管理条例》、中国证监会《私募投资基金监督管理暂行办法》、中国证券投资基金业协会《私募投资基金管理人登记和基金备案办法（试行）》的相关规定，私募基金管理人应当向中国证券投资基金业协会进行登记，私募基金应当向中国证券投资基金业协会进行备案。私募基金管理人未登记、私募基金未备案的，私募基金管理人处10万元以上30万元以下罚款。对直接负责的主管人员和其他直接责任人员给予警告，并处3万元以上10万元以下罚款，如操作不规范甚至可能遭受刑事处罚。其次，无论是资管业务还是子基金业务，国家主管行政机关对其业务主体都要进行穿透式审查，识别该等最终投资者是否为合格的投资者。《私募投资基金监督管理暂行办法》第十三条规定："下列投资者视为合格投资者：(一) 社会保障基金、企业年金等养老基金，慈善基金等社会公益基金；(二) 依法设立并在基金业协会备案的投资计划；(三) 投资于所管理私募基金的私募基金管理人及其从业人员；(四) 中国证监会规定的其他投资者。以合伙企业、契约等非法人形式，通过汇集多数投资者的资金直接或者间接投资于私募基金的，私募基金管理人或者私募基金销售机构应当穿透核查最终投资者是否为合格投资者，并合并计算投资者人数。但是，符合本条第（一）、(二)、(四) 项规定的投资者投资私募基金的，不再穿透核查最终投资者是否为合格投资者和合并计算投资者人数。"最后，管理人需要防范可能涉及非法吸收公众存款、非法集资的有关投资项目，识别真实的投资标的与虚构的投资标的，避免血本无归，最终还要向投资者承担未能审慎识别风险的有关违约责任。

关于托管人义务，《证券投资基金法》《证券投资基金托管业务管理办法》《私募投资基金监督管理暂行办法》以及中国证券投资基金业协会发布的自律规则对托管人义务做了明确规定，基金合同和托管协议对此一般也会进行约定。托管人义务主要包括六大方面：(1) 安全保管基金资产；(2) 执行基金管理人的投资指令、办理基金名下的资金往来；(3) 监督基金管理人的投资运作，发现基金管理人的投资指令违法违规的，不予执行；(4) 复核、审查基金管理人计算的基金资产净值及基金价格；(5) 保存基金的会计账册、记录；(6) 出具基金业绩报告，提供基金托管情况，并向中国证监会和中国人民银行报告。对此，上海市高级人民法院课题组认为，托管人根据托管协议的约定履行托管账户的托管义务，更多地体现为协助管理人开展辅助性事务，在工作内容上更侧重于形式而非实质，承担的是审慎托管义务，而对基金的相关资质、募集行为并不负有法定的审查、监督义务。在投资人要求托管人承担责任的情况下，如果托管人能举证证明其已根据法律法规的规定，并按基金合同或托管协议的约定履行其托管职责，即可免责。

第五节 与私募投资基金有关的“名股实债”类型纠纷

一、“名股实债”与“股权回购”的区分与界定

案　　号：（2020）最高法民申 2759 号

案件名称：通联资本管理有限公司、中国农发重点建设基金有限公司股权转让纠纷

裁判要旨：在商事投融资实践尤其是私募股权投资实践中，投融资双方约定，由融资方（包含其股东）给予投资方特定比例的利润补偿、按照约定条件回购投资方股权，投资方不参与融资公司具体经营管理的情况非常普遍，这也即所谓的“对赌条款”。利润补偿和股权回购约定本身也是股权投资方式灵活性和合同自由的体现，而非当事人所主张的“名股实债”，投资协议约定固定收益、不参加管理等条款不应简单认定为“名股实债”。

案情简介

再审申请人（一审被告、二审上诉人）：通联资本管理有限公司（以下简称通联公司）

被申请人（一审原告、二审被上诉人）：中国农发重点建设基金有限公司（以下简称农发公司）

一审被告：汉中市汉台区人民政府（以下简称汉台区政府）

2015 年 9 月 11 日，农发公司（甲方）、通联公司（乙方）、汉川公司（丙方）、汉台区政府（丁方）共同签订了《投资协议》，约定农发公司以现金 1.87 亿元对汉川公司进行增资，投资的年收益率为 1.2%。该协议第 3.1.2 条约定：甲方对汉川公司的投资期限为自完成之日起 10 年（以下简称投资期限）。在投资期限内及投资期限到期后，甲方有权按照本协议第 5 条的约定选择回收投资的方式，并要求丁方收购甲方持有的汉川公司股权，汉川公司原股东放弃优先购买权；甲方亦有权选择乙方收购甲方持有的汉川公司股权，

如果甲方选择由乙方承担收购义务，乙方无法按时支付收购价款，则丁方应当承担差额补足义务。第3.2条约定：甲方按照汉川公司成立时原股东的出资价格进行本次增资，计算本次增资后甲方持有汉川公司的股权份额及比例，即甲方以人民币现金1.87亿元增资款项对汉川公司增加注册资本1.87亿元。汉川公司本次增资完成后，注册资本由原人民币4亿元增加至人民币5.87亿元。第3.3.2条约定：甲方按照上述的约定将增资的款项付至汉川公司以下账户：……第5.1条约定：甲方有权要求丁方按照本条规定的时间、比例和价格收购甲方持有的汉川公司股权，丁方有义务按照甲方要求收购有关股权（每一次收购的股权以下称为标的股权）并在本条规定的收购交割日之前及时、足额支付股权收购价款。第5.2条约定：丁方在每个收购交割日（收购交割日应为项目建设期届满后的日期）前应当支付的股权转让对价按每次退出的标的股权对应的实缴出资额计算。丁方收购计划如表4－1所示：

表4－1　丁方收购计划

单位：万元

收购交割日	标的股权转让对价
2018年12月31日前	2337.5
2019年12月31日前	2337.5
2020年12月31日前	2337.5
2021年12月31日前	2337.5
2022年12月31日前	2337.5
2023年12月31日前	2337.5
2024年12月31日前	2337.5
2025年9月12日前	2337.5

第5.4条约定：丁方应于收购交割日之前向甲方支付标的股权转让的对价，若因任何原因导致丁方未能于适用的收购交割日之前支付上述款项，则丁方除应当向甲方按照本条规定支付转让对价之外，自迟延之日起还应当按照应付未付款项每日5‱的费率支付资金占用成本，直至丁方足额支付转让对价之日。第5.6条约定：甲方持有汉川公司股权期间，汉川公司发生如下情形时甲方有权立即要求丁方收购其持有的汉川公司全部或部分股权，收购价格不低于上述第5.2条规定的价格：（1）汉川公司遇有关闭、解散、清算或

破产之情形；(2) 发生增资款被挪用情形；(3) 未在约定期限内完成抵质押登记；(4) 甲方的投资收益连续两个季度或累计三个季度无法按时足额收回；(5) 其他可能对甲方权益产生重大不利影响的情形。第5.8条约定：甲方亦有权选择乙方承担本条项下的收购义务，如选择乙方承担收购义务，丁方不可撤销承诺并同意，如乙方未能按照本协议约定的时间按时足额向甲方支付收购价款，则丁方应当就乙方的收购价款的支付承担差额补足义务，即丁方应当向甲方支付乙方应付未付的收购款。第6.2条约定：丁方承诺，投资完成日后如甲方每期实际自汉川公司所获得现金投资收益低于本协议第6条规定的投资收益，则丁方应最晚在当季月末最后一个工作日前补足甲方，以确保甲方实现其预计的年投资收益率目标。甲方亦有权要求乙方承担补足义务，如甲方选择乙方承担补足义务，乙方无法补足的部分，则由丁方继续补足。第12.3条约定：如丁方、乙方未能按照本协议约定按期足额向甲方支付目标股权收购款或未能按期足额履行投资收益补足、和/或减资款补足义务的，则视为丁方、乙方违约，违约方应当以应付未付款项为计算基数，按照每日5‱的违约金率向甲方支付违约金，直至丁方、乙方足额支付相应未付款项为止。

协议签订后，2015年9月14日，农发公司依照《投资协议》的约定，将1.87亿元增资款缴付至汉川公司在农发行汉中分行开立的账户。汉川公司的公司章程记载农发公司为该公司股东，出资额为1.87亿元，持股比例为31.86%。

2017年10月26日，农发公司收到汉川公司发出的《告全体股东书》和所附的汉中市中级人民法院于2017年10月25日作出的(2017)陕07民破2号民事裁定，该裁定受理了案外人万向财务有限公司对汉川公司的破产重整申请。

2017年12月，农发公司向通联公司、汉台区政府发函要求一次性回购农发公司所持汉川公司全部股权，但通联公司及汉台区政府未履行回购义务。

通联公司举证证明，汉川公司向农发公司分别于2017年12月20日支付收益款470,226.99元，于2018年3月19日支付465,059.66元，于2017年8月18日支付475,394.32元。

通联公司提交的新证据证明汉川公司又于2018年9月和12月分别向农发公司支付投资收益款475,394.32元和470,226.99元。2015年12月至2018年12月，汉川公司已向农发公司支付2015年9月14日至2018年12月19日期间的投资收益款共计13笔，总金额6,915,090.82元。2018年12月20日之后的投资收益款未支付。农发公司对该事实无异议。

2017 年 8 月 18 日，汉川公司向农发公司汇款 31,980,114.27 元。通联公司主张此系农发公司抽回出资，农发公司对该款项转回农发公司账户的事实无异议，但主张系出于专项基金的安全考虑，经汉川公司申请和汉台区政府同意而转款，并非抽逃出资。

一审判决书第 14 页第 9 行所载，“于 2017 年 8 月 18 日支付 475,394.32 元”，该日期书写有误，根据通联公司一审所举证据记载，应更正为 2018 年 6 月 19 日。

判决结果

一审法院：1. 通联公司于该判决生效后 30 日内向农发公司支付股权回购款 1.87 亿元，回购农发公司持有的汉川公司 31.86% 股权；2. 通联公司向农发公司支付自 2018 年 6 月 20 日至 1.87 亿元实际支付完毕之日的投资收益款（以 1.87 亿元为基数，按照每年 1.2% 的收益率为标准计算）；3. 通联公司向农发公司支付自 2017 年 12 月 22 日至 1.87 亿元实际支付之日的违约金（以 1.87 亿元为基数，按照日 5‰的标准计算）；4. 汉台区政府对上述债务在通联公司未能足额支付的情况下承担差额补足责任；5. 驳回农发公司的其余诉讼请求。

二审法院：1. 维持陕西省高级人民法院（2018）陕民初 15 号民事判决第一项、第三项、第四项；2. 变更陕西省高级人民法院（2018）陕民初 15 号民事判决第二项为：通联公司向农发公司支付自 2018 年 12 月 20 日至 1.87 亿元实际支付完毕之日的投资收益款（以 1.87 亿元为基数，按照每年 1.2% 的收益率为标准计算）；3. 驳回农发公司的其他诉讼请求。

再审法院：驳回通联公司的再审申请。

各方观点

再审申请人（一审被告、二审上诉人）观点：1. 一审对《投资协议》所涉法律关系性质认定错误。《投资协议》所涉法律关系并非股权投资关系，而是借款关系，即“名股实债”。尽管农发公司在形式上通过 1.87 亿元的投资持有了汉川公司股权，汉川公司亦修改了公司章程、变更了工商登记。但是根据《投资协议》约定，农发公司不向汉川公司委派董监高、不直接参与汉川公司经营管理。农发公司取得股东身份后，亦从未参加汉川公司股东会会议，也没有向汉川公司委派董事、监事及其他高管，未参与汉川公司董事会、监事会以及汉川公司日常经营管理工作。农发公司的投资目的是获得固定收益，并在《投资协议》约定的投资期限届满以及退出条件成就时顺利退出汉川公司。同时，根据《投资协议》第3.3条的约定，尽管案涉1.87亿元投资款名义上投入汉川公司，但实际上汉川公司对该资金并无实际支配权。案涉投资款只有满足农发公司提出的条件及经农发公司审核通过后，汉川公司才有权使用。这证明汉川公司对案涉投资款并无支配、处分权，案涉投资不属于股权投资。农发公司对案涉投资款使用的审查、批准，其实是在履行《投资协议》第4条约定的“投后管理”权限，而非行使其股东权。尽管案涉投资款的年化利率只有1.2%，远低于借款利息，但这不足以构成否定借款关系的事实理由。由此可见，农发公司与汉川公司之间并非股权投资关系，而是借款关系，即“名股实债”。因此，一审认定《投资协议》所涉法律关系系股权投资关系，属事实认定错误，并导致法律适用错误。

此外，汉川公司长期处于亏损状态，并无经营利润，若如一审所认定，汉川公司向农发公司支付1.2%的固定收益系利润分配行为，则显然该利润分配行为违反了《公司法》关于公司利润分配的强制性规定，而一审并未对此作出认定。

综上所述，《投资协议》构成名为增资扩股的虚假意思表示和实为借贷行为的隐藏意思表示。根据《民法总则》第一百四十六条第一款“行为人与相对人以虚假的意思表示实施的民事法律行为无效”的规定，案涉股权投资行为无效，通联公司不应承担股权回购义务。对于实为借贷行为的隐藏意思表示，《民法总则》第一百四十六条第二款规定，“以虚假的意思表示隐藏的民事法律行为的效力，依照有关法律规定处理”。目前虽没有证据证明该借贷行为无效，但可以确定的是，农发公司将投资款直接支付给了汉川公司，通联公司并没有收到和使用资金，也没有提供担保，因此，对于案涉借款纠纷，通联公司不应承担还款义务。

2. 一审认定农发公司没有违约，通联资本不享有先履行抗辩权，存在事实认定与适用法律错误。为解决汉川公司技术落后等生产经营困境，2015年

11 月 25 日，汉中市发展和改革委员会作出了《关于调整汉川数控机床股份公司部分建设内容及建设地点的通知》（以下简称《汉中市发改委调整汉川数控公司通知》），《汉中市发改委调整汉川数控公司通知》明确规定“后续项目投资以增加机器设备为主”“不再新建生产车间”，此系对案涉投资款用途的明确限定，亦为《投资协议》各方所认同。从农发公司向汉川公司发出的《关于农发重点建设基金投资项目资本金支取使用的告知函》可以看出，投资款使用是“专款专用”。汉川公司历次申请使用投资款，均是按照农发公司要求将《汉中市发改委调整汉川数控公司通知》作为申请资金拨付的必备文件。由此可见，《投资协议》当事人之间对投资款的使用是有明确限定的。

一审时，通联公司提供了证据证明农发公司在每次审查投资款使用时，明知投资款具体用途与《汉中市发改委调整汉川数控公司通知》批准的用途不一致，仍旧予以审核通过，致使汉川公司将 7 次支取的 144, 374, 235. 68 元案涉投资款用于与增加机器设备无关的物资采购、支付工程款等。显然，农发公司未真正履行其对案涉投资款使用的监管义务，构成严重违约。农发公司为掩盖其没有按照约定履行监管义务的事实，在二审时提供虚假证据，企图证明其按约履行了监管义务。可以说，汉川公司破产与农发公司没有履行其对投资款使用的监管义务之间存在因果关系。鉴于农发公司之违约事实，通联公司有权拒绝履行股权回购义务。

3. 一审对通联公司相关合同责任的认定存在错误。首先，《投资协议》第 5 条约定的股权回购程序中并无支付投资收益款之内容，依照该约定，通联公司只需要承担支付股权回购款和违约金的责任，无须支付投资收益款。其次，尽管农发公司于 2017 年 12 月 20 日致函通联公司要求对其股权予以提前回购。但农发公司仍一直收取汉川公司支付的投资收益款直至 2018 年 12 月 19 日，这说明通联公司的股权回购责任此时尚未产生，相应的支付违约金等违约责任亦尚未产生。因此，通联公司的股权回购责任以及违约责任的起算日应在 2018 年 12 月 20 日以后。最后，《投资协议》约定的日 5‰的违约金过高，应予调低。违约金的作用在于弥补相对方之损失，案涉投资款作为政策性资金，年化利率 1. 2% 即可保本，因此农发公司实际损失应根据此年化利率计算。结合《最高人民法院关于适用〈中华人民共和国合同法〉若干问题的解释（二）》第二十八条、第二十九条之规定，按照年化利率 1. 56% [1. 2% × (1 + 30%)] 计算违约金数额较为合理。考虑到因汉川公司濒临破产，案涉股权价值为零，调低违约金更能彰显法律的公平正义。

被申请人（一审原告、二审被上诉人）观点：再审时未提交答辩意见。

一审被告：第一，《投资协议》违反了股东平等原则以及风险收益共担的公司法理念，系“名股实债”。第二，既然《投资协议》所涉法律关系实为借款关系，汉台区政府的股权回购承诺自然为无效承诺，汉台区政府作为地方政府机关，未经同级人民代表大会审议无权支付巨额股权回购款。第三，2015年9月11日，各方签订《投资协议》后，《投资协议》当事公司曾向汉台区政府承诺无须其承担责任。因此，一审判令汉台区政府在通联公司不能足额支付案涉债务的情况下承担差额补足责任，系事实认定不清、法律适用错误。

法院观点

一审法院观点：本案焦点问题有四：一是本案案件性质是什么，是股权转让纠纷还是借款纠纷；二是农发公司主张的股权回购条件是否成就；三是通联公司应否向农发公司支付股权回购款1.87亿元，以及其投资收益款和违约金；四是汉台区政府应否就上述债务承担差额补足责任。

关于第一个焦点问题，首先，农发公司根据《投资协议》以向汉川公司增资1.87亿元的方式取得汉川公司31.86%的股权，在汉川公司发生财务危机的情况下，要求通联公司按照《投资协议》约定的条件回购其股权，据此，本案的纠纷属于股权转让纠纷。其次，对通联公司及汉台区政府提出农发公司向汉川公司的出资实质系借款，本案属于借款纠纷的主张，本案《投资协议》虽约定了农发公司年投资收益率为1.2%，即农发公司的收益为固定收益，但该收益是基于农发公司所持汉川公司股权而获得的收益，因此，其性质为股权收益。最后，借款法律关系是指借款人向贷款人借款，到期返还借款并支付利息的法律关系；在借款法律关系中，涉及相对的两方当事人，即借款人与贷款人。本案农发公司依据《投资协议》向汉川公司出资1.87亿元，从而享有汉川公司31.86%的股权，同时，该协议约定的内容还包含农发公司在汉川公司所享有的股东权利，其中包括对公司章程修改等公司重大事项享有表决权，故双方约定的权利义务的内容已超出借款法律关系的内容。并且，本案中，农发公司向汉川公司进行增资，但其请求的是通联公司回购其股权，汉台区政府承担差额补足责任，涉及四方当事人，与借款法律关系显然不同。综上，《投资协议》约定的农发公司的增资行为不属于出借借款的行为，本案不属于借款合同法律关系。

第二个焦点问题，农发公司要求通联公司股权回购的条件已成就。《投资协议》第5条“投资回收”约定：农发公司持有汉川公司股权期间，汉川公司发生如下情形时，农发公司有权立即要求汉台区政府收购其持有的汉川公司全部或部分股权，收购价格不低于约定的价格：（1）汉川公司遇有关闭、解散或破产之情形；……（5）其他可能对农发公司权益产生重大不利影响的情形。2017年10月25日，汉中市中级人民法院作出（2017）陕07民破2号民事裁定，查明，截至2017年4月20日，汉川公司共欠案外人万向财务有限公司借款本金7.598亿元，且汉川公司已涉及诉讼20余宗，案涉金额约1.4亿元。汉川公司明确表示该公司目前资产状况已不能保证足额偿付所有到期的债务。据此，汉中市中级人民法院裁定受理了申请人万向财务有限公司对汉川公司的破产重整申请。因此，汉川公司资产状况已达到资不抵债的程度，且已进入司法破产程序，对农发公司权益产生重大不利影响，农发公司要求通联公司回购股权的条件已具备。对汉台区政府提出的理由，《投资协议》第4.2条约定：汉川公司承诺接受并积极配合中国农业发展银行各分支机构对增资款使用情况、汉川数控机床股份公司及投资项目的检查和监督，具体义务包括但不限于：……（5）投资期限内，汉川公司如采取承包、租赁、股份制改造、联营，合资（合作）、实质性增加债务融资、股权变动、资产转让或处分，对外投资或进行其他足以影响甲方投资收回的行为或发生停产、歇业、被停业整顿、被注销登记、被吊销营业执照、被撤销、被申请破产情形的，应当提前30日书面通知甲方，并落实经甲方书面同意的本合同项下投资款回收的清偿责任，或提供经甲方书面认可的其他合法有效的担保。该条系对汉川公司义务的约定，与本案股权回购条件的约定不矛盾，汉台区政府的理由不予支持。

第三个焦点问题，基于前述焦点问题，农发公司要求通联公司股权回购的条件已成就，通联公司应向农发公司支付股权回购款1.87亿元。对于通联公司提出农发公司存在出资不足及抽逃出资的行为，无权要求通联公司回购其股权的问题，农发公司是否存在出资不足及抽逃出资的行为，与本案股权转让纠纷没有关联性，且通联公司已就农发公司的该行为另行提起诉讼，故本案不予涉及，通联公司的该理由亦不予支持。关于农发公司主张投资收益的问题：1. 依据《投资协议》第6.1条的约定，农发公司本次投资的年投资收益率为1.2%，故应以1.87亿元为基数，按照年投资收益率1.2%的标准向农发公司支付投资收益款。2. 汉川公司在农发行汉中分行开立的账户显示，汉川公司向农发公司支付投资收益款至2018年6月19日，虽农发公司认可收到该几笔款项，但不认可这几笔款项与本案具有关联性，因农发公司认可该公司与汉川公司不存在其他经济往来，故对通联公司提出汉川公司将投资收益款支付至2018年6月19日的理由予以支持。3. 依据《投资协议》第6.2条的约定及汉川公司已进入破产重整的事实，对于农发公司的投资收益款，农发公司有权要求通联公司负担，不足部分由汉台区政府补足。关于通联公司及汉台区政府应否承担违约责任的问题，《投资协议》第12.3条约定：如汉台区政府、通联公司未能按照本协议约定按期足额向农发公司支付目标股权收购款或未能按期足额履行投资收益补足义务，则视为汉台区政府、通联公司违约，违约方应当以应付款项为计算基数，按照每日5‱的标准向农发公司支付违约金，直至汉台区政府、通联公司足额支付相应未付款项止。本案中，股权回购条款被触发后，农发公司向汉台区政府及通联公司邮寄了要求回购股权的函件，通联公司于2017年12月20日向农发公司回函，表示该公司不同意回购股权，汉台区政府亦未依约履行股权回购义务，故汉台区政府及通联公司的行为构成违约，依照《投资协议》第12.3条的约定，应以1.87亿元为基数，按照每日5‱的标准向农发公司支付违约金。

关于第四个焦点问题，汉台区政府应承担差额补足义务。1.《投资协议》第5.8款约定：农发公司亦有权选择通联公司承担本项下的收购义务，如选择通联公司承担收购义务，汉台区政府不可撤销承诺并同意，如通联公司未能按照本协议约定的时间按时足额向农发公司支付收购价款，则汉台区政府应当就通联公司的收购价款的支付承担差额补足义务，即汉台区政府应当向农发公司支付通联公司应付未付的收购款。依据该约定，汉台区政府应承担差额补足义务，汉台区政府提出其未使用该款项，不承担补足责任的理由不予支持。2. 农发公司的增资行为，系利用专项建设基金对国家重点建设项目的支持，应依法予以保护。《最高人民法院关于适用〈中华人民共和国合同法〉若干问题的解释（二）》第十四条规定："合同法第五十二条第（五）项规定的'强制性规定'，是指效力性强制性规定。"汉台区政府依据2017年财政部等六部委《关于进一步规范政府举债融资行为的通知》、《国务院关于加强地方政府性债务管理的意见》、《预算法》第三十五条的规定，主张《投资协议》中关于其义务的约定系无效条款，其理由不予支持。3. 汉台区政府提出在签订《投资协议》时，汉川公司向其隐瞒存在巨额债务，存在欺诈行为，损害了国家利益，《投资协议》关于其义务的约定无效，因汉台区政府未提交相关证据，其理由不予支持。4. 汉台区政府提出汉川公司与通联公司向其承诺，其责任由通联公司及汉川公司承担，该事实与本案无关联性，汉台区政府的主张不予支持。5.《投资协议》对农发公司的投资方式及收益进行了明确约定，该约定不违反《公司法》的强制性规定，具有法律效力，对签订《投资协议》各方均有拘束力，汉台区政府认为该约定违反《公司法》的规定，从而认为其不承担补足责任的理由不予支持。6. 汉台区政府提出，农发公司在前期审查时未尽到审慎义务，导致投资遭受危险，应承担相应责任的问题，因其未提交相应证据，该理由不予支持。

二审法院观点：二审争议的焦点问题为：1. 案涉《投资协议》的性质和效力；2. 通联公司应否向农发公司支付股权回购款、投资收益款及违约金。

一、关于案涉《投资协议》的性质和效力问题

第一，协议性质。通联公司主张案涉《投资协议》性质为借款协议，并非股权投资协议。本院认为，结合协议签订背景、目的、条款内容及交易模式、履行情况综合判断，农发公司与汉川公司之间并非借款关系，而是股权投资关系。理由如下：1. 本案系农发公司按照国家发改委等四部委联合印发《专项建设基金监督管理办法》（发改投资〔2016〕1199 号）的规定通过增资方式向汉川公司提供资金，该投资方式符合国家政策，不违反《公司法》及行业监管规定。事实上，基金通过增资入股、逐年退出及回购机制对目标公司进行投资，是符合商业惯例和普遍交易模式的，不属于为规避监管所采取的“名股实债”的借贷情形。2. 农发公司增资入股后，汉川公司修改了公司章程，农发公司取得了股东资格并享有表决权，虽然不直接参与汉川公司日常经营，但仍通过审查、审批、通知等方式在一定程度上参与管理，这也是基金投资模式中作为投资者的正常操作，显然不能以此否定其股东身份。3. 虽然案涉协议有固定收益、逐年退出及股权回购等条款，但这仅是股东之间及股东与目标公司之间就投资收益和风险分担所作的内部约定，并不影响交易目的和投资模式。并且在投资期限内，农发公司作为实际股东之一，其对外仍是承担相应责任和风险的。4. 农发公司根据协议约定获得了固定收益，但该固定收益仅为年 1.2%，远低于一般借款利息，明显不属于通过借贷获取利息收益的情形，其本质仍是农发公司以股权投资方式注入资金帮助企业脱困的投资行为，只有这样，汉川公司及其股东通联公司才能以极低的成本获取巨额资金。综上，案涉《投资协议》系股权投资协议，一审认定其性质并非借款协议是正确的。

第二，协议效力。该协议是当事人的真实意思表示，且不违反法律、行政法规的禁止性规定；协议的签订及履行经过了充分、完整的公司程序，汉川公司及其股东对协议签订背景、交易目的、条款内容均知悉；并且，汉川公司在本案交易中通过《投资协议》获得了经营发展所需资金，其自身及包括通联公司在内的全体股东均从中获益。因此，《投资协议》应属有效。

二、通联公司应否向农发公司支付股权回购款、投资收益款及违约金

如前所述，案涉《投资协议》实质上是投资人为保护资金安全和降低风险、目标公司和其他股东为引入资金和促成交易，约定对投资人的投资收益和投资款安全提供保障，以回购方式自愿承担未来可能发生的潜在亏损。该协议合法有效，对各方当事人均有约束力，通联公司应当按照合同约定履行合同义务。通联公司抗辩主张汉川公司未按约定用途使用资金、农发公司未履行资金使用监管义务，故通联公司享有先履行抗辩权，无须履行回购义务。本院认为其抗辩主张不能成立。理由是：1.《投资协议》约定，增资的资金用于大型数控机床制造基地项目的建设，并不仅仅局限于购买机械设备。而汉中市发改委向汉川公司下发的文件也并未严格限制资金只能购买机械设备，且该文件系政府机关就项目建设对汉川公司的指导意见，对投资人农发公司不具有约束力，不能以此改变《投资协议》约定和给予农发公司更严格的审核义务。而从资金申请、审批及支付情况来看，资金用途均符合约定用途，农发公司并无违约之处。2. 通联公司提供大量财务凭证等证据以证明增资款在实际使用时用于归还欠款、支付贷款利息、电费、税金等零星开支，但如前所述，农发公司已按申请和约定用途支付了投资款，而资金到位后再向下一环节的流向和实际使用，农发公司无法监管和控制，即便资金最终被挪用，也并非农发公司的责任。3. 通联公司所谓先履行抗辩权并不成立。农发公司作为投资人已按协议约定支付了1.87亿元增资款，已经履行了合同义务。同时，如前所述，农发公司在资金监管方面亦无违约之处，故并不存在通联公司所称《合同法》第六十七条规定的情形。4.《投资协议》中没有关于免除通联公司回购义务的约定，本案也没有发生足以免除其回购义务的事由。本案中，在投资期限内，通联公司、农发公司均是汉川公司的股东，在《投资协议》约定的回购条款因汉川公司破产而被触发后，通联公司是具有回购义务的股东，农发公司则是通联公司的债权人，通联公司应当按照合同约定承担支付股权回购款的义务。至于投资收益款及违约金，《投资协议》对此已有明确约定，当事人亦应依约履行，承担各自应当承担的义务，本院不再赘述。因此，一审判决通联公司向农发公司支付股权回购款、投资收益款及违约金是正确的。因通联公司二审提交新证据证明汉川公司已向农发公司支付了2015年9月14日至2018年12月19日的投资收益款，故通联公司应向农发公司支付的投资收益款应自2018年12月20日起算。至于通联公司抗辩主张汉川公司向农发公司转回31,980,114.27元系农发公司抽逃出资以及剩余增资款10,645,650.05元属于出资不足的问题，首先，农发公司已于2015年9月14日将1.87亿元增资款缴付至汉川公司账户，履行了全部出资义务，不存在出资不足的情形；而汉川公司将31,980,114.27元转回农发公司账户是汉川公司为其账户内自有资金安全所作的处置措施，农发公司亦不否认该资金仍属于汉川公司所有，并当庭明确表示随时可应汉川公司的要求返还该款，故农发公司并无抽回资金归自己所有的目的，不构成抽逃出资。其次，即使农发公司存在抽逃出资、出资不足的行为，也应由其向汉川公司承担相应责任，不能免除或抵销通联公司应向农发公司履行的回购义务。故通联公司上述抗辩主张均不能成立。

需要指出的是，无论是投资还是借贷，按合同约定使用资金是用款人及相关方的基本义务。本案中，农发公司依照国家法规和政策向相关企业提供巨额资金支持帮助相关行业和地区发展，汉川公司作为资金使用人，以极低的成本获得巨额投资，本应正确、充分地利用资金，勤勉经营，诚实守信。通联公司作为汉川公司的大股东亦受益于本次投资，应当遵守合同约定和承诺，而不应以资金性质用途、资金监管为理由逃避付款责任。就融资方而言，享受了股权融资成本低、周期长的益处，却不承担因回购条款产生的损失风险，难言公平合理，其主张不能得到法律支持。

再审法院观点：通联公司的再审申请不符合《民事诉讼法》第二百条第二项、第六项规定的应当再审之情形，应予驳回，具体理由如下。

首先，《投资协议》所涉法律关系为股权投资关系。通联公司主张《投资协议》所涉法律关系系“名股实债”，其理由是，根据《投资协议》的约定，农发公司对1.87亿元投资享有固定收益权，却并不实际参与汉川公司经营管理，并在约定的股权回购条件成就时，有权选择要求通联公司或汉台区政府回购其所持汉川公司股权，这表明农发公司与汉川公司之间的法律关系实际为借款关系而非股权投资关系。然而，根据《投资协议》关于固定收益和股权回购之约定可知，《投资协议》实际上是典型的股权投资协议。在商事投融资实践尤其是私募股权投资实践中，投融资双方约定，由融资方（包含其股东）给予投资方特定比例的利润补偿、按照约定条件回购投资方股权，投资方不参与融资公司具体经营管理的情况非常普遍，这也即所谓的“对赌条款”。利润补偿和股权回购约定本身也是股权投资方式灵活性和合同自由原则的体现，而非通联公司所主张的“名股实债”。对于此类“对赌条款”，只要不存在法定无效事由，不违反《公司法》上关于利润分配、公司资本管制的强制性规定，即为有效。具体到本案中，根据《投资协议》约定，在农发公司退出汉川公司时，由通联公司、汉台区政府承担回购股权、支付固定收益及违约金的义务，这一“对赌条款”的双方为目标公司股东及相关利害关系人，并不损害目标公司即汉川公司的资本安全，亦不违反《公司法》的相关强制性规定。因此，一审据此认定《投资协议》所涉法律关系为股权投资关系，判令通联公司、汉台区政府承担相应合同责任，并不缺乏证据证明，也不存在适用法律确有错误的情形。

其次，通联公司不享有先履行抗辩权。通联公司主张，农发公司怠于履行对投资款使用的监管义务，构成违约，且因此而导致汉川公司陷入经营困境，故通联公司拥有先履行抗辩权。本院认为：第一，农发公司根据《投资协议》之约定，向汉川公司支付了1.87亿元投资款，即已经履行了合同义务，汉川公司、通联公司以及汉台区政府的合同目的已经实现。第二，即便是农发公司对案涉投资款具体使用之监管，也属于农发公司为了确保投资目的实现而享有的合同权利而非义务。《投资协议》及相关补充协议亦未约定农发公司对案涉投资款使用负有监管责任。汉中市发改委作出的《发改委通知》亦不是认定农发公司监管责任的依据。第三，即使确因农发公司对案涉投资款使用监管不当给汉川公司经营管理带来不利影响，也应当是由汉川公司或者通联资本追究农发公司的损害赔偿责任，而不能成为通联公司拒绝履行股权回购义务的抗辩理由。

再次，一审对通联公司与汉台区政府合同责任的认定并无不当。其一，关于违约责任的起算时间问题。通联公司主张汉川公司一直向农发公司支付投资收益至2018年12月19日，因此通联公司承担违约责任的起算时点应在2018年12月20日以后。本院认为，2018年12月19日之前的投资收益支付关系发生在汉川公司与农发公司之间，与通联公司的违约事实无直接关联。农发公司于2017年12月20日致函通联公司，要求通联公司回购其股权之时，通联公司的股权回购义务即切实产生，而通联公司并未及时履行该义务，违约责任自然应自股权回购义务触发时起算。其二，关于通联公司是否应当支付投资收益款的问题。通联公司主张《投资协议》第5条约定的股权回购程序中并无支付投资收益款之内容，依照该约定通联公司只需承担支付回购款和违约金的责任，无须支付投资收益款。本院认为，尽管《投资协议》对股权回购中的投资收益款支付无明确约定，但在通联公司、汉台区政府完全履行完毕股权回购义务之前，股权投资关系一直存续，通联公司作为合同责任的承受方自然应向农发公司履行支付义务。其三，关于《投资协议》约定的日5‱的违约金是否过高的问题。通联公司主张案涉投资款系政策性资金，年化利率1.2%即可保本，根据《最高人民法院关于适用〈中华人民共和国合同法〉若干问题的解释（二）》第二十八条、第二十九条之规定，应按照年化利率1.56%计算违约金。本院认为，尽管案涉投资款来自政策性资金，但政策性资金投入汉川公司以后，其资金成本与市场资金别无二致，更不能因政策性资金的公共利益属性而无视其保值增值需求。《投资协议》约定的日5‱的违约金，年化利率约为18%，与年化利率1.2%的投资收益率加总后仍不到年化利率20%。况且，根据《合同法》第一百一十四条的规定，违约金的调整应由当事人向人民法院提出，其不属于人民法院依职权审查或调整事项。当事人在一审中未要求调整违约金，在裁判生效后，当事人以此为由申请再审的，不能作为启动再审的法定情形。本案通联公司并未在一审中提出违约金过高的主张，故通联公司关于违约金比例过高的主张不符合再审法定情形。

最后，汉台区政府作为国家机关，在从事民事法律行为时，更应恪守诚实信用原则，自觉维护合同相对方的信赖利益，根据《投资协议》之约定积极履行其合同义务。汉台区政府就其关于《投资协议》当事人曾承诺无须其承担责任的主张，并未提供证据予以证明。

二、"名股实债"的认定及合同效力

案　　号：（2021）辽民终1648号

案件名称：沈阳八维时空科技发展有限公司、辽宁科创中小企业创业投资基金等借款合同纠纷

裁判要旨：投资协议虽然约定股权转让等内容，但实际并未作出该等意思表示的，结合存在的股权质押、无条件回购、固定利率等情况，应当认定为"名股实债"。"名股实债"并不必然导致双方签订的合同无效，各方仍应严格履行。案涉《股权转让协议书》《补充协议》《股权质押协议》，虽都注明是股权转让关系，但通过协议中关于固定收益及无条件回购等约定内容，可以确认诉辩双方真实的法律关系为借贷合同关系；《私募投资基金备案须知》及《关于加强私募投资基金监管的若干规定（征求意见稿）》等不属于效力性强制性规定，同样不能据此认定双方借贷法律关系无效。

案情简介

上诉人（原审被告）：沈阳八维时空科技发展有限公司（以下简称八维公司）

被上诉人（原审原告）：辽宁科创中小企业创业投资基金（有限合伙）（以下简称科创基金）

原审被告：杨某

科创基金与八维公司于2017年10月16日签订《股权转让协议书》，约定：甲方科创基金，乙方八维公司。双方根据《合同法》和《公司法》的相关规定，经友好协商，就乙方股权转让事宜达成一致，特订立本《股权转让协议书》，共同遵守执行。1. 转让标的：乙方持有的东网科技有限公司的9.36%股权（实际股份数为984.38万股）。2. 股权转让数量及价款：股权转让数量为984.38万股，总价款为4098.5万元。3. 乙方承诺已足额缴纳出资，合法持有标的股权，且标的股权未设置质押、信托等任何限制性第三方权益，未被冻结，并免遭任何第三人追索，其有权转让标的股份。4. 因本次股权转让涉及的税费如交易佣金、过户费、印花税由甲、乙双方各自承担相关费用。5. 甲方承诺在股权转让协议签署2日内将股权转让款项支付给乙方。6. 本协

议签订及股权交割完成后，乙方应协助甲方于10个工作日内办理完毕相应的工商股权变更登记手续。7. 如发生不可抗力，遇有不可抗力的一方可以中止履行义务而不承担违约责任，但应在事件发生之日起3个工作日内，将事件的发生情况以书面形式通知另一方。如果自不可抗力发生之日起60日内不能协商一致，任何一方有权终止本协议，由此给本协议另一方造成的损失，任何一方不承担赔偿责任。

2017年10月16日，科创基金、八维公司、东网科技有限公司签订了一份《补充协议》，约定：甲方科创基金，乙方八维公司，丙方东网科技有限公司；转让标的：乙方持有的丙方公司的9.36%股权，甲、乙、丙三方已就上述股权转让标的数量、价格及其他相关事项达成协议，本协议为《股权转让协议书》的补充协议，双方应共同遵守执行。1. 乙方承诺：在甲方受让标的股权之日起24个月内，乙方必须回购本次转让之标的股权（丙方公司9.36%股权，实际股份数为984.38万股）。若乙方违反此承诺，则须向甲方支付股权转让总价款的20%作为违约金，并继续履行股权回购义务。2. 甲方承诺：在乙方提出回购股权请求时，甲方不得拒绝，若甲方违反此承诺，则须向乙方支付股权总价款20%的违约金，并继续履行股权转让义务。3. 双方商定：乙方在2年期限内回购丙方9.36%标的股权，回购股权总价格为4098.5万元加每年10%的利息之和。即回购股权总价格 = 4098.5万元 ×（1 + N年 × 10%）N为甲方持有标的股权的实际时间，精确到月。4. 双方商定：作为股权回购保证，乙方愿意将其持有的丙方公司20%股权（实际股份数为2105.276万股）质押给甲方。股权质押协议另行签署，乙方保证于本协议签订起10个工作日内协助办理完成相应的股权质押手续。5. 双方商定：乙方无法满足回购条件的情况下，由执行董事杨某附带股权回购连带责任，同时甲方有权对上述质押股权进行处置，确保乙方按期履行回购义务。6. 在乙方回购标的股权之前，甲方不参与丙方公司的经营管理，但拥有重大事项知情权和否决权。7. 甲方持有标的股权期间，有权要求乙方以适当的形式提供乙方及丙方公司经营、财务等相关企业动态信息。8. 本协议在沈阳签署，一式六份，协议三方各执两份。

2017年10月16日，科创基金履行了付款义务，以银行转账方式向八维公司转款4098.5万元。

2017年10月27日，科创基金与八维公司签订了《股权质押协议》，协议约定：东网科技有限公司注册资本10,526.38万元；八维公司依法拥有东网科技有限公司股权4271万股，同意将其中2105.276万股质押给科创基金，作为其向科创基金进行股权赎回的保证；八维公司保证已采取一切必要的公司内部行动，以批准和授权代表签署及交付本协议。

2017年11月2日，沈阳市浑南区市场监督管理局出具《企业股权出质设立登记通知书》，对八维公司持有的东网科技有限公司2015.276万元设立了股权质押登记。

判决结果

一审法院：1. 八维公司于本判决生效之日起15日内给付科创基金4098.5万元借款本金及利息（以4098.5万元为本金，按照年利率10%的标准，从2017年11月1日起计算至实际给付之日止）；2. 八维公司于本判决生效之日起15日内给付科创基金违约金819.7万元；3. 杨某对以上债务向科创基金承担连带保证责任，在杨某承担连带保证责任后，有权向八维公司追偿；4. 科创基金在以上判决确定的债权范围内，对八维公司持有的东网科技有限公司2105.276万质押股权折价或者拍卖、变卖该动产的价款享有优先受偿权；5. 驳回科创基金的其他诉讼请求。

二审法院：驳回上诉，维持原判。

各方观点

上诉人（原审被告）观点：1. 一审法院认定八维公司与科创基金之间为借贷关系后，未对双方签订的《股权转让协议书》《补充协议》《股权质押协议》的效力进行认定。八维公司与科创基金是通过签订《股权转让协议书》《补充协议》《股权质押协议》这三份合同以股权投资之名行债权投资之实，即“名股实债”的行为。三份协议中，由八维公司与科创基金通过“补充协议”的形式，给予一定固定收益承诺和无条件回购。所谓的固定收益，一般是指交易合同中会对投资方的资金收益回报以固定数额或者固定收益率的方式进行约定，且资金收益回报情况与融资方的经营业绩没有任何直接关系。无条件回购，则是指交易合同中虽然约定了股权回购的成就条件，但该回购条件实际并不存在不确定性，是必然会发生的。而在双方签订的三份协议中，特别是《补充协议》明确了八维公司必须在24个月内回购股份，且科创基金的收益计算方式为固定的，与标的公司东网科技有限公司经营业绩无任何关系。但是一审法院认定双方存在借贷关系后，并未对《股权转让协议书》《补充协议》《股权质押协议》这三份合同的效力进行认定，依旧按照合同约定，由八维公司支付违约金及利息。《民法典》第一百四十三条规定：“具备下列条件的民事法律行为有效：（一）行为人具有相应的民事行为能力；（二）意思表示真实；（三）不违反法律、行政法规的强制性规定，不违背公序良俗。”由该条规定可知，只有在意思表示真实的情况下，民事法律行为才产生效力。同时依照《民法典》第一百四十六条第一款规定：“行为人与相对人以虚假的意思表示实施的民事法律行为无效。”《最高人民法院民事审判第二庭第五次法官会议纪要》中认为：“一旦确定投资人的真实意思是取得固定收益而非成为真正股东，则往往存在名为股权转让（或增资扩股）实为借贷的问题，构成虚伪意思表示中的隐藏行为。即此时存在两个行为，名义上的股权转让（或增资扩股）属于虚伪意思表示，根据《民法总则》第146条第1款有关‘行为人与相对人以虚假的意思表示实施的民事法律行为无效’的规定，该行为无效。”而所谓的《股权转让协议书》《补充协议》《股权质押协议》实际上就是八维公司与科创基金的虚假意思表示。根据前述规定，应当认定《股权转让协议书》《补充协议》《股权质押协议》属于无效法律行为，对于交易双方并不能产生约束效力。2.《补充协议》无效后，要求八维公司承担违约责任的请求权基础不存在。八维公司承担违约责任的请求权基础是合同有效，但是因为虚假的意思表示导致《股权转让协议书》《补充协议》《股权质押协议》无效后，八维公司承担违约责任的请求权基础不复存在。因此一审法院要求八维公司按照《补充协议》的约定承担819.7万元违约金是错误的。3.科创基金作为私募基金禁止从事“名股实债”的交易，双方之间借贷合同无效。为了规避监管进行的交易，其目的在于规避国家对证券市场和私募基金运作行为的监管，双方之间的借贷合同关系有悖于稳健有序的证券市场监管秩序，损害了社会公共利益，因此双方之间借款合同无效。《银行业监督管理法》第十九条规定，未经国务院银行业监督管理机构批准，任何单位或者个人不得设立银行业金融机构或者从事银行业金融机构的业务活动。《政府出资产业投资基金管理暂行办法》第二十六条明文规定禁止从事“名股实债”

行为。上述法律以及部门规章均在 2017 年双方签订协议之前就已经颁布。2017 年 10 月 1 日后，从事私募债权投资基金业务的管理人暂停登记。2018 年 1 月 12 日，《私募投资基金备案须知》明确底层标的不得为借贷性质的资产或其收（受）益权；不得通过委托贷款、信托贷款等方式直接或间接从事借贷活动。2019 年 12 月，中国证券投资基金业协会发布了《私募投资基金备案须知》，明确禁止私募投资基金设置无条件刚性回购安排。2020 年 9 月 11 日，中国证券监督管理委员会发布《关于加强私募投资基金监管的若干规定（征求意见稿）》，也明确禁止“名股实债”，并原则禁止债权投资。从上述相关规范性文件可以看出，之所以禁止私募基金“名股实债”行为，依旧是因为其会引发系统性金融风险。因此，这种借贷行为无效，一旦认定有效，则私募基金管理人作为专业机构，违背监管政策，运用基金财产放贷，并从其违规行为中获益。这会使大面积私募基金或政府出资产业投资基金效仿，产生的金融风险不言而喻，也会严重损害证券市场监管秩序，损害社会公共利益。双方之间的借贷合同无效，一审法院判决八维公司给付科创基金 4098.5 万元本金所产生的利息是错误的。科创基金作为准金融机构，应知晓相关法律法规之强制性规定，擅自使用不仅违法违规，更产生了扰乱正常金融秩序的不良后果，应自行承担相应利息损失。综上可知，一审判决适用法律错误，请求二审法院予以改判或发回重审。

被上诉人（原审原告）观点：1. 一审判决认定事实清楚，证据确实、充分，适用法律正确，双方签订的《股权转让协议书》《补充协议》《股权质押协议》均为有效。根据《民法总则》第一百四十六条规定：“行为人与相对人以虚假的意思表示实施的民事法律行为无效。以虚假的意思表示隐藏的民事法律行为的效力，依照有关法律规定处理。”另外，根据《全国法院民商事审判工作会议纪要》第七十一条提出：“债务人或者第三人与债权人订立合同，约定将财产形式上转让至债权人名下，债务人到期清偿债务，债权人将该财产返还给债务人或第三人，债务人到期没有清偿债务，债权人可以对财产拍卖、变卖、折价偿还债权的，人民法院应当认定合同有效。”科创基金与八维公司签订的《股权转让协议书》《补充协议》中，有明确的股权转让价款、回购期限、回购价格及利息，且办理了股权质押手续。一审认定双方虽然名为股权转让合同关系，但实为借贷合同关系，因此本案双方签订的合同也应为有效；且因为八维公司违反诚信原则，没有按照约定履行义务，才导致本案诉讼；再根据上海市第一中级人民法院（2021）沪01民终847号民事判决，与本案具有相似之处，法院认为《协议书》明确约定支付钱款后获得公司相应股权，但同时约定了回购期限及价款，再结合原告从未行使股东权利，亦未参与公司经营管理，各方法律关系名为股权转让，实为借贷，应按照借贷相关法律处理，最终判决被告支付原告本金、利息以及逾期利息。综上，一审法院从事实、法律以及公平角度出发，认定本案为民间借贷法律关系正确。2. 本案认定为借贷关系，并不影响判决按照借贷合同要求八维公司承担违约责任。一审判决认定双方为借贷关系，根据《民法总则》第一百四十六条的规定，本案应按照借贷的法律关系进行处理。借贷的相关法律规定并不排除违约金的适用，一审判决八维公司应向科创基金支付本金、利息及违约金，正是适用民间借贷法律关系处理的结果。同时，一审法院判令八维公司承担4098.5万元本金及利息、违约金均未超过法律规定的范围，不违反法律规定。双方约定的利息仅为每年10%，再加上违约金两项合计数额，也未超过当时民间借贷法律的规定。3. 八维公司与科创基金之间签订的案涉合同没有违反法律、行政法规的强制性规定，是有效的。八维公司所列举的2018年1月12日《私募投资基金备案须知》、2019年12月23日《私募投资基金备案须知》以及2020年9月11日《关于加强私募投资基金监管的若干规定（征求意见稿）》均在案涉合同签订之后，根据法不溯及既往的原则，上述规定不适用本案。且以上规定以及《政府出资产业投资基金管理暂行办法》均不属于效力性强制性的法律规定，而属于效力性管理性规定，八维公司以上述管理性规定和办法为依据主张案涉合同无效是错误的。综上可知，一审法院认定事实清楚，证据确实、充分，适用法律正确，请求二审法院依法驳回八维公司的上诉请求。

原审被告观点：首先，一审判决对于“名股实债”的认定没有事实和法律依据，判决返还本金及支付利息没有法律依据。其次，在一审的庭审及认定事实的过程当中，均没有体现杨某作为《股权转让协议书》履行的保证人，也未体现其作为相关责任的保证人的主体地位，而且其也未以保证人的身份在相关协议上签字，那么就不应当承担相应的保证责任。并且在八维公司与科创基金签订的《补充协议》当中，杨某是作为八维公司的执行董事即作为签约代表在《补充协议》上签字，而不是以自然人的身份作为担保人在协议上签字，所以不应当履行相应的义务承担担保责任。综上可知，请求二审法院依法改判杨某不承担担保责任或发回重审。

法院观点

一审法院观点：根据庭审时的诉辩主张，本案主要争议焦点为，双方之间的法律关系如何界定。科创基金提起本案诉讼时主张与八维公司系股权转让关系，而股权转让关系是出卖人转让股权，买受人支付价款并取得股权的买卖合同关系。本案科创基金作为受让人，其与八维公司签订合同目的不是通过支付股权转让款取得案涉股权，而是在支付了借款本金后，在合同约定的两年履行期限届满后，收回借款本金及相应利息，而八维公司亦不具备股权转让的意思表示，故本案双方名为股权转让合同关系，实为借贷合同关系。

合同签订后，科创基金按照约定向八维公司汇款4098.5万元，八维公司对此并无异议，故科创基金履行了出借资金的义务。现科创基金请求八维公司偿还借款本金，符合《合同法》第二百零六条的规定，依法应予支持。

关于八维公司应否支付利息的问题，本案双方在合同中约定回购股权总价格为4098.5万元加每年10%的利息之和，该条款应为八维公司使用科创基金资金而应支付的利息，而且该利率标准并没有超过现行法律所能保护的范围，故依法应判令八维公司按照年利率10%的标准，自2017年11月1日起向科创基金支付利息。

关于八维公司应否支付违约金的问题，本案双方在合同中约定，若八维公司违反股权回购承诺，则须向科创基金支付股权转让总价款的20%作为违约金，该约定应当视为八维公司没有按期还款而应承担的违约责任，而且该约定标准亦没有超过现行法律所能保护的范围，故一审法院对科创基金的该项诉讼请求予以支持。

另外，为了保证科创基金能及时收回本金及利息，本案双方签订了《股权质押协议》，约定八维公司以其拥有的东网科技有限公司2105.276万股质押给科创基金，作为八维公司履行其义务的保证，并依法在沈阳市浑南区市场监督管理局办理股权质押登记，故科创基金对案涉质押股权依法享有优先受偿权。

关于杨某是否承担保证责任的问题，案涉《股权转让协议书》约定杨某对股权回购承担连带责任，根据双方签订合同内容，能认定杨某对案涉债务承担连带保证责任，故科创基金主张杨某对案涉债务承担保证责任，依法应予支持。

二审法院观点：案涉《股权转让协议书》《补充协议》《股权质押协议》，虽注明股权转让关系，但通过协议中关于固定收益及无条件回购等约定内容，可以确认诉辩双方真实的法律关系为借贷合同关系，对此双方当事人均未提出异议，一审判决认定本案名为股权转让关系，实为借贷合同关系正确。结合双方当事人的诉辩意见，本案的争议焦点为：1. 案涉《股权转让协议书》《补充协议》《股权质押协议》的效力如何认定；2. 三份协议关于利息及违约金的约定应否保护。

关于案涉《股权转让协议书》《补充协议》《股权质押协议》的效力认定问题。八维公司提出一审法院认定双方为借贷关系后，未对双方签订的《股权转让协议书》《补充协议》《股权质押协议》的效力进行认定，该三份协议属于双方虚假意思表示，应当认定为无效法律行为。对此主张，八维公司上诉理由中亦作出论述：“一旦确定投资人的真实意思是取得固定收益而非成为真正股东，则往往存在名为股权转让（或增资扩股）实为借贷的问题，构成虚伪意思表示中的隐藏行为。即此时存在两个行为，名义上的股权转让（或增资扩股）属于虚伪意思表示。”如前所述，本案已认定为名为股权转让实为借贷，股权转让属双方当事人通谋虚伪意思表示，依照《民法总则》第一百四十六条第一款“行为人与相对人以虚假的意思表示实施的民事法律行为无效”的规定，案涉各方当事人签订的股权转让协议因属虚伪意思表示均应认定无效。依照《民法总则》第一百四十六条第二款，“以虚假的意思表示隐藏的民事法律行为的效力，依照有关法律规定处理”。《合同法》第五十二条规定合同无效的情形包括：一方以欺诈、胁迫的手段订立合同，损害国家利益；恶意串通，损害国家、集体或者第三人利益；以合法形式掩盖非法目的；损害社会公共利益；违反法律、行政法规的强制性规定。八维公司提出科创基金“名股实债”的交易，违反了相关法律和部门规章的强制性规定，但《政府出资产业投资基金管理暂行办法》仅规定政府出资的产业投资基金不允许向第三方提供贷款，并未禁止对所投资企业进行融资扶持，况且该规定不属于效力性强制性规定。而且，科创基金与八维公司签订合同所实施的行为不属于从事银行金融业务，八维公司引用《银行业监督管理法》第十九条认定双方借贷法律关系无效亦没有事实和法律依据。至于八维公司依据的《私募投资基金备案须知》及《关于加强私募投资基金监管的若干规定（征求意见稿)》等均颁布于案涉合同签订之后，不具有溯及效力，且不属于效力性强制性规定，同样不能据此认定双方借贷法律关系无效。另外，八维公司关于双方借贷法律关系有悖于稳健有序的证券市场监管秩序，损害了社会公共利益的主张，应提交相关证据支持其主张成立，其举证不能，本院不予支持。

关于案涉协议约定的利息及违约金应否保护的问题，案涉协议对利息标准及违约金的计算方法作出了明确约定，由于案涉协议所隐藏的借贷关系不存在无效的情形，双方达成的年息10%及总价款20%违约金总额，不违反民间借贷法律相关规定。故一审法院依据案涉协议的约定，认定八维公司承担的利息及违约金的两项合计数额未超出民间借贷法律规定的范围，判决八维公司给付本金、利息、违约金等，均有明确的法律依据和事实依据，本院予以维持。

至于杨某陈述一审庭审及认定事实的过程当中，均没有体现杨某作为《股权转让协议书》履行的保证人，也未作为相关责任保证人的主体出现一节，因其未就一审判决提出上诉，应视为服从一审判决，故其不应承担连带责任的主张不属本院二审审理范围。

章节小结

私募股权投资基金对外投资时，因为需要确保投资可以获得收益，可能在条款设计时以业绩补偿或回购等形式要求目标公司股东或目标公司以固定的利率或系数计算有关款项，这种条款在设计后很有可能被人民法院认定为双方并非股权投资关系，而是民间借贷法律关系。

从基金监管的有关制度看，中国证券投资基金业协会发布《证券期货经营机构私募资产管理计划备案管理规范第4号——私募资产管理计划投资房地产开发企业、项目》中，对“名股实债”定义为：投资回报不与被投资企业的经营业绩挂钩，不是根据企业的投资收益或亏损进行分配，而是向投资者提供保本保收益承诺，根据约定定期向投资者支付固定收益，并在满足特定条件后由被投资企业赎回股权或者偿还本息的投资方式，常见形式包括回购、第三方收购、对赌、定期分红等。

《最高人民法院民事审判第二庭第五次法官会议纪要》对于“名股实债”

性质与效力的认定："名股实债并无统一的交易模式，实践中，应根据当事人的投资目的、实际权利义务等因素综合认定其性质。投资人目的在于取得目标公司股权，且享有参与公司的经营管理权利的，应认定为股权投资，投资人是目标公司的股东，在一定条件下可能构成抽逃出资。反之，投资人目的并非取得目标公司股权，而仅是为了获取固定收益，且不享有参与公司经营管理权利的，应认定为债权投资，投资人是目标公司或有回购义务的股权的债权人。不论在哪种情形中，投资人取得的固定回报都来自其先前的投入，故其退出公司亦非无偿退出，一般不存在抽逃出资问题。"

结合以上案例，人民法院在进行有关认定时，可能从以下角度对协议及实际的法律关系进行审查：第一，是否实际完成股权的转让及变更登记等。如果仅以股权代持或者股权质押的形式完成资金的融入，有可能被认定为"名股实债"。第二，私募基金投资方是否按照协议的约定实际参与公司的经营等。私募基金投资方固然可以仅作为财务投资人对公司投资，但如果约定了指派董事或有关人员参与公司经营且最终付诸实践的，则有可能被认定为此次投资实际为借款的目的。第三，有关补偿金及回购款的计算是否与公司的经营挂钩。一般借贷合同的还款通常以时间为节点触发还本付息的条款，而股权投资协议条款中关于补偿金或回购条款的触发是以公司的经营状况为标准的。

人民法院最终认定投资方与目标公司及其股东的法律关系，都需要对协议内容、双方的意思表示，结合双方的实际履行情况，进行综合全面的判断，单一的要素并不能影响法院对于双方法律关系的判断。

《民法典》第一百四十六条规定："行为人与相对人以虚假的意思表示实施的民事法律行为无效。以虚假的意思表示隐藏的民事法律行为的效力，依照有关法律规定处理。"因此，如人民法院认定"名股实债"的股权投资的民事法律行为归于无效，隐藏的民间借贷法律行为是否有效需要根据案例逐个判断。

第五章　与私募基金有关的其他争议纠纷

在之前的章节中，我们主要了解了私募基金在募前阶段、募集阶段、内部管理阶段和对外投资阶段等典型争议纠纷。但随着行业的发展，私募基金面对的法律问题也愈加复杂，相关纠纷也逐渐增多，如私募基金担保合同纠纷、执行异议等案件；同时，正常企业也会有如以私募基金为被告的劳动争议等纠纷。相比而言，担保合同和执行异议纠纷较多。根据上海金融法院2022年2月17日发布的《私募基金纠纷法律风险防范报告》，私募基金纠纷的常见被告包括管理人（占比49.4%）、担保人（占比32.5%）；本金受益承诺较为常见且形式多样，如出具保证函、承诺函、差额补足函、债务加入函等。这些纠纷可能会给私募机构的资金流和声誉带来较大影响。

第一节　以私募基金机构为被告的劳动争议

私募基金为了提升收入，降低成本，可能会在人事方面不遵守合规的要求。比如年假、劳动报酬、"五险一金"未按照要求执行或发放，签订违规的内部承包协议，等等，可能引起员工与公司间的法律纠纷。由于私募基金受到行业监管较强，监管部门可能对基金从业人员的行业准入、行为规范、退出机制以及机构的内部控制措施提出要求，进而影响基金机构的人事安排，因此，基金机构人事受到劳动法和金融行业规范的双重约束。如误判员工与公司的关系为劳务关系而产生的纠纷、基金经理签订约定分成的合作协议纠纷、与员工签订的内部激励协议纠纷等，这些劳动争议可能会导致机构名誉受损，给机构带来经济损失。本节将从典型的以私募基金机构为被告的劳动争议审判实例入手，分析司法实践中的各类观点，为相关人士提供参考。

一、关于参与盈亏分成的基金经理的劳动者身份或股东身份的区分和认定

案　　号：（2019）沪01民终6160号

案件名称：朱某与上海和熙投资管理有限公司劳动合同纠纷

裁判要旨：私募机构与基金经理签订带有分成内容，并约定操作账户的盈亏分成的协议后，双方发生纠纷的，属于私募基金纠纷中较为隐蔽的劳动纠纷。一审法院认为朱某构成上海和熙投资管理有限公司的隐名股东，会议纪要是双方基于股东身份而非劳动者身份签署。二审法院则指出，从双方签署会议纪要时的身份来看，朱某仅具有劳动者的身份，即使之后成了隐名股东，与公司的劳动关系也并没有终结。且会议纪要关于现有存量基金产品的业绩报酬和管理费的分配并未涉及公司股东分红、股权激励等公司法意义上与股东权益相关的事项，故应认为属朱某担任基金经理期间劳动报酬的约定，而非股东权益的约定。

案情简介

上诉人（一审原告）：朱某

被上诉人（一审被告）：上海和熙投资管理有限公司（以下简称和熙公司）

朱某于2014年8月到和熙公司担任董事兼任总经理、投资总监。

2015年10月15日，朱某与康某签订《上海和熙2015年合伙人会议纪要》（以下简称会议纪要）。会议纪要显示，和熙公司合伙人会议通过以下事项：和熙公司目前的股权结构是康某75%，上海领庆创业投资管理有限公司25%，根据最新的股权转让协议，康某与上海领庆创业投资管理有限公司签署股权转让协议，受让上海领庆创业投资管理有限公司25%的股权，同时，康某还将分别转让上海和熙26.25%股份给朱某或其指定的人员，25%股份给黄某或其指定的人员。完成变更后，和熙公司的股权结构调整为康某48.75%，朱某26.25%，黄某25%。

自2015年10月1日起，和熙公司实行合伙人负责制，康某、朱某分别独

立带领一个团队管理一、二级市场的业务。未来和熙公司发行的所有产品的业绩报酬和管理费都按照30%归管理公司，70%归相应合伙人分配的管理模式。和熙公司现有的存量产品中，由朱某或康某担任基金经理的产品，产品续存期内产生收益中归合伙人分配的部分由两人平均分配。和熙公司未来的日常营运费用及所有人员的工资成本由公司承担，所有人员的奖金由各合伙人在其分配收益中支取。

2015年10月22日，被告股东康某、上海领庆创业投资管理有限公司、陈某某签订《股权转让协议》，上海领庆创业投资管理有限公司将所持有标的公司25%股权作价250万元转让给陈某某；康某将所持有标的公司10%股权作价100万元转让给陈某某。工商登记变更为康某、陈某某各占投资比例65%、35%。2016年4月11日，被告股东由康某、陈某某变更为康某、陈某某、上海韵禧投资管理咨询有限公司。

朱某于2018年5月14日向上海市浦东新区劳动人事争议仲裁委员会申请仲裁，要求和熙公司支付2014年8月至2017年11月30日“和熙混合型1号”基金业绩奖金5,449,500元，该仲裁委员会对朱某的请求裁决不予支持。朱某不服裁决，诉至法院。

一审法院查明：2015年12月至2017年11月，和熙公司为朱某缴纳社会保险。

康某原系和熙公司法定代表人，亦系和熙公司股东。2018年8月27日，和熙公司法定代表人由康某变更为郑某。

庭审中，双方确认陈某某系原告岳父，系原告在被告处的代持股东。原告表示双方劳动关系自2014年8月起建立，其基于双方劳动关系主张业绩奖金；被告表示原告是2014年8月由上海领庆创业投资管理有限公司委派至被告处参与日常经营管理的高管，其作为上海领庆创业投资管理有限公司的股东参与分红，故双方不存在劳动关系，直至2015年3月被告支付原告工资、为原告缴纳社保，双方才建立劳动关系。

因朱某对一审判决不服，上诉至上海市第一中级人民法院。

判决结果

一审法院：驳回原告朱某的诉讼请求。

二审法院：1. 撤销上海市浦东新区人民法院（2018）沪0115民初68859

号民事判决；2. 被上诉人和熙公司于判决生效之日起 10 日内支付上诉人朱某业绩奖金人民币 5,449,500 元。

各方观点

朱某观点： 1. 一审法院认定会议纪要系朱某与康某基于股东身份而签署，该认定事实存在明显错误。事实上，会议纪要系朱某以员工（基金经理）的身份与有权代表和熙公司的康某（康某当时系和熙公司唯一股东及实际控制人，且是和熙公司的法定代表人）签署。会议纪要在 2015 年 10 月 15 日签署，朱某在 2015 年 11 月 6 日才成为和熙公司的隐名股东，故在会议纪要签署的时间点，朱某仅具有员工（基金经理）的身份，并不具有股东身份。相反，根据会议纪要第一段的表述，“和熙公司目前的股权结构是康某 75%，上海 × ×25%，根据最新的股权转让协议，康某与上海 × ×签署股权转让协议，受让上海 × ×25% 的股权”，在会议纪要签署的时间点，和熙公司的两个股东康某、朱某和上海领庆创业投资管理有限公司已经就和熙公司的股权安排达成了合意，康某受让上海领庆创业投资管理有限公司持有的 25% 的股权，实际上成为和熙公司的唯一股东及实际控制人。2. 一审法院对会议纪要中关于“未来和熙发行的所有产品的业绩报酬和管理费都按照 30% 归管理公司，70% 归相应合伙人分配的管理模式。和熙现有的存量产品中，由朱某或康某担任基金经理的产品，产品续存期内产生收益中归合伙人分配的部分由两人平均分配”的约定性质未认定，上述约定所指分配属于朱某与和熙公司关于劳动报酬的约定。我国法律法规没有关于限制个人股东同时担任公司高管或员工的规定，因此，即便朱某作为和熙公司的员工，同时具有股东的身份，该双重身份并不排斥其基于员工身份获得劳动报酬的权利。3. 一审法院还遗漏了朱某提交的多份证据，且未查明朱某依法申请法院调查的关于“和熙混合型 1 号”产品提取的业绩报酬和管理费金额的相关事实。

和熙公司观点： 一审法院认定事实清楚、准确。基于朱某与和熙公司的股东康某于 2015 年 10 月 15 日签订的会议纪要，朱某与和熙公司之间并没有关于劳动报酬的约定，会议纪要系股东之间对公司未来股权结构、公司现存及未来产品发行收益的安排。会议纪要签署后，朱某于 2015 年 11 月受让了相关股权，至 2016 年 4 月达到了会议纪要中两个新进股东的股权结构要求。

会议纪要第二部分是对公司收益进行分配，属于股东之间的分配，但并未得到原股东 A 公司的同意，故无效。而对于未来收益的分配也未得到另一新进股东黄某的同意，故亦属无效。朱某认为会议纪要是其基于员工身份与和熙公司法定代表人康某之间的协议，并无依据，因为员工并没有对股权进行安排的权利，故会议纪要应认定属股东之间的协议。

法院观点

一审法院观点：当事人对自己提出的诉讼请求所依据的事实或者反驳对方诉讼请求所依据的事实有责任提供证据加以证明。没有证据或证据不足以证明当事人的事实主张的，由负有举证责任的当事人承担不利后果。本案朱某曾担任和熙公司董事、总经理及投资总监，同时亦曾是和熙公司隐名股东。庭审中，朱某主张根据其与康某签订的会议纪要约定“和熙公司现有的存量产品中，由朱某或康某担任基金经理的产品，产品续存期内产生收益中归合伙人分配的部分由两人平均分配”，和熙公司应支付其 2014 年 8 月至 2017 年 11 月 30 日“和熙混合型 1 号”基金业绩奖金 5, 449, 500 元。一审法院认为，康某既是和熙公司法定代表人，也是和熙公司股东。2015 年 10 月 15 日，朱某与康某签署会议纪要，该会议纪要对和熙公司股权结构、经营模式及未来收益作了相应约定，是朱某与康某基于股东身份而签署的。朱某依据会议纪要的约定主张“和熙混合型 1 号”基金产品的业绩奖金，依据不足，一审法院不予采纳。朱某要求和熙公司支付 2014 年 8 月至 2017 年 11 月 30 日“和熙混合型 1 号”基金业绩奖金 5, 449, 500 元的诉讼请求，一审法院不予支持。

二审法院观点：本案的第一个争议焦点是朱某与康某于 2015 年 10 月 15 日签订的会议纪要中关于“和熙公司现有的存量产品中，由朱某或康某担任基金经理的产品，产品续存期内产生收益中归合伙人分配的部分由两人平均分配”的约定是与股东权益有关的约定还是与朱某劳动报酬有关的约定。

首先，从双方签署会议纪要时的身份来看，康某当时是和熙公司的股东、法定代表人，朱某当时仅具有劳动者（基金经理）的身份，尚未取得和熙公司股东（隐名股东）身份。即使之后朱某成了和熙公司的隐名股东，其与和熙公司的劳动关系并未终结，朱某仍具有劳动者的身份。

其次，从上述约定的性质来看，根据会议纪要的行文结构，共分为三部分，第一部分是关于和熙公司未来股权结构及转让事宜的约定，第二部分是关于和熙公司未来发行及现有存量基金产品收取的业绩报酬和管理费该如何分配的约定，第三部分是关于公司营运费用、所有人员工资、奖金由谁承担的约定。第二部分中关于现有存量基金产品的业绩报酬和管理费的分配并未涉及公司股东分红、股权激励等公司法意义上与股东权益相关的事项，故应认为属朱某担任基金经理期间劳动报酬的约定，而非股东权益的约定。一审仅基于朱某具有股东身份就认定会议纪要中的所有约定均属股东权益的约定，有所不妥，本院予以纠正。

本案争议焦点之二是朱某所主张的业绩奖金是否成立。

根据双方二审时的陈述及提供的相关材料，“和熙混合型 1 号”基金截至 2017 年 11 月 30 日双方终结劳动关系之日已收取的管理费加业绩报酬合计 17, 612, 457. 23 元，已超过朱某主张的 1500 万元。双方对朱某担任该产品基金经理的期间存在争议，和熙公司主张朱某 2016 年 12 月 19 日之后不再担任“和熙混合型 1 号”的基金经理，无权主张此后的管理费、业绩报酬，但和熙公司提供的证据并不足以证明公司曾就变更基金经理事宜告知朱某。且从“和熙混合型 1 号”基金的设立、运作模式来看，实际上该基金仅是购入了世纪华通非公开发行限售股份，因世纪华通股份有 3 年的解禁期，故就该产品本身，除了最初与世纪华通签订认购协议以及最终进行大宗抛售外，在 3 年解禁期内基金经理是不需要对该基金进行任何操作的，而就抛售事宜，康某与朱某仍在沟通协商，故从公平合理的角度，本院认为和熙公司在世纪华通限售股份解禁后收取的一次性业绩报酬亦应计入朱某应得的业绩奖金计算基数内。经本院核算，朱某主张 544. 95 万元业绩奖金并未超过其应得数额，故本院予以支持。

至于和熙公司还主张公司对亏损基金产品有退还管理费、业绩报酬的先例，“和熙混合型 1 号”至今尚未清算，故对于已拿到的报酬最终可能还需要返还一部分，因和熙公司就退还管理费、业绩报酬并未提供相关合同依据及法律依据，也未提供“和熙混合型 1 号”已发生亏损或将要发生亏损的证据，故本院对此不予采纳。

综上所述，朱某的上诉请求成立，本院予以支持。

二、按照一般劳动纠纷思路处理私募基金所涉及的基础劳动争议问题

案　　号：(2022) 京 03 民终 1583 号

案件名称：北京恒昌利通投资管理有限公司与高某劳动争议

裁判要旨：本案案情看似较为复杂，抽离出模型后会发现是较为典型的劳动争议。本案原告月工资较高，与被告私募机构产生劳动纠纷时，案件涉及标的较大。在分析该类争议时按照典型劳动纠纷的思路，重点在于已签订的劳动合同条款以及是否具有事实上的劳动关系。

对于员工来说，本案中存在因未婚生育无法主张产假工资、私募机构删除考勤记录、劳动合同未续期、承担基金产品业绩及法律风险责任的情况。员工需要在平时多学习劳动法知识、养成工作留痕的习惯、及时向劳动局投诉等，在离职后一定时间内也要保持对原岗位相关信息的关注，维护自己的合法权益。

对私募机构来说，与员工产生纠纷时要重点关注劳动合同相应条款以及是否有法定不必支付假期工资的情况。需要注意的是，强制删除考勤记录、不让员工进入公司等行为属于典型非法解除劳动合同行为，在公司不能给出合理解释的情况下，法院会认为公司存在故意销毁员工工作时间的证据的行为，从而采信员工的主张。

案情简介

上诉人（一审原告）：高某

上诉人（一审被告）：北京恒昌利通投资管理有限公司（以下简称恒昌公司）

2015 年 7 月 1 日，高某入职恒昌公司；高某主张恒昌公司未与其签订劳动合同；恒昌公司提交有高某签名的劳动合同一份，显示高某与恒昌公司约定合同期限自 2015 年 7 月 1 日至 2018 年 6 月 30 日，高某从事投资总监的工作；高某认可劳动合同上系其签名，但对合同内容不认可。

2016 年 8 月 2 日至 11 月 11 日，高某休病假；2016 年 8 月至 11 月，恒昌公司支付高某工资 0 元、1512 元、2530.24 元、625.65 元；2016 年 8 月至 11 月，高某的社保、公积金自负部分为 819 元、2040 元。

2016 年 11 月 12 日，高某生一孩。高某系未婚生育。

2016 年 11 月 12 日至 2017 年 4 月 3 日，高某休产假。

2017 年 6 月 28 日，高某与恒昌公司因高某拍摄工作场所产生争议；高某报警；恒昌公司删除高某的考勤信息。

2017 年 7 月 4 日，恒昌公司以高某严重违纪为由解除与其的劳动关系；恒昌公司主张高某的违纪行为为旷工及拍摄他人工位。

高某提交的完税证明显示 2017 年 1 月至 2018 年 12 月，高某只有 2017 年 5 月至 7 月有纳税记录。

高某提交的收款凭证、北京蚁众企业管理咨询有限公司的证明文件、社保记录、在线服务协议显示高某付费委托北京蚁众企业管理咨询有限公司缴纳其 2017 年 7 月至 2019 年 8 月的社会保险。

高某向北京市朝阳区劳动人事争议仲裁委员会申请仲裁，要求恒昌公司支付工资等。仲裁委员会以京朝劳人仲字（2017）第 12781 号裁决书裁决：（1）恒昌公司撤销解除劳动合同通知书，继续履行与高某的劳动合同；（2）驳回高某的其他仲裁请求。高某及恒昌公司均不服该裁决，故诉至法院。北京市第三中级人民法院判决恒昌公司与高某继续履行双方签订的劳动合同至 2018 年 6 月 30 日。

2020 年 11 月 10 日，高某作为原告就 2017 年 7 月 1 日至 2018 年 6 月 30 日的工资损失、2018 年 7 月 1 日至 2020 年 9 月 25 日的工资等向北京市朝阳区劳动人事争议仲裁委员会申请劳动仲裁，北京市朝阳区劳动人事争议仲裁委员会作出京朝劳人仲字（2021）第 04043 号裁决书，裁决：（1）被告支付原告 2017 年 7 月 4 日至 2018 年 6 月 30 日期间工资损失 357, 586. 21 元；（2）驳回原告其他仲裁申请。

后高某不服该裁决书，向一审法院起诉请求：1. 判决恒昌公司支付 2017 年 7 月 1 日至 2018 年 6 月 30 日工资损失 360, 000 元；2. 判决恒昌公司与高某自 2018 年 7 月 1 日至 2020 年 9 月 25 日存在劳动关系并支付上述期间工资损失 806, 207 元；3. 判决恒昌公司支付高某 2015 年 7 月 1 日至 2020 年 9 月 25 日未休年假工资共计 151, 724. 5 元。

判决结果

一审法院：被告恒昌公司于判决生效之日起 7 日内支付原告高某 2017 年

7月1日至2018年6月30日期间税前工资360,000元；驳回原告高某的其他诉讼请求。

二审法院：驳回上诉，维持原判。

各方观点

高某观点： 原告于2015年7月1日入职被告单位，担任董事总经理职务，月薪30,000元，2017年7月4日被告违法解除合同，经法院生效判决撤销被告作出的解除劳动合同通知书，双方继续履行劳动合同至2018年6月30日。被告未支付2017年7月1日至2018年6月30日的工资。至本案起诉，原告仍在被告在基金业协会网站上公示的材料中处于基金高管在职状态，导致原告从2017年7月以来没有生活来源，原告在整个劳动争议及仲裁诉讼过程中无过错，被告公司应对原告上述状况负完全责任。原告从2015年7月1日至2018年6月30日未休年假，也未发放未休年假工资，要求被告支付上述劳动合同履行期间的未休年假工资。

一、一审法院判决高某与恒昌公司2018年7月1日至2020年9月25日不存在劳动关系与法律规定和事实不符

（一）根据劳社部发［2005］12号《劳动和社会保障部关于确立劳动关系有关事项的通知》，高某与恒昌公司之间存在事实劳动关系

1. 高某在诉讼期间，未与其他单位签订劳动合同，且未领取失业救济，恒昌公司也未破产清算，也未取消原职级及岗位；高某一直担任基金的董事长与总经理并在基金业协会公示，对公司基金的正常运行负有法定责任，且基金产品的全部业绩及法律风险均由高某个人承担兜底责任；高某提供的劳动是恒昌公司业务不可剥离的一部分，失去了高某的风险兜底及个人能力资质背书，恒昌公司的业务即失去合法合规性，双方存在劳动关系是其开展业务的前提。2. 恒昌公司法律层面已经承认双方存在劳动关系，双方存在劳动关系是其开展业务的前提条件，恒昌公司已向监管机构提交高某正常履职的法律意见书，进行了业务和法务备案，双方属于应签订而未签订劳动合同关系。3. 高某在2018年6月30日后实质性履行责任，承担公司基金运营兜底责任，这种责任必须由公司支付工资以作为风险对价。4. 恒昌公司从（2020）京03民终7175号（以下简称另案二审）生效至今拒绝办理终止或续

签手续而与高某形成续签劳动合同关系。高某要求公司继续履行劳动合同或在法院判决结果的基础上协商解决后续相关问题，但均无法联系到公司，未能续签合同的责任和后果由公司负责。

（二）本案与另案二审为时间、案由有先后连续性的两起独立案件

另案一审和二审对未经仲裁的诉讼请求不予判决，目前，本案出现了新证据。一审法院依据另案判决本案于理无据，没有跟进案件后续发展，且未能陈述判决的依据和确切法律条款，没有独立作出法律判断。

二、一审法院判决超过仲裁时效的计算方式有误

一审法院判决高某要求的2015年7月1日至2017年7月4日休假工资超过仲裁时效，不支持高某主张，其依据的仲裁时效计算方式与法律规定的计算方式不符，且高某已经在利益被侵害的第一时间（40天内）发起诉讼，未超过仲裁时效。根据前述，在2018年7月1日至2020年9月25日二审结束日，高某及恒昌公司之间应存在事实劳动关系，请求判决恒昌公司向高某支付2018年7月1日至2020年9月25日二审判决期间应休未休年假工资68,965.5元。

恒昌公司观点：应支付诉求期间的工资，不同意原告主张的数额，应以24,000元标准支付；不认可原告关于2018年6月30日之后工资和2015年7月1日至2018年6月30日未休年假工资的诉讼请求，生效判决书判决双方继续履行劳动合同至2018年6月30日，故2018年6月30日后双方不存在劳动关系，且自2016年7月起双方已处于诉讼争议阶段，不符合支付未休年假工资的条件；2015年至2018年6月30日未休年假工资均已超过诉讼时效，2018年7月1日起双方不存在劳动关系，不应支付未休年假工资。

对于2018年7月1日至2020年9月25日的工资、休假工资等：1. 根据已生效的另案二审判决，恒昌公司与高某劳动合同的继续履行期间为2017年7月1日至2018年6月30日，判决书中未认定恒昌公司与高某于2018年6月30日后存在劳动关系。2. 根据此前仲裁期间高某提供的证据9、证据10、证据11及高某上诉状中的自认事实，高某自2017年开始在上海显昀投资管理有限公司（以下简称上海显昀公司）任职至今，根据国家企业信用信息公示系统查询，上海显昀公司既非恒昌公司旗下公司，又在股权上与恒昌公司无关，故双方劳动合同关系已经没有继续履行之必要，故高某要求确认2018年7月1日至2020年9月25日双方存在劳动关系并要求恒昌公司支付上述期间

工资损失及未休年假工资的诉求，缺少事实和法律依据。3. 根据一审判决，高某主张2015年7月1日至2018年6月30日未休年假工资的诉求，不应被支持。

法院观点

一审法院观点：发生劳动争议，当事人对自己提出的主张，有责任提供证据。高某主张恒昌公司未与其签订劳动合同，但对恒昌公司提交的有其签名的劳动合同不能提供合理解释，也不能提交反驳证据。一审法院对高某的相应主张，不予采信。高某要求恒昌公司支付未签劳动合同双倍工资、签订无固定期限劳动合同的请求，缺乏依据，一审法院不予支持。恒昌公司已于2017年6月28日删除高某的考勤信息，高某无法进入恒昌公司工作场所，故恒昌公司关于高某旷工的主张，缺乏依据，一审法院不予采信。另高某拍摄他人工位，也不构成严重违纪。故恒昌公司解除与高某的劳动合同违法，应撤销解除劳动合同通知书，继续履行与高某签订的劳动合同至劳动合同终止，即2018年6月30日。高某未婚生育，不符合国家政策，高某要求支付产假工资的请求，缺乏法律依据，一审法院不予支持。高某病假期间，恒昌公司支付高某的工资，不低于法律规定的标准，高某要求按原工资水平支付病假工资的请求，因无合同依据，一审法院不予支持。

二审法院观点：本案争议焦点为：1. 双方应否继续履行劳动合同；2. 恒昌公司应否向高某支付产假工资；3. 恒昌公司向高某支付病假工资的金额。关于争议焦点一，恒昌公司上诉主张其与高某解除劳动合同的理由为：高某拍摄他人工位的行为威胁公司的信息安全及高某连续旷工违反劳动合同的约定，故其解除行为符合法律规定。对此法院认为，高某拍摄他人工位的行为尚不构成严重违纪，恒昌公司亦未提交证据证明高某拍摄的内容涉及商业秘密等威胁公司商业安全。另外，恒昌公司于2017年6月28日将高某的考勤信息删除，高某无法进入公司工作，故高某未上班的原因不能归责于高某。综上可知，恒昌公司以此为由与高某解除劳动合同违法，一审法院判决要求撤销解除劳动合同通知书、继续履行双方签订的劳动合同正确。关于劳动合同继续履行的期间问题，高某上诉主张其与恒昌公司至今存在劳动关系。对此本院认为，一审审理过程中，恒昌公司提交了高某签字确认的劳动合同，高某亦认可其签名的真实性，该劳动合同约定的合同期限为2015年7月1日至2018年6月30日，高某未提交其与恒昌公司至今存在劳动关系的证据，故其主张缺乏事实和法律依据，法院无法采信。关于争议焦点二，高某上诉主张恒昌公司应支付其产假工资。对此本院认为，截至二审庭审时，高某仍处于未婚状态，高某未婚生育不符合我国国家政策，该项上诉主张二审法院无法支持。关于争议焦点三，职工患病或非因公负伤治疗期间，在规定的医疗期内由企业按照有关规定支付其病假工资或疾病救济费，病假工资或疾病救济费可以低于当地最低工资标准支付，但不能低于最低工资标准的80%。高某主张其病假期间仍向恒昌公司正常提供劳动并无证据证明，二审法院不予采信。高某主张恒昌公司应按照原工资标准支付其在病假期间的工资于法无据，二审法院不予支持。恒昌公司于高某病假期间支付的工资不低于法定标准，二审法院对高某该项上诉请求不予支持。

三、私募基金母子公司混合用工的连带责任

案　　号：（2019）浙01民终9469号

案件名称：杭州锦泉鼎宏投资管理有限公司、北京锦泉九鼎投资管理有限公司劳动争议

裁判要旨：混合用工中，用人单位基于利益相关性和关联关系，共同使用劳动者，劳动者同时接受两个用人单位支配，核心是劳动管理的混同，混合用工的用人单位应对劳动者的合法给付请求承担连带责任。本案中，母子公司均为私募基金管理人，法定代表人系同一人，管理层混同。两公司在同一场所办公，共用一套规章制度，行政、人事、财务等后台职能部门统一，经营范围均为投资管理、投资咨询。母公司员工的名片和工作牌使用子公司的公司名义，所以被上诉人同时接受母子公司的劳动管理，母子公司均对被上诉人存在用工事实。法院将此作为母子公司连带支付员工项目融资奖励的理由之一。

案情简介

上诉人（一审被告）：杭州锦泉鼎宏投资管理有限公司（以下简称锦泉鼎

宏公司)

上诉人（一审被告）：北京锦泉九鼎投资管理有限公司（以下简称锦泉九鼎公司)

被上诉人（一审原告）：陈某

陈某与锦泉鼎宏公司于2017年3月21日签订劳动合同，合同期限为2017年3月21日至2020年3月20日，岗位为理财规划师，合同约定试用期满后的基本工资为2500元/月，奖金、绩效、福利等按公司相关制度执行。

2017年10月，锦泉鼎宏公司、锦泉九鼎公司的总经理许某曾向公司员工发布欣北钱江国际项目，陈某以锦泉九鼎公司投资经理的名义参与了该项目的融资，为该项目找到收购方。

2018年11月26日，陈某因个人原因离职，其离职交接单的工作交接内容由所在部门、财务部门、人事行政部门负责人签字，其中"未结/报销款项"一栏的办理情况为"20万元未结"。

欣北钱江国际项目系锦泉九鼎公司宣传的明星项目。锦泉鼎宏公司的股东为锦泉九鼎公司，锦泉鼎宏公司、锦泉九鼎公司的法定代表人均为韩某某。锦泉鼎宏公司、锦泉九鼎公司在同一场所办公，共用一套规章制度，行政、人事、财务等后台职能部门统一，经营范围均为投资管理、投资咨询。锦泉鼎宏公司员工的名片和工作牌均为锦泉九鼎公司的名称。根据锦泉鼎宏公司、锦泉九鼎公司《薪酬及绩效管理（试行）办法》规定，六级理财规划师月均业绩指标为4,000,000元，工资标准为14,000元，级别评定最短周期为3个自然月。

2018年3月至5月，陈某实发工资分别为16,009.97元、13,340.58元、12,814.84元。根据锦泉鼎宏公司、锦泉九鼎公司《工资项目开发及投资管理改革（试行）方案1.0》规定，前端融资奖励=产品融资金额×某产品提成比例（5‰至1%，根据不同产品分别计算)。

陈某于2019年4月向杭州市上城区劳动人事争议仲裁委员会申请劳动仲裁，要求锦泉鼎宏公司支付融资奖励200,000元。该仲裁委员会于2019年5月9日出具浙杭上城劳人仲案（2019）082号仲裁裁决书，驳回陈某的仲裁请求。陈某对仲裁裁决不服，于2019年5月22日向法院提起诉讼，请求锦泉鼎宏公司、锦泉九鼎公司连带支付陈某2018年2月1日至2018年11月26日的奖励200,000元（案件审理中，陈某明确为欣北钱江国际项目的融资奖励)

并由锦泉鼎宏公司、锦泉九鼎公司承担本案诉讼费用。

判决结果

一审法院：1. 锦泉鼎宏公司、锦泉九鼎公司于判决生效之日起10日内连带支付陈某项目融资奖励200,000元。2. 若锦泉鼎宏公司、锦泉九鼎公司未按判决指定的期间履行给付金钱的义务，应当依照《民事诉讼法》第二百五十三条之规定，加倍支付迟延履行期间的债务利息。

二审法院：驳回上诉，维持原判。

各方观点

锦泉鼎宏公司观点：欣北钱江国际项目不是本公司项目，虽然原告与本公司建立了劳动关系，但涉案所谓的项目奖金，其适用的法律关系应为雇佣、委托或居间等法律关系，不是劳动关系。原告的证据不足以证明奖励真实存在。

锦泉九鼎公司观点：本公司与原告不存在劳动关系，被告主体不适格。欣北钱江国际项目不是本公司项目，与本公司无关。

一、一审法院事实认定不清

1. 一审法院未能分清融资与收并购的区别，也未能查清该项目存在两次收购，错误地认为只存在一次收购，没有区分第二次收购与第一次收购的锦泉鼎宏公司、锦泉九鼎公司参与程度。一审法院查明，2017年10月，锦泉鼎宏公司、锦泉九鼎公司发布了欣北钱江国际项目，陈某参与了该项目的融资，为该项目寻找到收购方。锦泉鼎宏公司、锦泉九鼎公司认可，募资阶段，锦泉鼎宏公司、锦泉九鼎公司参与过欣北钱江国际项目，并且积极募资打算投资欣北钱江国际项目，但锦泉鼎宏公司、锦泉九鼎公司参与的是从国企手中收购欣北钱江国际项目，这是该项目的第一次收购。因为锦泉鼎宏公司、锦泉九鼎公司没有募集到资金，所以锦泉鼎宏公司、锦泉九鼎公司就没有再参与该项目，该项目最终由顺聚公司收购。而陈某所称的找到收购方是发生在该项目的第二次收购阶段，这个阶段的项目转让方是顺聚公司，其将该项目收购后二次转让，这个阶段锦泉鼎宏公司、锦泉九鼎公司没有参与。锦泉鼎宏公司、锦泉九鼎公司与该项目并无任何利益关系。此外，在第二次收购的过程中，除了锦泉鼎宏公司、锦泉九鼎公司员工许某和陈某，没有锦泉鼎宏公司、锦泉九鼎公司的其他投研团队及管理层出现。一审法院将锦泉鼎宏公司、锦泉九鼎公司参与第一次收购时向投资人展示的宣传册（均为电子版，稿件经常调整），直接套用到第二次收购，系事实认定错误。该宣传册是阶段性的，发送的对象都是公司的财富员工，员工再向特定群体发布。所以一审法院在事实认定不清的前提下，认为陈某付出劳动就应获取报酬是错误的。2. 一审法院认为锦泉鼎宏公司、锦泉九鼎公司没有完成举证责任是错误的。陈某诉称 2018 年 3 月至 5 月的工资收入系欣北钱江国际项目做成后给予的大幅增加，一审法院认为，结合业绩奖励制度，锦泉鼎宏公司、锦泉九鼎公司如否认，则应提供其他业绩证明，如无其他业绩证明，则视大幅增加工资为对陈某在欣北钱江国际项目作出的业绩认定。陈某的工资水平在 2017 年 12 月就已经达到 12, 000 元，不存在所谓的 2018 年 3 月至 5 月突然有大幅度提升的说法，而且锦泉鼎宏公司、锦泉九鼎公司没有严格执行奖励制度，一审法院要求锦泉鼎宏公司、锦泉九鼎公司明确拿出每笔工资的业绩支撑显然是不符合实际情况的。3. 一审法院认为离职交接单载明的金额就是应支付的金额是错误的。离职交接单的法律性质不是欠条，也不是结算单，只是对交接事项的记载，未结 20 万元是应陈某的要求写上去的，财务只负责后面签字，其签字也是只完成交接的流程，不是欠付金额的确认。结合陈某第一次庭审时提交的证据也可以看出 20 万元并不是最终结算的数字，而是要根据项目利润进行谈判的。

二、一审法院适用法律错误

本案属于居间关系，但一审法院适用劳动法律关系，无法查清本案诉争金额的性质为项目提成的支付条件，支付方式，支付时间等内容。综上，一审法院未能查明本案事实，适用法律错误。请求撤销原判，依法改判驳回陈某的诉讼请求或发回重审并由陈某承担本案一审、二审的诉讼费用。

陈某观点：原告于 2017 年 3 月 21 日与被告锦泉鼎宏公司签订劳动合同，岗位是理财规划师。原告在进入该公司工作后，实际对外以被告锦泉九鼎公司的投资经理的身份工作，从事投融资的业务。两被告属于关联公司，经营场所、管理人员、主体高度混同。2017 年 10 月至 2018 年 2 月，公司开早会时让所有员工为欣北钱江国际项目寻找资方收购或融资，原告为其找到资方进行收购，后公司按约定发放了3个月六级工资，且公司合伙人、总经理、欣北钱江国际项目具体负责人许某及公司财务负责人、运营总监杨某承诺给原告200,000元奖励，但未兑现。后原告于2018年11月26日离职，离职交接单上的工作交接内容中“未结/报销款项”一项的办理情况为“20万元未结”，经原告和所在部门、财务部、人事行政部三部门负责人签字确认。但两被告拒绝支付，逃避对原告的劳动债务，严重损害了原告的利益。

关于锦泉鼎宏公司、锦泉九鼎公司提出的认定事实不清，与本案关联不大。具体交易内容及交易双方是谁实际上与陈某是否提供了劳动没有关联。且锦泉鼎宏公司、锦泉九鼎公司没有证据证明，完全是其单方陈述。有关于究竟是居间还是劳动的问题，一审已经做了充分查明及说理。陈某认同一审。锦泉鼎宏公司、锦泉九鼎公司关于陈某的举证责任，原审分配责任是正确的。锦泉鼎宏公司、锦泉九鼎公司本应承担相应的举证责任。而从原审审理的过程来看，锦泉鼎宏公司、锦泉九鼎公司没有尽到相应的举证责任。关于金额，有书证可以证明。陈某在一审提交了离职单。假设其有瑕疵，这个书证在认定事实时并不是作为估证来证明的，而是综合评估。原审对于该份证据认定事实没有问题。最后一点，适用法律问题。判决书说理非常充分，适用法律正确，其法律关系也正确。锦泉鼎宏公司、锦泉九鼎公司的上诉理由不成立。

法院观点

一审法院观点：本案的争议焦点为：1. 锦泉鼎宏公司、锦泉九鼎公司是否构成混合用工；2. 陈某主张的200,000元融资奖励是否真实存在。结合陈某和锦泉鼎宏公司、锦泉九鼎公司的诉辩意见，具体分述如下：关于争议焦点一，混合用工中，用人单位基于利益相关性和关联关系，共同使用劳动者，劳动者同时接受两个用人单位支配，核心是劳动管理的混同，混合用工的用人单位应对劳动者的合法给付请求承担连带责任。本案中，锦泉鼎宏公司的母公司为锦泉九鼎公司，锦泉鼎宏公司、锦泉九鼎公司的法定代表人系同一人，管理层混同，锦泉鼎宏公司、锦泉九鼎公司之间存在关联关系。虽然陈某与锦泉鼎宏公司签订劳动合同，但其工作牌和名片均用的是锦泉九鼎公司的名称，两公司工作地点和经营范围一致，行政、人事、财务人员共享，规章制度共用，应视为陈某同时接受锦泉鼎宏公司、锦泉九鼎公司的劳动管理，故锦泉九鼎公司对陈某亦存在用工事实。关于争议焦点二，陈某受锦泉鼎宏公司、锦泉九鼎公司总经理许某的指派，以锦泉九鼎公司投资经理的名义参与欣北钱江国际项目的融资，找到收购方后，许某对陈某予以表扬。上述事实，陈某提交了经实名认证的微信聊天记录、申请了证人郑某（陈某所在的财富管理组组长）出庭作证，予以采信。结合 2018 年 3 月至 5 月陈某的工资收入，应有相应的业绩，而锦泉鼎宏公司、锦泉九鼎公司未举证证明陈某在上述期间有其他项目业绩和工资发放依据。关于锦泉鼎宏公司、锦泉九鼎公司辩称欣北钱江国际项目非锦泉鼎宏公司、锦泉九鼎公司的项目，原审法院认为，欣北钱江国际项目系锦泉九鼎公司宣传的明星项目，有锦泉九鼎公司的宣传册予以佐证，该项目向员工发布，陈某以投资经理名义参与该项目，非个人行为，应视为为公司付出的劳动，至于该项目真实交易双方，与陈某无涉，非本案考量范围。关于项目融资奖励金额，离职单载明“20 万元未结”并由财务部门负责人签字，结合证人证言，对该金额予以确认。

二审法院观点：根据《民事诉讼法》第一百六十八条的规定：“第二审人民法院应当对上诉请求的有关事实和适用法律进行审查。”欣北钱江国际项目系锦泉九鼎公司宣传的明星项目。锦泉鼎宏公司的股东为锦泉九鼎公司，锦泉鼎宏公司、锦泉九鼎公司的法定代表人均为韩某某。锦泉鼎宏公司、锦泉九鼎公司在同一场所办公，共用一套规章制度，行政、人事、财务等后台职能部门统一，经营范围均为投资管理、投资咨询。锦泉鼎宏公司员工的名片和工作牌均用的是锦泉九鼎公司的名称。陈某参与了该项目。2018 年 11 月 26 日，陈某离职，其离职交接单载明“20 万元未结”，该交接单由财务部门负责人签字确认。故原审法院判决锦泉鼎宏公司、锦泉九鼎公司连带支付陈某项目融资奖励 200,000 元并无不当。锦泉鼎宏公司、锦泉九鼎公司的上诉理由依据不足，不能成立，本院不予采纳。

四、私募基金机构员工的行为除受公司规章约束外，还受证券行业监管规制

案　　号：（2021）粤 19 民终 3505 号

案件名称：陈某、东莞证券股份有限公司等劳动合同纠纷

裁判要旨：当东莞证券股份有限公司作出案涉问责通报以及中国证券监督管理委员会作出采取出具警示函措施的决定时，陈某应当知道其行为已经违反了其在《合规执行承诺书》中的承诺，已经违反了劳动纪律。因此，陈某应当积极配合东莞证券股份有限公司消除违规行为造成的不利后果。在东莞证券股份有限公司明确告知陈某坚持不退款将从严处罚的情况下，陈某仍不配合消除不利影响。东莞证券股份有限公司据此辞退陈某，并无不当。

案情简介

上诉人（一审原告）：陈某

上诉人（一审被告）：东莞证券股份有限公司（以下简称东莞证券公司）

原告于2009年1月与东莞证券公司建立劳动关系，被安排在东莞证券虎门分公司工作，担任投资顾问。

双方确认原告离职前12个月的平均工资为15,034.7元/月。双方确认东莞证券公司在原告每月绩效工资中扣发10%作为风险准备金，合计扣发了7888.94元。东莞证券公司提供《东莞证券股份有限公司风险准备金管理措施》及相应的签阅表，主张根据该文件的第十一条和第十五条有权扣发。该文件第十一条规定“对涉及适当性管理的岗位和人员实行销售金融产品或投资顾问服务奖励延期发放政策。即期发放考核年度销售金融产品或投资顾问服务奖励的90%，余下10%递延至次年12月支付。上述人员在发放前未发现存在风险追责事件的，按照本条所述规定标准合法递延支付销售金融产品或投资顾问服务奖励”，第十五条规定“在绩效年薪、年终奖、适当性管理相关的销售金融产品或投资顾问服务奖励的延期支付期间，若上述人员考核年度涉及风险追责事件或者发现考核年度以前存在风险追责事件的，应对相关人员递延支付绩效年薪或年终奖进行扣罚。存在重大追责事件的扣罚截止到考核年度（含）所有未发放的递延支付绩效年薪或年终奖”。签阅表显示一审原告于2019年4月2日在该文件的签阅表上签名捺印。一审原告对上述两份证据的真实性予以确认，但主张法律规定用人单位不得以任何手段克扣员工工资。

东莞证券公司未安排原告休2019年年休假，且未额外发放未休年休假工资。

双方确认的2016年10月17日《私募基金综合服务及外包项目准入审批

流程》显示东莞证券虎门分公司向东莞证券公司申请“元成稳利1号”私募证券投资基金准入流程，东莞证券公司最终批准为该基金提供综合服务。双方确认一审原告于2016年11月将涉案基金销售给两个客户，获得了相应奖励。

2019年1月3日，被告作出《关于赵某某等人私自违规销售金融产品的情况及问责通报》称：东莞证券虎门分公司原负责人赵某某在任职期间私自组织销售金融产品，分公司领导班子未能实现岗位有效制衡机制，分公司合规专员、产品销售部门管理人员等重要岗位人员未能及时发现问题并向公司总部报告，以上违法违规行为严重损害了公司和客户利益，给公司和客户造成了巨大损失；经研究决定对虎门分公司时任领导班子、时任合规专员、产品拓展相关人员以及总部相关管理人员进行问责处罚，责令参与产品拓展的虎门分公司相关人员于2019年1月7日前退缴违规销售该产品所得奖励，对于按要求退缴奖励的相关人员，免予进一步处理；对于未在指定日期退缴奖励的相关人员，公司将按照《员工违规行为处罚办法》进一步严肃处理，并通报中国证券业协会记入个人诚信档案。

2019年4月15日，中国证券监督管理委员会广东监管局作出《关于对东莞证券股份有限公司虎门分公司采取出具警示函措施的决定》，内容为“经查，你分公司原负责人赵某在未经过东莞证券股份有限公司（以下简称东莞证券）审批的情况下，组织员工向客户销售非东莞证券代销的私募证券投资基金。上述行为违反了《证券公司和证券投资基金管理公司合规管理办法》第六条、《证券公司代销金融产品管理规定》第六条的规定……我局决定对你分公司采取出具警示函的行政监管措施”。

2019年5月8日，东莞证券公司的工作人员骆某与原告谈话，骆某说：“上次也说过很多次了，希望大家能退还销售的款项，你现在不退款的理由是什么？”原告说：“我已经说过很多次了，不说了。”骆某说：“我之前没听过，因为我刚接手这块，所以你能不能重复下？”原告说：“理由就是客户让我不要退，我就不退。”骆某说：“对于你坚持不退款的行为，公司将从严处罚，并将按照相关法规和公司规定，以及《劳动合同法》的规定予以辞退，希望你考虑。”原告说：“我想问一下，我退了这个钱，是不是你们还给客户？”骆某说：“这个钱怎么处理，不需要你考虑，该怎么处理就怎么处理。”原告说：“你这个钱，怎么不给东莞证券，要给私人呢？”骆某说：

"但是做这个账户，只是把钱监管起来，没有其他的。"原告说："你现在以什么名义要收这个钱？"骆某说："不正当所得啊，飞单嘛，监管也规定了，从业人员必须严格遵守相关规定。"东莞证券公司主张要求原告将154,800元奖励退回合规专员个人账户，理由有二：一是涉案基金并非合规代销产品，若将奖励退回公司账户，无相应的财务依据；二是涉案基金已严重亏损，若须赔付给客户则优先用奖励填补。

2019年5月28日，东莞证券公司作出《解除劳动合同通知书》，以原告严重违反劳动纪律或者公司规章制度为由，解除与原告的劳动关系。东莞证券公司提供的经原告确认的人员管理流程系统审批情况显示，解除与原告劳动关系的决定获得了工会主席同意。东莞证券虎门分公司有11名员工参与销售涉案基金，其中只有原告和周某没有退回获得的奖励，被东莞证券公司予以解雇。东莞证券公司提供《合规执行承诺书》、2014年9月18日修订的《东莞证券有限责任公司员工违规行为处罚办法》及制度签阅表、2019年4月9日修订的《东莞证券股份有限公司合规管理办法》及文件签阅表，主张原告知悉公司关于禁止违规销售外部金融产品行为以及可予以解雇的规定。其中《合规执行承诺书》的内容为"本人承诺在执业过程中坚决禁止从事下列行为：……（六）未经公司批准，私自销售外部机构金融产品"，承诺人处有原告字样签名及捺印，落款时间为2017年9月26日；2014年9月18日修订的《东莞证券有限责任公司员工违规行为处罚办法》第十五条规定"各级员工有下列第十六条至第二十八条规定的违规事项，造成后果极为严重的，对直接责任人处以不予续签劳动合同或依法解除劳动合同"，第十六条第三项规定"违反监管机构、自律组织或该公司内部管理规定，在佣金管理、营销管理、理财产品销售、中间介绍业务管理等方面的违规行为"，相应的制度签阅表上有原告字样签名；2019年4月9日修订的《东莞证券股份有限公司合规管理办法》第九条规定"公司员工不得有下列行为：……（十一）未经公司批准，私自销售外部机构金融产品"，第十六条"员工因违反本办法第八条、九条或公司其他规定及要求的，公司合规管理部门视情节严重程度对相关责任人按相关规定及公司《员工违规行为处罚办法》进行扣罚、通报批评、警告、处分、解除劳动合同等处罚"，相应的文件签阅表上有原告字样签名。原告对上述证据中有其字样签名的真实性予以确认，但主张被告当时只是叫其签名，其并没有看到具体文件内容。原告主张其系按照东莞证券虎门分公司的安排销售涉案基金，并不属于违规销售，且客户缴纳的认购金系汇入东莞证券公司的账户，当时东莞证券公司并没有提出异议，并提供转账电子回单、收款回单等证据；转账电子回单和收款回单显示购买涉案基金的两个客户将合计4,000,000元购买款汇入了东莞证券公司基金运营外包清算专户。东莞证券公司对转账电子回单、收款回单的真实性予以确认，但主张其系基于综合服务商的角色设立账户对客户投资款进行监管，故该两份证据不能证明其系代销机构。

原告以东莞证券虎门分公司系原告的实际管理单位及考核单位为由要求东莞证券虎门分公司对涉案债务承担连带清偿责任。东莞证券虎门分公司主张其并非具有法人资格的民事主体，相关的法律后果应由东莞证券公司承担。

原告于2020年5月18日申请仲裁，仲裁请求为：（1）确认两被告违法解除了与原告之间的劳动关系。（2）要求东莞证券公司支付：①未付解除劳动合同的赔偿金391,684.8元；②退回扣发的工资提成30,000元；③2019年1月1日至5月28日未休年休假工资18,078元。（3）要求东莞证券虎门分公司承担连带责任。

东莞市劳动人事争议仲裁院虎门仲裁庭经审理作出裁决：确认原告与两被告的劳动关系解除，由东莞证券公司在裁决生效之日起3天内向原告支付：（1）2019年带薪年休假工资5530元；（2）退回风险金7888.94元。

判决结果

一审法院：1. 确认原告陈某与被告东莞证券公司的劳动关系已解除；2. 被告东莞证券公司应于判决生效之日起3日内向原告陈某支付2019年未休年休假工资5530元；3. 被告东莞证券股份有限公司应于判决生效之日起3日内向原告陈某退还扣发的绩效工资7888.94元；4. 驳回原告陈某的其他诉讼请求；5. 驳回被告东莞证券公司的全部诉讼请求。

二审法院：驳回上诉，维持原判。

各方观点

陈某观点：1. 一审法院已查明陈某与东莞证券公司签订劳动合同。原审法院忽视陈某是接受东莞证券虎门分公司的工作安排、管理及考核这一事实，导致认定陈某与东莞证券公司解除劳动合同是否合法的基础存在争议。陈某向原审法院申请调取本案关联案件（2020）粤1972民初445号案件的庭审笔录，以证明陈某销售基金的行为是在东莞证券公司、东莞证券虎门分公司的指令及安排下的职务行为。东莞证券公司、东莞证券虎门分公司解除劳动合同的行为是违法解雇。2. 案涉基金销售合同签订时，陈某并不在虎门镇。案涉合同是陈某交付给东莞证券虎门分公司的基金专员陈某某（现为东莞证券寮步分公司的总监），并且在案涉合同销售前后，由陈某某负责考核。陈某多次向原审法院申请陈某某出庭作证以还原本案事实，但原审法院不予准许。3. 原审法院以东莞证券公司、东莞证券虎门分公司提供的录音认定陈某拒绝退回销售奖励至东莞证券公司指定的私人账户，以及依据2019年1月3日《关于赵某某等人私自违规销售金融产品的情况及问责通报》来认定陈某私自销售，均是错误的。陈某不存在私自销售，是按照东莞证券虎门分公司的指令行为行事，其不同意将奖励退回至私人账户，是因为退回私人账户的行为将导致陈某自认私自销售的结果。一审判决关于焦点三的说理不正确。第一，一审查明的证据显示，东莞证券公司在2016年10月17日通过了元宋公司的案涉基金准入，且《私募基金综合服务及外包项目准入审批流程》中东莞证券虎门分公司的申请项目包括私募基金准入、综合服务项目准入、外包项目准入三项，陈某认为若调查陈某某确认陈某陈述真实，可证明在此阶段陈某的行为是受东莞证券虎门分公司指令的职务行为，是东莞证券虎门分公司在申请未获东莞证券公司明确准入服务前的指令行为。这与东莞证券公司提供的录音第6页陈某某陈述的一致，因此，陈某是履行职务行为。第二，一审法院适用《证券公司代销金融产品管理规定》是错误的，禁止分支机构擅自代销金融产品的责任是用人单位承担，而非劳动者。陈某在履行职务行为，不能认定是私自参与销售。第三，原审法院认为在东莞证券公司作出《关于赵某某等人私自违规销售金融产品的情况及问责通报》后，陈某更应知道其销售涉案基金的行为已违反了东莞证券公司的规章制度和基本的劳动纪律，是错误的。东莞证券公司、东莞证券虎门分公司提供的录音中已明确，陈某是在东莞证券虎门分公司的负责人及东莞证券虎门分公司的基金专员陈某某通过开会的形式要求并在元宋公司的培训后才进行销售行为。陈某只是坚持奖励是其正当收入。陈某亦强调客户是将购买基金款汇入了东莞证券公司的账户，明确了出现问题是东莞证券公司的监管失职导致，录音第6页也提到东莞证券公司、东莞证券虎门分公司要求陈某退款是退给个人账户，这也是陈某拒绝退款的理由。陈某认为，东莞证券公司因其监管失职导致客户损失，在出现问题后将责任归责于员工，是错误的，陈某即使有违规行为，其亦有答辩申诉的权利。东莞证券公司不理会陈某的答辩就解除劳动关系是违法解雇。第四，一审认为在东莞证券公司工作人员找其谈话明确告知不退款将予以辞退的情况下，陈某仍不配合消除不利影响，从而认定东莞证券公司解除劳动合同关系是符合公司内部制定的规章制度，是错误的。陈某认为东莞证券公司的不利影响不明确，该不利影响并非陈某造成。4. 东莞证券虎门分公司应当承担责任。陈某被解除劳动合同的基础是因陈某听从了东莞证券虎门分公司的安排及为东莞证券虎门分公司的利益。同时，陈某认为，（1）本案基本事实发生在 2016 年 11 月，东莞证券公司提供的所谓依据是 2017 年后，不具有溯及力。（2）陈某认为证券协会或监管机构的相关规定，首先是约束东莞证券公司，其次才是在陈某不履行职责时，为了降低金融风险对投资者的损害，才成为具体从业人员的自律规则。（3）本案应当查清销售行为是基于何种原因而进行的。（4）本案与（2020）粤 1972 民初 445 号案件有关联，陈某的销售行为是在基金管理人经过东莞证券公司的同意在虎门分公司进行的销售培训后才进行。（5）工资不得拖欠和克扣。

东莞证券虎门分公司观点：1. 东莞证券公司单方解除与陈某的劳动关系具有事实及法律依据，一审认定正确。首先，陈某应清楚并知悉监管规定及公司的合规执行要求。其次，退一步而言，即使陈某在行为时不知案涉基金未经公司总审批，但在东莞证券公司作出问责通报及中国证券监督管理委员会广东监管局作出处罚决定后，陈某亦应当清楚监管部门已认定其销售案涉基金的行为系违规行为。且纵观违规代销事件的处理过程，东莞证券公司考虑到不同层级的员工在组织、从事违规代销方面的责任大小，仅要求基层员工的陈某退回违规销售奖励，便可免于进一步处理。而陈某拒绝配合，其后续行为已违反公司制度及劳动纪律。2. 劳动仲裁及一审判决均已查明陈某称的“工资提成”的性质及金额，基于陈某的违规行为，东莞证券公司、东莞证券虎门分公司有权予以扣发。3. 原审法院已查明陈某在 2019 年 1 月 1 日至 5 月 28 日在职期间仅享有 4 天带薪年休假，以此为基数核实的 2019 年应休未休年假工资具有事实及法律依据。4. 陈某与东莞证券公司建立劳动合同关系，并由东莞证券公司委派其于东莞证券虎门分公司处开展实际工作。东莞证券虎门分公司并非具有法人资格的民事主体，其作为东莞证券公司的分支机构，其行为所产生的民事法律责任应由东莞证券公司承担。

东莞证券公司观点：1. 东莞证券公司扣发陈某风险准备金具有事实依据。陈某作为证券从业人员，其应当知悉“不得私自代销未经公司引进的金融产品”这一规定，但陈某仍从事相应行为，且东莞证券公司多次要求其配合消除违规行为产生的不利影响，其始终不配合。陈某的前述行为属于违反证券行为监管规定及东莞证券公司制度的行为，故东莞证券公司依《东莞证券股份有限公司风险准备金管理措施》第十一条及第十五条规定，扣发陈某与销售金融产品有关风险准备金。2. 东莞证券公司扣发陈某风险准备金具有法律及公司制度依据。（1）东莞证券公司扣发风险准备金是基于陈某履职失当给东莞证券公司造成经济损失的合理赔偿。依据是《工资支付暂行规定》第十六条的规定。由于陈某的违规行为，其“拓展”的客户文某某已对东莞证券公司提起民事诉讼，请求东莞证券公司对文某某的投资损失承担连带赔偿责任。此外，由于陈某的违约行为，中国证券监督管理委员会广东监管局于2019年4月15日作出《关于对东莞证券股份有限公司虎门分公司采取出具警示函措施的决定》，该决定导致了东莞证券公司在2019年分类结果评级为“B”，此评价对东莞证券公司造成不利影响，造成实际经济损失。（2）由于证券行为营销人员所从事的工作的特殊性，出于强化营销人员在营销过程中的合规性和风控意识的目的，制定风险准备金机制是证券公司的通行做法，同时也是落实行政法规、部门规章及监管部门要求的体现。中国证券行业协会、中国证券监管管理委员会广东监督局均下发文件，要求证券公司对相关岗位人员履行适当性义务的情况纳入薪酬考核，并建立相应问责措施。据此，东莞证券公司依监管部门要求，对销售金融产品相关业务收入采取递延发放的措施，若相关人员存在违反适当性管理、违规销售等行为的，公司将采取扣发递延奖励的问责措施。（3）东莞证券公司制定的风险准备金递延机制是与劳动者平等协商，且经公司工会表决通过的内部管理制度。东莞证券公司认为，在陈某的违规行为已给东莞证券公司造成实质损害的情况下，东莞证券公司有权扣发陈某的风险准备金，以补偿东莞证券公司实际损失。

法院观点

一审法院观点：本案为劳动争议，双方均未对仲裁裁决确认双方的劳动关系解除这一项提起诉讼，视为服从该裁决项，故本院对该裁决项予以确认。本案争议焦点为：1. 东莞证券公司需向原告支付2019年未休年休假的工资是多少；2. 东莞证券公司是否需向原告退回7888.94元绩效工资；3. 东莞证券公司解雇原告是否合法；4. 东莞证券虎门分公司是否需对涉案债务承担连带清偿责任。对此，本院分析如下。

焦点一，原告于2009年1月入职，工作至2019年5月28日，根据相关规定，原告于2019年可享受4天带薪年休假，由于东莞证券公司未安排原告休2019年年休假，则东莞证券公司需按原告日工资收入的300%支付未休年休假工资；由于东莞证券公司仅向原告支付了正常工作期间的工资，故还需支付未休年休假工资为：15034.7元÷21.75天×4天×200%＝5530元。

焦点二，《广东省工资支付条例》第十条规定，"用人单位应当以货币形式按照确定的工资支付周期足额支付工资，不得拖欠或者克扣"。东莞证券公司每月扣发原告部分绩效工资的行为违反上述规定，故应退还原告绩效工资7888.94元。

焦点三，首先，根据双方确认的2016年10月17日《私募基金综合服务及外包项目准入审批流程》和中国证券监督管理委员会广东监管局于2019年4月15日作出《关于对东莞证券股份有限公司虎门分公司采取出具警示函措施的决定》可以判断，东莞证券公司并未批准东莞证券虎门分公司代销涉案基金，涉案基金系原东莞证券虎门分公司负责人赵某某私自组织员工进行代销。其次，《证券公司代销金融产品管理规定》第六条规定，"证券公司应当对代销金融产品业务实行集中统一管理，明确内设部门和分支机构在代销金融产品业务中的职责。禁止证券公司分支机构擅自代销金融产品"。原告作为证券从业人员，理应知悉该规定，从而不应销售涉案基金。再次，在东莞证券公司作出《关于赵某某等人私自违规销售金融产品的情况及问责通报》和中国证券监督管理委员会广东监管局作出《关于对东莞证券股份有限公司虎门分公司采取出具警示函措施的决定》后，原告更应知道其销售涉案基金的行为已违反了东莞证券公司的规章制度和基本的劳动纪律，应积极配合东莞证券公司消除违规行为造成的不利后果，将不应获得的奖励予以退回。最后，在东莞证券公司工作人员找其谈话明确告知不退款将予以辞退的情况下，原告仍不配合消除不利影响，东莞证券公司依据原告已签阅的2014年9月18日《东莞证券有限责任公司员工违规行为处罚办法》第十五条、第十六条第三项规定和2019年4月9日《东莞证券股份有限公司合规管理办法》第九条第十一项、第十六条规定将原告辞退，于法有据，一审法院予以支持，故东莞证券公司无须向原告支付解除劳动关系的经济补偿金或赔偿金。

焦点四，双方确认原告与东莞证券公司存在劳动关系，原告主张东莞证券分公司需对涉案债务承担连带清偿责任没有法律依据，故本院不予支持。

二审法院观点：本案为劳动合同纠纷。依照《民事诉讼法》第一百七十五条规定，二审法院对陈某及东莞证券公司、东莞证券虎门分公司上诉请求的有关事实和法律适用进行审查。围绕双方的上诉，二审法院分析如下。

首先，陈某及东莞证券公司、东莞证券虎门分公司二审庭审中均表示对一审法院关于陈某年休假工资为5530元的认定无异议，二审法院予以确认。

其次，关于东莞证券公司是否需要向陈某退回绩效工资7888.94元的问题。《广东省工资支付条例》第十条规定："用人单位应当以货币形式按照确定的工资支付周期足额支付工资，不得拖欠或者克扣。"原审法院认为东莞证券公司每月扣发陈某部分绩效工资的行为违反了上述规定，应退还陈某绩效工资7888.94元，并无不当，二审法院予以维持。

最后，关于东莞证券公司解雇陈某是否合法的问题。第一，根据双方确认的2016年10月17日《私募基金综合服务及外包项目准入审批流程》和中国证券监督管理委员会广东监管局于2019年4月15日作出的《关于对东莞证券股份有限公司虎门分公司采取出具警示函措施的决定》可以判断，东莞证券公司并未批准东莞证券虎门分公司代销涉案基金。第二，退一步讲，即使陈某在参与该金融产品销售时，可能存在不知情的情况或是有他人授意，但在东莞证券公司作出案涉问责通报以及中国证券监督管理委员会作出出具警示函措施的决定时，陈某应当知道其行为已经违反了其在《合规执行承诺书》中的承诺，已经违反了劳动纪律。因此，陈某应当积极配合东莞证券公司消除违规行为造成的不利后果。在东莞证券公司明确告知陈某坚持不退款将从严处罚的情况下，陈某仍不配合消除不利影响。东莞证券公司据此辞退陈某，并无不当，二审法院予以支持。

综上所述，上诉人陈某及上诉人东莞证券公司、东莞证券虎门分公司的上诉理由均缺乏依据，二审法院予以驳回。一审判决认定事实清楚，适用法律正确，二审法院予以维持。

章节小结

与私募基金有关的劳动争议，亦受《劳动法》《劳动合同法》规制，在分析该类争议时应按照典型劳动纠纷的思路，重点亦在于已签订的劳动合同条款以及是否具有事实上的劳动关系。但相对于一般劳动争议，私募基金所涉劳动争议具有其特殊性。

1. 对于私募机构与基金经理签订带有分成内容，并约定操作账户的盈亏分成的协议，双方产生纠纷的，属于私募基金纠纷中较为隐蔽的劳动纠纷。在处理该类纠纷时，第一，准确界定“奖金”和“分红”。股东可能具有双重身份，即股东和劳动者。私募机构给基金经理等员工的奖金属于劳动报酬，而分红是股东基于自己的出资所享受的所有者权益。在案件中要分清这两者首先是要从双方签订的协议入手，是否涉及股东出资，且事项是否与分红、股权激励等股东权益事项相关；是否与职位的工作内容高度相关，是否与其他劳动者条款相近等。同时，朱某与和熙公司劳动合同纠纷一案中有一个细节，从双方签署会议纪要时的身份来看，基金经理朱某仅具有劳动者的身份，所以实践中若也存在签订时未成为股东的情况，则判断较为简单。第二，对于私募机构来说，在与客户经理/合伙人/股东等具有多重角色的人签订分成协议时，最好在协议当中明确身份性质。律师在面临此种情况时应将当事人法律上的身份进行厘清，以明晰请求权基础，运用法律武器维护当事人权益。

2. 私募机构较大时可能设置多个子公司，此时，母子公司的员工可能发生混合用工。对于同时接受母子公司的劳动管理，母子公司均对员工存在用工事实，法院将此作为母子公司连带支付员工项目融资奖励的理由之一。就员工而言，若同时被关联公司雇佣且两实体分割不清，可以尝试通过该项路径向关联方主张连带责任。对于基金机构，应注意对母子公司的管理层、人员、职能等作出区分，确定子公司的独立法人的地位，防止母子公司混同。

3.“离职交接单”是用人单位与员工之间劳动关系终止时记载权利义务责任的重要文件，员工要在离职时尽量留下离职交接单并保管好。基金机构在员工离职时要注意离职交接单所记载的有关薪酬、奖金、补偿等金额等约定，财务人员的职务行为在该场景下可以代表公司行为，应谨慎签署。

4. 私募基金从业受到证监会的监管和行业法规规制，在私募基金机构中，员工的行为要受到相应监管文件的规制，若违反，则公司可以根据承诺书或公司规章合法解雇员工。这警示了私募机构员工需要时刻将监管要求牢记于心，私募机构也需要按时支付工资，不以绩效等手段变相拖欠工资。

第二节　私募基金担保合同纠纷

为了吸引投资者的资金，私募基金可能会以保底或者变相保底条款的方式，与投资者签订担保合同。由于当前监管不允许私募基金直接设置保底条款，所以私募机构通常的方式是出具保证函、承诺函或者让投资者与第三人签订担保合同。当投资项目因资金流出问题、私募基金管理人涉及刑事问题、基金合同存在无效情况导致无法兑付时，就会产生担保合同的纠纷。法院在司法实践中会参考投资者与基金的法律关系、担保合同是否有效等因素来综合判断。

一、第三人为私募基金提供担保增信的，一般认为有效

案　　号：（2017）京03民终13953号

案件名称：张某与鲍某保证合同纠纷

裁判要旨：张某自愿对鲍某合同体系下的本金收益出具保证承诺，其与鲍某之间构成保证合同法律关系，该保证书合法有效。

案情简介

上诉人（一审原告）：张某

被上诉人（一审被告）：鲍某

2014年4月28日，富程（北京）投资基金管理有限公司作为基金管理

人，北京中金万亚投资管理中心（有限合伙）作为有限合伙企业与鲍某作为合伙人签署编号 FCWY《湖北大明水产投资基金合伙协议》（以下简称《合伙协议》），约定：本合伙企业设立的目的是从事投资活动，使本合伙企业获得最佳经济效益，从而为合伙人获取中长期的经济回报，本合伙企业的投资方向是以债权的方式进行投资，通过北京中金万亚投资管理中心（有限合伙）投资购买湖北大明水产投资基金的基金资产，资金主要用于向湖北大明水产有限公司洪湖水面养殖开发项目提供流动资金。本合同企业合作人总共不超过 50 人，其中普通合伙人最少 1 人，有限合伙人最多 49 人，合作人在 50 人以内可以按照本协议规定增减，所有普通合伙人及有限合伙人名单、认缴金额、联系方式等详细信息另外附表载列。本合伙企业的管理人亦为“富程（北京）投资基金管理有限公司”，管理人与本合伙企业及普通合伙人签订《委托管理协议》，根据该协议及适用的法律向本合伙企业提供相关管理服务。出资方式：所有合伙人的出资方式均为人民币。全体合伙人对本合伙企业的总认缴出资额为人民币 3 亿元整，普通合伙人认为有必要时，本合伙企业可以增加或减少认缴的出资总额，若所有合伙人认缴的资金未达到逾期认缴总额度人民币 3 亿元，则所有合伙人同意，压缩认缴出资规模或将剩余未募集完毕规模移到下一期继续募集。有限合伙人的出资额须在开始认缴后的 2 个工作日内付清，本合伙企业成立后，各合伙人应按照普通合伙人签发的缴付出资通知书上载明的具体实现，将其认缴的出资额支付至监管账户。本合伙企业正式对外投资满 12 个月之后，入伙投资人每满一整年，有限合伙人可以要求退伙（普通合伙人及最初发起的有限合伙人不得要求退伙）但必须提前 1 个月向执行事务合伙人代表提出书面申请，退伙的办理时间为正式投资满一年后的 15 个工作日，其他时间不办理。没有提前 1 个月提出书面申请的视为合伙事宜继续存续直到合伙企业经营期限结束。对外投资未满 12 个月合伙企业要清算的，必须得到合伙人大会同意。收益分配，预期收益率，100 万元≤认购金额<300 万元，预期年化收益率为 12%。客户资金到账后的第二日开始计息，客户利息收益每月按照利息日期分配一次，遇到节假日顺延，到期之后将该本金与最后一次利息一次性支付给客户。在合同的盖章页，载明本合同的投资金额为 40 万元整。

同日，张某向鲍某出具《个人无限连带责任担保函》，载明：今（2014 年 4 月 28 日）张某对鲍某投资富程集团、北京中金万亚投资管理中心（有限合伙）（合伙协议编号为 FCWY04117）作个人无限连带责任担保，用本人一切资产承担无限连带责任（包含但不限于固定资产和流动资产），保证鲍某在其投资期间资金的安全和收益。并承诺本人房本担保在此次投资中依然有效，本产品按月付息，在投资次月一次性打入账户 7% 的收益，以后每月 1% 的收益直至一年到期返本。在担保函下注明：此次投资金额为 40 万元，其中含鲍某 35 万元，张某 5 万元。

上述协议签署后，2014 年 4 月 29 日，鲍某向北京中金万亚投资管理中心（有限合伙）账户汇款 40 万元，其在庭审中认可其中 35 万元为本人出资，另外 5 万元为张某出资。鲍某表示分别在 2014 年 5 月 29 日收到收益 4000 元，2014 年 6 月 30 日收到收益 4000 元，2014 年 7 月 29 日收到收益 4000 元，2014 年 9 月 2 日收到收益 4000 元，2014 年 9 月 29 日收到收益 4000 元。此后的收益未收到。

二审期间，张某向北京市第三中级人民法院提交：(2017) 京 03 刑终 404 号刑事裁定书一份（打印件），证明本案涉及刑事犯罪，保证合同无效。鲍某对该份裁定书的证明目的不予认可，认为其有权依据保证合同要求张某承担保证责任。

判决结果

一审法院：1. 被告张某于本判决生效之日起 10 日内偿还原告鲍某本金 35 万元及截止到 2015 年 4 月 28 日的收益 2.45 万元；2. 被告张某于本判决生效之日 10 日内偿还原告鲍某利息（以 35 万元为基数，自 2015 年 4 月 29 日至实际偿还本金之日，按照年利率 12% 的标准计算）；3. 如果未按判决指定的期间履行给付金钱义务，应当依照《民事诉讼法》第二百五十三条之规定，加倍支付迟延履行期间的债务利息。

二审法院：驳回上诉，维持原判。

各方观点

鲍某观点：2014 年 4 月 28 日，在张某的介绍和劝说下，鲍某购买了富程（北京）投资基金管理有限公司之湖北大明水产投资基金，合同金额为 40 万元，该款项中含有张某的5万元和鲍某的35万元，同时张某还为鲍某签署了《个人无限连带责任担保函》，但是截至目前该产品尚未偿还本金和部分收益，且张某亦未履行个人连带责任担保的义务。故鲍某要求张某清偿投资本金35万元及截止到2015年4月28日的收益2.45万元，并且按照年利率12%的标准支付2015年4月29日至实际还款日的收益。

张某观点：本案作为担保合同纠纷案件具有特殊性，张某担保的主合同，属于涉嫌犯罪，目前正在刑事审判阶段。主合同已经不属于民事案件，担保合同也不应通过民事法律调整，张某认为按照《民事诉讼法》相关规定，本案应该属于人民法院不予受理的情形。关于担保责任的问题，张某认为本案中担保合同作为从合同，主合同已经违反法律法规强制性规定，主合同的效力已经属于无效合同，担保合同本身也属无效，担保人不应该为违法犯罪的合同进行担保，应属于无效。因为原告投资富程（北京）投资基金管理有限公司以及北京中金万亚投资管理中心（有限合伙），已经涉嫌集资诈骗，被刑事立案，而鲍某已经以受害人的身份向北京市朝阳区公安局报案并立案，那么鲍某已经认同在刑事立案后对于两个公司查封扣押，鲍某已经认可按照作为受害人身份在刑事案件追究投资两个公司的权利，可能涉及对投资人的赔偿，可以从查封的相关财产中进行分配，鲍某作为已经报案的受害人是有资格作为刑事案件受害人获得补偿的。所以鲍某已经按照刑事案件主张自己的权利，在接下来的财产分配中也有可能获得清偿，在这种情况下不应当由张某来承担担保责任。从鲍某提交的证据看，张某在本案中也属于投资人，也不清楚两个公司在做集资诈骗，张某在本案中即使签订个人担保函，自身并无过错。鲍某与投资企业签订的协议是合伙协议，签订该协议之后就成为合伙企业的合伙人，具备合伙人身份，按照《合伙企业法》的相关规定，自主经营自担风险，其地位类似于股东身份，张某向合伙企业合伙人承担责任对合伙企业经营进行担保是不符合合伙企业法规定的。

法院观点

一审法院观点：鲍某与富程（北京）投资基金管理有限公司、北京中金万亚投资管理中心（有限合伙）签署了《合伙协议》，各方在该协议后签字盖章，代表其真实的意思表示，鲍某作为投资人签订该协议的真实意思并非与可能涉嫌犯罪的公司共同实施违法犯罪行为，故该协议不违反法律、行政法规的强制性规定，应属合法有效。张某自愿对鲍某上述合同下的本金收益出具保证承诺，其与鲍某之间构成保证合同法律关系，该保证书合法有效。

张某针对涉案的合伙协议向鲍某出具个人无限连带责任担保函，该担保函作为上述《合伙协议》的从合同，明确约定张某的保证责任性质为连带保证责任，同时，对于保证范围作出了明确的规定。虽然涉案的合同约定为合伙协议，但协议中对于鲍某按月取得利息及返还本金的权利作出了明确约定，张某亦在担保函中对投资期间的收益和到期返本作出了承诺，因此，该《合伙协议》的性质不影响张某保证责任的承担。依据我国《担保法》的规定，连带责任保证的债务人在主合同规定的债务履行期届满没有履行债务的，债权人可以要求债务人履行债务，也可以要求保证人在其保证范围内承担保证责任。本案中，由于主债务人仅支付了部分的收益，后期未能按时向鲍某返本付息，故鲍某有权向连带保证责任人张某主张权利。鲍某主张的本金和利息已经扣除了张某的本金部分以及已经获得的收益，故本院对于鲍某主张的返还本金及支付利息的请求予以支持。依据我国《合同法》的规定，当事人一方不履行合同义务或者履行合同义务不符合约定的，应当承担继续履行、采取补救措施或赔偿损失等违约责任。北京中金万亚投资管理中心（有限合伙）作为有限合伙企业在合同期满后未按约定返还本金并支付收益，鲍某有权要求其按照协议约定的年化收益率继续支付利息，故张某亦应当就此部分利息承担连带保证责任。需要指出的是，在张某向鲍某履行了付款责任后，鲍某不能再向主债务人重复主张，张某就在其付款范围内向主债务人追偿。

二审法院观点：鲍某与富程（北京）投资基金管理有限公司、北京中金万亚投资管理中心（有限合伙）签署了《合伙协议》，各方在该协议后签字盖章，代表其真实意思表示。依照《最高人民法院关于适用〈中华人民共和国合同法〉若干问题的解释（二）》第十四条的规定，《合同法》第五十二条第五项规定的“强制性规定”，是指效力性强制性规定。非法吸收公众存款罪规制的是市场准入资格而非合同行为本身，并非效力性强制性规定，就本案的《合伙协议》来说，该协议并未违反法律、行政法规强制性规定，故一审法院认定《合伙协议》有效，并无不当。张某自愿对鲍某上述合同下的本金收益出具《个人无限连带责任担保函》系双方真实意思表示，亦不违反法律、行政法规强制性规定，其与鲍某之间构成保证合同法律关系，张某应当按约承担保证责任。张某主张《合伙协议》无效、《个人无限连带责任担保函》无效缺乏法律依据，本院不予采纳。

《个人无限连带责任担保函》明确约定张某的保证责任性质为连带保证责任，同时，对于保证范围作出了明确的规定。本案中，由于北京中金万亚投资管理中心（有限合伙）仅支付了部分收益，后期未能按时返本付息，故鲍某有权要求北京中金万亚投资管理中心（有限合伙）返还本金及按照约定的收益支付利息，并且就合同到期后继续按照合同约定支付利息。根据《个人无限连带责任担保函》，鲍某请求张某对上述债务承担连带保证责任，于法有据，本院予以支持。需要指出的是，在张某向鲍某履行了付款责任后，鲍某不能再向主债务人重复主张，张某可在其付款范围内向主债务人追偿。

二、投资人主体不适格、基金未备案等不影响第三人对基金提供的担保合同的效力

案　　号：（2018）粤03民终125号

案件名称：骆某诉深圳市骏业基金管理有限公司、何某民间借贷纠纷

裁判要旨：被告何某向原告出具了单方签署的担保函，产生了担保从合同的效力，构成非典型担保合同关系，该合同合法有效。其主要特点：一是担保的对象是不特定的，涵盖全部涉案基金的投资者；二是担保财产是主债务人即被告深圳市骏业基金管理有限公司以外的第三人的不动产；三是用于担保的不动产未作抵押登记。被告何某应当承担的担保责任是在其担保函载明的9套不动产价值的范围内，对被告深圳市骏业基金管理有限公司的债务承担连带清偿责任。

案情简介

上诉人（一审被告）：何某

被上诉人（一审原告）：骆某

一审被告：深圳市骏业基金管理有限公司（以下简称骏业基金）

2015年8月31日原告与被告骏业基金签订《粤融进取5号股权投资基金认购合同》（以下简称基金合同）。原告认购4份粤融进取5号股权投资基金，

金额合计40万元。合同的主要内容如下。

（1）第二条约定：基金名称为粤融进取5号股权投资基金，类别为私募投资基金。募集总额为2.75亿元，每基金的份额为10万元，共计200份。投资目标是在保证投资者资金安全的前提下，通过短线交易和趋势交易，实现基金资产规模的稳步增长。最低认购额为50万元，其中骏业基金作为普通份额持有人承诺认购92.7%，即2.55亿元。基金存续期限为1年，即2015年9月起至2016年8月止。

（2）第三条约定：认购自招募说明书发布之日起开始办理，截止时间为2016年4月。认购方式为面向特定投资者非公开发售，为契约型封闭式基金，基金存续期间基金份额持有人不得赎回，存续期满后基金份额持有人可选择赎回，或投资其他项目，或基金续存，继续持有份额。基金存续期间，投资人如需对其所持有的基金份额进行转让，须告知基金管理人，由基金管理人对其转让进行登记确认。

（3）第四条约定：基金管理人系骏业基金，其权利是自基金合同生效之日起，独立管理、运用基金财产，制定、修改并公布有关基金认购、赎回、过户、收益分配等方面的业务制度，决定基金的相关费率结构和收费方式，获得基金管理费，召集基金份额持有人会议等；其义务是以诚实信用、勤勉尽责的原则管理和运用基金财产，配备足够的具有专业资格的人员进行基金投资分析、决策，以专业化的经营方式管理和运作基金财产，及时向基金份额持有人分配基金收益，受理认购和赎回申请，及时、足额支付赎回款项，因违反基金合同导致基金财产的损失或损害基金份额持有人的合法权益，应承担赔偿责任，其赔偿责任不因其退任而免除等。

（4）第五条约定：基金的投资范围是国内市场的所有品种，投资策略是初期以新三板股权投资、上市并购为主，有一定收益后再开始追加投资，在中长线操作中实现基金的稳步增值。

（5）第八条约定：基金收益分配方案为认购额度10万元（含）－199万元，13%＋浮动收益；认购额度200万元（含）－299万元，15%＋浮动收益；认购额度300万元（含）－499万元，17%＋浮动收益；认购额度500万元（含）以上收益按《附加收益保密协议》。本基金为保本型基金，基金管理人承诺保证基金份额持有人的本金安全，如发生亏损，亏损将由基金管理人承担，基金份额持有人不承担任何亏损。基金存续期满或因亏损超过规定比例，基金管理人须将本金全额退还基金份额持有人，且不得收取任何管理费用。

(6) 第十条约定：本基金合同当事人不履行合同或履行合同不符合约定的，应当承担违约责任。因基金管理人违约给基金财产或者基金份额持有人造成损害的，应当分别对各自的行为依法承担赔偿责任，因共同行为给基金财产或者基金份额持有人造成损害的，应当承担连带赔偿责任。

2015 年 9 月 1 日原告将认购款 40 万元转至被告骏业基金指定的中国农业银行账户。

2015 年 8 月 20 日，被告何某出具担保函，全文如下："致：粤融进取 5 号股权投资基金投资者你们好！本人何某，愿意提供购买价格为 4,089,854 元的如下房产为购买深圳市骏业基金管理有限公司推出的粤融进取 5 号股权投资基金产品提供权益及价值保障。特此担保！"担保函附表列举了担保房产：佛山市南海区狮山镇阳光路 5 号时代峰云名居 5 栋 2 单元 101 房、102 房、201 房、202 房，8 栋 3 单元 301 房、302 房、401 房、402 房，地下室 1016 车位。上述房产登记权利人均为何某，均未进行抵押登记。

根据中国证券投资基金业协会（以下简称基金业协会）官网公示的信息，被告骏业基金属于已备案的基金管理人，但处于"失联（异常）状态"，异常的原因为未按要求提交经审计的年度财务报告，未按要求进行产品更新或重大事项更新累计 2 次以上。此外，其实缴资本低于 100 万元或实缴资本低于 25%，法定代表人王某某无基金从业资格，涉案的"粤融进取 5 号股权投资基金"没有进行登记备案，也未进行信息披露。

判决结果

一审法院：1. 被告骏业基金在本判决生效后 3 日内向原告骆某返还认购款 40 万元并赔偿损失（以 40 万元为基数，按年收益率 52% 的标准从 2015 年 9 月 1 日起计至 2016 年 8 月 31 日，再按年利率 24% 的标准从 2016 年 9 月 1 日起计至付清之日止）；2. 被告何某在担保函所列房产的价值范围内，对被告骏业基金上述债务承担连带清偿责任，被告何某承担责任后可以向被告骏业基金追偿；3. 驳回原告骆某的其他诉讼请求。

二审法院：驳回上诉，维持原判。

各方观点

骆某观点：原告与被告骏业基金于2015年8月31日签订基金合同，由原告向被告骏业基金认购非公开发售基金，双方约定：保本收益，收益每3个月支付一次，并对收益、违约责任进行了约定。被告何某于2015年8月20日事先出具担保函，以其名下的9套房产为被告骏业基金推出的基金产品收益及价值提供连带保证责任。基金合同在佛山市签订后，原告于2015年9月1日将认购基金款40万元转到被告骏业基金指定的账号。但至今被告骏业基金并没有按约定支付收益，其行为已经构成严重违约。

何某观点：（1）本案应属于刑事案件，骏业基金法定代表人王某某涉嫌刑事诈骗，但佛山市公安机关认为该案属于经济纠纷并未受理。被告何某作为担保人是被欺骗的，出具担保函是受王某某及吴某某的欺骗。吴某某是佛山市粤融投资有限公司的员工，对外称其是股东。佛山市粤融投资有限公司的上市事宜是由王某某和吴某某二人共同运作，并承诺上市后给何某干股。所有基金的售卖都是吴某某负责的，共200多万元。该基金是私募基金，并没有备案。被告骏业基金在佛山农行开的账户，是由王某某和何某共同监管，只有二人签字才可取钱，账户在被告骏业基金名下。但王某某后面又把何某的监管资格取消了，把钱全部取走了。法院应将本案中止审理或驳回起诉，移送公安机关处理。（2）基金合同约定的最低份额是50万元，原告只认购了40万元，而且认购的基金也没进行备案，因此，主合同基金合同是无效的，所涉担保函无效。（3）申请追加王某某、苏某某、肖某某为被告。骏业基金的注册资本总额为1亿元，王某某认缴4000万元，苏某某认缴3000万元，肖某某认缴3000万元，三人均未如实出资。

法院观点

一审法院观点：本案涉及私募基金交易问题，属于证券投资交易领域，因此，案由应定为证券投资基金交易纠纷。按标的类型分，私募基金主要分为证券投资类、股权投资类和风险投资类三类，本案属于股权投资类。私募投资在我国属于新兴的投资方式，具有相当的复杂性和风险性。本案的争议焦点主要有三点。一是本案基金合同的效力认定问题；二是本案是否因涉及刑事犯罪应当中止审理的问题；三是被告何某是否需要承担担保责任的问题。

一、关于本案私募基金合同的效力认定问题

原告认为本案所涉合同合法有效，应当履行。被告何某则认为，涉案基金产品未进行备案登记，且合同约定的最低认购额为50万元，而原告只认购了40万元，因此，基金合同是无效的。对此，本院从合同有效的形式要件和实体内容两个方面进行分析。

1. 合同的形式要件。

《证券投资基金法》第九十二条规定，“非公开募集基金，应当制定并签订基金合同。基金合同应当包括下列内容：（一）基金份额持有人、基金管理人、基金托管人的权利、义务；（二）基金的运作方式；（三）基金的出资方式、数额和认缴期限；（四）基金的投资范围、投资策略和投资限制；（五）基金收益分配原则、执行方式；（六）基金承担的有关费用；（七）基金信息提供的内容、方式；（八）基金份额的认购、赎回或者转让的程序和方式；（九）基金合同变更、解除和终止的事由、程序；（十）基金财产清算方式；（十一）当事人约定的其他事项。基金份额持有人转让基金份额的，应当符合本法第八十七条、第九十一条的规定”。从前述查明的事实看，涉案的基金合同具备了法律对基金合同的形式要求，完整地涵盖了法律规定的各基本要素，应当说，符合法定基金合同的形式要件。

2. 合同的实体内容。

这是当事人争议的聚焦之处。如前所述，涉案合同具备了基金合同的形式要件，但是其实体内容、核心条款是否存在实质性影响合同效力的因素，需要进行详细讨论。本院从以下三个层面评判：原告是否为合格投资者；涉案私募基金产品是否登记备案；非合格投资者、基金产品未备案是否构成合同无效的理由。

（1）原告是否为合格投资者。

本案所涉的合同是证券投资交易领域的私募基金合同，私募和其他传统的投资方式相比，具有一定的专业性和较高的风险性之特点，因此，对投资者设有一定的投资门槛，即应符合合格投资者条件。投资者适当性制度是国际资本市场普遍规则，对投资者进行适当性管理的目的是让“适合的投资者购买恰当的产品”，以此保护投资者合法权益，并起到抑制资本市场风险的作用。对投资者进行科学分类并区别管理是投资者适当性管理的基础。在对投资者的分类识别中，资产、投资经验以及对金融产品的认知是主要考虑因素。2007 年以来，我国已经在部分市场、产品和业务中陆续实行了适当性管理。根据中国证券监督管理委员会（以下简称证监会）发布的，于 2017 年 7 月 1 日施行的《证券期货投资者适当性管理办法》，我国对投资者的分类分为普通投资者和专业投资者，满足一定条件下两者还可互相转化。我国对于私募基金的合格投资者如何认定有具体的规定。《证券投资基金法》第八十七条规定，非公开募集基金应当向合格投资者募集，合格投资者是指达到规定资产规模或者收入水平，并且具备相应的风险识别能力、风险承担能力，其基金份额认购金额不低于规定限额的单位和个人。具体标准由国务院证券监督管理机构规定。证监会 2014 年 8 月发布了《私募投资基金监督管理暂行办法》（以下简称《私募监管暂行办法》），其中第十二条进一步明确了合格投资者的标准，私募基金的合格投资者是指具备相应风险识别能力和风险承担能力，投资于单只私募基金的金额不低于 100 万元且符合下列相关标准的单位和个人：①净资产不低于 1000 万元的单位；②金融资产不低于 300 万元或者最近三年个人年均收入不低于 50 万元的个人。

本案中，作为投资者的原告系自然人，根据上述规定可知，符合个人合格投资者的条件之一是投资于单只私募基金金额不低于 100 万元。原告投资的金额是 40 万元，远低于 100 万元的下限规定，而且涉案基金合同也规定，本基金最低认购额是 50 万元，原告的投资额也未达到该合同约定。因此，本案原告不属于合格投资者。

（2）涉案私募基金产品是否登记备案。

为了切实保护投资者合法权益，督促私募基金管理人履行诚实信用、谨慎勤勉的受托人义务，促进私募基金行业规范健康发展，形成以信息披露为核心，诚实信用为基础的自律监管体制，监管机构对私募基金行业实施了登记备案制度。私募基金的备案登记分为基金管理人登记和私募基金产品登记。根据《私募监管暂行办法》第七条、第八条，各类私募基金管理人应当根据基金业协会的规定，向基金业协会申请登记，各类私募基金募集完毕，私募基金管理人应当根据基金业协会的规定，办理基金产品备案手续。但是，与公募基金对基金管理人的许可制及高管人员的审批制这种严监管的政策不同，对于私募领域的政策和规章更着重于尊重当事人意思自治，在监管上采取了相对灵活和宽松的方式。《私募监管暂行办法》第九条规定，“基金业协会为私募基金管理人和私募基金办理登记备案不构成对私募基金管理人投资能力、持续合规情况的认可；不作为对基金财产安全的保证”。可见，对私募的登记备案更多的是作为一种程序性要求，而非实质性的准入条件。

在本案中，公开的基金业协会官网信息显示，被告骏业基金作为基金管理人已经进行登记备案，但是涉案的粤融进取5号股权投资基金产品没有备案登记记录。

(3) 非合格投资者、基金产品未备案是否构成合同无效的理由。

在本案中，根据前述分析可知，原告既非合格投资者，双方争议的基金产品——粤融进取5号股权投资基金也未进行备案，这两者均违反《私募监管暂行办法》中的强制性规定，这是否导致基金合同无效？

本院认为，基金合同在本质上也是属于合同，对其效力的判断应以《合同法》的规定作为依据。该法第五十二条规定，“有下列情形之一的，合同无效：(一) 一方以欺诈、胁迫的手段订立合同，损害国家利益；(二) 恶意串通，损害国家、集体或者第三人利益； (三) 以合法形式掩盖非法目的；(四) 损害社会公共利益；(五) 违反法律、行政法规的强制性规定”。对照本案，没有符合上述第五十二条的前四种情形。重点应当分析本案是否符合第五种情形。第五种情形规定，“违反法律、行政法规的强制性规定”将导致合同无效。强制性规定一般以三种情况出现：第一种情况是强制性规定本身直接规定了违法行为的效力；第二种情况是强制性规定本身没有直接明确规定违法行为的效力，但引用或结合其他法律条文，其他法律条文明确规定了该违法行为效力；第三种情况是强制性规定本身没有直接明确规定违法行为的效力，也没有引用其他具体的法律条文，更没有其他法律条文对其效力予以明确规定。通说认为，强制性规定还应当进一步区别为效力性规定和管理性规定，只有违反效力性强制性规定的合同直接无效。对于效力性强制性规定的区分方法，全国人大法律委员会[1]主任委员、中国人民大学王利明教授提出了著名的“三分法”：第一，法律、法规规定违反该规定将导致合同无效或不成立的，为当然的效力性规定；第二，法律、法规没有规定违反其规定将导致合同无效或不成立，但违反该规定若使合同继续有效将损害国家利益和社会公共利益，也属于效力性规定；第三，法律、法规没有规

〔1〕 现为全国人民代表大会宪法和法律委员会。

定违反其规定将导致合同无效或不成立，违反该规定若使合同继续有效不损害国家利益和社会公共利益，而只是损害当事人利益的，则属于管理性规定。《最高人民法院关于适用〈中华人民共和国合同法〉若干问题的解释（二）》第十四条将强制性规定明确为效力性强制性规定。同时，第五种情形还明确了“强制性规定”的法律渊源层级为法律和行政法规，部门规章并不包括在内。

就本案而言，不管是原告的非合格投资者身份还是涉案基金产品未进行备案登记，均属于违反《私募监管暂行办法》中有关强制性规定。但本院认为，根据上文的分析，这两点均不能导致涉案基金合同无效。首先，从所违反的强制性规定的层级看，《私募监管暂行办法》系证监会制定，属于部门规章，不属于法律或行政法规。在规范性文件的效力层级上不符合《合同法》第五十二条第五项规定的“法律、行政法规”。其次，从强制性规定的性质看，法律法规并没有规定违反《私募监管暂行办法》中关于合格投资者门槛和基金备案的规定将导致合同无效，且没有证据显示违反该规定若使合同继续有效将直接损害国家利益和社会公共利益，故该强制性规定不属于效力性规定，而是属于管理性规定。因此，作为被告的骏业基金向非合格投资者的原告出售未经备案登记的基金产品，违反了《私募监管暂行办法》这一部门规章，应会受到监管部门的行政处罚，承担行政违法的责任，但不能直接导致本案基金合同的无效。原告主张合同有效，于法有据，本院予以支持，被告何某辩称合同无效缺乏事实和法律依据，本院不予支持。

综上所述，不管是从合同的形式要件还是从影响合同效力的实质要件来分析，本案的基金合同都是有效成立的，合同双方当事人应当受其拘束。被告骏业基金在基金到期后没有按照合同约定返还认购款并支付相应的收益，应当承担相应的违约责任。

二、本案是否因涉及刑事犯罪应当中止审理的问题

被告何某认为，本案涉嫌非法集资甚至诈骗犯罪，不属于民事诉讼范畴，民事案件应该中止审理，移交公安机关处理。事实上，涉及经济领域的纠纷，常常会出现刑民交叉的问题。通说认为，刑民交叉案件是指案件性质既涉及刑事法律关系，又涉及民事法律关系，相互间存在交叉、牵连、影响的案件，或者根据同一事实所涉及的法律关系，短时难以确定是刑事还是民事法律关系的案件。在改革开放的前期，执法机关在处理刑民交叉案件中普遍秉持先刑后民的理念，随着理论研究和实践的深入，开始转向刑民并行。1985 年和 1987 年，最高人民法院、最高人民检察院、公安部三机关先后发布了《最高人民法院、最高人民检察院、公安部关于及时查处在经济纠纷案件中发现的经济犯罪的通知》和《最高人民法院、最高人民检察院、公安部关于在审理经济纠纷案件中发现经济犯罪必须及时移送的通知》，要求司法机关在处理刑民交叉问题中遵循“先刑后民”规则。1998 年最高人民法院颁行了《最高人民法院关于在审理经济纠纷案件中涉及经济犯罪嫌疑若干问题的规定》，首次确立了民、刑案件可以分别受理、审理原则。但是，在理念上，刑事优先在实践中仍占主流。从客观上讲，刑事案件确认的部分事实可以直接确认为民事审判查明的事实，这有助于民事法官对当事人责任承担方面的定性和处理。但是，先刑后民的处理方式容易导致对当事人权益的忽视。大量实践表明，先刑后民的“一刀切”模式无法妥善解决各种社会冲突，在现代社会，公益和私权同样重要，一味要求公益优先、私权劣后不仅不符合公平原则，而且在实践中很容易变形走样，民商事案件被刑事化，民商事案件当事人合法权益难以受到保护。2015 年 8 月最高人民法院出台了《最高人民法院关于审理民间借贷案件适用法律若干问题的规定》，再次明确了刑民并行的理念。该司法解释第五条规定，“人民法院立案后，发现民间借贷行为本身涉嫌非法集资犯罪的，应当裁定驳回起诉，并将涉嫌非法集资犯罪的线索、材料移送公安或者检察机关”。第六条规定，“人民法院立案后，发现与民间借贷纠纷案件虽有关联但不是同一事实的涉嫌非法集资等犯罪的线索、材料的，人民法院应当继续审理民间借贷纠纷案件，并将涉嫌非法集资等犯罪的线索、材料移送公安或者检察机关”。

本案虽非民间借贷，但上述司法解释明确的理念与规则足资参照。被告何某已经向佛山市公安机关报案，但是公安机关认为该案是经济纠纷，不属于刑事管辖范畴而未受理。何某没有向本院提供更多的本案涉嫌犯罪的证据。因此，根据目前证据和庭审情况看，被告何某辩称本案涉嫌犯罪，法院应中止审理或驳回起诉缺乏事实和法律依据。

三、被告何某是否需要承担担保责任的问题

在本案中，根据被告何某的陈述可知，何某作为募集资金的监管人，实际上部分参与了涉案基金的募集发行事宜，故而在原告与被告骏业基金签订基金合同之前，何某以自有的 9 套房产向有意认购基金的非特定投资者作了担保。原告主张何某应当对主债务承担连带担保责任，且原告对担保房产享有优先受偿权。被告何某辩称基金合同系主合同，其担保为从合同，主合同无效，担保合同也无效，其无须承担担保责任。前文已论述主合同不存在无效的问题，在此不再赘述。下面围绕担保关系是否合法有效及何某应承担何种担保责任两个方面展开分析。

（一）担保关系是否合法有效

被告何某向原告出具了单方签署的担保函，产生了担保从合同的效力，构成非典型担保合同关系，该合同合法有效。

1. 从意思表示层面看，该担保函系何某真实意思表示，被告何某首先出具单方签署的担保函，相当于给出要约，当包括原告在内的投资者购买了私募基金产品并签订合同后，就相当于作出了承诺，由此构成了封闭完整且要件齐备的意思表示，这种先由担保方出具担保性要约的形式不违反法律法规禁止性的规定。

2. 何某出具担保函的目的在于提高投资者交易信心、降低投资者顾虑，以促成更多的交易，合同签订意味着其目的就已达到，根据权利义务相一致的原则，何某作为私募项目的合作者，享有交易成功的成果，自然也应当担负起担保函确定的义务。

3. 被告何某与原告之间担保关系的性质属于非典型担保合同关系。最高人民法院高级法官王闯博士在《规则冲突与制度创新（上）》一文中，对我国担保法律体系和框架作了基本概括：物的担保、人的担保、金钱担保以及非典型担保。其中，物的担保包括约定担保物权（抵押权、质权、最高额抵押、最高额质权）和法定担保物权（留置权、法定抵押权）。人的担保即保证制度，金钱担保包括定金、押金、保证金等。非典型担保顾名思义是指《担保法》、《物权法》中及其他法律、行政法规没有明确列举的担保类型。本案中，被告何某提供的担保就属于非典型担保的类型，其主要特点：一是担保的对象是不特定的，涵盖全部涉案基金的投资者；二是担保财产是主债务人即被告骏业基金以外的第三人的不动产；三是用于担保的不动产未作抵押登记。

4. 何某出具的担保函时间早于基金合同即主合同，这种预先设立的担保法律没有禁止性规定，应属有效。我国《物权法》《担保法》只是规定了主债权债务合同无效，担保合同无效，对于为将来债权提供担保的担保合同的效力并未作出禁止性规定。《担保法》甚至规定，担保合同另有约定的，按照约定。因此，虽然何某的担保函是2015年8月20日出具的，而主合同基金合同是在2015年8月31日成立的，担保函出具时间早于主合同，但没有违反法律禁止性规定，担保依然是有效的。最高人民法院在武汉世纪宏祥物业管理有限公司与湖北莲花湖旅游发展有限责任公司借款担保合同纠纷一案［（2012）民二终字第56号］的终审判决书中指出，“因先设定抵押权后订立主债权合同是双方当事人之间的真实意思表示，现行法律亦无抵押权不得先于主债权的禁止性规定，故对莲花湖旅游公司以抵押权从属于主债权，抵押权不能先于主债权设定为由，主张抵押无效的意见，本院不予支持”。经过比对，上述最高人民法院的案件事实与本案在担保先于主债务设立方面有类似之处，故其结论本院以为说理援引。

（二）何某应承担何种担保责任

如前所述，原告与被告何某之间的担保合同关系是合法有效的，故在主合同基金合同债务未履行的情况下，原告主张被告何某承担连带担保责任是于法有据的，但是原告要求对被告何某所列担保之不动产享有优先受偿权缺乏事实和法律依据，本院不支持。具体分析如下。

1. 原告不享有对涉案不动产的优先受偿权，因为抵押权没有设立。《物权法》第一百八十条第一款规定：“债务人或者第三人有权处分的下列财产可以抵押：（一）建筑物和其他土地附着物；（二）建设用地使用权；（三）以招标、拍卖、公开协商等方式取得的荒地等土地承包经营权；（四）生产设备、原材料、半成品、产品；（五）正在建造的建筑物、船舶、航空器；（六）交通运输工具；（七）法律、行政法规未禁止抵押的其他财产。”被告何某用以担保的财产是其自有的不动产，属于上述法律规定需要办理抵押登记的范围。《物权法》第一百七十九条规定：“为担保债务的履行，债务人或者第三人不转移财产的占有，将该财产抵押给债权人的，债务人不履行到期债务或者发生当事人约定的实现抵押权的情形，债权人有权就该财产优先受偿。”可见，抵押权的实质就意味优先受偿权。《物权法》第一百八十七条规定：“以本法第一百八十条第一款第一项至第三项规定的财产或者第五项规定的正在建造的建筑物抵押的，应当办理抵押登记。抵押权自登记时设立。”据此可知，抵押权的设立始于抵押登记。但是，作为基金投资者之一的原告与被告何某并未约定担保函所涉房产进行抵押，双方也没有实际去办理抵押登记手续。事实上，基于担保对象的不确定性因素，在主合同签订以前，作为担保人的何某无法办理抵押登记手续。从理论上说，在主合同签订以后，具体的投资者已经确定了，被告何某可以和具体的投资者一起去办理抵押登记，但是双方没有去办理抵押登记。因此，在未经抵押登记的情形下，抵押权没有依法设立，原告要求对涉案担保房产享有优先受偿权，于法无据。

2. 被告何某应当承担连带担保责任。《物权法》第十五条规定："当事人之间订立有关设立、变更、转让和消灭不动产物权的合同，除法律另有规定或者合同另有约定外，自合同成立时生效；未办理物权登记的，不影响合同效力。"可见物权变动的原因行为是独立于物权变动的结果行为的，抵押未登记导致了抵押权未有效设立，但并不影响担保合同发生效力。也就是说，没有办理不动产抵押登记并不意味着担保合同不生效，没有进行抵押登记的抵押物不意味着就不是担保财产。在本案中，被告何某为被告骏业基金的主债务提供了以单方担保函为外观形式的非典型担保，在本质上相当于被告何某承诺为主债务的保证人，因此，当主债务履行期限届满后，原告作为权利人有权要求担保人何某对主债务承担连带清偿责任。最高人民法院在新疆石河子农村合作银行与刘某某借款合同纠纷一案［（2015）民申字第2354号］中指出，"《中华人民共和国担保法》关于不动产担保物权的设定必须履行登记手续的规定，系为贯彻公示原则以保护善意第三人的利益和交易安全，对公示原则的违反尚不构成为法律秩序和法律的基本价值所不容的行为，故对于未履行登记手续的抵押合同，其法律效力并非确定无效。为救济其法律效力的瑕疵，除可以通过补办登记手续这种方式加以补正使其发生法律效力外，还可以通过解释上的转换这一方式，将其转换为有效的担保行为，以节约交易成本，促进交易发展。根据民法基本原理，法律行为的转换是指原有行为如果具备替代行为的要件，并且可以认为当事人如果知道原有行为不生效力或无效将希望替代行为生效的，可以将原有行为转换为替代行为而生效。其制度趣旨在于不拘泥于法律行为的外观，而是在尊重当事人的真实意思的基础上，对交易做出新的评价，用一种适当的行为去替换当事人所选择的不适当的行为，以平衡当事人之间的利益"。最高人民法院在侯某某与商都县众邦亿兴能源材料有限责任公司、韩某某等民间借贷纠纷一案［（2015）民申字第3299号］中也体现出相同的判决思路。因此，未办理不动产登记的抵押合同仍然有效，本案中担保人何某认为未办理抵押登记就无须承担任何担保责任于法无据。同时，从社会效果角度看，若本案仅机械适用法律判定涉案担保房产因未进行抵押登记而不发生任何法律效力，从而担保人何某不需要承担担保责任，这一结果将会明显背离一般社会大众的公平认知，也背离了民事活动中应遵循的诚实信用原则。

3. 被告何某应在担保函载明的不动产价值的范围内对主债务承担连带清偿责任。这是担保责任范围问题，双方未提出具体意见，本院根据相关法律作出评定。如前所述，被告何某为主债务提供了以单方担保函为形式的非典型担保，在本质上相当于被告何某承诺作为主债务的保证人，但是何某保证的范围不是如通常的保证一样以保证人所有财产为限，而是以担保函载明的不动产的价值范围为限。何某的担保函记载："……愿意提供购买价格为4,089,854元的如下房产……价值保障。"何某在函中明确了担保财产为不动产，但也同时提到了不动产的价格。本院认为，价格并非担保范围，而是作为担保不动产的价值参考，担保人的担保范围应以担保不动产价值为限。需要额外说明的是，根据本案已查明的事实，涉案的粤融进取5号股权投资基金募集总额为2.75亿元，被告何某以其名下的9套不动产向包括原告在内的众多投资者出具统一的担保函，鉴于募集总额和担保财产在价值上的不匹配性（募集总额远超担保不动产的价值），相应地，该担保函对于本案原告而言也不具有唯一性和优先性。

综上所述，被告何某应当承担的担保责任是在其担保函载明的9套不动产价值的范围内，对被告骏业基金的债务承担连带清偿责任。《担保法》第三十一条的规定，"保证人承担保证责任后，有权向债务人追偿"。被告何某承担担保责任后，有权向主债务人被告骏业基金追偿。

另外，涉案基金合同双方约定认购期为一年，即2015年9月起2016年8月止，本案法庭辩论终结时该期限已自然届满，故不存在解除合同的问题，原告撤回解除合同的请求，本院予以准许。关于被告何某当庭提出的追加苏某某、肖某某、王某某为被告的请求，超过了本院指定的举证期限，原告亦提出异议，根据民事诉讼相关举证规则，本院不予准许。关于私募基金认购存续期内的收益标准，原告主张按合同约定的每3个月13%的收益率为标准计算，即相当于年收益率52%，该约定符合私募基金投资这类高风险高收益的交易惯例，没有违反法律禁止性规定，被告骏业基金作为基金管理人，也没有对基金产品盈亏状况进行答辩，故原告此请求本院予以支持。关于认购期届满后的违约责任问题，根据合同约定，基金一年认购期届满后持有人可以选择赎回，除非投资人主动要求续存或投资其他项目的，但合同没有约定基金管理人未及时办理自动赎回手续的应承担何种违约责任，因此，在行使自动赎回权后，原告仍按年收益率52%的标准主张认购期届满后的损失依据不充分。鉴于被告骏业基金认购期届满后长时间未返还任何金额的认购款及收益，恶意违约情节较为严重，从维护守信者利益惩戒失信者的理念出发，并兼顾公平原则，本院酌情判定按照年利率24%的标准计算至被告骏业基金付清之日止。

综上所述，原告与被告骏业基金之间的基金合同系双方的真实意思表示，双方当事人应该遵循合同严守原则，依约履行自己的义务。被告骏业基金违反合同约定，应当承担返还认购款40万元及赔偿认购期内收益损失及后续损失的违约责任。被告何某为基金发行出具担保函，应当按照担保函载明内容在自有的9套房产价值范围内承担连带清偿责任。

二审法院观点：骆某与骏业基金签订了基金合同，但骆某不属于私募投资的合格投资者，涉及的私募基金产品没有进行登记备案，且合同约定了正规基金合同中不允许出现的保底条款。因此，涉案合同不具备私募基金合同的构成要件，名为“私募投资”，实为“民间借贷”。

关于涉及刑事犯罪中止审理的问题。何某已向佛山市公安机关报过案，但是公安机关认为该案是经济纠纷，不属于刑事管辖范畴而未受理，何某亦没有向法院提供更多的本案涉嫌犯罪的证据，法院无须中止审理或驳回起诉。

关于担保责任如何承担的问题。首先，涉案主合同虽名为私募基金合同，但其实质为民间借贷合同，同时该合同成立且有效，担保合同也不因此有效的主合同而无效。其次，从意思表示层面看，何某出具的担保函系其真实意思表示，相当于给出要约，当包括骆某在内的名义上的投资者签订合同后，就相当于作出了承诺，由此构成了封闭完整且要件齐备的意思表示，这种先由担保方出具担保性要约的形式不违反法律法规禁止性的规定，属于非典型担保合同关系。最后，虽然存在担保合同关系，但因未进行登记，抵押权没有设立，骆某不享有对涉案不动产的优先受偿权。因此，何某应在担保函载明的不动产价值的范围内对主债务承担连带清偿责任。

三、私募基金与第三人均向投资者承诺保障退出收益的情况下，第三人的保证承诺有效

案　　号：（2016）京01民终4146号

案件名称：安徽永顺房地产开发集团有限公司诉魏某等保证合同纠纷

裁判要旨：基金认购确认函载明了具体的收益率和收益分配时间，并约定投资期满后10个工作日内，融信中心须兑付魏某投资本金及收益，表明投资入伙期满后，融信中心负有支付投资本金及收益的义务。而融信中心和永顺公司于魏某投资入伙期满后，共同向魏某出具的延期承诺函，也明确写明应向魏某兑付投资本金和利息。根据延期承诺函所载内容，融信中心对向魏某支付投资本金及利息、逾期利息等事宜是知晓的，且和永顺公司共同向魏某出具了延期承诺函，表明其认可将魏某所投本金及相应利息予以偿还，永顺公司在承诺担保函中承诺偿还的本金、利息与入伙协议以及延期承诺函中的数额并不冲突，系对融信中心对魏某所负债务提供的担保，其并非独立的无根据的担保承诺。至于魏某与融信中心之间与入伙、退伙有关的问题，不影响永顺公司依其承诺履行付款义务。一审法院认定永顺公司、胡某与魏某成立保证合同关系，合同合法有效，并无不当。

案情简介

上诉人（一审被告）：安徽永顺房地产开发集团有限公司（以下简称永顺基金）

被上诉人（一审原告）：魏某

一审被告：胡某

2013年8月23日，魏某与融信基金签署北京融信金世资产管理中心（有限合伙）（以下简称融信中心）A1类入伙协议书。魏某认缴出资100万元，成为融信中心有限合伙人。协议约定，融信中心系协议各方共同设立的有限合伙企业。其中第二条合伙目的和合伙经营范围约定：本合伙企业设立的目的是从事投资活动，投资方向是进行债权性投资，直接投资于永顺公司用于北辰天都项目，资金主要用于二期开发建设。第三条合伙人的姓名或名称、住所约定：融信中心之执行事务合伙人“融信基金”即普通合伙人。有限合

伙人以其认缴的出资额为限，对本合伙企业的债务承担责任。第四条出资方式、出资额、出资期限、经营期及资金监管规定：出资方式为货币出资，全体合伙人对本合伙企业的总认缴出资额为2亿元，普通合伙人认为必要时，本合伙企业可以增加或者减少认缴出资总额。融信基金作为本有限合伙企业的普通合伙人，出资总投资额10%的资金作为劣后资金，按照劣后资金的偿还顺序优先偿还其他有限合伙人的本金及利息。有限合伙人的出资在开始认缴后45日内缴付清。本合伙企业成立后，各合伙人应按照普通合伙人签发的缴付出资通知书载明的具体时限，将其认缴的出资额支付至监管账户。本合伙企业自营业执照签发之日起成立，经营期限为10年。本合伙企业正式对外投资之日起后入伙投资人每满一整年，有限合伙人可以要求退伙（普通合伙人及最初发起的有限合伙人不得要求退伙），但必须提前1个月向执行事务合伙人代表提出书面申请，退伙的办理时间为正式投资满一整年后的15个工作日，其他时间不办理。第五条收益分配与亏损负担：预期年化收益A1类，投资期限12个月，投资额100万元~300万元，年化收益率12.5%……本合伙企业投资所取得的现金收入不得用于再投资，应按照约定向合伙人进行分配，但因投资中止或终止等原因取得的被投资公司退回的投资款项不在此列。投资的现金收入包括但不限于股息、红利、股票出售所得。收益每6个月分配。第十二条投资业务：本合伙企业的投资目标主要为永顺公司用于北辰天都项目开发建设，用于支付项目开发相关费用，为合伙人创造满意的投资回报。协议还对合伙企业的解散与清算等作出了相关约定。协议书加盖融信中心及融信基金印章，魏某签字确认。同日，魏某出具授权委托书，如融信中心办理工商登记变更事宜需要本人签署文件，授权融信基金以本人名义进行签署（仅限于工商登记变更所需文件）。同日，魏某认缴出资100万元，并将资金缴付至指定账户。2013年8月26日，融信中心、融信基金及北京融信通荣资本管理中心（有限合伙）向魏某出具基金认购确认函。该函记载：公司已收到魏某于2013年8月23日汇入募集子账户北京融信通荣资本管理中心（有限合伙）的出资款100万元。公司将于2013年8月26日开始计算魏某在融信中心享有的收益，并作出确认。确认结果如下：普通合伙人（执行事务合伙人）为融信基金，有限合伙人为魏某，出资金额为人民币100万元整，预期税后年化收益率为12.5%。按基金成立日起计算，存续期为12个月，每6个月分配收益，期满后10个工作日内，以到期日基金财产为限计算投资者应得本金及最后一次收益，并进行兑付。

2014 年 9 月 10 日，融信中心及永顺公司向魏某出具融信中心项目延期承诺函。该函记载：根据永顺公司反馈，魏某投资的融信中心项目资金进入后，所募集资金已按照合同约定全部投入到北辰天都二期项目建设上，北辰天都二期销售情况良好。现由于按揭款发放合作银行政策变更，按揭款无法如期发放到项目公司致使魏某投资款本金的兑付暂时无法如期进行，该项目公司正在积极运用其他方式回笼资金准备还款，回笼资金方案包括出售寿州时代广场、催促银行尽快发放按揭款、在 2014 年 9 月和 10 月期间尽快销售北辰天都项目剩余房源等。项目公司郑重承诺对于魏某投入的本金 100 万元计划于 2014 年 9 月 3 日起 3 个自然月之内兑付完毕，在延期的 3 个月内本金将按照 30%、30%、40% 的比例进行支付，第一笔支付日期为 2014 年 10 月 8 日，第二笔支付日期为 11 月 3 日，第三笔支付日期为 12 月 3 日，2014 年 9 月 2 日到以上所述本金兑付日前所产生的利息将按照该项目原利率标准上浮 50%，即 1.5 倍继续进行计算。兑付时投入的本金和延期期间产生的利息会分次支付到魏某指定的银行账户，另外，资金自 2014 年 3 月 2 日至 2014 年 9 月 2 日所产生的原合同中规定的利息将在 2014 年 9 月 18 日支付。永顺公司及融信中心在该函件上加盖了公章。

上述承诺的兑付期间届满，融信中心及永顺公司仍未按照约定返还本金，支付利息。2014 年 10 月 17 日，永顺公司及胡某向魏某出具承诺担保函。该函记载："永顺公司及胡某本人现对融信中心投资人魏某做出以下承诺及担保：1. 2014 年 9 月 2 日至 2014 年 10 月 2 日由本金 100 万元产生的利息上浮百分之五十为 18.75% 于 2014 年 10 月 17 日星期五付清；2. 自 2014 年 11 月 20 日起复期本金支付至少百分之十，具体如下：2014 年 11 月 20 日为第一个本金还款日，2015 年 1 月 20 日为第二个本金还款日，2015 年 3 月 20 日为第三个本金还款日，2015 年 4 月 20 日为第四个本金还款日；3. 2015 年 4 月 20 日之前还清所有本金及利息，包括罚息；4. 自 2014 年 11 月 2 日起每月 2 日支付上一个月的剩余本金的利息，该利息执行原有利率上浮百分之五十为 18.75%；5. 永顺公司及董事长胡某本人名下所有财产对此还款计划进行担保并承担无限连带责任；6. 以上条款如发生任何一项承诺未能兑现，发生违约，投资人可以在所在居住地法院对承诺人提起诉讼，有权要求永顺公司和胡某立即支付全部本金及收益，并承担投资人因此发生的实现债权的全部费用

（包括不限于差旅费、律师费、诉讼费等）。”

上述期间届满，永顺公司及胡某均未能兑现承诺，故产生本案诉讼。庭审中，魏某称上述合同及承诺函签署后，其曾分别于2014年3月4日收到融信基金分配的利息64,412.33元，2014年9月18日收到永顺公司支付利息63,013.7元，2014年10月20日收到永顺公司支付的利息15,625元。并认可2014年10月20日之前的利息均已经支付完毕。另外，魏某庭审中提交15张火车票及住宿票一张，据此主张向永顺公司催要欠款发生的差旅费用共计7166.5元，经该院核定其中相关票据费用为2109.5元。

判决结果

一审法院：1. 永顺公司、胡某于判决生效之日起10日内连带偿还魏某本金100万元、支付利息损失（以100万元为本金，自2014年10月21日起计算至实际给付之日止，按照年利率18.75%计算）；2. 永顺公司、胡某于判决生效之日起10日内连带支付魏某差旅费用2109.5元；3. 驳回魏某的其他诉讼请求。

二审法院：驳回上诉，维持原判。

各方观点

魏某观点：2013年7月，融信中心发布招股说明书募集基金，其向魏某承诺以每年12.5%的收益率支付利息。魏某为了赚取固定收益，于2013年向该中心支付100万元。自2013年9月2日起，魏某陆续收到固定收益。永顺公司、胡某于2014年10月17日向魏某出具承诺担保函，承诺偿还其全部本金及利息，并承诺2014年9月2日至10月2日由本金100万元产生的利息上浮50%为18.75%于2014年10月17日付清。同时，永顺公司、胡某承诺2014年11月20日至2015年分四期偿还全部本金、利息和罚息。承诺担保函第五条明确约定，永顺公司及董事长胡某本人名下所有财产对此还款计划进行担保，并承担无限连带责任。承诺担保函等证据表明双方已经形成了保证合同关系，承诺担保函对于永顺公司、胡某的担保方式、担保范围等做了非常明确的约定，所以承诺担保函本身能够证明双方存在保证合同关系，永顺公司、胡某应当承担相应的保证责任。魏某认为，与融信中心不是合伙关系，魏某一审期间提供的基金认购确认函和承诺担保函，明确写明了本金和利息，故虽然名义上是以有限合伙入伙的形式签订的合同，但其实是民间借贷合同关系。签合伙协议，是为了投资赚取固定的收益，而且实际上也没有做任何形式的入伙登记，魏某也没有对合伙事务进行任何的管理，融信中心是为了规避相应的法律风险而与魏某签署的入伙协议。

永顺公司、胡某观点：根据相关程序法律规定，案件审理应围绕请求权基础、证据展开，通过明确诉请所涉基础法律关系的“指向”，确定被告是否应当承担法律责任，即当事人之间的所涉基础法律关系的真实性、合法性应受司法审查。在本案中，魏某起诉时举证的承诺担保函，似乎符合担保合同法律关系成立的形式要件，但通过对该承诺担保函所担保基础法律关系的“解析”，却无法证明魏某与第三方存在实质意义上的主债权合同法律关系。根据法律规定，担保的目的是为债权的实现提供保障。而债是按照合同的约定或者法律规定，在当事人之间产生的特定的权利和义务关系。魏某举证的证据和证据指向的法律关系，均无法得出魏某与永顺公司、胡某之间抑或魏某与第三方之间存在债和主债权合同关系的法律事实。根据《担保法》第五条规定，担保合同是主合同的从合同，主合同无效，担保合同无效。魏某举证的承诺担保函，属于从合同，其因缺失担保指向的主债权合同法律关系而依法无效。根据魏某所举证据，魏某只是融信中心的有限合伙人，其个人与永顺公司、胡某之间并不存在投资合同法律关系。魏某更非永顺公司、胡某法律意义上的债权人。根据《合伙企业法》第二条、第二十条、第二十一条规定，有限合伙人以其认缴的出资额为限对合伙企业债务承担责任，合伙人的出资、以合伙企业名义取得的收益，均为合伙企业的财产。合伙人在合伙企业清算前，不得请求分割合伙企业的财产。即魏某履行出资义务后，成为有限合伙企业的有限合伙人，其所投现金已非其个人财产，而是合伙企业的财产，既然属于合伙企业的财产，那魏某如何还能以其对合伙企业的出资，作为其对第三人的债权？因此，魏某所举证据不仅无法支持其诉请，反而与其请求权基础相矛盾而举证不能。

魏某诉讼主体不适格，其将与第三方的合伙投资法律关系混淆为与永顺公司、胡某的借贷担保法律关系，将预期收益率混淆为利息，于法无据。(1) 根据魏某所举证据和案涉法律关系，魏某只是以有限合伙人身份加入融信中心，融信中心再以有限合伙企业的身份，参与对永顺公司所开发地产项目的投资。双方之间并不存在直接的投资法律关系。即使发生投资合同纠纷，根据《民事诉讼法》第一百一十九条第一项的规定，也应以融信中心作为民事诉讼主体向永顺公司提起诉讼，主张权益。魏某以个人名义提起对永顺公司、胡某的诉讼，诉讼主体不适格。（2）根据《合伙企业法》第六十八条规定，有限合伙人不执行合伙事务，不得对外代表有限合伙企业。在本案中，即使融信中心的执行事务合伙人怠于行使权利，损害有限合伙企业的利益，作为有限合伙人的魏某也只能依据《合伙企业法》第六十八条第七项的规定，督促执行事务合伙人行使权利或者为了本企业的利益提起诉讼，而非因其一己之私，以自己名义提起诉讼。（3）根据中国证监会《私募投资基金监督管理暂行办法》第十五条的规定，私募基金管理人、私募基金销售机构不得向投资者承诺投资本金不受损失或者承诺最低收益。魏某作为投资合伙企业的有限合伙人，根据《合伙企业法》的规定，理应承担投资风险，分担投资损益。而魏某为逃避投资风险，有意模糊其与第三方的基础法律关系，将其纠纷生成的原因割裂开来，将其与第三方的对外投资关系混淆为与永顺公司、胡某的借贷担保法律关系，将不确定的预期收益率混淆为确定的利息，以期牟取不当经济利益，魏某有关利息的诉请，于法无据。

此外，魏某举证的承诺担保函，因缺失主合同法律关系而属于独立担保，依法自始无效。根据法律规定，担保的目的是为债权的实现提供保障。担保关系从属或附随于主债权法律关系，没有主合同、主债权，担保合同、担保权利就没有实现的可能和存在的意义。独立担保是担保人特别承诺而与被担保债权没有从属关系的一种担保，独立担保合同的当事人对从属性通过特别意思表示进行排除，形成了不同情形的独立担保。在本案中，因魏某与永顺公司、胡某或其他第三方不存在承诺担保函所担保或所指向的主债权法律关系，并且承诺担保函第六项约定的内容，属于对主债权合同法律关系的排除，即排除担保合同效力上从属于主合同并约定担保人抗辩权不从属于主合同。该承诺担保函显然属于独立担保。最高人民法院在其审判实务中明确指示，独立担保只能在国际商事交易中适用，而不能适用于国内市场交易。因此，脱离了主合同法律关系，即融信中心对外投资所形成的主合同法律关系，魏某举证的承诺担保函属于独立担保而依法自始无效，魏某依据承诺担保函要求永顺公司、胡某返还其投资款及支付利息的诉请，于法无据。

综上所述，魏某以个人名义提起对永顺公司、胡某的诉讼，不仅诉讼主体不适格，而且所举证据因缺失主债权合同法律关系，属于独立担保而依法自始无效。

永顺公司提起上诉称：（1）一审法院一方面认定魏某以投资人身份入伙融信中心的合同合法有效，一方面又无视魏某成为融信中心合伙人的法律事实，将魏某的投资入伙法律关系等同于魏某个人对永顺公司的债权债务法律关系，系认定事实不清。（2）一审法院一方面认定魏某入伙成为融信中心合伙人的行为有效，一方面又无视入伙协议书对基金产品结构的表述和风险提示，无视基金认购确认函中对投资预期收益率的客观表述，将投资浮动收益等同于固定收益；无视《民法通则》第八十四条关于债的定义，将投资等同于借贷，将依据入伙协议成为有限合伙人的魏某视同债权人，系事实认定不清。此外，一审法院适用法律错误。（1）魏某根据入伙协议书通过购买基金履行出资义务后，成为融信中心的有限合伙人，其投入的 100 万元是合伙企业的财产，而非个人财产，魏某不能将对融信中心的投资作为对第三人的债权。（2）魏某的出资并非法律定义的债，其也不是债权人，魏某投资入伙也不是其对融信中心的借款，承诺担保函只能作为从合同，不能单独认定其合法有效。

法院观点

一审法院观点：依据《担保法》规定，保证，是指保证人和债权人约定，当债务人不履行债务时，保证人按照约定履行债务或者承担责任的行为。从本案承诺担保函内容看，对担保的金额、保证担保的方式、担保的范围、履行债务的期限等保证合同要素均作出了明确约定。而独立担保是指担保人以担保负有债务的第三人的给付为目的，根据受益人的简单要求即向其支付一定款项，同时放弃对担保受益人与主债务人之间债务关系存在性、有效性和可强制性的抗辩权的担保。具体到本案，承诺担保函并非独立担保，其依附于融信中心延期承诺函，其担保的债务为魏某在入伙协议书的出资及收益。魏某与永顺公司、胡某之间建立保证合同关系，该保证合同未违反法律、行政法规等强制性规定，依法有效。法院对于永顺公司、胡某关于承诺担保函构成独立担保且为从合同，因缺乏主合同而无效的抗辩意见不予采信。依据承诺担保函，永顺公司及胡某为连带责任保证人，现其未能按照承诺的期间向魏某返还本金及利息，魏某要求永顺公司、胡某连带偿还100万元的诉讼请求，合法有据，法院予以支持。同时，因永顺公司、胡某未能按期还款构成违约，其还应当承担相应的违约责任，现魏某自认截至2014年10月20日之前的利息均已经支付完毕，法院不提出异议。对于其要求自2014年10月21日起，按承诺担保函约定利率标准支付利息直至本金清偿之日止及魏某因索要欠款支出的必要差旅费用为2109.5元的诉讼请求，合法有据，法院亦予以支持。

二审法院观点：本案各方争议的焦点问题是永顺公司是否应依其出具的延期承诺函及承诺担保函等的约定，向魏某支付约定款项。根据延期承诺函以及承诺担保函的约定，魏某的100万元资金系由永顺公司使用并投入北辰天都二期项目建设，永顺公司明确表示由其履行返还本金并支付利息的义务。在此情况下，本院认为，永顺公司应依据其用款事实及其承诺按期、足额向魏某支付相关款项。永顺公司上诉主张，魏某系以出资入伙的方式将100万元投入到融信中心，该投资不是债权，永顺公司出具的承诺担保函也不是对投资款的担保，系独立担保，自始无效。对此本院认为，虽然魏某与融信中心签署了入伙协议书，并依据入伙协议书投资100万元成为有限合伙人，但入伙协议书亦约定了收益率及收益分配时间，并约定成为入伙投资人满一年，有限合伙人可自由退伙。与此约定相对应，基金认购确认函载明了具体的收益率和收益分配时间，并约定投资期满后10个工作日内，融信中心需兑付魏某投资本金及收益，表明投资入伙期满后，融信中心负有支付投资本金及收益的义务。而融信中心和永顺公司于魏某投资入伙期满后，共同向魏某出具的延期承诺函，也明确写明应向魏某兑付投资本金和利息。根据延期承诺函所载内容，融信中心对向魏某支付投资本金及利息、逾期利息等事宜是知晓的，且和永顺公司共同向魏某出具了延期承诺函，表明其认可将魏某所投本金及相应利息予以偿还，永顺公司在承诺担保函中承诺偿还的本金、利息与入伙协议书以及延期承诺函中的数额并不冲突，系对融信中心对魏某所负债务提供的担保，其并非独立的无根据的担保承诺，故本院对永顺公司的上述主张不予采信。至于魏某与融信中心之间与入伙、退伙有关的问题，不影响永顺公司依其承诺履行付款义务。一审法院认定永顺公司、胡某与魏某成立保证合同关系，合同合法有效，并无不当。

关于永顺公司上诉主张融信中心承诺固定本息回报的投资应属无效的意见，本院认为，如前所述，本案系保证合同纠纷，融信中心是于魏某投资入伙期满后，向魏某出具《延期承诺函》，约定向魏某支付投资本金和利息，永顺公司亦基于上述《延期承诺函》和《承诺担保函》就融信中心债务承担担保责任，与入伙协议书并非同一法律关系，入伙协议书是否有效不影响永顺公司就本案承担担保责任。永顺公司上述主张缺乏依据，本院不予采信。另外，因胡某未就本案提起上诉，故本院对其主张不予审理。

四、基金合同所涉交易如涉嫌犯罪或者被认定构成犯罪，保证合同并不当然无效

案　　号：（2020）浙0106民初8112号

案件名称：章某与邬某保证合同纠纷

裁判要旨：虽然基金项目涉嫌经济犯罪，但根据《最高人民法院关于审理民间借贷案件适用法律若干问题的规定》之规定，借贷行为涉嫌犯罪，民间借贷合同并不当然无效。担保人以借款人或者出借人的借贷行为涉嫌犯罪或者已经生效的判决认定构成犯罪为由，主张不承担民事责任的，人民法院应当依据民间借贷合同与担保合同的效力、当事人的过错程度，依法确定担保人的民事责任。现有证据不能证明案涉基金合同、保证合同具有法定无效情形，应为合法有效。

案情简介

原告：章某

被告：邬某

2018年3月27日，章某与上海西尚投资管理有限公司（以下简称西尚公司）签订《桐庐产业升级发展私募基金三期基金合同》，由章某投资1,300,000元认购/申购桐庐产业升级发展私募基金三期，合同约定基金管理人为西尚公司，基金托管人为上海银行股份有限公司浦东分行。该基金合同约定基金份额持有人在其基金份额持有期满12个月后的开放赎回日赎回其所持有的全部基金份额。同日，章某支付1,300,000元至桐庐产业升级发展私

募基金三期在上海银行浦东分行的专用账户。西尚公司于2018年4月2日向原告出具《桐庐产业升级发展私募基金三期确认书》一份，确认章某认购/申购金额为1,300,000元，认购/申购份额为1,300,000份的基金，基金份额业绩比较基准（年化）为9.7%，预计基金份额持有期限为2018年4月2日至2019年4月1日。邬某在《桐庐产业升级发展私募基金三期产品说明书》封底签字确认："本产品的本金及利息由邬某担保。"落款日期为2018年3月28日。

2018年4月17日，章某与西尚公司签订《桐庐产业升级发展私募基金四期基金合同》，由章某投资1,000,000元认购/申购桐庐产业升级发展私募基金四期，合同约定基金管理人为西尚公司，基金托管人为上海银行股份有限公司浦东分行。该基金合同约定基金份额持有人在其基金份额持有期满12个月后的开放赎回日赎回其所持有的全部基金份额。同日，章某支付1,000,000元至桐庐产业升级发展私募基金四期在上海银行浦东分行的专用账户。西尚公司于2018年4月20日向原告出具《桐庐产业升级发展私募基金四期确认书》一份，确认章某认购/申购金额为1,000,000元，认购/申购份额为1,000,000份的基金，基金份额业绩比较基准（年化）为9.7%，预计基金份额持有期限为2018年4月20日至2019年4月19日。

诉讼过程中，法院对施某某进行调查并制作调查笔录一份。施某某陈述：我丈夫与邬某系同事，章某经邬某介绍向我购买理财产品，我便向章某推荐了桐庐产业升级发展私募基金三期产品。因章某原与我不认识，章某担心有风险，要求邬某作担保，邬某为促成该笔业务，便作为担保人签字了。后章某主动联系我称其有一笔理财到期，我便向他推荐了桐庐产业升级发展私募基金四期产品。对该笔业务邬某并未参与，章某申购成功后我才告知了邬某。除上述业务外，邬某还为我介绍了张某（投资金额为1,000,000元）、莫某某（投资金额为1,000,000元）在我处购买理财产品。"阜兴系"案件爆雷后，包括本案章某购买的理财产品在内，我名下业绩共计两三千万元已由我代客户进行报案，我也作为被告人被提起刑事诉讼。

另查明，西尚公司系上海阜兴实业集团有限公司旗下私募公司。2018年9月29日，上海市人民检察院第二分院分别以涉嫌集资诈骗罪、操纵证券市场罪，对上海阜兴实业集团有限公司董事长朱某某等8名犯罪嫌疑人依法批准逮捕。本案所涉桐庐产业升级发展私募基金三、四期项目亦涉嫌犯罪，相关犯罪刑事诉讼案件已在上海市相关法院审理中。

又查明，案涉基金到期后，邬某分别于2018年10月6日和2019年3月25日向章某支付款项70,000元和250,000元。双方一致同意该款从本案邬某应承担担保责任范围内扣除。

上述事实由《桐庐产业升级发展私募基金三期基金合同》、《桐庐产业升级发展私募基金三期确认书》、《桐庐产业升级发展私募基金三期产品说明书》、《桐庐产业升级发展私募基金四期基金合同》、《桐庐产业升级发展私募基金四期确认书》、银行转账记录及庭审笔录等在案佐证。

判决结果

邬某对西尚公司应返还章某的认购款1,035,092元、利息损失67,859元[利息损失暂计算至2020年10月22日，此后至主债务实际履行完毕之日止的利息损失按全国银行间同业拆借中心公布的贷款市场报价利率（LPR）另计]承担连带保证责任，驳回章某的其他诉讼请求。

各方观点

章某观点：2018年3月，原告经被告极力推荐投资购买了由西尚公司担任管理人的桐庐产业升级发展私募基金产品。其中原告在三期项目投资1,300,000元，在四期项目投资1,000,000元，共计2,300,000元。被告邬某于2018年3月28日向原告承诺担保本基金产品的本金及利息。原告缴纳基金投资款后，西尚公司分别于2018年4月2日和20日向原告出具确认书，确认收到原告基金认购款共计2,300,000元。现为期一年的基金份额持有期限已届满，原告依据基金合同本可申请赎回其持有的基金份额，分享基金财产收益。但依据中国证券投资基金业协会2018年7月13日发布的公告，西尚公司实际控制人已处于失联状态，原告至今无法赎回投资本息。经原告催讨，被告曾归还部分本金及利息共计320,000元。现原告已无法联系上该基金管理人，为维护原告合法权益，故要求被告承担原告所购买基金产品的相应担保责任。

邬某观点：原告购买的私募基金系业务员施某某推荐，被告仅仅是介绍业务员与原告认识，因原告与施某某不认识，所以才要求被告担保。因西尚公司和施某某涉嫌刑事犯罪，案涉基金合同和担保合同都无效。原告购买基金时隐瞒自己的身份，其投资款是从其他人处募集来的，该行为违反了《私募投资基金监督管理暂行办法》第十九条的规定，原告应承担过错责任。原告是国家公务员，其年收入不会超过500,000元，不符合《私募投资基金监督管理暂行办法》第十二条规定的关于合格投资者的标准。被告对担保合同无效没有过错，不应承担担保责任。且原告共购买两份基金，被告只对原告购买的第一份基金进行担保，即便本案担保合同有效，被告担保金额也仅是1,300,000元。此外，原告持有的基金并未转让，其仍然是该基金的持有人，故不存在到期债务的问题，被告承担担保责任后也无从追偿。

法院观点

邬某在《桐庐产业升级发展私募基金三期产品说明书》上签字，确认对该产品的本息承担担保责任，章某、邬某之间成立保证合同关系。本案争议焦点在于保证合同是否有效，以及案涉债务保证人应承担何种责任。

关于案涉保证合同是否有效的问题。虽然“阜兴”系相关人员及本案业务员施某某涉嫌经济犯罪被提起刑事诉讼，但参照《最高人民法院关于审理民间借贷案件适用法律若干问题的规定》第十三条“借款人或者出借人的借贷行为涉嫌犯罪，或者已经生效的判决认定构成犯罪，当事人提起民事诉讼的，民间借贷合同并不当然无效。人民法院应当根据合同法第五十二条、本规定第十四条之规定，认定民间借贷合同的效力。担保人以借款人或者出借人的借贷行为涉嫌犯罪或者已经生效的判决认定构成犯罪为由，主张不承担民事责任的，人民法院应当依据民间借贷合同与担保合同的效力、当事人的过错程度，依法确定担保人的民事责任”之规定，案涉西尚公司与章某签订的基金合同、章某与邬某的保证合同并不当然无效。案涉桐庐产业升级发展私募基金三期和桐庐产业升级发展私募基金四期经中国证券投资基金业协会登记备案后进行募集，现有证据不能证明基金合同具有《合同法》第五十二条规定的无效情形，应为合法有效。邬某在《桐庐产业升级发展私募基金三期产品说明书》上明确表示对“本产品的本金及利息”承担担保责任，系其真实意思表示，且不具有《合同法》第五十二条规定的无效情形，故本院确认案涉保证合同合法有效，邬某应当承担其保证责任。

关于本案担保责任的范围的问题。首先，保证人与债权人应当以书面形式订立保证合同。保证人与债权人可以就单个主合同分别订立保证合同，也可以协议在最高债权额限度内就一定期间连续发生的借款合同或者某项商品交易合同订立一个保证合同。本案中，桐庐产业升级发展私募基金三期和桐庐产业升级发展私募基金四期的主合同签订时间、基金名称、预备案编码、基金份额持有期限均不相同，原告亦认可该两期基金可单独申购，桐庐产业升级发展私募基金四期并非在三期的基础上的追加申购。可见，《桐庐产业升级发展私募基金三期基金合同》和《桐庐产业升级发展私募基金四期基金合同》分属于不同的主合同。换言之，桐庐产业升级发展私募基金三期可被视为单独的产品。现邬某在《桐庐产业升级发展私募基金三期产品说明书》上签字，应认定其仅对该三期产品承担保证责任。且邬某书写的“本产品的本金及利息由邬某担保”的内容既未限定最高债权额限度，也未限定某一连续债权发生期间，章某以桐庐产业升级发展私募基金三期和四期属于同一“产品”为由，要求邬某对其后续认购的桐庐产业升级发展私募基金四期也承担保证责任缺乏依据，本院不予支持。其次，《桐庐产业升级发展私募基金三期基金合同》未明确约定基金赎回价格。根据合同约定，合同所载的年化9.7%的“业绩比较基准”“并不是私募基金管理人向基金投资者保证其委托财产不受损失或者保证其取得最低收益的承诺，投资有风险，基金投资者可能会面临无法取得业绩比较基准所对应的收益甚至损失本金的风险”。现章某要求被告按年利率9.7%支付基金到期前的利息缺乏依据。相应资金占用损失本院参照银行同期贷款利率和全国银行间同业拆借中心公布的贷款市场报价利率（LPR）计算，扣除邬某2018年10月6日和2019年3月25日支付的70,000元和250,000元，暂计至2020年10月22日尚欠本金为1,035,092元，利息损失为67,859元。

章节小结

在私募基金募集过程中，投资人为了规避或分散风险，基金管理人为了募集更多资金，安排各种保底性质的增信措施，这在私募基金行业早已司空见惯。由于商事交易活动的灵活性和多样性，该类保底性质的增信措施表现形式多样。司法实践中常见的保底协议有：保本保收益承诺、份额回购/转让、差额补足协议、承诺担保函等。

自2003年的发布的《证券投资基金法》至2020年发布的《关于加强私募投资基金监管的若干规定》，再到2023年发布的《私募投资基金监督管理条例》，对私募基金中保底协议的监管措施和规定具有如下特点：1. 总体原则为禁止基金募集过程中向投资者直接或间接提供任何形式的保底承诺，禁止以各种保本等表述使投资者对基金风险产生误判。2. 关于保底承诺的监管范围从公募基金扩展至私募基金，且在私募基金领域的监管力度在不断加大。2023年7月发布的《私募投资基金监督管理条例》第二十条及第三十二条明确私募基金相关主体不得向投资者承诺投资本金不受损失或者承诺最低收益；之前发布的《关于加强私募投资基金监管的若干规定》明确了私募投资基金募集"十不得"要求，且明确要求私募基金不得从事借贷、担保、名股实债投资，重申投资活动"利益共享、风险共担"的投资本质。3. 现有规定明确禁止提供保底承诺的主体为基金管理人、基金募集机构、销售机构、私募基金托管人及其从业人员，但并未明确禁止其他投资人或基金委托/投资关系之外的外部第三方向投资者提供保底协议。4. 对私募基金行业保底协议的监管缺少法律级别的上位法规定，现行规定多数为行政或行业的管理型监管措施，且效力级别多为部门规章，仅2023年《私募投资基金监督管理条例》为行政法规，其对违规提供保底承诺的相关责任人施以行政处罚，如没收违法所得及罚款等。

保底协议多数是各方合意的结果，但其保底的性质和意图却在一定程度上违背了私募基金的风险投资本质。因此，关于保底协议效力及性质认定一直是司法实践中的争议点和难点。虽然监管层面上，大体可以认定保底协议原则上不合规，会招致行政处罚和行业处罚，但若产生争议诉诸法院，却不一定会被认定无效。保底协议的效力将因不同的类型与提供主体而产生不同的认定结果。在过往司法实践中，对于外部第三方提供的保本保收益承诺，法院通常予以支持，而对于基金管理人等委托投资关系中的受托人所提供的保本保收益承诺，则存在不同的认定结果和理由：（1）认定无效，无效的理由通常为保底收益违反了风险共担和委托代理法律制度的内涵；（2）认定有效，有效的理由通常为保底收益的约定是各方真实意思表示，且不违反相关强制性法律规定（中国证券监督管理委员会的相关监管规定并非强制性法律规定）；(3) 也有法院穿透本质认定保底收益的约定是以委托投资为表现形式的借贷，按照民间借贷处理。

关于保本保收益承诺的效力，地方高级人民法院和最高人民法院也有相关的解释和审判指导意见。江苏省高级人民法院曾于2004年发布《关于审理委托理财合同纠纷案件若干问题的通知》（已失效），明确要根据《合同法》、《证券法》及相关法律法规的规定，正确认定合同效力：对于被认定成立以委托理财为表现形式的借贷关系的合同效力，应根据人民法院审理借款合同纠纷的一贯原则认定；对于被认定为有保底条款的委托合同的效力，除受托方为证券公司外，一般应认定为有效，委托人请求受托人按照约定返还本金及约定回报的，人民法院应予支持，但是由于市场风险导致受托人难以履行合同，受托人请求减少支付超出正常孳息部分的回报的，人民法院酌情予以调整；根据《证券法》第一百三十四条、第一百三十五条的规定，证券公司办理经纪业务，不得对客户证券买卖的收益或者赔偿证券买卖的损失作出承诺，因此，对于证券公司与客户签订有保底条款的委托合同的，应认定合同无效。北京市高级人民法院于2007年发布的《北京市高级人民法院关于审理金融类委托理财合同纠纷案件若干问题的指导意见（试行)》中，亦明确金融类委托理财合同中的保底条款，原则上不予保护。对于履行此类合同发生的损失，法院应当根据当事人各方的过错程度以及公平原则，确定各方当事人应当承担的责任。而最高人民法院2019年发布的《全国法院民商事审判工作会议纪要》第九十二条进一步明确信托公司、商业银行等金融机构作为资产管理产品的受托人与受益人订立的含有保证本息固定回报、保证本金不受损失等保底或者刚兑条款的合同，人民法院应当认定该条款无效。

结合相关法院的审判指导意见尤其是最高人民法院发布的《全国法院民商事审判工作会议纪要》，仍然可以确定，对于私募基金管理人等委托投资关系中的受托人所提供的保本保收益承诺，法院倾向于认定无效；除基金管理人、投资顾问第三人，包括基金管理人（销售人）之外的关联方（如控股股东、实控人等）在缔约过程中对投资者作出明确固定回报承诺的，一般被认定有效。且《全国法院民商事审判工作会议纪要》第三十条中明确强制性规定涉及金融安全、市场秩序、国家宏观政策等公序良俗的应当被认定为“效力性强制性规定”，该条规定进一步为法院以违反强制性法律规定认定保底收益约定无效提供了审判依据和合理理由。但刚兑条款无效不影响基金合同中其他条款的效力。管理人和投资者根据过错情况分担损失，综合考虑保底承诺在促进基金销售中的作用、投资者的风险认知能力等情况。

第三节 私募基金执行异议

随着资管行业的发展，私募基金财产被基金管理人的债权人查封/冻结的情况似乎存在上升的趋势。针对这种查封/冻结，一方面，投资者和基金管理人想尽快解除冻结挽回损失；另一方面，债权人万分急迫地希望能够强制执行，但资管产品的财产独立性目前仍是有争议的话题。

《证券投资基金法》第五条第二款规定：“基金财产独立于基金管理人、基金托管人的固有财产。基金管理人、基金托管人不得将基金财产归入其固有财产。”第七条规定：“非因基金财产本身承担的债务，不得对基金财产强制执行。”但契约型私募股权投资基金是否可以参照适用《证券投资基金法》？是否可以参照适用《信托法》呢？从司法实践的结果来看，这个问题似乎还有待商榷。从方式来看，私募基金管理人（被执行人）针对法院的错误保全或强制执行行为提出的异议，大多是通过异议和复议程序来解决，较少通过执行异议之诉制度。辨别财产是否独立、是否具有“外观”及厘清适用的法律关系将是处理该种纠纷的重点。

一、未办理工商登记的基金份额受让人不能以所有权排除他人对基金份额的强制执行

案　　号：（2021）京民终634号

案件名称：嘉兴润石仁方股权投资合伙企业（有限合伙）与中信证券股份有限公司

等案外人执行异议纠纷

裁判要旨：商事交易具有外观性。工商登记信息对内具有确权效力，对外具有公示效力。本案中，中信证券股份有限公司对新华联控股有限公司享有合法债权，并依据工商登记信息显示的权利主体申请强制执行，嘉兴润石仁方股权投资合伙企业（有限合伙）以与新华联控股有限公司签订《基金财产份额转让协议》并已支付转让款为由要求排除中信证券股份有限公司对杭州瀚云新领股权投资基金合伙企业（有限合伙）基金财产份额的强制执行缺乏合同和法律依据。

案情简介

上诉人（一审原告）：嘉兴润石仁方股权投资合伙企业（有限合伙）（以下简称嘉兴润石）

被上诉人（一审被告）：中信证券股份有限公司（以下简称中信公司）

被上诉人（一审第三人）：新华联控股有限公司（以下简称新华联控股公司）

被上诉人（一审第三人）：新华联矿业有限公司（以下简称新华联矿业公司）

被上诉人（一审第三人）：傅某

2018年11月7日，新华联控股公司与嘉兴润石签订《杭州瀚云新领股权投资基金合伙企业（有限合伙）基金财产份额转让协议》（以下简称《基金财产份额转让协议》），意将新华联控股公司持有的杭州瀚云新领股权投资基金合伙企业（有限合伙）（以下简称杭州瀚云企业）的实缴107,000,000元对应的份额转让给嘉兴润石。协议内容为："第一条份额的转让。1. 本协议约定的转让标的：甲方持有的该合伙企业实缴壹亿零柒佰万（107,000,000）元人民币对应的基金财产份额，实缴资本与基金财产份额的对应关系依据该合伙企业合同或其他文件约定。2. 本协议签署后，甲乙双方促成该合伙企业就转让事宜向其他合伙人书面告知，并执行该转让涉及的其他内部流程，该合伙企业全体合伙人同意该转让后本协议生效。3. 本协议生效后，甲乙双方促成乙方完成签署该合伙企业合伙合同，要求将乙方信息、受让的出资额度等内容记载于合伙企业合伙人名录，并完成相关工商变更登记手续。本款上述工作完成日，即视为本协议项下基金财产份额转让完成日。4. 本次基金财产份额转让完成后，乙方即成为该合伙企业的有限合伙人，依合伙企业法和合伙合同享有相应权利和义务；甲方不再享有已转让份额相应的有限合伙人权利和义务。第二条转让款的支付。乙方完成基金业协会备案及本协议签订后，在甲方指定期限内将转让对价壹亿零柒佰万（107,000,000）元人民币转至甲方指定账户。账户名：新华联控股有限公司，账号：×××，开户行：民生银行北京电子城支行。第三条保证与承诺。1. 甲方保证向乙方转让的基金财产份额不存在第三人的请求权，没有设置任何质押或其他形式的担保，未涉及任何争议及诉讼。2. 甲方承诺对该合伙企业及乙方办理相关审批、变更登记等法律手续提供必要协作与配合。3. 甲乙双方承诺履行本协议，不会导致任何违反其与其他人签署的合同、承诺、保证等。第四条违约责任。1. 本协议签署后，任何一方不履行或不完全履行本协议约定条款的，即构成违约。违约方应当负责赔偿其违约行为给守约方造成的损失。2. 任何一方违约时，守约方有权要求违约方继续履行本协议。3. 任何一方由于不可抗力造成部分或全部不能履行本协议的行为，不视为违约，但应在条件允许情况下采补救措施，以减少不可抗力造成的损失。第五条适用法律及争议解决。1. 本协议适用中华人民共和国的法律。2. 凡因履行本协议所发生的或与本协议有关的一切争议双方应当通过友好协商解决；如协商不成，则通过诉讼解决。第六条其他。1. 本次转让过程中发生的有关费用（如有），由双方各自承担。2. 甲乙双方尽力对本协议履行过程中有关文件、资料和信息予以保密。3. 本协议部分条款或内容无效或失效，不影响其他条款效力。4. 本合同一式四份，甲乙双方各执一份，其余报该合伙企业、有关部门使用，各份具有同等法律效力。”落款处有新华联控股公司加盖公章，嘉兴润石执行事务合伙人及授权代表申某签名并加盖公章，落款日期为 2018 年 11 月 7 日。

2018 年 11 月 9 日，嘉兴润石向新华联控股公司转账人民币 107,000,000 元，注明投资款。2019 年 1 月 3 日，新华联控股公司向杭州瀚云企业转账 107,000,000 元，用途为投资款。嘉兴润石、新华联控股公司并未依约进行工商变更登记。

根据工商信息显示，杭州瀚云企业的合伙人之一为新华联控股公司。

中信公司与新华联控股公司开展了编号 PYS20161228001、PYH20170317001、PYH20170321001、PYS20170426006 四笔股票质押式回购交易，双方开展上述交易所签订的《中信证券股份有限公司股票质押式回购交易业务协议》《交易协议书》《补充协议》《不动产抵押担保合同》《股权质押合同》均办理了公证书，具有强制执行效力。新华联矿业公司与中信公司签订了《保证合同》，新华联矿业公司为新华联控股公司在编号 SPRMA020484 的《中信证券股份有限公司股票质押式回购交易业务协议》、编号 PYS20161228001 和编号 PYS20170426006 的《交易协议书》等文件项下的全部债务提供连带责任保证担保。该保证合同办理了公证书，具有强制执行效力。傅某与中信公司签订了《保证合同》，傅某为新华联控股公司在编号 SPRMA020484 的《中信证券股份有限公司股票质押式回购交易业务协议》、编号 PYS20161228001 的《交易协议书》等文件项下的全部债务提供连带责任保证担保。该保证合同办理了公证书，具有强制执行效力。2020 年 3 月 5 日，中信公司作为申请人，以新华联控股公司、新华联矿业公司、傅某为被申请人，向北京市方圆公证处申请出具执行证书。2020 年 3 月 20 日，北京市方圆公证处依据前述公证书中中信公司对新华联控股公司、新华联矿业公司、傅某享有的债权，签发（2020）京方圆执字第 00029 号执行证书，该执行证书已生效。

中信公司依据（2020）京方圆执字第 00029 号执行证书，向北京市第三中级人民法院（以下简称三中院）申请强制执行新华联控股公司、新华联矿业公司和傅某名下的财产，三中院作出了（2020）京 03 执 456 号执行裁定书，于 2020 年 4 月 27 日依法冻结新华联控股公司持有的杭州瀚云企业 10.39% 的财产份额。嘉兴润石以新华联控股公司已将上述财产份额转让给嘉兴润石为由提出执行异议。对于嘉兴润石上述执行异议，三中院作出了（2020）京 03 执异 490 号执行裁定书，驳回了嘉兴润石的执行异议请求，后嘉兴润石提起本案诉讼。

判决结果

一审法院：驳回嘉兴润石的诉讼请求。

二审法院：驳回上诉，维持原判。

各方观点

嘉兴润石观点：2018 年 11 月 7 日，嘉兴润石与新华联控股公司签订《基金财产份额转让协议》，约定新华联控股公司将其持有的，实缴金额

107,000,000元人民币所对应的杭州瀚云企业基金财产份额转让给嘉兴润石。《基金财产份额转让协议》签订后，嘉兴润石依约将107,000,000元转入新华联控股公司指定账户。款项支付完毕后，嘉兴润石多次向新华联控股公司主张要求其依照《基金财产份额转让协议》约定，将嘉兴润石的信息、受让的出资额度记载于杭州瀚云企业合伙人名录，并完成相关工商变更登记手续，但新华联控股公司以杭州瀚云企业股权比例存在变化，无法立即进行股权变更，需要对各投资人和其他各个方面进行协调为由，对嘉兴润石的请求不予协助，不予办理，最终导致基金份额变更登记尚未完成。2020年4月1日，三中院对中信公司申请的强制执行新华联控股公司、新华联矿业公司、傅某财产案件进行立案，并于2020年4月27日作出（2020）京03执456号协助执行通知书，冻结了新华联控股公司持有的杭州瀚云企业10.39%的份额，其中包含嘉兴润石实际享有权利的相应份额。2020年6月30日，嘉兴润石依法向三中院提出执行异议，认为嘉兴润石为杭州瀚云企业基金财产107,000,000元对应份额的实际权利人。2020年8月31日，三中院作出（2020）京03执异490号执行裁定书，驳回嘉兴润石的异议请求。嘉兴润石认为其与新华联控股公司签订的《基金财产份额转让协议》真实合法有效，嘉兴润石所受让的份额未能完成相应的工商变更登记，系因新华联控股公司不予配合、不予协助导致，嘉兴润石对此不具有任何过错，三中院裁定冻结新华联控股公司名义上持有的杭州瀚云企业基金财产107,000,000元对应部分的基金财产份额，侵害了嘉兴润石的合法权益。

中信公司观点：（1）嘉兴润石的执行事务合伙人新华联润石（北京）股权投资基金管理有限公司为第三人新华联控股公司的全资子公司，鉴于嘉兴润石与新华联控股公司之间的关联关系，二者之间签订的《基金财产份额转让协议》真实性存疑，不能排除新华联控股公司为逃避债务，与嘉兴润石配合伪造证据的可能。（2）即使嘉兴润石提交的《基金财产份额转让协议》为真实的协议，嘉兴润石未提供证据证明新华联控股公司将其持有的杭州瀚云企业财产份额转让给嘉兴润石已提前30日通知全体合伙人，亦未提供任何证据证明嘉兴润石将受让新华联控股公司财产份额的相关事实在合伙协议中进行了修改，继而成为合伙人，嘉兴润石无法证明其已完成《合伙企业法》第二十四条、第七十三条规定的转让财产份额的必要程序，即修改合伙协议、将财产份额转让事宜提前30日通知全体合伙人的程序。（3）根据《基金财产份额转让协议》第一条第二款约定，合伙企业全体合伙人同意该转让后本协议生效，嘉兴润石未能提供证据证明《基金财产份额转让协议》已满足生效条件，故嘉兴润石主张其为案涉财产份额权利人无事实与法律依据。(4）嘉兴润石提交的转账凭证中汇款备注为“投资款”，付款通知单中用途一栏同样为“投资款”，但《基金财产份额转让协议》第二条约定嘉兴润石向新华联控股公司支付的款项性质为转让款。投资款与转让款法律性质不同，嘉兴润石举证的投资款应是嘉兴润石向新华联控股公司支付的其他经济往来款，与本案无关。(5）嘉兴润石与新华联控股公司之间为基金财产份额转让关系，而非基金财产份额代持关系。在嘉兴润石与新华联控股公司完成法律规定及协议约定的转让程序之前，新华联控股公司为杭州瀚云企业的合伙人及基金财产份额的所有权人，不因其实缴的资金来源而发生改变。(6）嘉兴润石仅对新华联控股公司享有债权，对于案涉基金财产份额不享有所有权。因嘉兴润石对新华联控股公司享有的债权并不优先于中信公司对新华联控股公司的债权，不能排除法院对杭州瀚云企业基金财产份额的强制执行。(7）自 2018 年 11 月 7 日嘉兴润石与新华联控股公司签订了《基金财产份额转让协议》，至一审法院于 2020 年 4 月 27 日冻结案涉财产份额，其间 1 年余 5 个多月的时间，嘉兴润石未通过诉讼方式将案涉财产份额及时变更登记到自己名下，怠于行使权利。嘉兴润石对于自身财产权益处于风险状态存在重大过失，不能主张其为善意无过失的一方。(8）《最高人民法院关于人民法院办理执行异议和复议案件若干问题的规定》不仅适用于执行异议、复议程序，在审判程序中同样具有适用空间。(9）嘉兴润石混淆法人财产及出资人的财产份额的概念，法院的执行行为仅涉及新华联控股公司持有的案涉财产份额，不涉及杭州瀚云企业的法人财产。(10）杭州瀚云企业的基金非信托型基金，而是合伙型基金，不具有信托财产属性，不能适用《信托法》关于信托财产不得强制执行的规定。(11）中信公司仅能通过工商登记信息确认新华联控股公司的财产情况，如果否认工商变更登记的公示公信效力，将损害中信公司的信赖利益。(12）嘉兴润石引用的判例与本案事实相差较大，对于本案没有参考性。

新华联控股公司、新华联矿业公司、傅某观点：(1）新华联控股公司已经将其持有的，实缴金额为 107,000,000 元人民币所对应的杭州瀚云企业基金财产份额转让给嘉兴润石，嘉兴润石为该基金份额的实际权利人。(2）嘉兴润石未能及时对其享有的杭州瀚云企业基金份额进行工商变更登记，系新华联控股公司内部原因导致，与嘉兴润石无关。

《基金财产份额转让协议》已生效，且股权转让已宣布对价，转让已成既定事实，一审法院不应否定股权转让以及转让价款支付的事实。嘉兴润石与新华联控股公司为善意，转让合同签署时间以及价款支付时间均早于中信公司提起的执行案件，因此，嘉兴润石属于善意第三人。股权转让所获取的份额所有权应受法律保护。

法院观点

一审法院观点：嘉兴润石在一审庭审中增加诉讼请求，要求确认其为杭州瀚云企业案涉财产份额（对应财产份额 107,000,000 元）的实际持有人，但未在法院指定期限内补交诉讼费，一审法院按其撤回该项诉讼请求处理。

根据当事人的诉辩主张，本案的争议焦点为嘉兴润石主张的对案涉财产份额的权益能否阻却执行。对此，一审法院认为，嘉兴润石并非案涉财产份额的实际持有人，不能阻却执行。对此，一审法院具体分析如下。

一、嘉兴润石对案涉财产份额是否享有权益

嘉兴润石与新华联控股公司签订的《基金财产份额转让协议》系双方真实意思表示，不违反法律法规的强制性规定，应属合法有效。根据上述协议约定，嘉兴润石与新华联控股公司促成杭州瀚云企业就转让事宜向其他合伙人书面告知，并执行该转让涉及的其他内部流程，杭州瀚云企业全体合伙人同意转让后该协议生效。协议生效后，嘉兴润石与新华联控股公司促成乙方完成签署杭州瀚云企业合伙合同，要求将嘉兴润石的信息、受让的出资额度等内容记载于杭州瀚云企业合伙人名录，并完成相关工商变更登记手续。上述工作完成日，即视为该协议项下基金财产份额转让完成日。因此，待嘉兴润石的信息记载于合伙人名录并且完成相应的工商变更登记之时，该案涉基金财产份额的转让才算最终完成。本案中，嘉兴润石向新华联控股公司转让款项 107,000,000 元，但至今未完成工商变更登记，杭州瀚云企业的工商登记信息显示的合伙人信息依然为新华联控股公司。因此，根据上述协议约定，上述基金财产份额的转让并未完成，嘉兴润石并非案涉基金财产份额的实际持有人，嘉兴润石亦未成为杭州瀚云企业的合伙人。在此情况下，嘉兴润石基于其履行《基金财产份额转让协议》而享有的权利实质为对新华联控股公司的债权。

二、嘉兴润石基于其履行《基金财产份额转让协议》而享有的权利能否排除强制执行

如前所述，嘉兴润石基于其履行《基金财产份额转让协议》而享有的权利系债权，本案争议焦点的本质为嘉兴润石对新华联控股公司享有的债权与新华联控股公司的另一债权人中信公司的权益在执行程序中发生冲突时，谁的权益应当优先保护。债权以平等保护为原则，故嘉兴润石对新华联控股公司享有的债权并不优先于中信公司的债权，并不能排除对杭州瀚云企业基金财产份额的强制执行。嘉兴润石对新华联控股公司的债权，可通过双方协商或者另案解决。

商事交易具有外观性。工商登记信息对内具有确权效力，对外具有公示效力。本案中，中信公司对新华联控股公司享有合法债权，并依据工商登记信息显示的权利主体申请强制执行，嘉兴润石以签订上述协议并已支付转让款为由要求排除中信公司的强制执行，缺乏合同和法律依据。

综上，嘉兴润石的诉讼请求，缺乏依据，一审法院不予支持。

二审法院观点：本案当事人之一傅某系香港特别行政区居民，本案为涉港诉讼。《涉外民事关系法律适用法》第四十一条规定，当事人可以协议选择合同适用的法律。当事人没有选择的，适用履行义务最能体现该合同特征的一方当事人经常居所地法律或者其他与该合同有最密切联系的法律。《最高人民法院关于适用〈中华人民共和国涉外民事关系法律适用法〉若干问题的解释（一）》（2020年修正）第十七条规定，涉及香港特别行政区、澳门特别行政区的民事关系的法律适用问题，参照适用本规定。本案为案外人执行异议之诉，一审法院适用内地法律作为处理本案各方争议的准据法正确，本院予以确认。

本案为中信公司依据（2020）京方圆执字第00029号执行证书，向三中院申请强制执行新华联控股公司、新华联矿业公司和傅某名下的财产。嘉兴润石以新华联控股公司已将案涉财产份额转让给嘉兴润石为由提起案外人异议之诉，请求解除对新华联控股公司持有的杭州瀚云企业相应财产份额的冻结，故应依据《最高人民法院关于适用〈中华人民共和国民事诉讼法〉的解释》第三百一十二条的规定，审查嘉兴润石是否就案涉财产份额享有足以排除强制执行的民事权益。

嘉兴润石与新华联控股公司既未按协议约定将嘉兴润石的信息记载于杭州瀚云企业的合伙人名录，亦未完成相应的工商变更登记。杭州瀚云企业的工商登记信息显示的合伙人信息仍为新华联控股公司，直至执行法院于2020年冻结新华联控股公司持有的杭州瀚云企业相应财产份额，故一审法院关于嘉兴润石对新华联控股公司享有的债权并不优先于中信公司的债权，不能排除对杭州瀚云企业基金财产份额的强制执行的认定与事实相符，于法有据，本院予以维持。

二、基金财产独立于基金管理人固有财产，非因基金财产本身债务依法不得查封、冻结、扣划或强制执行

▶案例一◀

案　　号：（2021）鲁02执复4号

案件名称：申某、青岛圆融金融投资有限公司其他案由执行审查纠纷

裁判要旨：基金份额、基金销售结算资金、基金收益、基金财产等均系独立于基金管理人、基金托管人的固有财产，非因基金财产本身承担的债务、投资人本身的债务或者法律规定的其他情形，依法不得查封、冻结、扣划或者强制执行。

案情简介

复议申请人（申请执行人）：申某

被执行人：青岛圆融金融投资有限公司

2020年4月13日，北京仲裁委员会作出（2020）京仲裁字第0800号裁决书，仲裁庭裁决如下：（1）解除申请人和被申请人一、被申请人二签订的《青岛圆融国鹏盛世1号契约型私募基金合同》。（2）被申请人一返还申请人认购的基金份额款1,500,000元。（3）被申请人一向申请人支付计算至2019年6月27日的利息117,123.28元，并继续向申请人支付以1,500,000元为基数，按年化4.75%利率的标准，自2019年6月28日至实际返还基金份额款之日的利息。（4）被申请人一向申请人支付保全费4000元，被申请人二向申

请人支付保全费1000元。(5) 被申请人一向申请人支付保全保函费用2400元，被申请人二向申请人支付保全保函费用600元。(6) 驳回申请人的其他仲裁请求。(7) 本案仲裁费39,240.86元（已由申请人全额预交），由被申请人一承担80%，被申请人二承担20%。被申请人一直接向申请人支付申请人代其垫付的仲裁费31,392.69元，被申请人二直接向申请人支付申请人代其垫付的仲裁费7848.17元。

2020年6月8日，青岛市中级人民法院作出（2020）鲁02执590号执行裁定书，裁定如下：本案指定由市南区人民法院执行。2020年7月1日，市南区人民法院立案，执行案号为（2020）鲁0202执2702号。

2019年7月17日，青岛市市南区人民法院作出（2019）鲁0202财保75号民事裁定书，裁定如下：冻结被申请人青岛圆融金融投资有限公司名下的银行存款1,617,123.28元或查封同等价值的其他财产。2019年7月18日，青岛市市南区人民法院依法冻结异议人青岛圆融金融投资有限公司在青岛银行股份有限公司延安二路支行开立的80××36账户中款项1,617,123.28元。2020年7月16日，市南区人民法院作出（2020）鲁0202执2702号执行裁定书，对该账户予以继续冻结。

异议人青岛圆融金融投资有限公司、申请执行人申某与青岛银行股份有限公司签订的《青岛圆融国鹏盛世1号契约型私募基金合同》中约定，异议人青岛圆融金融投资有限公司为基金管理人，青岛银行股份有限公司为基金托管人，申请执行人申某为基金份额持有人。合同第五章约定基金的募集账户信息如下：账户名称：青岛圆融国鹏盛世1号契约型私募基金；账号：80××36；开户银行名称：青岛银行股份有限公司市南支行。合同第十二章基金的财产规定：(1) 基金财产独立于基金管理人、基金托管人的固有财产，并由基金托管人保管。(2) 基金管理人、基金托管人以其固有财产承担法律责任，其债权人不得对基金财产行使请求冻结、扣押和其他权利。(3) 非因基金财产本身承担的债务，基金管理人、基金托管人不得主张其债权人对基金财产强制执行。(4) 本基金的上述基金财产账户与基金管理人、基金托管人自有的财产账户以及其他基金财产账户相独立。

另查明，私募基金公示信息中载明：基金名称为青岛圆融国鹏盛世1号契约型私募基金；基金类型为股权投资基金；基金管理人名称为青岛圆融金融投资有限公司；管理类型为受托管理。

开立单位银行账户申请书中载明：存款人名称为青岛圆融国鹏盛世1号契约型私募基金；开户银行名称为青岛银行市南支行；账号为80×××36。

判决结果

执行异议法院：解除对异议人青岛圆融金融投资有限公司在青岛银行股份有限公司延安二路支行开立80×××36账户的冻结措施。

复议法院：驳回申请人申某的复议申请。

各方观点

申某观点：1. 市南区人民法院执行裁定事实认定不清。从该裁定“本院查明”部分可以看出，该裁定仅对仲裁裁决内容、法院保全、执行程序、账户信息和部分合同内容进行了认定，对案件的关键争议事实未予以调查和认定。涉案账户系由被执行人使用、控制的普通账户，而非基金账户。如果该账户是基金账户，是不可能产生仲裁认定的诸多事实的，而这些可以说明该账户非基金账户的关键事实均未在市南区人民法院作出的裁决中进行认定。被申请人作为主体提了一个行为异议，解决的是案外人权益受损的第三人异议。被申请人的异议的理由和诉求是完全错位的，若认为该行为侵害第三人，应由第三人提出异议，而被申请人非案外人无权提出对标的的执行异议。2. 复议申请人认为该裁定在法律适用上存在错误。复议申请人系基金投资人，要求执行的财产是基金财产，基金应承担其对投资人的债务，符合上述法律认定的“投资人本身的债务”这一但书条款，是可以依法被查封、冻结、扣划或强制执行的。而一审法院在适用法律时却将该内容予以忽略，没有考虑到法律规定的但书条款。本案基金的运营是不合法、不合规的，并未严格按法律要求进行运营，被申请人也未按法律要求区分其固有财产和基金财产。3. 如按照市南区人民法院的认定“案涉账户内的资金独立于圆融公司的自有财产”，则异议裁定属于适用法律错误，青岛圆融金融投资有限公司并非本案适格异议主体，应当依法予以撤销。

青岛圆融金融投资有限公司观点：异议人青岛圆融金融投资有限公司与

申请执行人申某、青岛银行股份有限公司私募基金合同纠纷仲裁案，申请执行人申某向北京仲裁委员会申请财产保全，市南区人民法院接受委托后，依据（2019）鲁0202财保75号民事裁定书，冻结了青岛圆融国鹏盛世1、2号契约型私募基金名下开立于青岛银行股份有限公司市南支行账号为80×××36账户内存款1,617,123.28元。该账户项下的款项系基金财产，并非属于异议人青岛圆融金融投资有限公司所有，冻结该账户侵犯了其他绝大多数投资人的合法权益，故请求法院依法解除青岛银行股份有限公司市南支行80×××36账户的冻结。

同时，本案提起仲裁的只有40多户，大部分人没有提起仲裁，青岛圆融金融投资有限公司没有权利动用基金份额。综上可知，复议申请人的复议理由不能成立，原审裁定正确，应予维持。

法院观点

执行异议法院观点：《证券投资基金法》第五条规定："基金财产的债务由基金财产本身承担，基金份额持有人以其出资为限对基金财产的债务承担责任。但基金合同依照本法另有约定的，从其约定。基金财产独立于基金管理人、基金托管人的固有财产。基金管理人、基金托管人不得将基金财产归入其固有财产。基金管理人、基金托管人因基金财产的管理、运用或者其他情形而取得的财产和收益，归入基金财产。基金管理人、基金托管人因依法解散、被依法撤销或者被依法宣告破产等原因进行清算的，基金财产不属于其清算财产。"第七条规定："非因基金财产本身承担的债务，不得对基金财产强制执行。"第一百条规定："基金销售结算资金、基金份额独立于基金销售机构、基金销售支付机构或者基金份额登记机构的自有财产。基金销售机构、基金销售支付机构或者基金份额登记机构破产或者清算时，基金销售结算资金、基金份额不属于其破产财产或者清算财产。非因投资人本身的债务或者法律规定的其他情形，不得查封、冻结、扣划或者强制执行基金销售结算资金、基金份额。基金销售机构、基金销售支付机构、基金份额登记机构应当确保基金销售结算资金、基金份额的安全、独立，禁止任何单位或者个人以任何形式挪用基金销售结算资金、基金份额。”根据上述法律规定，基金份额、基金销售结算资金、基金收益、基金财产等均系独立于基金管理人、基金托管人的固有财产，非因基金财产本身承担的债务、投资人本身的债务或者法律规定的其他情形，依法不得查封、冻结、扣划或者强制执行。本案中，异议人青岛圆融金融投资有限公司作为青岛圆融国鹏盛世 1 号契约型私募基金的基金管理人，在青岛银行股份有限公司延安二路支行开立 80 × × × 36 账户，该账户是青岛圆融国鹏盛世 1 号契约型私募基金的募集账户，该账户内的资金均独立于基金管理人青岛圆融金融投资有限公司的自有财产。非因基金财产本身承担的债务或者投资人本身的债务，依法不得查封、冻结、扣划或者强制执行。申请执行人申某认为涉案账户根据合同记载是基金账户，但实际上该账户没有独立性的主张，不予采纳。《民事诉讼法》第二百二十五条规定：当事人、利害关系人认为执行行为违反法律规定的，可以向负责执行的人民法院提出书面异议。异议人青岛圆融金融投资有限公司是本案的被执行人，其认为执行行为违反法律规定的，可以向法院提出执行异议，故申请执行人申某认为其主体不适格，无事实和法律依据，不予支持。据此，青岛市市南区人民法院作出（2020）鲁 0202 执异 258 号执行裁定，解除对异议人青岛圆融金融投资有限公司在青岛银行股份有限公司延安二路支行开立 80 × × ×36 账户的冻结措施。

复议法院观点：根据《证券投资基金法》第五条、第七条、第一百条的规定，原审法院认定青岛圆融金融投资有限公司作为青岛圆融国鹏盛世 1 号契约型私募基金的基金管理人，在青岛银行股份有限公司延安二路支行开立的 80 × × ×36 账户是青岛圆融国鹏盛世 1 号契约型私募基金的募集账户，该账户内的资金均独立于基金管理人青岛圆融金融投资有限公司的自有财产正确。另外，原审法院关于青岛圆融金融投资有限公司是本案适格异议主体的分析认定也正确。综上可知，复议申请人申某的复议理由不能成立，本院不予支持。

▶案例二◀

案　　号：（2020）苏执复 204 号

案件名称：罗某与歌斐资产管理有限公司仲裁财产保全纠纷

裁判要旨：信托财产具有独立性，只有基于受托人处理信托事务或信托财产本身产生的债务等法定情形，如信托管理人报酬——管理费与托管费，信托管理人管理、运用信托财产所支出的费用或对第三人所负债务，信托财产本身应负担的税款，人民法院才可以对信托财产强制执行。

案情简介

复议申请人（保全申请人）：罗某

被保全人（异议人）：歌斐资产管理有限公司（以下简称歌斐公司）

保全申请人罗某与被保全人歌斐公司仲裁程序中的财产保全一案，罗某向上海国际经济贸易仲裁委员会（以下简称上海国际仲裁委）提交了财产保全申请书，要求冻结被申请人歌斐公司名下银行账户资金 157.3 万元或查封、扣押其相应价值的其他财产。上海国际仲裁委将财产保全申请书等材料提交苏州中院，罗某提供了相应的担保。该院于 2020 年 1 月 3 日作出（2020）苏 05 财保 3 号民事裁定：冻结被申请人歌斐公司名下银行账户资金 157.3 万元或查封、扣押其相应价值的其他财产。后该院于 2020 年 1 月 13 日冻结歌斐公司名下中信银行深圳香蜜湖支行 74 × × ×63_000001 账户，已冻结 157.3 万元。

罗某向上海国际仲裁委提交的仲裁申请书载明的请求为：解除《歌斐创世优选一号投资基金合同（SH5299）》并返还投资本金、支付收益。歌斐公司提交的《托管账户信息确认函》载明：歌斐诺亚中石化股权零号投资基金银行账户户名为歌斐诺亚中石化股权零号投资基金（以下简称零号基金），账号为 74 × × ×63，开户行为中信银行深圳香蜜湖支行。

判决结果

执行异议法院：解除对被申请人歌斐公司名下银行账户资金的查封。

执行复议法院：驳回申请人罗某的复议申请。

各方观点

罗某观点：被保全的账号系歌斐公司名下，账户内资产属于歌斐公司，法院依法可以保全。歌斐资产并未提供充分证据证明被查封账户内资金系专款专用、具有独立性。请求法院解除《歌斐创世优选一号投资基金合同（SH5299）》并返还投资本金、支付收益。歌斐公司提交的《托管账户信息确认函》载明：零号基金银行账户户名为零号基金，账号为74×××63，开户行为中信银行深圳香蜜湖支行。申请复议时，罗某称歌斐公司作为私募基金的管理人并非经中国银行业监督管理委员会批准的机构，不具有营业信托的资格。在歌斐公司零号基金账户交易明细中，并不单单只是对零号基金的投资管理，里面有其他转账事项的交易，不足以证明基金财产的独立性。

歌斐公司观点：被查封的中信银行深圳香蜜湖支行74×××63账户系歌斐公司作为基金管理人管理的零号基金的托管账户，其中的资金系零号资金的财产，既非申请人财产，亦不属于歌斐创世优选一号投资基金（以下简称一号基金）的财产。根据《全国法院民商事审判工作会议纪要》第八十八条、第九十五条的规定，以及中国证券投资基金业协会2018年12月13日出具的《关于基金财产相互独立的情况说明》［中基协（2018）1011号］文件，因一号基金产生的纠纷不能查封零号基金的财产。遂请求一审法院解除对歌斐公司作为基金管理人的零号基金的托管账户（中信银行深圳香蜜湖支行74×××63账户）的查封。

复议答辩时，歌斐公司称：第一，《证券投资基金法》第二条规定，在中华人民共和国境内，公开或者非公开募集资金设立证券投资基金，由基金管理人管理，基金托管人托管，为基金份额持有人的利益，进行证券投资活动，适用本法；本法未规定的，适用《信托法》、《证券法》和其他有关法律、行政法规的规定。根据该规定，如《证券投资基金法》中未作规定的则适用《信托法》的规定，可见私募基金最终也仍需受限于《信托法》的规定。《证券投资基金法》第七条规定了非因基金财产本身承担的债务不得对基金财产强制执行，《信托法》第十七条对可以强制执行信托财产的情形进行了列举，该内容在《证券投资基金法》中并没有规定，原审适用《信托法》正确。第二，歌斐公司是否具有信托资质与本案无关。《全国法院民商事审判工作会议纪要》第88条第2款规定，根据《关于规范金融机构资产管理业务的指导意见》的规定，其他金融机构开展的资产管理业务构成信托关系的，当事人之间的纠纷适用《信托法》及其他有关规定处理。本案涉及的私募基金便属于此种情形，是否具备营业信托的资格与本案没有关联系。第三，零号基金银行账户项下交易均系因零号基金的投资管理所发生的交易。原审中申请人提出零号基金中2019年9月2日的法律服务费与零号基金无关，但该服务费是因聘请北京市中伦（上海）律师事务所就零号基金的设立提供法律服务而产生，不存在复议申请人所称的财产混同。

法院观点

执行异议法院观点：基金投资人与基金管理人就涉案基金资产管理业务构成信托关系，对于基金资产的查封异议审查，应当适用《信托法》的相关规定。《信托法》第十七条规定，除因下列情形之一外，对信托财产不得强制执行：（1）设立信托前债权人已对该信托财产享有优先受偿的权利，并依法行使该权利的；（2）受托人处理信托事务所产生债务，债权人要求清偿该债务的；（3）信托财产本身应负担的税款；（4）法律规定的其他情形。对于违反前款规定而强制执行信托财产，委托人、受托人或者受益人有权向人民法院提出异议。本案中，被查封的74××63号账户为零号基金所开设，并无证据证明罗某对零号基金在设立前即享有优先受偿的权利。而罗某主张的债权系基于一号基金合同产生，并非基于零号基金产生。故按照上述规定，零号基金项下开设的涉案账户资产不应查封，歌斐公司的异议成立。2020年10月12日，苏州市中级人民法院作出（2020）苏05执异11号执行裁定：解除对歌斐公司名下中信银行深圳香蜜湖支行74××63账户的查封。

执行复议法院观点：本院认为，根据《证券投资基金法》第二条的规定，其适用对象是公开或者非公开募集基金设立的证券投资基金，而本案零号基金系股权投资基金，不适用《证券投资基金法》，苏州市中级人民法院适用《信托法》正确。复议申请人复议认为本案应适用《证券投资基金法》没有事实和法律依据，本院不予支持。

根据《信托法》第十六条、第十七条的规定，信托财产具有独立性，只有基于受托人处理信托事务或信托财产本身产生的债务等法定情形，如信托管理人报酬——管理费与托管费，信托管理人管理运用信托财产所支出费用或对第三人所负债务，信托财产本身应负担的税款，人民法院才可以对信托财产强制执行。本案中，歌斐公司作为基金管理人开立零号基金的基金账户，并委托国信证券股份有限公司对该基金进行托管服务。该账户内财产独立于基金管理人歌斐公司的固有资产，歌斐公司只是负责管理合同标的的资产，不得将该基金资产归入其固有资产。据此，苏州中院不得强制执行歌斐公司名下零号基金账户。

综上，冻结涉案零号基金账户没有事实和法律依据，依法裁定解除对涉案账户的查封并无不当。复议申请人罗某的复议请求和理由不成立，本院不予支持。

三、基金股权投资具有工商登记的外部公示性，其独立性不足以对抗外部善意第三人

案　　号：（2020）沪0104执异2号

案件名称：上海隽盛股权投资基金管理有限公司与伍某其他合同纠纷

裁判要旨：《证券投资基金法》第二条规定，在中华人民共和国境内，公开或者非公开募集资金设立证券投资基金，由基金管理人管理，基金托管人托管，为基金份额持有人的利益，进行证券投资活动，适用本法。宁波鸿兴网都科技（1号）私募股权投资基金系股权投资基金，并不属于上述规定的适用范围。股权应按照工商行政管理机关的登记和国家企业信用信息公示系统公示的信息判断权利人。根据工商登记显示，上海隽盛股权投资基金管理有限公司系宁波鸿兴网都科技有限公司的股东，本院对其持有的股权采取保全措施，并无不当。

案情简介

异议人（被告）：上海隽盛股权投资基金管理有限公司（以下简称隽盛公司）

原告：伍某

2017年6月2日，伍某（乙方）与隽盛公司（甲方）、隽盛公司股东（丙方）签订《上海隽盛股权投资基金管理有限公司增资股权认购协议书》，

约定：甲方拟自2017年1月5日至同年5月15日采用定向股权增资方式增资共1000万股，且其他股东放弃对增资股权的优先认购权；本次定向增资股权的认购价格为每股4元，乙方认购本次定向增资股权87.5万股整，认购价格3,500,000元；甲方预计20个月内由甲方实际控制的BVI公司拟在“澳大利亚ASX”或其他海外主板交易市场上市，乙方通过持有甲方的增资股权从而持有BVI公司的股票，在BVI上市后可遵循“澳大利亚ASX”或海外其他主板交易市场的交易规则实现股票的交易获得收益；乙方入股甲方满20个月后，如甲方实际控制的BVI公司未能在“澳大利亚ASX”或其他海外主板交易市场上市，乙方可以选择继续持股或要求甲方的股东（丙方）在乙方提出回购要求之日起3个月内全部回购其所持有的股权，回购价格为乙方增资股权价格且按年化回报率10%折算期间的收益；一方未能遵守或履行本协议项下约定、义务或责任、陈述或保证，即构成违约，违约方应负责赔偿对方因此而受到的损失，并按认购增资股权款项总额的1%向守约方支付违约金；等等。隽盛公司在该协议甲方落款处加盖公章和法定代表人沈某某印鉴，伍某在该协议乙方落款处签名，该协议丙方落款处加盖有沈某某印鉴。

同日，伍某支付隽盛公司3,500,000元并获得《股权证书》。《股权证书》载明：伍某是隽盛公司股东，拥有87.5万股权。

此后，伍某（乙方）与隽盛公司（甲方）签订《补充协议》，约定：乙方以2017年6月30日签订的《上海隽盛股权投资基金管理有限公司增资股权认购协议书》为前提，并增加如下内容：甲方预计公司在2018年6月30日之前（在澳大利亚ASX）上市，若2018年6月30日前未上市，则甲方于2018年6月30日退还投资人原额本金和收益（收益按年化收益率10%计算），退款时间为5个工作日。

隽盛公司于2018年11月19日至2019年8月20日多次发电子邮件给伍某，或以隽盛公司和隽鸿盛公司联合名义或以隽鸿盛公司和隽鸿盛（澳大利亚）有限公司联合名义，告知：隽鸿盛公司在澳大利亚ASX上市和中国香港地区IPO上市事宜；召开投资人（BVI股东）大会，会议召开具体事项会通过邮件发至各BVI股东的邮箱；等等。伍某对上述邮件均未回复。

2019年6月14日，隽鸿盛公司召开投资人股东会，伍某在该次会议的签到表上签名。

2019年6月20日，曾任隽盛公司投资总监的汪某某通过微信发给伍某两份均加盖有隽盛公司、隽兴和公司和隽鸿盛公司公章的协议，一份为隽盛公司、隽兴和公司和隽鸿盛公司共同出具的《股东退出书》，内容为：兹有隽鸿盛（澳大利亚）有限公司/隽鸿盛公司/隽兴和公司股东伍某因其个人原因将其占有的股权（87.5万股，总计3,500,000元）全部退出，退出方式为隽鸿盛公司/隽兴和公司/隽盛公司回购，回购金额为3,500,000元且按年化10%折算期间的收益，时间为1~3个月（2019年9月20日前）；如隽鸿盛（澳大利亚）有限公司/隽鸿盛公司/隽兴和公司/隽盛公司在2019年9月20日前在ASX上市（包括ASX借壳上市），该文件的回购事宜自动解除，但隽鸿盛（澳大利亚）有限公司/隽鸿盛公司/隽兴和公司/隽盛公司有责任在合法的情况下维护股东的权益，以控制股东风险；等等。另一份为隽盛公司、隽兴和公司和隽鸿盛公司共同出具的《股权投资退出书》，内容为：兹有隽鸿盛（澳大利亚）有限公司/隽鸿盛公司/隽兴和公司股东伍某因其个人原因将其占有的股权（87.5万股，总计3,500,000元）全部退出，退出方式为隽鸿盛公司/隽兴和公司/隽盛公司回购，回购金额为3,500,000元且按年化10%折算期间的收益，时间为1~3个月（2019年9月20日前）；等等。该《股权投资退出书》落款股东（签字）处空白。伍某未收到上述两份协议的原件。

2019年6月26日，隽盛公司法定代表人沈某某在同伍某夫妇谈话期间提及“那个退款单不是给汪某某了吗……对呀，我已经写了那个呀，我跟人家说清楚的呀，我问清楚的呀，人家就是按照这个版本，所以我把章都盖完了呀，本来我不是下午在的吗，后来上午汪某某叫我去办别的事，然后我把时间调成下午，我把东西给她了……”

后伍某因向隽盛公司催款未果，遂于2019年7月1日向法院提起诉讼。法院判决隽盛公司返还伍某投资款3,500,000元，以及支付伍某投资收益350,000元。

法院在审理上述案件中，根据伍某的申请，于2019年7月2日作出（2019）沪0104民初16868号民事裁定书，裁定冻结隽盛公司的银行存款3,912,808.20元或查封、扣押其等值财产。后法院冻结隽盛公司持有的宁波鸿兴网都科技有限公司（以下简称鸿兴公司）额度为14.53%的股权。

另查明，鸿兴公司于2015年1月13日成立，股东为陈某1、陈某2，注册资金为1000万元。2016年6月1日，鸿兴公司及其股东与隽盛公司签订投资协议，约定隽盛公司将以现金增资的方式向鸿兴公司进行投资，出资额为

2700万元（每股10元，共计270万股），隽盛公司应当于2016年7月31日之前将全部投资款汇入鸿兴公司资金账户。2017年6月13日，鸿兴公司的注册资金变更为1170万元，隽盛公司经登记为鸿兴公司股东，出资170万元，持股比例为14.53%。

再查明，2016年8月，隽盛公司发布宁波鸿兴网都科技（1号）私募股权投资基金招募说明书，记载基金类型为股权类基金，投资范围为以股权投资方式受让项目公司（鸿兴公司）的部分股权，销售期间为2016年8月10日至10月10日。2016年11月14日，宁波鸿兴网都科技（1号）私募股权投资基金在中国证券投资基金业协会备案登记，基金类型为股权投资基金。

判决结果

执行异议法院：驳回隽盛公司的异议请求。

各方观点

隽盛公司观点：其对法院根据伍某的申请，对隽盛公司持有的鸿兴公司的股权予以冻结持有异议。隽盛公司系依法成立并经登记备案的基金管理人，于2015年依法通过非公开募集的方式向特定投资对象募集资金，用于股权私募投资，并于2016年10月、11月依法完成了宁波鸿兴网都科技（1号）私募股权投资基金的成立及备案手续，其中基金类型为股权投资基金，基金管理人为隽盛公司。隽盛公司持有的鸿兴公司的股权并非一般意义上的股权，而是隽盛公司作为基金管理人对投资者的投资款投资于鸿兴公司的私募股权基金，其财产所有权及相关权益并非为隽盛公司所享有，隽盛公司只是基金管理人并非实际持有者。根据《证券投资基金法》第五条、第七条、第一百条规定，基金财产独立于基金管理人、基金托管人的固有财产，基金财产只对基金本身的债务承担责任，对非基金本身的债务不承担责任。因此，本案中被冻结的股权并非隽盛公司财产，且与本案无任何关联，不应纳入被保全财产的范围，请求依法解除隽盛公司持有的鸿兴公司股权的保全措施。

伍某观点：隽盛公司登记备案的信息系私募股权基金和创投基金，并非证券投资基金，且被冻结的股权是非公开发行的有限责任公司的股权，并不适用《证券投资基金法》。隽盛公司与鸿兴公司签订的投资协议，并未提及基金募集或基金投资人，权利义务仅限于合同双方。投资协议于2016年6月签订，约定隽盛公司应于2016年7月31日前将全部投资款支付至鸿兴公司，而涉案基金设立时间为2016年10月，两者相差4个月，足见认购股权与基金无关。且隽盛公司的收款账户是深圳民生银行，并非基金登记的托管行平安银行。另外，隽盛公司取得鸿兴公司股权后，可根据持股比例取得收益，而该收益并非全部为投资人可获得的基金份额，在扣除管理费并进入独立的基金账户后方可视为基金份额。隽盛公司系基金管理人，并非基金销售机构。综上，本案冻结的股权系隽盛公司自有财产，并非私募股权基金，不存在不能查封的情形。

法院观点

股权应按照工商行政管理机关的登记和国家企业信用信息公示系统公示的信息判断权利人。根据工商登记信息，隽盛公司系鸿兴公司的股东，本院对其持有的股权采取保全措施，并无不当。《证券投资基金法》第二条规定，在中华人民共和国境内，公开或者非公开募集资金设立证券投资基金，由基金管理人管理，基金托管人托管，为基金份额持有人的利益，进行证券投资活动，适用本法。隽盛公司依据《证券投资基金法》的相关规定主张其持有的鸿兴公司的股权独立于其自有财产，不应被冻结，但宁波鸿兴网都科技（1号）私募股权投资基金系股权投资基金，并不属于上述规定的适用范围，故隽盛公司的主张本院不予采信，其请求本院不予支持。

章节小结

外观主义是指以交易当事人行为的外观为准来认定商事交易行为的效果。商事交易具有外观性，司法实践中也大多认可商事外观主义的裁判规则。如果未经工商登记，《基金财产份额转让协议》并不直接发生份额转让的对外效力，而受让人基于《基金财产份额转让协议》享有的债权如无担保并不优先于其他普通债权，不能排除其他债权人在先申请的强制执行。在此，应提醒投资者和私募机构，在进行基金交易时，要注意更新名录、登记等程序性事项，相关事项也可在交易合同中约定，避免出现未及时变更登记事项而造成所持有的基金份额被第三人查封、冻结的风险。

近年来私募基金在国内发展迅速，违约诉讼仲裁纠纷也层出不穷，但具体到保全和执行层面，对于如何区别和认定私募基金管理人的公司账户和私募基金募集账户，外部投资人或债权人如何通过保全和执行私募基金或私募基金管理人的财产实现权益，往往存在较大争议和难度。司法实践中，不管法院是适用《证券投资基金法》还是适用《信托法》，都认为私募基金的财产独立于基金管理人的固有资产，在强制执行时不与基金管理人财产混同，体现了基金财产及信托财产的独立性。大多数司法案例也支持了私募基金的财产与管理人的财产相互独立，应被排除于强制执行之外。法院认定私募基金账户下的资金独立于基金管理人的自有财产，保护了私募基金投资人的合法权益，也为投资者减少了一些关于自身投资被牵连的担忧，有利于私募基金行业的未来发展。

但实践中也有少数不支持解封私募基金被查封资产的情况。从本节的案例来看，以基金管理人控制的基金资产银行账户为被查封资产的，法院大多支持解封；而以基金管理人控制的股权为被查封资产的，则存在不被支持解封的可能。其中的区别在于基金设立的独立的银行账户，在物理上就与管理人的财产产生了分隔，《证券投资基金法》有明确规定证券投资基金的财产与基金管理人、托管人财产独立，而股权投资基金则没有明确的规定，基金管理人控制的股权与基金管理人资产并没有这么清晰的界限。当股权投资基金管理人基于《证券投资基金法》主张其名下的股权是基金资产时，人民法院在裁判时还是更多地认可工商登记的股权归属。相对于股权工商登记的外部公示性，基金合同仅约束基金管理人和投资人双方，不具有任何公示效力，不能对抗外部善意第三人。因此，私募机构和投资者要注意，私募基金的破产隔离功能不是绝对的，想要发挥这个功能，应将公示的效力发挥到最大，尽量将财产区分开并留证。